COURS

DE

LITTÉRATURE CELTIQUE

PAR

H. D'ARBOIS DE JUBAINVILLE
MEMBRE DE L'INSTITUT, PROFESSEUR AU COLLÈGE DE FRANCE

ET PAR

J. LOTH
PROFESSEUR A LA FACULTÉ DES LETTRES DE RENNES

TOME IV

LES MABINOGION
Par J. LOTH

TOME II

PARIS
ERNEST THORIN, ÉDITEUR
LIBRAIRE DU COLLÈGE DE FRANCE, DE L'ÉCOLE NORMALE SUPÉRIEURE
DES ÉCOLES FRANÇAISES D'ATHÈNES ET DE ROME
DE LA SOCIÉTÉ DES ÉTUDES HISTORIQUES
7, RUE DE MÉDICIS, 7

ERNEST THORIN, ÉDITEUR

CROISET. — *Histoire de la littérature grecque*, par MM. Alfred Croiset, membre de l'Institut, professeur à la Faculté des lettres de Paris, et Maurice Croiset, professeur à la Faculté des lettres de Montpellier. 5 vol. in-8°.

En vente : T. I. *Homère, la poésie cyclique, Hésiode*, par Maurice Croiset. 1 vol. in-8°. 8 »

N. B. Les tomes II et III sont sous presse.

FAVÉ (le général), membre de l'Institut. — *L'empire des Francs, depuis sa fondation jusqu'à son démembrement.* 1 fort vol. gr. in-8° raisin. 15 »

LOISEAU (A.). — *Histoire de la langue française, depuis ses origines jusqu'à la Renaissance*, 2ᵉ édition. 1 vol. in-18 jésus. 4 50

— *Histoire de la littérature portugaise depuis ses origines jusqu'à nos jours.* 1 vol. in-18 jésus. 4 »

N. B. Ces deux ouvrages ont été couronnés (médailles d'or).

BIBLIOTHÈQUE DE L'HISTOIRE DU DROIT ET DES INSTITUTIONS

Tome I : **ÉTUDES SUR L'HISTOIRE DES INSTITUTIONS PRIMITIVES**, par Sir Henry Sumner Maine. Traduit de l'anglais, avec une préface, par M. Jos. Durieu de Leyritz, avocat, et précédé d'une introduction par M. H. d'Arbois de Jubainville, professeur au Collège de France. 1880. 1 beau vol. in-8°. 10 »

Tome II : **ÉTUDES SUR L'ANCIEN DROIT ET LA COUTUME PRIMITIVE**, par Sir Henry Sumner Maine, grand-maître du Collège de Trinity-Hall (Université de Cambridge), membre de la Société royale de Londres, associé étranger de l'Institut de France. Traduit de l'anglais avec l'autorisation de l'auteur. 1884. 1 vol. in-8°. 10 »

Tome III : **ÉTUDES SUR LES MŒURS RELIGIEUSES ET SOCIALES DE L'EXTRÊME-ORIENT**, par Sir Alfred Lyall, lieutenant-gouverneur des provinces du Nord-Ouest (Inde). Traduit de l'anglais avec l'autorisation de l'auteur. 1885. 1 vol. in-8°. 12 »

Tome IV : **ESSAIS SUR LE GOUVERNEMENT POPULAIRE**, par Sir Henry Sumner Maine, grand-maître du Collège de Trinity-Hall (Université de Cambridge), membre de la Société royale de Londres, associé étranger de l'Institut de France. Traduit de l'anglais avec l'autorisation de l'auteur. 1887. 1 vol. in-8°. 7 50

Tome V : **ÉTUDES SUR L'HISTOIRE DU DROIT**, par Sir Henry Sumner Maine, grand-maître du collège de Trinity-Hall (Université de Cambridge), membre de la Société royale de Londres, associé étranger de l'Institut de France. Traduit de l'anglais avec autorisation de l'auteur. 1 vol. in-8°. 12 »

N. B. Cet ouvrage contient : Les communautés de village en Orient et en Occident. — L'Inde et les idées de l'Europe moderne. — Théorie de la Preuve. — Le Droit Romain et l'Éducation juridique. — La famille patriarcale. — L'Inde et l'Angleterre.

LE MYSTÈRE DE SAINTE BARBE, tragédie Bretonne, texte de 1557, publié avec traduction française, introduction et dictionnaire étymologique du Breton moyen, par Émile Ernault, professeur à la Faculté des lettres de Poitiers. 1 vol. in-4°. 24 »

Ouvrage auquel l'Institut de France a décerné le **prix Volney** (concours de 1888).

COURS

DE

LITTÉRATURE CELTIQUE

IV

OUVRAGES DE M. H. D'ARBOIS DE JUBAINVILLE

EN VENTE

Chez THORIN, libraire-éditeur, 7, rue de Médicis, Paris

HISTOIRE DES DUCS ET DES COMTES DE CHAMPAGNE, six tomes en sept volumes in-8° (1859-1867).
COURS DE LITTÉRATURE CELTIQUE, t. I à III, in-8° (1883-1889).
Prix de chaque volume : 8 fr.
Les tomes IV et V sont sous presse.
ESSAI D'UN CATALOGUE DE LA LITTÉRATURE ÉPIQUE DE L'IRLANDE, précédé d'une étude sur les manuscrits en langue irlandaise conservés dans les Iles-Britanniques et sur le continent, in-8°, 1884. 12 »
INVENTAIRE SOMMAIRE DES ARCHIVES DE LA VILLE DE BAR-SUR-SEINE. 1864, in-4°. 5 »
RÉSUMÉ D'UN COURS DE DROIT IRLANDAIS, professé au collège de France pendant le premier semestre de l'année 1887-1888, brochure in-8°. 1 50
LES PREMIERS HABITANTS DE L'EUROPE, d'après les auteurs de l'antiquité et les recherches des linguistes. Seconde édition, corrigée et considérablement augmentée par l'auteur, avec la collaboration de G. Dottin, secrétaire de la rédaction de la *Revue celtique*, 2 beaux vol. grand in-8° raisin.
En vente : Tome Ier, contenant : 1° *Peuples étrangers à la race indo-européenne* (habitants des cavernes, Ibères, Pélasges, Etrusques, Phéniciens) ; — 2° *Indo-Européens*, 1re partie (Scythes, Thraces, Illyriens, Ligures). — Prix de ce volume : 10 »
CATALOGUE D'ACTES DES COMTES DE BRIENNE, in-8°, 1872. 3 50

TOULOUSE. — IMP. A. CHAUVIN ET FILS, RUE DES SALENQUES, 23.

COURS

DE

LITTÉRATURE CELTIQUE

PAR

H. D'ARBOIS DE JUBAINVILLE
MEMBRE DE L'INSTITUT, PROFESSEUR AU COLLÈGE DE FRANCE

ET PAR

J. LOTH
PROFESSEUR A LA FACULTÉ DES LETTRES DE RENNES

TOME IV

PARIS
ERNEST THORIN, ÉDITEUR
LIBRAIRE DU COLLÈGE DE FRANCE, DE L'ÉCOLE NORMALE SUPÉRIEURE
DES ÉCOLES FRANÇAISES D'ATHÈNES ET DE ROME
DE LA SOCIÉTÉ DES ÉTUDES HISTORIQUES
7, RUE DE MÉDICIS, 7

—

1889

LES
MABINOGION

SUIVIS EN APPENDICE

D'UNE TRADUCTION ET D'UN COMMENTAIRE

DES

TRIADES HISTORIQUES ET LÉGENDAIRES DES GALLOIS

ET DE DIVERS AUTRES DOCUMENTS

PAR

J. LOTH

PROFESSEUR A LA FACULTÉ DES LETTRES DE RENNES
LAURÉAT DE L'INSTITUT
MEMBRE CORRESPONDANT DE LA SOCIÉTÉ DES *Cymmrodorion*

TOME SECOND

PARIS
ERNEST THORIN, ÉDITEUR
LIBRAIRE DU COLLÈGE DE FRANCE, DE L'ÉCOLE NORMALE SUPÉRIEURE,
DES ÉCOLES FRANÇAISES D'ATHÈNES ET DE ROME,
DE LA SOCIÉTÉ DES ÉTUDES HISTORIQUES.
7, RUE DE MÉDICIS, 7

1889

LES
MABINOGION

OWEIN [1] et LUNET [2] ou la Dame de la Fontaine

L'empereur Arthur se trouvait à Kaer Llion sur Wysc. Un jour il était assis dans sa chambre en

(1) Owein ab Uryen est un des trois *gwyndeyrn* (rois bénis) de l'île (*Triades Mab.*, p. 300, 7). Son barde, Degynelw, est un des trois *gwaewrudd* ou *hommes à la lance rouge* (*Ibid.*, p. 306, 8; d'autres triades appellent ce barde Tristvardd; Skene, II, p. 458). Son cheval, Carnavlawc, est un des trois *anreithvarch* ou *chevaux de butin* (*Livre Noir*, Skene, II, p. 10, 2). Sa tombe est à Llan Morvael (*Ibid.*, p. 29, 25; cf. *ibid.*, p. 26, 6; 49, 29, 23). Suivant Taliesin, Owein aurait tué Ida Flamddwyn ou Ida Porte-brandon, qui paraît être le roi de Northumbrie, dont la chronique anglo-saxonne fixe la mort à l'année 560 (Petrie, *Mon. hist. brit.*, Taliesin, Skene, II, p. 199, XLIV). Son père, Uryen, est encore plus célèbre. C'est le héros favori de Taliesin (Skene, II, Taliesin, XXXIV, XXXV, XXXVI, XXXVII, XXXIX). Il était roi de Reged, district que l'on place le plus souvent dans le Nord; mais on appelait aussi ainsi la région comprenant Gwyr, Cedweli,

compagnie d'Owen, fils d'Uryen, de Kynon (1), fils de Klydno et de Kei, fils de Kynyr. Gwenhwy-

Carnwyllion, Cantrev Bychan et Is Cennen (*Iolo mss.*, p. 120). D'après un passage de la généalogie de Nennius, Urbgen (= Uryen) avec ses alliés Ridorch, Guallauc et Morcant, aurait lutté contre Deodric, fils d'Ida, qui régna vers 597. Il aurait réussi à enfermer Deodric et ses fils dans l'île de Metcawt (Lindisfarne?), mais il aurait péri par suite de la défection de Morcant qui était jaloux de lui (Petrie, *Mon. hist. brit.*, p. 75). Suivant les *Triades*, son meurtrier serait Llovan Llawdivro (*Triades Mab.*, p. 303, 28). Il aurait été tué, d'après Llywarch Hen, à Aberlleü (v. *Livre Rouge*, Skene, II, p. 267, XII, Elégie sur Uryen). D'après les généalogies des saints, Uryen serait venu au sud du pays de Galles, et aurait contribué, avec les enfants de Ceredic ab Cunedda, à expulser les Gaëls, et serait naturellement devenu un saint (*Iolo mss.*, p. 127). Uryen était fils de Kynvarch, dont une des grandes tribus des Bretons du nord portait le nom (Skene, II, p. 455). Le nom d'*Urbgen*, *Uryen*, se retrouve chez les Bretons armoricains (*Cart. de Redon*). Llywarch Hen célèbre souvent Uryen et Owein (Skene, II, p. 219, 220, 262, 267, 269, 270, 271, 272, 291, 292, 295).

(2 *de la page précédente*). *Lunet*. Les poètes font souvent mention d'elle (Gruffudd ab Maredudd, poète du quatorzième siècle, dans la *Myv. arch.*, p. 305, col. 1; cf. Davydd ab Gwilym, p. 45, et surtout p. 287). *Lunet* paraît dérivé de *llun*, image, effigie (cf. les noms *Lunen*, *Lun-monoc* dans le *Cart. de Redon*), si le nom est d'origine bretonne.

(1) *Kynon* est un des trois chevaliers au sage conseil de là cour d'Arthur; les deux autres sont Arawn, fils de Cynvarch et Llywarch Hen, fils d'Elidyr Lydanwen (*Myv. arch.*, p. 411, 116). C'est aussi un des trois amoureux de Bretagne : il aime Morvudd, fille d'Uryen de Reged (*Ibid.*, 410, 102; cf. p. 305, col. 2). Sa tombe est à Llanbadarn (*Livre Noir*, Skene, II, p. 29, 12, 15, 18). Il est célébré aussi dans le Gododin. D'après Aneurin, ce serait un des trois qui auraient échappé à la bataille de Cattraeth (Skene, II, p. 68, 73, 80, 83). Sur Kynon, v. Llywarch Hen (Skene, II, p. 278, 283, 291).

var et ses suivantes cousaient près de la fenêtre. On disait qu'il y avait un portier à la cour d'Arthur, mais, en réalité, il n'y en avait point (1) : c'était Glewlwyt Gavaelvawr qui en remplissait les fonctions ; il recevait les hôtes et les gens venant de loin ; il leur rendait les premiers honneurs, leur faisait connaître les manières et les usages de la cour ; il indiquait à ceux qui avaient droit d'y entrer la salle et la chambre ; à ceux qui avaient droit au logement, leur hôtel. Au milieu de la chambre était assis l'empereur Arthur sur un siège de joncs verts (2), un tapis de *paile* jaune-rouge sous son coude. « Hommes », dit Arthur, « si vous ne vous moquiez pas de moi, je dormirais volontiers en attendant mon repas. Pour vous, vous pouvez causer, prendre des pots d'hydromel et des tranches de viande de la main de Kei. » Et l'empereur s'endormit.

(1) Lady Guest fait remarquer qu'à en juger par un passage de Rhys Brychan, poète de la fin du quinzième siècle, l'absence de portier était une marque d'hospitalité. Un poète de la même époque constate que Owein ab Gruffudd ab Nicholas a dans sa maison tous les officiers moins le portier (Llew Glyn Cothi, p. 139, v. 30).

(2) Les cochers des héros irlandais Ferdiaidh et Cuchulain leur préparent, pour se reposer, après une lutte épique, un lit de joncs verts (O'Curry, *On the manners*, II, p. 304). Dans les Romans français de la *Table Ronde*, il est souvent question de la *jonchée* : ce sont des joncs, ou des fleurs ou des herbes odoriférantes recouvrant le sol. Les salles n'étaient pas pavées (Paulin Paris, *Les Romans de la Table Ronde*, III, p. 320). La même habitude a existé, d'après lady Guest, en Angleterre et en Galles, au moyen âge. Elle en cite un exemple tiré d'un récit du quatorzième siècle.

Kynon, fils de Klydno, demanda à Kei ce que l'empereur leur avait promis. « Je veux d'abord, » dit Kei, « le récit qui m'a été promis. » — « Homme, » dit Kynon, « ce que tu as de mieux à faire, c'est de réaliser la promesse d'Arthur, ensuite nous te dirons le meilleur récit que nous pouvons savoir. » Kei s'en alla à la cuisine et au cellier ; il en revint avec des cruchons d'hydromel, un gobelet d'or, et plein le poing de broches portant des tranches de viande. Ils prirent les tranches et se mirent à boire l'hydromel. « Maintenant », dit Kei, « c'est à vous de me payer (1) mon récit. » — « Kynon, » dit Owein, « paie son récit à Kei. » — « En vérité », dit Kynon, « tu es plus vieux que moi, meilleur conteur, et tu as vu plus de choses extraordinaires : paye son récit à Kei. » — « Commence, toi, par ce que tu sais de plus remarquable. » — « Je commence », dit Kynon.

J'étais fils unique de père et de mère ; j'étais fougueux, d'une grande présomption ; je ne croyais pas qu'il y eût au monde personne capable de me surpasser en n'importe quelle prouesse. Après être venu à bout de toutes celles que présentait mon pays, je fis mes préparatifs et me mis en marche vers les extrémités du monde et les déserts ; à la fin, je tombai sur un vallon le plus beau du monde, couvert d'arbres d'égale taille (2),

---

(1) V. les notes critiques sur cette expression.
(2) Ce trait se retrouve dans d'autres descriptions ; lady Guest

traversé dans toute sa longueur par une rivière aux eaux rapides. Un chemin longeait la rivière ; je le suivis jusqu'au milieu du jour et je continuai de l'autre côté de la rivière jusqu'à nones. J'arrivai à une vaste plaine, à l'extrémité de laquelle était un château fort étincelant, baigné par les flots. Je me dirigeai vers le château : alors se présentèrent à ma vue deux jeunes gens aux cheveux blonds frisés portant chacun un diadème d'or ; leur robe était de *paile* jaune ; des fermoirs d'or serraient leurs cous-de-pied ; ils avaient à la main un arc d'ivoire ; les cordes en étaient de nerfs de cerf ; les flèches et les lances, d'os de cétacés (1), avec des barbes de plumes de paon (2) ; la pointe des lances était en or ; la lame de leurs couteaux était en or et le manche, d'os de cétacé. Ils étaient en train de lancer leurs couteaux. A peu de distance d'eux, j'aperçus un homme aux cheveux blonds frisés, dans toute sa force, la barbe fraîchement rasée. Il était vêtu

en cite un exemple tiré d'un récit de Gruffydd ab Adda, tué en 1370 à Dolgellau.

(1) Il s'agit non de la baleine, mais probablement de la licorne de mer, du narval. Nous voyons, en effet, que ces os de cétacés sont donnés comme *blancs* dans plusieurs poèmes anglais du moyen âge (v. lady Guest, Mab., I, p. 105).

(2) C'était un ornement recherché pour les flèches, comme le montre le prologue aux Canterbury Tales, de Chaucer (ligne 104, 8, d'après lady Guest). L'habileté des Gallois à tirer de l'arc était célèbre au moyen âge. Les trois armes de guerre légales du Gallois sont l'épée avec le poignard, la lance avec le bouclier, l'arc et les flèches ; leur valeur est fixée par la loi (*Ancient laws*, II, p. 585, 9).

d'une robe et d'un manteau de *paile* jaune ; un liséré de fil d'or bordait le manteau. Il avait aux pieds deux hauts souliers de *cordwal* bigarré, fermés chacun par un bouton d'or. Aussitôt que je l'aperçus, je m'approchai de lui dans l'intention de le saluer, mais c'était un homme si courtois que son salut précéda le mien. Il alla avec moi au château.

Il n'y avait d'autres habitants que ceux qui se trouvaient dans la salle. Là se tenaient vingt-quatre pucelles en train de coudre de la soie auprès de la fenêtre, et je te dirai, Kei, que je ne crois pas me tromper en affirmant que la plus laide d'entre elles était plus belle que la jeune fille la plus belle que tu aies jamais vue dans l'île de Bretagne ; la moins belle était plus charmante que Gwenhwyvar, femme d'Arthur, quand elle est le plus belle, le jour de Noël ou le jour de Pâques, pour la messe. Elles se levèrent à mon arrivée. Six d'entre elles s'emparèrent de mon cheval et me désarmèrent (1) ; six autres prirent mes armes et les lavèrent dans un bassin au point qu'on ne pouvait rien voir de plus blanc. Un troisième groupe de six mit les nappes sur les tables et prépara le repas. Le quatrième groupe de six me débarrassa de

---

(1) « Les jeunes demoiselles prévenaient de civilité les chevaliers qui arrivoient dans les châteaux ; suivant nos romanciers, elles les désarmoient au retour des tournois et des expéditions de guerre, leur donnoient de nouveaux habits et les servoient à table » (*Sainte-Palaye*, I, 10, d'après lady Guest.)

mes habits de voyage et m'en donna d'autres : chemise, chausses, robe, surcot et manteau de *bliant* (toile fine) ; il y avait au manteau une large bande d'*orfrois* (galon). Ils étendirent sous nous et autour de nous de nombreux coussins recouverts de fine toile rouge. Nous nous assîmes. Les six qui s'étaient emparées de mon cheval le débarrassèrent de tout son équipement d'une façon irréprochable, aussi bien que les meilleurs écuyers de l'île de Bretagne. On nous apporta aussitôt des aiguières d'argent pour nous laver et des serviettes de fine toile, les unes vertes, les autres blanches.

Quand nous nous fûmes lavés, l'homme dont j'ai parlé se mit à table ; je m'assis à côté de lui et toutes les pucelles à ma suite au-dessous de moi, à l'exception de celles qui faisaient le service. La table était d'argent, et les linges de table, de toile fine ; quant aux vases qui servaient à table, pas un qui ne fût d'or, d'argent ou de corne de bœuf sauvage. On nous apporta notre nourriture. Tu peux m'en croire, Kei, il n'y avait pas de boisson ou de mets à moi connu qui ne fût représenté là, avec cette différence que mets et boisson étaient beaucoup mieux apprêtés que partout ailleurs.

Nous arrivâmes à la moitié du repas sans que l'homme ou les pucelles m'eussent dit un mot. Lorsqu'il sembla à mon hôte que j'étais plus disposé à causer qu'à manger, il me demanda qui j'étais. Je lui dis que j'étais heureux de trouver avec qui causer et que le seul défaut que je voyais dans sa cour, c'était qu'ils fussent si mauvais causeurs. « Seigneur », dit-il, « nous aurions causé avec toi, sans la crainte de te troubler dans ton repas, nous allons le faire maintenant. » Je lui fis connaître qui j'étais et quel était le but de mon voyage : je voulais quelqu'un qui pût me vaincre, ou moi-même triompher de tous. » Il me regarda et sourit : « Si je ne croyais », dit-il, « qu'il dût t'en arriver trop de mal, je t'indiquerais ce que tu cherches. » J'en conçus grand chagrin et grande douleur. Il le reconnut à mon visage et me dit : « Puisque tu aimes mieux que je t'indique chose désavantageuse pour toi plutôt qu'avantageuse, je le ferai : couche ici cette nuit. Lève-toi demain de bonne heure, suis le chemin sur lequel tu te trouves tout le long de cette vallée là-bas jusqu'à ce que tu arrives au bois que tu as traversé. Un peu avant dans le bois, tu rencontreras un chemin de traverse à main droite ; suis-le jusqu'à une grande clairière unie ; au milieu s'élève un tertre sur le haut duquel tu verras un grand homme noir, aussi grand au moins que deux hommes de ce monde-ci ; il n'a qu'un pied et un seul œil au milieu du front ; à la main il porte une massue de fer, et je te réponds qu'il n'y a pas deux hommes au monde qui n'y trouvassent leur faix. Ce n'est pas que ce soit un homme désagréable, mais il est laid. C'est lui qui est le garde de la forêt, et tu verras mille animaux sauvages paissant autour de lui. Demande-lui la route qui conduit hors de la clairière. Il se montrera bourru à ton égard, mais il t'indiquera un chemin qui te permette de trouver ce que tu cherches. »

Je trouvai cette nuit longue. Le lendemain matin, je me levai, m'habillai, montai à cheval et j'allai devant moi le long de la vallée de la rivière ; je suivis le chemin de traverse jusqu'à la clairière. En y arrivant, il me sembla bien voir là au moins trois fois plus d'animaux sauvages que ne m'avait dit mon hôte. L'homme noir était assis au sommet du tertre ; mon hôte m'avait dit qu'il était grand : il était bien plus grand que cela. La massue de fer qui, d'après lui, aurait chargé deux hommes, je suis bien sûr, Kei, que quatre hommes de guerre y eussent trouvé leur faix : l'homme noir la tenait à la main. Il ne me répondit que par des murmures. Je lui demandai quel pouvoir il avait sur ces animaux. « Je te le montrerai, petit homme, dit-il. » Et de prendre son bâton et d'en décharger un bon coup sur un cerf. Celui-ci fit entendre un grand bramement, et aussitôt, à sa voix accoururent des animaux en aussi grand nombre que les étoiles dans l'air, au point que j'avais grand'peine à me tenir debout au milieu d'eux dans la clairière ; ajoutez qu'il y avait des serpents, des vipères, toute sorte d'animaux. Il jeta les yeux sur eux et leur ordonna d'aller paître. Ils baissèrent la tête et lui témoignèrent le même respect que des hommes soumis à leur seigneur. « Tu vois, petit homme, » me dit alors l'homme noir, « le pouvoir que j'ai sur ces animaux. »

Je lui demandai la route. Il se montra rude, mais il me demanda néanmoins où je voulais aller. Je lui dis qui j'étais et ce que je voulais. Il me renseigna : « Prends le chemin au bout de la clairière et marche dans la direction de cette colline rocheuse là-haut. Arrivé au sommet, tu apercevras une plaine, une sorte de grande vallée arrosée. Au milieu tu verras un grand arbre ; l'extrémité de ses branches est plus verte que le plus vert des sapins ; sous l'arbre est une fontaine (1), et sur le bord de la fontaine une dalle de marbre sur laquelle est un bassin fixé par une chaîne d'ar-

(1) D'après Wace, la fontaine de Barenton en Brecheliant (Brecilien) en Armorique, forêt située en partie dans l'ancien évêché de Saint-Malo, avait à peu près les mêmes privilèges (*Roman de Rou*, éd. Pluquet, II, 143, 4, d'après lady Guest). Guillaume le Breton rapporte au sujet de cette fontaine la même tradition (*Guillelmus Brito, Philipp.*, VI, 415). Barenton ou Belenton était dans la seigneurie de Gaël, d'après les Ordonnances manuscrites du comte de Laval, connues sous le titre d'*Usements et coustumes* de la forest de Brecilien. M. de la Villemarqué en cite un extrait qui prouve qu'au quinzième siècle la tradition n'était pas encore éteinte (*Les Romans de la Table Ronde*, p. 234). Huon de Méry, trouvère du treizième siècle, fit le pèlerinage de Breceliande et, plus heureux que Wace, trouva non seulement la fontaine, mais le bassin, et renouvela avec plein succès l'expérience de Kynon et d'Owein (*Tournoiement Antecrist*, Bibl. roy., n° 541. S. F. fol. 72, col. 2, v. 5, d'après lady Guest, *Mab.*, I, 223). Dans le *Chevalier au Lion*, de Chrétien de Troyes, l'aventure se passe aussi dans la forêt de Brocéliande (*Hist. litt. de France*, XV, p. 235).

gent de façon à ce qu'on ne puisse l'arracher. Prends la tasse et jette plein le bassin d'eau sur la dalle. Aussitôt tu entendras un si grand coup de tonnerre qu'il te semblera que la terre et le ciel tremblent ; au bruit succédera une ondée très froide ; c'est à peine si tu pourras la supporter la vie sauve ; ce sera une ondée de grêle. Après l'ondée, il fera beau. Il n'y a pas sur l'arbre une feuille que l'ondée n'enlèvera ; après l'ondée viendra une volée d'oiseaux qui descendront sur l'arbre ; jamais tu n'as entendu dans ton pays une musique comparable à leur chant. Au moment où tu y prendras le plus de plaisir, tu entendras venir vers toi le long de la vallée gémissements et plaintes, et aussitôt t'apparaîtra un chevalier monté sur un cheval tout noir, vêtu de paile tout noir ; la lance ornée d'un gonfanon (1) de toile fine tout noir. Il t'attaquera le plus vite possible. Si tu fuis devant lui, il t'atteindra ; si tu l'attends, de cavalier que tu es, il te laissera piéton. Si cette fois tu ne trouves pas souffrance, il est inutile que tu en cherches tant que tu seras en vie. »

Je suivis le chemin jusqu'au sommet du tertre, d'où j'aperçus ce que m'avait annoncé l'homme noir ; j'allai à l'arbre et dessous je vis la fontaine,

---

(1) *Gonfanon*, étendard ou enseigne quadrangulaire terminé en pointe, enroulé quand on ne combattait pas, flottant en cas de combat. Il s'attachait à la hampe de la lance. Les simples chevaliers portaient le *pennon*, flamme triangulaire au bout de la lance. (Viollet-le-Duc, *Diction. rais. du mob.*, V).

avec la dalle de marbre et le bassin d'argent attaché à la chaîne. Je pris le bassin et je le remplis d'eau que je jetai sur la dalle. Voilà aussitôt le tonnerre et beaucoup plus fort que ne m'avait dit l'homme noir, et après le bruit l'ondée : j'étais bien convaincu, Kei, que ni homme ni animal, surpris dehors par l'ondée, n'en échapperait la vie sauve. Pas un grêlon n'était arrêté par la peau ni par la chair, il pénétrait jusqu'à l'os. Je tourne la croupe de mon cheval contre l'ondée, je place le soc de mon bouclier sur la tête de mon cheval et sur sa crinière, la housse sur ma tête, et je supporte ainsi l'ondée. Je jette les yeux sur l'arbre : il n'y avait plus une feuille. Alors le temps devient serein ; aussitôt les oiseaux descendent sur l'arbre et se mettent à chanter ; et je suis sûr, Kei, de n'avoir jamais entendu ni avant ni après de musique comparable à celle-là. Au moment où je prenais le plus de plaisir à les entendre, voilà les plaintes venant vers moi le long de la vallée, et une voix me dit : « Chevalier, que me voulais-tu ? Quel mal t'ai-je fait pour que tu me fisses à moi et à mes sujets ce que tu m'as fait aujourd'hui ? Ne sais-tu pas que l'ondée n'a laissé en vie ni créature humaine ni bête qu'elle ait surprise dehors. » Aussitôt se présente le chevalier sur un cheval tout noir, vêtu de paile tout noir, avec un gonfanon de toile fine tout noir. Nous nous attaquons. Le choc fut rude, mais je fus bientôt culbuté. Le chevalier passa le pied de sa lance à travers les rênes de mon cheval, et s'en alla avec les deux chevaux en me laissant là. Il ne me fit même pas l'honneur de me faire prisonnier; il ne me dépouilla pas non plus.

Je revins par le chemin que j'avais déjà suivi. Je trouvai l'homme noir à la clairière, et je t'avoue, Kei, que c'est merveille que je ne sois pas fondu de honte, en entendant les moqueries de l'homme noir. J'arrivai cette nuit au château où j'avais passé la nuit précédente. On s'y montra encore plus courtois que la nuit d'avant, on me fit faire bonne chère, et je pus causer à mon gré avec les hommes et les femmes. Personne ne fit la moindre allusion à mon expédition à la fontaine. Je n'en soufflai mot non plus à personne. J'y passai la nuit. En me levant, le lendemain matin, je trouvai un palefroi brun foncé, à la crinière toute rouge, aussi rouge que le *kenn* (1), complètement équipé. Après avoir revêtu mon armure, je leur laissai ma bénédiction et je revins à ma cour. Le cheval, je l'ai toujours; il est à l'étable là-bas, et par Dieu et moi, Kei, je ne le donnerais pas encore pour le meilleur palefroi de l'île de Bretagne. Dieu sait que personne n'a jamais avoué pour son compte une aventure moins heureuse que celle-là. Et cependant, c'est une chose très extraordinaire pour moi que je n'aie jamais ouï

---

(1) D'après Richards, *Welsh dict.*, c'est une sorte de mousse en usage pour colorer en rouge. On pourrait traduire par pourpre.

parler de personne ni avant ni après qui sût la moindre chose au sujet de cette aventure, en dehors de ce que je viens de raconter ; et dire que l'objet de cette aventure se trouve dans les états de l'empereur Arthur sans que personne arrive dessus!

— « Hommes, » dit Owein, « ne serait-il pas bien de chercher à tomber sur cet endroit-là? » — « Par la main de mon ami, » dit Kei, « ce n'est pas la première fois que ta langue propose ce que ton bras ne ferait pas. » — « En vérité, » s'écria Gwenhwyvar, « mieux vaudrait te voir pendre, Kei, que tenir des propos aussi outrageants envers un homme comme Owein. » — « Par la main de mon ami, » répondit-il, « princesse, tu n'en as pas plus dit à la louange d'Owein que je ne l'ai fait moi-même. » A ce moment Arthur s'éveilla et demanda s'il avait dormi quelque temps. — « Pas mal de temps, seigneur, dit Owein » — « Est-il temps de se mettre à table? » — « Il est temps, seigneur, dit Owein. » Le cor donna le signal d'aller se laver (1), et l'empereur, avec toute sa maison, se mit à table. Le repas terminé, Owein disparut. Il alla à son logis et prépara son cheval et ses armes.

Le lendemain, dès qu'il voit le jour poindre, il revêt son armure, monte à cheval, et marche devant lui au bout du monde et vers les déserts des montagnes. A la fin, il tombe sur le vallon boisé que lui avait indiqué Kynon, de façon à ne pou-

---

(1) C'est ce que nos romans français expriment par *corner l'eau*.

voir douter que ce ne soit lui. Il chemine par le vallon en suivant la rivière, puis il passe de l'autre côté et marche jusqu'à la plaine; il suit la plaine jusqu'en vue du château. Il se dirige vers le château, voit les jeunes gens en train de lancer leurs couteaux à l'endroit où les avait vus Kynon, et l'homme blond, le maître du château, debout à côté d'eux. Au moment où Owein va pour le saluer, l'homme blond lui adresse son salut et le précède au château. Il aperçoit une chambre, et en entrant dans la chambre, des pucelles en train de coudre de la *paile* jaune, assises dans des chaires dorées. Owein les trouva beaucoup plus belles et plus gracieuses encore que ne l'avait dit Kynon. Elles se levèrent pour servir Owein comme elles l'avaient fait pour Kynon. La chère parut encore meilleure à Owein qu'à Kynon. Au milieu du repas, l'homme blond demanda à Owein quel voyage il faisait. Owein ne lui cacha rien : « Je voudrais, » dit-il, « me rencontrer avec le chevalier qui garde la fontaine. » L'homme blond sourit ; malgré l'embarras qu'il éprouvait à donner à Owein des indications à ce sujet comme auparavant à Kynon, il le renseigna cependant complètement. Ils allèrent se coucher.

Le lendemain matin, Owein trouva son cheval tenu prêt par les pucelles. Il chemina jusqu'à la clairière de l'homme noir, qui lui parut encore plus grand qu'à Kynon. Il lui demanda la route. L'homme noir la lui indiqua. Comme Kynon, Owein suivit la route jusqu'à l'arbre vert. Il aperçut la fontaine et au bord la dalle avec le bassin. Owein prit le bassin, et en jeta plein d'eau sur la dalle. Aussitôt voilà un coup de tonnerre, puis après le tonnerre, l'ondée, et bien plus forte que ne l'avait dit Kynon. Après l'ondée, le ciel s'éclaircit. Lorsque Owein leva les yeux vers l'arbre, il n'y avait plus une feuille. A ce moment les oiseaux descendirent sur l'arbre et se mirent à chanter. Au moment où il prenait le plus de plaisir à leur chant, il vit un chevalier venir le long de la vallée. Owein alla à sa rencontre et ils se battirent rudement. Ils brisèrent leurs deux lances, tirèrent leurs épées et s'escrimèrent. Owein bientôt donna au chevalier un tel coup qu'il traversa le heaume, la cervelière et la ventaille (1) et atteignit à travers la peau, la chair et les os jusqu'à la cervelle. Le chevalier noir sentit qu'il était mortellement blessé, tourna bride et s'enfuit. Owein le poursuivit et, s'il

---

(1) Voir notes critiques. La cervelière ou coiffe était une coiffure de mailles ou de plaques de fer enveloppant la partie supérieure du crâne. Ou elle était sous-jacente au camail, partie du vêtement de l'homme de guerre qui couvrait la tête et les épaules, et alors elle était de toile ou de peau, et n'était qu'un serre-tête (*pennffestin?*), ou elle faisait partie du camail, et, dans ce cas, était faite de maillons ; ou encore elle était posée par-dessus ; alors elle était de fer battu (Viollet-le-Duc, *Dictionnaire raisonné du mobilier français*, V). La ventaille était une petite pièce dépendant du haubert, et que l'on attachait à la coiffe pour protéger le visage. Elle ne remontait pas jusqu'aux yeux. Elle fut remplacée par la visière qui dépendait du casque (Paulin Paris, *Les Romans de la Table Ronde*, IV).

ne pouvait le frapper de son épée, il le serrait de près. Un grand château brillant apparut. Ils arrivèrent à l'entrée. On laissa pénétrer le chevalier noir mais on fit retomber sur Owein la herse. La herse atteignit l'extrémité de la selle, traversa le cheval, enleva les molettes des éperons du talon d'Owein, et ne s'arrêta qu'au sol. Les molettes des éperons et un morceau du cheval restèrent dehors, et Owein, avec le reste du cheval, entre les deux portes. La porte intérieure fut fermée, de sorte qu'Owein ne pouvait s'échapper.

Il était dans le plus grand embarras, lorsqu'il aperçut, à travers la jointure de la porte une rue en face de lui, avec une rangée de maisons des deux côtés, et une jeune fille aux cheveux blonds frisés, la tête ornée d'un bandeau d'or, vêtue de *paile* jaune, les pieds chaussés de deux brodequins de *cordwal* tacheté, se dirigeant vers l'entrée. Elle demanda qu'on ouvrît : « En vérité, » dit Owein, « dame, il n'est pas plus possible de t'ouvrir d'ici que tu ne peux toi-même me délivrer de là. » — « C'est vraiment grande pitié, » dit la pucelle, « qu'on ne puisse te délivrer. Ce serait le devoir d'une femme de te rendre service. Je n'ai jamais vu assurément jeune homme meilleur que toi pour une femme (1). Si tu avais

(1) L'empressement de Lunet à obliger Owein, et ce compliment qu'elle lui adresse sont justifiés dans le *Chevalier au Lion*, de Chrestien de Troyes. Envoyée par sa dame à la cour d'Arthur,

une amie, tu serais bien le meilleur des amis pour elle ; si tu avais une maîtresse, il n'y aurait pas meilleur amant que toi ; aussi ferai-je tout ce que je pourrai pour te tirer d'affaire. Tiens cet anneau et mets-le à ton doigt. Tourne le chaton à l'intérieur de ta main et ferme la main dessus. Tant que tu le cacheras, il te cachera toi-même (1). Lorsqu'ils auront délibéré, ils accourront pour te livrer au supplice à cause du chevalier. Ils seront fort irrités quand ils ne te trouveront pas. Moi je serai sur le montoir de pierre (2) là-bas à t'attendre. Tu me verras sans que je te voie. Accours et mets ta main sur mon épaule ; je saurai ainsi que tu es là. Suis-moi alors où j'irai. » Sur ce, elle quitta Owein.

elle n'avait trouvé d'appui qu'auprès d'Owein. Elle l'a reconnu et veut lui témoigner sa reconnaissance en le tirant du mauvais pas où il se trouve.

(1) Il est question, dans des récits de tous pays, d'anneaux de ce genre. L'anneau de Gygès est un des plus fameux. Celui-ci est compté, dans un texte gallois que je cite d'après lady Guest, parmi les treize raretés de l'île, gardées primitivement à Caerlleon sur Usk. Ces curiosités avaient été emportées par Myrddin, fils de Morvran, dans la maison de verre à Enlli ou Bardsey Island. D'autres en font la propriété de Taliesin. « La pierre de l'anneau d'Eluned qui tira Owein ab Urien d'entre la herse et le mur; quiconque la cachait était caché par elle. »

(2) Lady Guest, d'après Ellis (note 8, Way's Fabliaux), fait remarquer que ces montoirs étaient placés sur les routes, dans les forêts, et aussi en grand nombre dans les villes. Il y en avait beaucoup à Paris, où ils servaient aux magistrats à monter sur leurs mules pour se rendre aux cours de justice. Sur ces montoirs ou sur les arbres à côté, les chevaliers plaçaient leurs boucliers comme signe de défi pour tout venant.

Il fit tout ce que la pucelle lui avait commandé. Les hommes de la cour vinrent en effet chercher Owein pour le mettre à mort, mais ils ne trouvèrent que la moitié du cheval, ce qui les mit en grande fureur. Owein s'échappa du milieu d'eux, alla à la pucelle et lui mit la main sur l'épaule. Elle se mit en marche suivie par Owein et ils arrivèrent à la porte d'une chambre grande et belle. Elle ouvrit, ils entrèrent et fermèrent la porte. Owein promena ses regards sur tout l'appartement : il n'y avait pas un clou qui ne fût peint de riche couleur, pas un panneau qui ne fût couvert de figures dorées (1). La pucelle alluma un feu de charbon, prit un bassin d'argent avec de l'eau, et une serviette de fine toile blanche sur l'épaule, elle offrit l'eau à Owein pour qu'il se lavât. Ensuite, elle plaça devant lui une table d'argent doré, couverte d'une nappe de fine toile jaune et lui apporta à souper. Il n'y avait pas de mets connu d'Owein dont il ne vît là abondance, avec cette différence que les mets qu'il voyait étaient beaucoup mieux préparés qu'ailleurs. Nulle part il n'avait vu offrir autant de mets ou de boissons excellentes que là. Pas un vase de service qui ne fût d'or ou d'argent. Owein mangea et but jusqu'à une heure avancée du temps de nones. A ce moment, ils entendirent de grands

---

(1) L'usage de peindre les panneaux des appartements était assurément répandu au moyen âge. Lady Guest cite à l'appui plusieurs passages de Chaucer, notamment du Knightes Tale, 1977.

cris dans le château. Owein demanda à la pucelle quels étaient ces cris : « On donne l'extrême onction au maître du château, » dit-elle. Owein alla se coucher. Il eût été digne d'Arthur, tellement il était bon, le lit que lui fit la pucelle, de tissus d'écarlate, de *paile*, de *cendal* (1) et de toile fine.

Vers minuit, ils entendirent des cris perçants. « Que signifient ces cris maintenant? » dit Owein. — « Le seigneur, maître du château, vient de mourir, » répondit la pucelle. Un peu après le jour retentirent des cris et des lamentations d'une violence inexprimable. Owein demanda à la jeune fille ce que signifiaient ces cris. « On porte, » dit-elle, « le corps du seigneur, maître du château, au cimetière. » Owein se leva, s'habilla, ouvrit la fenêtre, et regarda du côté du château. Il ne vit ni commencement ni fin aux troupes qui remplissaient les rues, toutes complètement armées ; il y avait aussi beaucoup de femmes à pied et à cheval, et tous les gens d'église de la cité étaient là chantant. Il semblait à Owein que le ciel résonnait sous la violence des cris, du son des trompettes, et des chants des hommes d'église. Au milieu de la foule était la bière, recouverte d'un drap de toile blanche, portée par des hommes dont le moindre était un baron puissant. Owein n'avait jamais vu assurément une

---

(1) Le *cendal* est une espèce de soie, probablement une sorte de taffetas, en usage dès le onzième siècle (Quicherat, *Le costume*, p. 153).

suite aussi brillante que celle-là avec ses habits de *paile*, de soie et de *cendal*.

Après cette troupe venait une femme aux cheveux blonds, flottant sur les deux épaules, souillés à leur extrémité de sang provenant de meurtrissures, vêtue d'habits de *paile* jaune en lambeaux, les pieds chaussés de brodequins de *cordwal* bigarré. C'était merveille que le bout de ses doigts ne fût écorché, tant elle frappait avec violence ses deux mains l'une contre l'autre. Il était impossible de voir une aussi belle femme, Owein en était bien persuadé, si elle avait eu son aspect habituel. Ses cris dominaient ceux des gens et le son des trompettes de la troupe. En la voyant Owein s'enflamma de son amour au point qu'il en était entièrement pénétré. Il demanda à la pucelle qui elle était. « On peut en vérité te dire, » répondit-elle, « que c'est la plus belle des femmes, la plus généreuse, la plus sage et la plus noble; c'est ma dame; on l'appelle la Dame de la Fontaine, c'est la femme de l'homme que tu as tué hier. »
— « Dieu sait, » dit Owein, « que c'est la femme que j'aime le plus. » — « Dieu sait qu'elle ne t'aime ni peu ni point. » La pucelle se leva et alluma un feu de charbon, remplit une marmite d'eau et la fit chauffer. Puis elle prit une serviette de toile blanche et la mit sur l'épaule d'Owein. Elle prit un gobelet d'os d'éléphant, un bassin d'argent, le remplit d'eau chaude et lava la tête d'Owein. Puis elle ouvrit un coffret de bois, en tira un ra-

soir au manche d'ivoire, dont la lame avait deux rainures dorées, le rasa et lui essuya la tête et le cou avec la serviette. Ensuite elle dressa la table devant Owein et lui apporta son souper. Owein n'en avait jamais eu de comparable à celui-là, ni d'un service plus irréprochable. Le repas terminé, la pucelle lui prépara son lit. « Viens ici te coucher, » dit-elle, « et j'irai faire la cour pour toi. »

Elle ferma la porte et s'en alla au château. Elle n'y trouva que tristesse et soucis. La comtesse était dans sa chambre, ne pouvant, dans sa tristesse, supporter la vue de personne. Lunet s'avança vers elle et la salua. Elle ne répondit pas. La pucelle se fâcha et lui dit : « Que t'est-il arrivé, que tu ne réponds à personne aujourd'hui. » — « Lunet, » dit la comtesse, « quel honneur est le tien, que tu ne sois pas venue te rendre compte de ma douleur. C'est moi qui t'ai faite riche. C'était bien mal à toi de ne pas venir, oui, c'était bien mal. » — « En vérité, » dit Lunet, « je n'aurais jamais pensé que tu eusses si peu de sens. Il vaudrait mieux pour toi chercher à réparer la perte de ce seigneur, que de t'occuper d'une chose irréparable. » — « Par moi et Dieu, je ne pourrai jamais remplacer mon seigneur par un autre homme au monde. » — « Tu pourrais épouser qui le vaudrait bien et peut-être mieux. » — « Par moi et Dieu, s'il ne me répugnait de faire périr une personne que j'ai élevée, je te ferais mettre à mort, pour faire en ma présence des comparaisons aussi injustes. Je t'exilerai en tout cas. » — « Je suis heureuse que tu n'aies pas à cela d'autre motif que mon désir de t'indiquer ton bien, lorsque tu ne le voyais pas toi-même. Honte à la première d'entre nous qui enverra vers l'autre, moi pour solliciter une invitation, toi pour la faire. » Et Lunet sortit. La dame se leva et alla jusqu'à la porte de la chambre à la suite de Lunet ; là elle toussa fortement. Lunet se retourna. La comtesse lui fit signe et elle revint auprès d'elle. « Par moi et Dieu, dit la dame, tu as mauvais caractère, mais puisque c'est mon intérêt que tu veux m'enseigner, dis-moi comment cela se pourrait. » — « Voici, » dit-elle. « Tu sais qu'on ne peut maintenir ta domination que par vaillance et armes. Cherche donc au plus tôt quelqu'un qui la conserve. » — « Comment puis-je le faire ? » — « Voici : si tu ne peux conserver la fontaine, tu ne peux conserver tes états ; il ne peut y avoir d'autre homme à défendre la fontaine que quelqu'un de la cour d'Arthur. J'irai donc à la cour, et honte à moi si je n'en reviens avec un guerrier qui gardera la fontaine aussi bien ou mieux que celui qui l'a fait avant. » — « C'est difficile ; enfin, essaie ce que tu dis. »

Lunet partit comme si elle allait à la cour d'Arthur, mais elle se rendit à sa chambre auprès d'Owein. Elle y resta avec lui jusqu'au moment où il eût été temps pour elle d'être de retour de la cour d'Arthur. Alors elle s'habilla et se rendit auprès de la comtesse, qui la reçut avec joie : « Tu apportes des nouvelles de la cour d'Arthur? » dit-elle. — « Les meilleures du monde, princesse; j'ai trouvé ce que je suis allé chercher. » — « Et quand comptes-tu me présenter le seigneur qui est venu avec toi? Viens avec lui demain vers midi pour me voir. Je ferai débarrasser la maison en vue d'un entretien particulier. » Lunet rentra.

Le lendemain, à midi, Owein revêtit une robe, un surcot et un manteau de *paile* jaune, rehaussé d'un large *orfroi* de fil d'or; ses pieds étaient chaussés de brodequins de *cordwal* bigarré, fermés par une figure de lion en or. Ils se rendirent à la chambre de la dame qui les accueillit d'aimable façon. Elle considéra Owein avec attention : « Lunet », dit-elle, « ce seigneur n'a pas l'air d'un voyageur. Par Dieu et moi, ce n'est pas un autre que lui qui a fait sortir l'âme du corps de mon seigneur. » — « Tant mieux pour toi, princesse; s'il n'avait pas été plus fort que lui, il ne lui eût pas enlevé l'âme du corps; on n'y peut plus rien, c'est une chose faite. » — « Retournez chez vous, » dit la dame, « et je prendrai conseil. » Elle fit convoquer tous ses vassaux pour le lendemain et leur signifia que le comté était vacant, en faisant remarquer qu'on ne pouvait le maintenir que par chevalerie, armes et vaillance. « Je vous donne à choisir : ou l'un de vous me prendra, ou vous me permettrez de choisir un mari d'ailleurs qui puisse défendre l'Etat. » Ils décidèrent de lui permettre de choisir un mari en dehors du pays. Alors elle appela les évêques et les archevêques à la cour pour célébrer son mariage avec Owein (1). Les hommes du comté prêtèrent hommage à Owein. Owein garda la fontaine avec lance et épée, voici comme : tout chevalier qui y venait, il le renversait et le vendait pour toute sa valeur. Le produit, il le partageait entre ses barons et ses chevaliers ; aussi n'y avait-il personne au monde plus aimé de ses sujets que lui. Il fut ainsi pendant trois années.

Un jour que Gwalchmei se promenait avec l'empereur Arthur, il jeta les yeux sur lui, et le vit triste et soucieux. Gwalchmei fut très peiné de le voir dans cet état, et lui demanda : « Seigneur, que t'est-il arrivé ? » — « Par moi et Dieu, Gwalchmei, j'ai regret après Owein qui a disparu d'auprès de moi depuis trois longues années ; si je suis encore une quatrième sans le voir, mon âme ne restera pas dans mon corps. Je suis bien sûr que c'est à la suite du récit de Kynon, fils de

---

(1) C'est là un trait qui n'est pas gallois. Les lois galloises ne font jamais mention de la bénédiction religieuse pour le mariage. D'ailleurs, comme le fait remarquer le savant jurisconsulte allemand Ferd. Walter, d'après le droit canonique, même au moyen âge, la bénédiction n'était pas nécessaire à la validité du mariage. C'est dans les lois concernant le mariage que le droit gallois a le plus échappé à l'influence romaine et à l'influence de l'Eglise (Ferd. Walter, *Das alte Wales*, p. 409). Quant au mariage de la Dame de la Fontaine avec le meurtrier de son mari, comme le fait remarquer lady Guest, il n'a rien de bien extraordinaire à cette époque. C'était, d'après Sainte-Palaye, un moyen très facile et fort ordinaire de faire fortune pour un chevalier que d'épouser une dame dans cette situation (I, 267, 326).

Klydno, qu'il a disparu du milieu de nous. » — « Il n'est pas nécessaire, » dit Gwalchmei, « que tu rassembles les troupes de tes Etats pour cela ; avec tes gens seulement, tu peux venger Owein s'il est tué, le délivrer s'il est prisonnier, et l'emmener avec toi s'il est en vie. » On s'arrêta à ce qu'avait dit Gwalchmei. Arthur et les hommes de sa maison firent leurs préparatifs pour aller à la recherche d'Owein. Ils étaient au nombre de trois mille sans compter les subordonnés. Kynon, fils de Klydno, leur servait de guide. Ils arrivèrent au château fort où avait été Kynon : les jeunes gens étaient en train de lancer leurs couteaux à la même place, et l'homme blond était debout près d'eux. Dès qu'il aperçut Arthur, il le salua et l'invita : Arthur accepta l'invitation. Ils allèrent au château. Malgré leur grand nombre, on ne s'apercevait pas de leur présence dans le château. Les pucelles se levèrent pour les servir. Il n'avaient jamais vu auparavant de service irréprochable, mais celui des femmes le fut. Le service pour les valets des chevaux, cette nuit-là, ne se fit pas plus mal que pour Arthur lui-même dans sa propre cour.

Le lendemain matin Arthur se mit en marche, avec Kynon pour guide. Ils arrivèrent auprès de l'homme noir ; sa stature parut encore beaucoup plus forte à Arthur qu'on ne le lui avait dit. Ils gravirent le sommet de la colline, et suivirent la vallée jusqu'auprès de l'arbre vert, jusqu'à ce qu'ils aperçurent la fontaine et le bassin sur la dalle. Alors Kei va trouver Arthur, et lui dit : « Seigneur, je connais parfaitement le motif de cette expédition, et j'ai une prière à te faire, c'est de me laisser jeter de l'eau sur la dalle, et recevoir la première peine qui viendra. » Arthur le lui permet. Kei jette de l'eau sur la pierre, et aussitôt éclate le tonnerre ; après le tonnerre, l'ondée : jamais ils n'avaient entendu bruit ni ondée pareille. Beaucoup d'hommes de rang inférieur de la suite d'Arthur furent tués par l'ondée. Aussitôt l'ondée cessée, le ciel s'éclaircit. Lorsqu'ils levèrent les yeux vers l'arbre, ils n'y aperçurent plus une feuille. Les oiseaux descendirent sur l'arbre ; jamais, assurément, ils n'avaient entendu musique comparable à leur chant. Puis ils virent un chevalier monté sur un cheval tout noir, vêtu de *paile* tout noir, venant d'une allure ardente. Kei alla à sa rencontre et se battit avec lui. Le combat ne fut pas long : Kei fut jeté à terre. Le chevalier tendit son pavillon ; Arthur et ses gens en firent autant pour la nuit.

En se levant, le lendemain matin, ils aperçurent l'enseigne de combat flottant sur la lance du chevalier. Kei alla trouver Arthur : « Seigneur, » dit-il, « j'ai été renversé hier dans de mauvaises conditions ; te plairait-il que j'allasse aujourd'hui me battre avec le chevalier ? » — « Je le permets, » dit Arthur. Kei se dirigea sur le chevalier, qui le jeta à terre aussitôt. Puis il jeta un coup d'œil sur lui ; et, lui donnant du pied de sa lance sur le front, il entama heaume, coiffe, peau et même chair jusqu'à l'os, de toute la largeur du bout de la hampe. Kei revint auprès de ses compagnons. Alors les gens de la maison d'Arthur allèrent tour à tour se battre avec le chevalier, jusqu'à ce qu'il ne resta plus debout qu'Arthur et Gwalchmei. Arthur revêtait ses armes pour aller lutter contre le chevalier, lorsque Gwalchmei lui dit : « Oh ! seigneur, laisse-moi aller le premier contre le chevalier. » Et Arthur y consentit. Il alla donc contre le chevalier ; comme il était revêtu d'une couverture (1) de *paile* que lui avait envoyée la fille du comte d'Anjou, lui et son cheval, personne de l'armée ne le reconnaissait. Ils s'attaquèrent et se battirent, ce jour-là, jusqu'au soir, et cependant aucun d'eux ne fut près de jeter l'autre à terre. Le lendemain ils allèrent se battre avec des lances épaisses, mais aucun d'eux ne put triompher de l'autre. Le jour suivant, ils allèrent au combat avec des lances solides, grosses et épaisses. Enflammés de colère, ils se chargèrent jusqu'au milieu du jour, et enfin ils se

---

(1) Il ne s'agit probablement pas d'une cotte d'armes. La cotte d'armes était une sorte de tunique d'étoffe ou de peau qu'on mettait, dès la fin du douzième siècle, sur le haubert de mailles, sur le gambison et la broigne. Les cottes du douzième et du treizième siècle étaient habituellement de *cendal*, taffetas ou étoffe de soie assez forte (Viollet-le-Duc, *Dict. du mob.*, V). La couverture ou surcot, qui était de laine ou de soie, se portait par dessus la cotte d'armes et le haubert. C'est ainsi que, dans les romans français de la *Table Ronde*, un chevalier porte écu noir, cotte d'armes noire, et *couverture* noire (Paulin Paris, *Les Romans de la Table Ronde*, III, p. 231).

donnèrent un choc si violent que les sangles de leurs chevaux se rompirent, et que chacun d'eux roula par dessus la croupe de son cheval à terre. Ils se levèrent vivement, tirèrent leurs épées, et se battirent. Jamais, de l'avis des spectateurs, on n'avait vu deux hommes aussi vaillants, ni si forts. S'il y avait eu nuit noire, elle eût été éclairée par le feu qui jaillissait de leurs armes. Enfin le chevalier donna à Gwalchmei un tel coup, que son heaume tourna de dessus son visage (1), de sorte que le chevalier vit que c'était Gwalchmei. « Sire Gwalchmei, » dit alors Owein, « je ne te reconnaissais pas à cause de ta couverture; tu es mon cousin germain. Tiens mon épée et mes armes. » — « C'est toi qui es le maître, Owein, » répondit Gwalchmei, « c'est toi qui as vaincu; prends donc mon épée. » Arthur les remarqua dans cette situation, et vint à eux. « Seigneur Arthur, » dit Gwalchmei, « voici Owein qui m'a vaincu, et il ne veut pas recevoir de moi mon épée. » — « Seigneur, » dit Owein, « c'est lui qui est le vainqueur, et il ne veut pas de mon épée. » — « Donnez-moi vos épées, » dit Arthur, « et ainsi aucun de vous

---

(1) L'ancien heaume des douzième et treizième siècles se posait sur la tête au moment du combat; il garantissait bien la tête, mais la gorge assez mal. Sa partie inférieure était libre, aussi les coups portés sur cette partie le faisaient dévier. Vers 1350 le heaume fut remplacé par le *bacinet*, le *chapel de fer*. Une plaque d'acier fut adaptée à la cervelière de peau, de mailles ou de fer qui était posée sur le *chapel de fer*, pour protéger la gorge (Viollet-le-Duc, *Dict. du mobilier français*, V).

n'aura vaincu l'autre. » Owein jeta les bras autour du cou d'Arthur, et ils se baisèrent. L'armée accourut vers eux. Il y eut tant de presse et de hâte pour voir Owein et l'embrasser, que peu s'en fallut qu'il n'y eût des morts. Ils passèrent la nuit dans leurs pavillons.

Le lendemain, Arthur manifesta l'intention de se mettre en route. « Seigneur, » dit Owein, « ce n'est pas ainsi que tu dois agir. Il y a aujourd'hui trois ans que je t'ai quitté, et que cette terre m'appartient. Depuis ce temps jusqu'aujourd'hui, je prépare un banquet pour toi. Je savais que tu irais à ma recherche. Tu viendras donc avec moi pour te débarrasser de ta fatigue, toi et tes hommes. Vous aurez des bains. » Ils se rendirent au château de la Dame de la Fontaine tous ensemble, et le festin qu'on avait mis trois ans à préparer, ils en vinrent à bout en trois mois de suite. Jamais banquet ne leur parut plus confortable ni meilleur. Arthur songea alors au départ, et envoya des messagers à la dame pour lui demander de laisser Owein venir avec lui, afin de le montrer aux gentilshommes et aux dames de l'île de Bretagne pendant trois mois. La dame le permit malgré la peine qu'elle en éprouvait. Owein alla avec Arthur dans l'île de Bretagne. Une fois arrivé au milieu de ses compatriotes et de ses compagnons de festins, il resta trois années au lieu de trois mois.

Owein se trouvait, un jour, à table à Kaer Llion

sur Wysc, lorsqu'une jeune fille se présenta (1), montée sur un cheval brun, à la crinière frisée; elle lui flattait la crinière de la main. Elle était vêtue de *paile* jaune. La bride et tout ce qu'on apercevait de la selle était d'or. Elle s'avança en face d'Owein, et lui enleva la bague qu'il avait au doigt (2). « C'est ainsi qu'on traite, » dit-elle, « un trompeur, un traître sans parole : honte sur ta barbe! » Elle tourna bride et sortit. Le souvenir de son expédition revint à Owein, et il fut pris de tristesse. Le repas terminé, il se rendit à son logis, et y passa la nuit dans les soucis.

Le lendemain il se leva, mais ce ne fut pas pour se rendre à la cour ; il alla aux extrémités du monde et aux montagnes désertes. Et il continua ainsi jusqu'à ce que ses habits furent usés, et son corps pour ainsi dire aussi ; de longs poils lui poussèrent par tout le corps. Il fit sa compagnie des animaux sauvages, il se nourrit avec eux, si bien qu'ils devinrent familiers avec lui. Mais il finit par s'affaiblir au point de ne pouvoir les suivre. Il descendit de la montagne à la vallée, et se dirigea vers un parc, le plus beau du monde, qui appartenait à une com-

---

(1) Il y a de nombreux exemples de gens entrant à cheval dans la salle pendant que le seigneur et ses hôtes sont à table. Lady Guest cite à l'appui un passage intéressant de Chaucer tiré du conte de Cambuscan (10, 390 ; 10, 401).

(2) Cet anneau, dans le *Chevalier au Lion*, de Chrestien, est celui que la femme d'Yvains (Owein) lui a donné en partant : il rend invulnérable tant qu'on aime sa dame.

tesse veuve. Un jour, la comtesse et ses suivantes allèrent se promener au bord de l'étang qui était dans le parc, jusqu'à la hauteur du milieu de l'eau. Là elles aperçurent comme une forme et une figure d'homme. Elles en conçurent quelque crainte, mais, néanmoins, elles approchèrent de lui, le tâtèrent et l'examinèrent. Elles virent qu'il était tout couvert de teignes, et qu'il se desséchait au soleil. La comtesse retourna au château. Elle prit plein une fiole d'un onguent précieux (1), et le mit dans la main d'une de ses suivantes en disant : « Va avec cet onguent, emmène ce cheval-là, et emporte des vêtements que tu mettras à la portée de l'homme de tout à l'heure. Frotte-le avec cet onguent dans la direction de son cœur. S'il y a encore de la vie en lui, cet onguent le fera lever. Epie ce qu'il fera. » La pucelle partit. Elle répandit sur lui tout l'onguent, laissa le cheval et les habits à portée de sa main, s'éloigna un peu de lui, se cacha et l'épia. Au bout de peu de temps, elle le vit se gratter les bras, se relever et regarder sa peau. Il eut grande honte, tellement son aspect était repoussant. Apercevant le cheval et les habits, il se traîna jusqu'à ce qu'il pût tirer les habits à lui de la selle, et les revêtir. Il put à grand peine monter sur le cheval. Alors la pucelle parut et le

(1) Dans le *Chevalier au Lion*, les dames ont reconnu Owein. La dame du château tient son onguent de la fée Morgain. Le grand médecin, dans les *Mabinogion* de Géreint et Enid, et de Peredur ab Evrawc, c'est Morgan Tut.

salua. Il se montra joyeux vis-à-vis d'elle, et lui demanda quels étaient ces domaines et ces lieux. « C'est à une comtesse veuve, » dit-elle, « qu'appartient ce château fort là-bas. Son mari, en mourant, lui avait laissé deux comtés, et aujourd'hui elle n'a plus d'autre bien que cette demeure : tout le reste lui a été enlevé par un jeune comte, son voisin (1), dont elle n'a pas voulu devenir la femme. » — « C'est triste, » dit Owein. Et la jeune fille et lui se rendirent au château.

Owein descendit ; la jeune fille le mena à une chambre confortable, alluma du feu, et le laissa. Puis elle se rendit auprès de la comtesse, et lui remit la fiole. « Hé, pucelle, » dit la dame, « où est tout l'onguent ? » — « Il est tout entier perdu, » dit-elle. — « Il m'est difficile de te faire des reproches à ce sujet. Cependant il était inutile pour moi de dépenser en onguent précieux la valeur de cent vingt livres pour je ne sais qui. Sers-le tout de même, » ajouta-t-elle, « de façon qu'il ne lui manque rien. » C'est ce que fit la pucelle ; elle le pourvut de nourriture, boisson, feu, lit, bains, jusqu'à ce qu'il fût rétabli. Les poils s'en allèrent de dessus son corps par touffes écailleuses. Cela dura trois mois, et sa peau devint plus blanche qu'elle ne l'avait été.

Un jour, Owein entendit du tumulte dans le château, et un bruit d'armes à l'intérieur. Il de-

---

(1) Ce comte s'appelle Aliers dans le *Chevalier au Lion*.

manda à la pucelle ce que signifiait ce tumulte. « C'est le comte dont je t'ai parlé, » dit-elle, « qui vient contre le château, à la tête d'une grande armée, dans l'intention d'achever la perte de la dame. » Owein demanda si la comtesse avait cheval et armes. « Oui, » dit-elle, « les meilleures du monde. » — « Irais-tu bien lui demander en prêt, pour moi, un cheval et des armes ? Je voudrais aller voir de près l'armée. » — « J'y vais. » Et elle se rendit auprès de la comtesse, à laquelle elle exposa toute leur conversation. La comtesse se mit à rire. « Par moi et Dieu, » s'écria-t-elle, « je lui donne le cheval et l'armure pour toujours. Et il n'en a, sûrement, jamais eu en sa possession de pareils. J'aime mieux qu'il les prenne que de les voir devenir la proie de mes ennemis, demain, malgré moi, et cependant je ne sais ce qu'il veut en faire. »

On lui amena un gascon noir, parfait, portant une selle de hêtre, et une armure complète pour cheval et cavalier. Owein revêtit son armure, monta à cheval, et sortit avec deux écuyers complètement armés et montés. En arrivant devant l'armée du comte, ils ne lui virent ni commencement ni fin. Owein demanda aux écuyers dans quelle bataille était le comte. « Dans la bataille, là-bas, où tu aperçois quatre étendards jaunes, deux devant lui, et deux derrière. » — « Bien, » dit Owein, « retournez sur vos pas et attendez-moi auprès de l'entrée du château. » Ils s'en retournèrent, et lui poussa en avant jusqu'à ce qu'il rencontra le comte. Il l'enleva de sa selle, le plaça entre lui et son arçon de devant, et tourna bride vers le château. En dépit de toutes les difficultés, il arriva avec le comte au portail, auprès des écuyers. Ils entrèrent, et Owein donna le comte en présent à la comtesse, en lui disant : « Tiens, voici l'équivalent de ton onguent béni. » L'armée tendit ses pavillons autour du château. Pour avoir la vie sauve, le comte rendit à la dame ses deux comtés ; pour avoir la liberté, il lui donna la moitié de ses domaines à lui, et tout son or, son argent, ses joyaux et ses otages à elle, en plus. Owein partit. La comtesse l'invita bien à rester, en lui offrant sa main et tous ses domaines, mais il ne le voulut pas, et se dirigea vers les extrémités du monde et la solitude.

Pendant qu'il cheminait, il entendit un cri de douleur dans un bois, puis un second, puis un troisième. Il se dirigea de ce côté, et aperçut une éminence rocailleuse au milieu du bois, et un rocher grisâtre sur le penchant de la colline. Dans une fente du rocher se tenait un serpent, et, à côté du rocher, était un lion tout noir. Chaque fois qu'il essayait de s'échapper, le serpent s'élançait sur lui et le mordait. Owein dégaîna son épée, et s'avança vers le rocher. Au moment où le serpent sortait du rocher, il le frappa de son épée et le coupa en deux. Il essuya son épée et reprit sa route. Tout à coup, il vit le lion le suivre et jouer autour de lui comme un lévrier qu'il aurait élevé lui-même. Ils marchèrent tout le jour jusqu'au soir. Quand Owein trouva qu'il était temps de se reposer, il descendit, lâcha son cheval au milieu d'un pré uni et ombragé, et se mit à allumer du feu. Le feu était à peine prêt, que le lion avait apporté assez de bois pour trois nuits. Puis il disparut. En un instant, il revint apportant un fort et superbe chevreuil qu'il jeta devant Owein. Il se plaça de l'autre côté du feu, en face d'Owein. Owein prit le chevreuil, l'écorcha, et en mit des tranches à rôtir sur des broches autour du feu. Tout le reste du chevreuil, il le donna à manger au lion.

Pendant qu'il était ainsi occupé, il entendit un grand gémissement, puis un second, puis un troisième, tout près de lui. Il demanda s'il y avait là une créature humaine. « Oui, assurément, » fut-il répondu. — « Qui es-tu? » dit Owein. — « Je suis Lunet, la suivante de la dame de la fontaine. » — « Que fais-tu ici? » — « On m'a emprisonnée à cause d'un chevalier qui vint de la cour d'Arthur pour épouser ma dame; il resta quelque temps avec elle, puis il alla faire un tour à la cour d'Arthur, et jamais plus il ne revint. C'était pour moi un ami, celui que j'aimais le plus au monde. Un jour, deux valets de la chambre de la comtesse dirent du mal de lui et l'appelèrent traître. Je leur dis que leurs deux corps ne valaient pas le sien seul. C'est pour ce motif qu'on m'a emprisonnée dans ce coffre de pierre, en me disant que je perdrais la vie s'il ne venait lui-même me défendre à jour fixé. Je n'ai plus que jusqu'après-demain, et je n'ai personne pour aller le chercher : c'est Owein, fils d'Uryen. » — « Es-tu sûre que si ce chevalier le savait, il viendrait te défendre ? » — « J'en suis sûre par moi et Dieu. » Quand les tranches de viande furent suffisamment cuites, Owein les partagea par moitié entre lui et la pucelle. Ils mangèrent et s'entretinrent jusqu'au lendemain.

Le lendemain, Owein lui demanda s'il y avait un lieu où il pourrait trouver nourriture et bon accueil pour la nuit. « Oui, seigneur, » dit-elle, « va là, à la traverse ; suis le chemin le long de la rivière, et, au bout de peu de temps, tu verras un grand château surmonté de nombreuses tours. Le comte à qui appartient le château est le meilleur homme du monde pour ce qui est du manger. Tu pourras y passer la nuit. » Jamais guetteur ne veilla aussi bien son seigneur que ne fit le lion pour Owein, cette nuit-là. Owein équipa son cheval, et marcha, après avoir traversé le gué, jusqu'à ce qu'il aperçût le château. Il entra. On le reçut avec honneur. On soigna parfaitement son cheval, et on mit de la nourriture en abondance devant lui. Le lion alla se coucher à l'écurie du cheval ; aussi personne de la cour n'osa approcher de celui-ci. Nulle part, assurément, Owein n'avait vu un service aussi bien fait que là. Mais chacun des habitants était aussi triste que la mort.

Ils se mirent à table. Le comte s'assit d'un côté d'Owein, et la fille unique de l'autre. Jamais Owein n'avait vu une personne plus accomplie qu'elle. Le lion alla se placer sous la table entre les pieds d'Owein, qui lui donna de tous les mets qu'on lui servait à lui-même. Le seul défaut qu'Owein trouva là, ce fut la tristesse des habitants. Au milieu du repas, le comte souhaita la bienvenue à Owein : « Il est temps pour toi, » dit Owein, « d'être joyeux. » — « Dieu nous est témoin, » dit-il, « que ce n'est pas envers toi que nous sommes sombres, mais il nous est venu grand sujet de tristesse et de souci. Mes deux fils étaient allés, hier, chasser à la montagne. Il y a là un monstre qui tue les hommes et les mange. Il s'est emparé de mes fils. Demain est le jour convenu entre lui et moi où il me faudra lui livrer cette jeune fille, ou bien il tuera mes fils en ma présence. Il a figure d'homme, mais pour la taille, c'est un géant. » — « C'est, assurément, triste, » dit Owein, « et quel parti prendras-tu ? » — « Je trouve, en vérité, plus digne de lui laisser détruire mes fils, qu'il a eus malgré moi, que de lui livrer, de ma main, ma fille pour la souiller et la tuer. » Et ils s'entretinrent d'autres sujets. Owein passa la nuit au château.

Le lendemain, ils entendirent un bruit incroyable : c'était le géant qui venait avec les deux jeunes gens. Le comte voulait défendre le château contre lui, et, en même temps, voir ses deux fils en sûreté. Owein s'arma, sortit, et alla se mesurer avec le géant, suivi du lion. Aussitôt qu'il aperçut Owein en armes, le géant l'assaillit et se battit avec lui. Le lion se battait avec lui avec plus de succès qu'Owein. « Par moi et Dieu, » dit-il à Owein, « je ne serais guère embarrassé de me battre avec toi, si tu n'étais aidé par cet animal. » Owein poussa le lion dans le château, ferma la porte sur lui, et vint reprendre la lutte contre le grand homme. Le lion se mit à rugir en s'apercevant qu'Owein était en danger, grimpa jusque sur la salle du comte, et de là sur les remparts. Des remparts, il sauta jusqu'aux côtés d'Owein, et donna, sur l'épaule du grand homme, un tel coup de griffe, qu'il le déchira jusqu'à la jointure des deux hanches, et qu'on voyait les entrailles lui sortir du corps. L'homme tomba mort. Owein rendit ses deux fils au comte. Le comte invita Owein, mais il refusa, et se rendit au vallon où était Lunet.

Il vit qu'on y allumait un grand feu ; deux beaux valets bruns, aux cheveux frisés, amenaient la pucelle pour l'y jeter. Owein leur demanda ce qu'ils lui voulaient. Ils racontèrent leur différend comme l'avait raconté la pucelle, la nuit d'avant. « Owein lui a fait défaut, » ajoutèrent-ils, « et c'est pourquoi nous allons la brûler. » — « En vérité, » dit Owein, « c'était cependant un bon chevalier, et je serais bien étonné, s'il savait la pucelle en cet embarras, qu'il ne vînt pas la défendre. Si vous vouliez m'accepter à sa place, j'irais me battre avec vous. » — « Nous le voulons bien, par celui qui nous a créés. » Et ils allèrent se battre contre Owein. Celui-ci trouva fort à faire avec les deux valets. Le lion vint l'aider et ils prirent le dessus sur les deux valets. « Seigneur, » lui dirent-ils, « nous n'étions convenus de nous battre qu'avec toi seul; or, nous avons plus de mal à nous battre avec cet animal, qu'avec toi. » Owein mit le lion où la pucelle avait été emprisonnée, plaça des pierres contre la porte, et revint se battre avec eux. Mais sa force ne lui était pas encore revenue, et les deux valets avaient le dessus sur lui. Le lion ne cessait de rugir à cause du danger où était Owein; il finit par faire brèche dans les pierres, et sortir. En un clin d'œil, il tua un des valets, et, aussitôt après, l'autre. C'est ainsi qu'ils sauvèrent Lunet du feu. Owein et Lunet allèrent ensemble aux domaines de la Dame de la Fontaine; et, quand Owein en sortit, il emmena la dame avec lui à la cour d'Arthur, et elle resta sa femme tant qu'elle vécut (1).

Alors il prit le chemin de la cour du Du Traws

(1) La réconciliation d'Yvains avec la Dame de la Fontaine, dans le *Chevalier au Lion*, est beaucoup plus romanesque. Après plusieurs aventures qui suivent la délivrance de Lunet, il retourne à la fontaine où il renouvelle l'expérience de la coupe. Personne ne se présente. Lunet conseille à sa dame de prendre comme défenseur le Chevalier au lion. Elle y consent. Lunet va à sa recherche et est heureuse de reconnaître Yvains dans le héros. Il la suit au château, et, après quelques difficultés, les deux époux se réconcilient (*Hist. litt. de France*, XV).

(le Noir Oppresseur), et se battit avec lui. Le lion ne quitta pas Owein avant qu'il ne l'eût vaincu. Aussitôt arrivé à la cour du Noir Oppresseur, il se dirigea vers la salle. Il y aperçut vingt-quatre femmes, les plus accomplies qu'il eût jamais vues. Elles n'avaient pas, sur elles toutes, pour vingt-quatre sous (1) d'argent, et elles étaient aussi tristes que la mort. Owein leur demanda la cause de leur tristesse. Elles lui dirent qu'elles étaient filles de comtes, qu'elles étaient venues en ce lieu, chacune avec l'homme qu'elles aimaient le plus. « En arrivant ici, » ajoutèrent-elles, « nous trouvâmes accueil courtois et respect. On nous enivra, et, quand nous fûmes ivres, le démon à qui appartient cette cour vint, tua tous nos maris, et enleva nos chevaux, nos habits, notre or et notre argent. Les corps de nos maris sont ici, ainsi que beaucoup d'autres cadavres. Voilà, seigneur, la cause de notre tristesse. Nous regrettons bien que tu sois venu ici, de peur qu'il ne t'arrive malheur. » Owein prit pitié d'elles et sortit. Il vit venir à lui un chevalier qui l'accueillit avec autant de courtoisie et d'affection qu'un frère : c'était le Noir Oppresseur. « Dieu sait, » dit Owein, « que ce n'est pas pour chercher bon accueil de toi que je suis venu ici. » — « Dieu sait que tu ne l'obtiendras pas non plus. » Et, sur-le-champ, ils fondirent l'un sur l'autre, et se maltraitèrent rudement.

---

(1) *Sou* au sens actuel du mot.

Owein le mit hors de combat, et lui attacha les deux mains derrière le dos. Le Noir Oppresseur lui demanda merci en disant : « Seigneur Owein, il était prédit que tu viendrais ici pour me soumettre. Tu es venu, et tu l'as fait. J'ai été en ces lieux un spoliateur, et ma maison a été une maison de dépouilles ; donne-moi la vie, et je deviendrai hospitalier, et ma maison sera un hospice (1) pour faible et fort, tant que je vivrai, pour le salut de ton âme. » Owein accepta. Il y passa la nuit, et, le lendemain, il emmena avec lui les vingt-quatre femmes avec leurs chevaux, leurs habits, et tout ce qu'elles avaient apporté de biens et de joyaux.

Il se rendit avec elles à la cour d'Arthur. Si Arthur s'était montré joyeux vis-à-vis de lui auparavant, après sa première disparition, il le fut encore plus cette fois. Parmi les femmes, celles qui voulurent rester à la cour, en eurent toute liberté, les autres purent s'en aller. Owein resta, à partir de là, à la cour d'Arthur, comme *Penteulu*, très aimé d'Arthur, jusqu'à ce qu'il retourna vers ses vassaux, c'est-à-dire les trois cents épées de la tribu de Kynvarch (2) et la troupe des corbeaux. Partout où il allait avec eux, il était vainqueur.

---

(1) Plusieurs lieux en Galles portent le nom de *Spytty* ou *Yspytty*, dont le premier terme vient de *hospitium* : ces *hospices* étaient des espèces d'hôtels tenus en général par des moines, et placés dans des lieux écartés des villes à l'intention des voyageurs.

(2) Ce passage n'a pas été compris par lady Guest, v. notes

Cette histoire s'appelle l'histoire de la Dame de la Fontaine.

critiques. — Il devient très clair si on le rapproche du passage suivant de la *Noblesse des hommes du Nord,* édité avec traduction par Skene (*Four ancient books*, II, p. 455) : « Les trois cents épées de Kynvarch, les trois cents boucliers de Kynnwydyon, les trois cents lances de Coel, à quelque entreprise qu'ils allassent sérieusement, ils n'échouaient jamais. » Owein était fils d'Uryen ab Cynvarch ab Meirchawn ab Gorwst Ledlwm ab Keneu ab Coel.

Peredur ⁽¹⁾ ab Evrawc

Le comte Evrawc possédait le comté du Nord. Il avait sept fils. Ce n'était pas par ses domaines

(1) Un *Peredur Arvau-dur*, ou Peredur aux armes d'acier, périt à la bataille de Cattraeth (Gododin, Skene, II, p. 72, v. 29). Le nom de Peredur est souvent associé à celui de Gwrgi ; tous deux sont fils d'Eliffer Gosgorddvawr, ou à la grande suite. Le cheval qui les porte, Corvann, est un des trois *marchlwyth* ou chevaux de tribu (*Triades Mab.*, p. 301, 5). La tribu de Gwrgi et de Peredur est une des trois tribus déloyales ; elle abandonne ses seigneurs à Kaer Greu lorsqu'ils devaient se battre le lendemain avec Eda Glingawr, et cause ainsi leur mort (*ibid.*, p. 305, 16). D'après les *Annales Cambriae*, ils seraient morts en 580 (Petrie, *Mon. hist. brit.*, p. 831). Il est bien difficile de dire si ce Peredur est le même que le héros très francisé de notre récit. *Evrawc* est le nom gallois de la ville d'York (Eboracum). On peut se demander si la légende ancienne ne faisait pas simplement de lui le fils d'un chef, seigneur d'Evrawc ou York. Le *Livre Noir* signale parmi les tombes célèbres celle d'un fils du Peredur (Skene, II, p. 30). Chez les poètes, c'est surtout sa vaillance qui est mentionnée (*Myv. arch.*, p. 253, col. 2 (XIII⁰ siècle); p. 290, col. 1 (XIII⁰-XIV⁰ siècles). Ni Taliesin, ni Llywarch Hen, dans les poèmes imprimés par

que s'entretenait Evrawc, mais par les tournois, les guerres et les combats, et, comme il arrive souvent à qui les recherche, il fut tué, ainsi que six de ses fils. Le septième s'appelait Peredur; c'était le plus jeune. Il n'avait pas l'âge d'aller aux combats ni à la guerre; autrement, il eût été tué comme son père et ses frères. Sa mère était une femme avisée et intelligente. Elle réfléchit beaucoup au sujet de son fils et de ses domaines. Elle finit par prendre le parti de fuir dans le désert et la solitude, et d'abandonner les lieux habités. Elle ne garda dans sa compagnie que des femmes, des enfants et des hommes humbles, incapables de faire la guerre, et auxquels les combats ne convenaient pas. Personne n'eût osé réunir armes et chevaux là où l'enfant eût pu s'en apercevoir, de peur qu'il n'y prît goût.

L'enfant allait tous les jours dans la forêt pour jouer et lancer baguettes et bâtons. Un jour, il aperçut le troupeau de chèvres de sa mère et deux chevreaux près des chèvres. L'enfant s'étonna

---

Skene, ne parlent de lui. D'après une triade évidemment inspirée du *Seint Greal*, les trois chevaliers qui gardèrent le *Greal* furent : Cadawc, fils de Gwynlliw, Illdud, chevalier et saint, et Peredur ab Evrawc (*Myv. arch.*, p. 411, 121). P. 71, en note, je renvoie à un intéressant passage de Dafydd ab Gwilym sur Peredur, Gwrgi et Peredur ont été mis au nombre des saints (*Iolo mss.*, p. 128). D'après des généalogies de la fin du dixième siècle, *Guurci* et *Peretur* fils d'*Eleuther Cascord Mawr* (Eliffer Gosgvrddvawr) descendent de Coyl Hen (Y Cymmrodor, IX, p. 175). Coyl était un chef des Bretons du Nord.

grandement qu'ils fussent sans cornes, tandis que tous les autres en portaient, et il pensa qu'ils étaient depuis longtemps égarés et qu'ils avaient ainsi perdu leurs cornes. Il y avait, au bout de la forêt, une maison pour les chèvres : à force de vaillance et d'agilité, il y poussa les chevreaux et les chèvres. Puis il retourna à la maison auprès de sa mère : « Mère, » dit-il, « je viens de voir ici près, dans le bois, une chose étonnante : deux de tes chèvres devenues sauvages et ayant perdu leurs cornes, si longtemps elles ont été égarées sous bois ! Il est impossible d'avoir plus de peine que je n'en ai eue à les faire rentrer. » Aussitôt chacun de se lever et d'aller voir : grand fut leur étonnement quand ils aperçurent les chevreaux.

Un jour, ils virent venir trois chevaliers suivant une voie chevalière, sur la lisière de la forêt : c'étaient Gwalchmei, fils de Gwyar; Gweir Gwystyl et Owein, fils d'Uryen (1). Owein suivait les traces d'un chevalier qu'il poursuivait et qui avait partagé les pommes à la cour d'Arthur. « Ma mère, » dit Peredur, « qu'est-ce que ces gens là-bas ? » — « Ce sont des anges, mon fils, » dit-elle. — « J'en donne ma foi, » dit Peredur, « je m'en vais comme ange avec eux. » Et Peredur alla sur la route à leur rencontre. « Dis, mon âme, » dit Owein, « as-tu vu un chevalier passer

---

(1) Dans le *Perceval* de M. Halliwell, ce sont Ivain (Owein), Gauvain (Gwalchmei) et Keu.

par ici aujourd'hui ou hier? » — « Je ne sais ce que c'est qu'un chevalier. » — « Ce que je suis, » dit Owein. — « Si tu voulais me dire ce que je vais te demander, je te dirais ce que tu me demandes. » — « Volontiers. » — « Qu'est-ce que cela? » dit Peredur en désignant la selle. — « Une selle, » répondit Owein. Peredur l'interrogea sur tous les objets qu'il apercevait du harnais des hommes et des chevaux, sur ce qu'ils prétendaient et pouvaient faire avec eux. Owein lui en expliqua complètement l'usage. « Va devant toi, » dit Peredur ; « j'ai vu l'espèce d'homme que tu demandes. Moi aussi, je veux te suivre. »

Et il retourna vers sa mère et ses gens. « Mère, » dit-il, « ce ne sont pas des anges les gens de tout à l'heure, mais des chevaliers ordonnés. » La mère tomba évanouie. Peredur alla à l'endroit où se trouvaient des chevaux qui portaient le bois de chauffage, et leur apportaient nourriture et boisson des lieux habités. Il prit un cheval gris pommelé, osseux, le plus vigoureux, à son avis ; il lui serra un bât autour du corps en guise de selle, et, avec de l'osier, il imita tous les objets d'équipement qu'il avait vus sur les destriers. Puis il retourna auprès de sa mère. A ce moment, la comtesse revint de son évanouissement. « Eh bien! mon fils, » dit-elle, « tu veux donc partir? » — « Oui, » répondit-il, « avec ta permission. » — « Attends d'avoir reçu mes conseils avant de t'en aller. » — « Volontiers ; dis vite. » — « Va tout droit à la cour d'Arthur, là où sont les hommes les meilleurs, les plus généreux et les plus vaillants. Où tu verras une église, récite ton *Pater* auprès d'elle. Quelque part que tu voies nourriture et boisson, si tu en as besoin et qu'on n'ait pas assez de courtoisie ni de bonté pour t'en faire part, prends toi-même. Si tu entends des cris, va de ce côté ; il n'y a pas de cri plus caractéristique que celui d'une femme. Si tu vois de beaux joyaux, prends et donne à autrui, et tu acquerras ainsi réputation (1). Si tu vois une belle femme, fais-lui la cour, quand même elle ne voudrait pas de toi, et elle t'en estimera meilleur et plus puissant qu'auparavant. » Cet entretien terminé, Peredur monta à cheval, tenant une poignée de javelots à pointe aiguë, et il s'éloigna.

Il fut deux jours et deux nuits à cheminer dans la solitude des forêts et divers lieux déserts, sans nourriture ni boisson. Enfin il arriva dans un grand bois solitaire, et au loin, dans le bois, il aperçut une belle clairière unie. Apercevant dans la clairière un pavillon en forme d'église, il récita son *Pater*, puis il y alla. La porte était ouverte ; près de la porte était une chaire dorée, dans laquelle était assise une jeune fille brune, d'une beauté parfaite, portant autour du front un dia-

---

(1) Lady Guest cite fort à propos, pour montrer quelle idée on se faisait de la libéralité au moyen âge, une amusante anecdote, tirée des mémoires de Joinville, dont Henri, comte de Champagne, est le héros (V. Natalis de Wailly, *Histoire de saint Louis*, p. 63).

dème d'or, enrichi de pierres brillantes, et, aux mains, des bagues d'or épaisses. Peredur descendit de cheval et entra tout droit. La pucelle lui fit un accueil amical et lui souhaita la bienvenue. Au bout du pavillon, Peredur aperçut de la nourriture, deux flacons pleins de vin, deux tourtes de pain blanc et des tranches de cochon de lait. « Ma mère, » dit Peredur, « m'a recommandé, en quelque lieu que je visse nourriture et boisson, d'en prendre. » — « Je te le permets avec plaisir, seigneur, » dit-elle, « et grand bien te fasse. » Alors Peredur prit la moitié de la nourriture et de la boisson pour lui, et laissa l'autre à la pucelle. Lorsqu'il eut mangé, il plia un genou devant la jeune fille et dit : « Ma mère m'a recommandé, là où je verrais un beau joyau, de le prendre (1). » —

(1) Notre *Mabinogi* et le *Perceval* de Chrestien de Troyes omettent ici un détail important. Dans le poème anglais publié par Ritson et analysé par M. Halliwell, la mère de Perceval, Acheflour, sœur d'Arthur, dont le mari a été tué par le Chevalier rouge, a remis à son fils un anneau qui lui servira plus tard à le reconnaître. Perceval rencontre une salle, y pénètre, et aperçoit, étendue sur un lit et dormant, une jeune dame. Il lui enlève sa bague et la remplace par son anneau, ce qui a des conséquences fâcheuses à la fois pour elle et Perceval. Son mari, le Chevalier noir, la maltraite ; un jour, Perceval, attiré par ses cris, accourt (v. cet épisode, plus bas). Il renverse le chevalier noir et réclame son anneau. Il a été donné à un géant. Celui-ci l'a présenté à la mère de Perceval, à qui il fait la cour. Elle croit que son fils est mort, devient folle et erre dans la forêt. Perceval tue le géant, ramène sa mère dans ses Etats, où ils vivent heureux. Il finit par se rendre en terre sainte où il trouve la mort (Gaston Paris ; *Hist. littér. de France*, XXX, p. 254 et suiv.).

« Prends, mon âme, » dit-elle. Peredur prit la bague, emmena son cheval et partit.

Ensuite arriva le chevalier à qui appartenait le pavillon, le seigneur de la clairière. Il aperçut les traces des pieds du cheval. « Dis-moi, » dit-il à la jeune fille, « qui a été ici après moi ? » — « Un homme à l'aspect étrange, seigneur, » répondit-elle. Et elle lui exposa en détail l'état de Peredur et l'objet de son voyage. « Dis, » s'écria-t-il, « a-t-il eu des rapports avec toi ? t'a-t-il violentée ? » — « Non, par ma foi, et il ne m'a fait aucun mal. » — « Par ma foi, je ne le crois pas, et, si je ne me rencontre avec lui pour venger mon déshonneur et ma colère, tu ne resteras pas deux nuits sous le même toit que moi. » Le chevalier sortit pour chercher à se rencontrer avec Peredur.

Peredur, de son côté, se dirigeait vers la cour d'Arthur. Avant qu'il n'y parvînt, un autre chevalier y arriva. Il ficha un grand anneau d'or épais contre la porte de l'entrée pour attacher son cheval, et se rendit à la chambre où se trouvaient Arthur et tous ses gens, ainsi que Gwenhwyvar et ses dames. Un page de la chambre servait à boire à Gwenhwyvar d'une coupe d'or. Le chevalier en jeta le contenu sur le visage et le sein de la reine, et lui donna un grand soufflet, en disant : « S'il y a quelqu'un d'assez intrépide pour me disputer cette coupe et venger l'outrage de Gwenhwyvar, qu'il vienne à ma suite dans le pré, et je l'y attendrai. » Le chevalier prit son cheval et se rendit au pré.

Tous les gens de la cour baissèrent la tête, de peur qu'on ne demandât à l'un d'eux d'aller venger l'outrage de Gwenhwyvar : il leur semblait que jamais homme n'aurait fait un coup aussi audacieux, s'il n'avait possédé vaillance et force particulières, sortilèges (1) qui le missent à l'abri de toute vengeance. A ce moment arriva Peredur à la cour, sur son cheval gris pommelé, osseux, à l'équipement négligé et bien piètre pour une cour aussi noble. Kei était debout au milieu de la salle. « Hé! l'homme long, là-bas, » dit Peredur, « où est Arthur? » — « Que veux-tu d'Arthur? » dit Kei. — « Ma mère m'a recommandé de venir vers lui pour me faire sacrer chevalier. » — « Par ma foi, tu es par trop mal monté en cheval et en armes. » Toute la cour porta les yeux de son côté et se mit à lui lancer des baguettes. A ce moment entra un nain qui était venu avec une naine, il y avait déjà un an, pour demander à Arthur de l'héberger, et il l'avait obtenu. De toute l'année, aucun d'eux n'avait dit un mot à personne. « Ha! ha! » s'écria le nain en apercevant Peredur, « Dieu te bénisse, Peredur, beau-fils d'Evrawc, chef des guerriers, fleur des chevaliers! » — « En vérité, »

(1) C'était une idée si bien répandue au moyen âge que, suivant la remarque de lady Guest, les chevaliers, avant de se battre, devaient jurer qu'ils ne portaient sur eux aucun charme et qu'ils n'étaient protégés par aucune magie ou enchantement.

dit Kei, « il faut être bien mal avisé pour rester
une année muet à la cour d'Arthur, ayant la liberté
de choisir avec qui s'entretenir, et aller appeler et
déclarer, en face d'Arthur et de sa cour, un homme
de cette espèce chef des guerriers et fleur des chevaliers. » Et il lui donna un tel soufflet qu'il le
jeta à terre évanoui. « Ha! ha! » s'écria aussitôt la
naine, « Dieu te bénisse, Peredur, beau-fils
d'Evrawc, fleur des guerriers et lumière des chevaliers! » — « En vérité, » dit Kei, « femme,
c'est être bien mal avisée que de rester une année
sans parler à la cour d'Arthur et d'appeler ainsi un
pareil homme. » Et Kei lui donna un tel coup de
pied qu'elle tomba à terre évanouie. « L'homme
long, » lui dit Peredur, « indique-moi où est Arthur. » — « Donne-nous la paix, » dit Kei; « va
après le chevalier qui est allé d'ici au pré, enlève-
lui la coupe, renverse-le, prends son cheval et ses
armes, et après tu obtiendras de te faire sacrer
chevalier. » — « Je vais le faire, l'homme long. »

Et Peredur de tourner bride, et au pré. Il y trouva
le chevalier en train de chevaucher, l'air tout fier
de sa force et de la vaillance qu'il se croyait. —
« Dis-moi, » dit le chevalier, « as-tu vu quelqu'un
de la cour d'Arthur venant après moi ? » — « Un
homme long qui se trouvait là m'a commandé de te
renverser, d'enlever la coupe et de prendre ton
cheval et tes armes pour moi. » — « Tais-toi, retourne à la cour et commande à Arthur, de ma
part, de venir lui ou un autre se battre avec moi;

s'il ne vient pas immédiatement, je ne l'attendrai pas. » — « Par ma foi, » dit Peredur, « choisis : de gré ou de force, il me faut le cheval, les armes et la coupe. » Le chevalier (1) le chargea avec fureur et lui donna du pied de sa lance un grand coup douloureux entre les épaules et le cou. — « Ha! ha! homme, » dit Peredur, « les gens de ma mère ne jouaient pas ainsi avec moi; je m'en vais jouer à mon tour avec toi de même. » Il le frappa d'un javelot à pointe aiguë, qui l'atteignit à l'œil, lui sortit par la nuque et le renversa mort à l'instant.

« En vérité, » dit Owein, fils d'Uryen, à Kei, « tu as été mal inspiré au sujet de ce fou que tu as envoyé après le chevalier. De deux choses l'une : ou il est tué, ou il a été culbuté. Si le chevalier l'a renversé, il le comptera parmi les gentilshommes de la cour, et il en résultera honte éternelle pour Arthur et ses guerriers. S'il le tue, il en va de même pour le déshonneur, avec péché en plus sur Arthur à son sujet. Par ma foi, je m'en vais là-bas pour savoir quelle aventure est la sienne. » Et Owein alla au pré. Il aperçut Peredur traînant le chevalier le long du pré. — « Que fais-tu là, ainsi, » dit-il ? — « Jamais, » dit Peredur, « cette robe de fer ne le quittera : il y a déjà du temps qu'elle ne veut pas venir d'elle-même. » Owein enleva les armes

---

(1) Dans le *Perceval* de Ritson, ce chevalier est le chevalier rouge, le meurtrier du père de Perceval qui, lui aussi, s'appelait Perceval.

et les habits : — « Voici, mon âme, » dit-il, « cheval et armes meilleurs que les tiens ; prend-les joyeusement et viens avec moi auprès d'Arthur pour te faire sacrer chevalier. Tu le mérites vraiment. — « Que je perde mon honneur, si j'y vais, » dit Peredur ! « seulement emporte la coupe de ma part pour Gwenhwyvar ; dis à Arthur qu'en quelque endroit que je me trouve, je serai son homme, et que si je puis pour lui service et profit, je le ferai ; ajoute que je n'irai pas à la cour avant de m'être rencontré avec l'homme long, pour venger l'outrage fait au nain et à la naine. » Owein retourna à la cour, et raconta l'aventure à Arthur, à Gwenhwyvar et aux gens de la cour, sans oublier la menace contre Kei.

Peredur prit le large ; comme il cheminait, il rencontra un chevalier qui lui dit : — « D'où viens-tu ? » — « De la cour d'Arthur. » — « Es-tu des hommes d'Arthur ? » — « Oui, par ma foi. » — « Tu tombes bien pour te réclamer d'Arthur ! » — « Pourquoi ? » — « Voici : j'ai toujours été pillant aux dépens d'Arthur, et tous ceux de ses hommes que j'ai rencontrés, je les ai tués. » Ce fut tout, et ils se battirent. Il ne se passa guère de temps que Peredur ne l'eût jeté par dessus la croupe de son cheval à terre. Le chevalier demanda grâce. — « Tu l'auras, » dit Peredur, « en jurant que tu iras à la cour d'Arthur, que tu lui diras que c'est moi qui t'ai renversé pour son honneur et service, et que je n'irai pas à sa cour avant d'avoir trouvé à venger l'outrage fait au nain et à la naine. » Le chevalier le jura et s'en alla droit à la cour d'Arthur. Il répéta ce qu'il avait promis de dire, ainsi que la menace contre Kei.

Peredur alla devant lui, et dans la même semaine, il rencontra seize chevaliers qu'il renversa honteusement. Ils allèrent tous à la cour d'Arthur, apportant les mêmes propos que le premier chevalier, et particulièrement la menace de Peredur contre Kei; Kei fut blâmé par Arthur, et en devint lui-même soucieux.

Peredur marchait toujours devant lui. Il arriva dans un grand bois désert; sur la lisière du bois, il y avait un étang, et, de l'autre côté de l'étang, un beau château fort. Sur les bords de l'étang, il vit un homme à cheveux blancs à l'air accompli, assis sur un coussin de *paile*, vêtu de *paile*, et des valets en train de pêcher. En apercevant Peredur, l'homme aux cheveux blancs se leva pour se rendre au château; il était boîteux (1). Peredur se dirigea vers la cour; il trouva la porte ouverte et entra dans la salle. Le vieillard était assis sur un coussin, devant un grand feu. Les gens de la cour se levèrent pour aller à la rencontre de Peredur, et le désarmèrent. Le vieillard pria le jeune homme de s'asseoir sur le coussin. Il s'assit à côté de lui et ils causèrent. Lorsque le moment fut venu, on

---

(1) Il y a ici confusion avec le roi Pêcheur. Voir la note à la page 60. Tout ce récit, d'ailleurs, est plein d'incohérences.

dressa les tables et on alla manger. Peredur s'assit à côté du maître de la cour. Quand on eut fini de manger, il demanda à Peredur s'il savait bien jouer de l'épée : « Je crois bien, » dit Peredur, « que si j'avais trouvé occasion de l'apprendre, je le saurais. » — « Qui saurait bien jouer du bâton et de l'écu, saurait se battre à l'épée. »

Le vieillard avait deux fils, l'un blond, l'autre brun. « Levez-vous, jeunes gens, dit-il, pour jouer du bâton et de l'écu. » Ils allèrent jouer du bâton (1). « Dis mon âme, » dit le vieillard, « quel est, à ton avis, celui qui joue le mieux? » — « A mon avis, le blond pourrait tirer du sang à l'autre, s'il le voulait. » — « Vas toi-même, mon âme, prends le bâton et l'écu de la main du brun, et tire du sang au blond si tu peux. » Peredur se leva, alla jouer avec le blond, leva le bras sur lui et lui déchargea un tel coup, qu'un des sourcils lui tomba sur l'œil et que le sang se mit à courir. « Bien, mon âme, » dit le vieillard, « viens t'asseoir maintenant; le plus habile à se battre à l'épée dans cette île, ce sera toi. Je suis ton oncle, le frère de ta mère. Tu vas rester maintenant quelque temps avec moi pour apprendre les coutumes et les usages du pays, les belles manières, ainsi que courtoisie, gentillesse et seigneu-

---

(1) *Bâton*, au moyen âge, a non seulement le sens actuel, mais encore celui d'arme en général ; on voit désigner par ce nom jusqu'à des haches et des épées. Le jeu du bâton à deux bouts (*ffon ddwybig*) était un des vingt-quatre exercices nationaux des Gallois (*Myv. arch.*, p. 871, col. 2).

rie. Il est temps de renoncer au langage de ta mère. Je serai ton maître, je t'ordonnerai chevalier dès maintenant. Voici ce que tu devras faire : verras-tu quelque chose d'extraordinaire, ne t'en informe pas. Si on n'est pas assez courtois et poli pour t'en instruire, ce n'est pas sur toi que la faute retombera, mais sur moi qui suis ton maître. » On leur présenta honneurs et services variés.

Quand il fut temps, ils allèrent se coucher. Aussitôt le jour, Peredur se leva, prit son cheval et, avec la permission de son oncle, sortit. Il arriva dans un grand bois désert, puis, au bout du bois, à un pré uni, et de l'autre côté du pré, il aperçut un grand château. Peredur se dirigea de ce côté, trouva la porte ouverte, et entra dans la salle. Dans un des coins, était assis un homme, aux cheveux blancs, majestueux, entouré de nombreux pages. Ils se levèrent respectueusement devant Peredur, allèrent à sa rencontre et le placèrent à côté du maître de la cour. Ils causèrent. Lorsqu'il fut temps d'aller manger, Peredur fut assis à côté du gentilhomme. Après qu'ils eurent mangé et bu à souhait, le gentilhomme demanda à Peredur s'il savait jouer de l'épée. « Si j'avais trouvé à l'apprendre, dit-il, il me semble que je le saurais. » Il y avait, fixé au sol de la salle, un grand crampon de fer (1) que la main d'un homme

---

(1) Ces crampons, destinés à attacher les chevaux, étaient souvent fixés çà et là dans la salle, comme cela ressort de l'élégie de Llywarch Hen sur Uryen (Skene, II, p. 273, 13). Une des treize merveilles de Bretagne était le licol de Klydno Eiddin qui était

de guerre aurait pu à peine étreindre. « Prends, » dit le vieillard à Peredur, « cette épée-là, et frappe l'anneau de fer. » Peredur se leva et frappa l'anneau qui se brisa en deux morceaux ainsi que l'épée. « Place les deux morceaux ensemble et réunis-les. » Peredur les mit ensemble et ils se ressoudèrent comme devant. Une seconde fois, il frappa l'anneau au point de le briser en deux ainsi que l'épée. Les morceaux se rajustèrent comme auparavant. La troisième fois, il frappa un tel coup que les morceaux de l'anneau et de l'épée, rapprochés, ne purent être rajustés. « Bien, jeune homme, » dit le vieillard, « en voilà assez, viens t'asseoir et la bénédiction de Dieu soit sur toi. Tu es le premier joueur d'épée de tout le royaume. Tu n'as que les deux tiers de ta force, il te reste encore la troisième partie à acquérir. Quand tu l'auras entière, personne ne sera capable de lutter avec toi. Je suis ton oncle, le frère de ta mère ; nous sommes frères, moi et l'homme chez qui tu as logé hier soir. »

Il commençait à causer avec son oncle, lorsqu'il vit venir dans la salle et entrer dans la chambre, deux hommes portant une lance énorme (1) :

---

engagé dans un crampon au pied de son lit ; il n'avait qu'à désirer que n'importe quel cheval s'y engageât pour que son désir fût aussitôt exaucé (lady Guest, I, p. 377).

(1) Il semble que ce soit là un souvenir du *Seint Greal* ; mais, d'après un autre passage du *mabinogi* (p. 322), la tête serait celle du cousin germain de Peredur, tué par les sorcières de Kaerloyw.

du col de la lance coulaient jusqu'à terre trois ruisseaux de sang. A cette vue, toute la compagnie se mit à se lamenter et à gémir. Malgré cela le vieillard ne rompit pas son entretien avec Peredur ; il ne donna pas l'explication de ce fait à Peredur et Peredur ne la lui demanda pas non plus (1). Après quelques instants de silence, entrèrent deux pucelles portant entre elles un grand plat sur lequel était une tête d'homme baignant dans le sang. La compagnie jeta alors de tels cris qu'il était fatigant de rester dans la même salle qu'eux. A la fin, ils se turent. Lorsque le moment de dormir fut arrivé, Peredur se rendit dans une belle chambre. Le lendemain, il partit avec le congé de son oncle.

Il alla au bois, et au loin dans le bois, il entendit des cris perçants. Il vit une femme brune,

(1) Le *Perceval* de Chrestien est ici plus complet que notre *Mabinogi*. Le roi Peschéor ou Pêcheur, ainsi nommé parce que sa seule occupation était de pêcher, est malade à la suite de blessures ; il ne doit guérir que si un jeune chevalier lui fait, sur la lance et le plat, des questions auxquelles il est prêt à répondre. Peredur, par discrétion, et, d'après notre *mabinogi*, suivant les conseils de son premier maître, ne demande rien. Plus tard, un saint ermite, qui se trouve être son oncle maternel, lui révèle toutes ces particularités. Il lui apprend que le roi Peschéor est son oncle. Peredur finit par retrouver le château, tue l'ennemi de son oncle, Pertinal, fait les questions requises, et le roi est guéri. Après sa mort, Peredur règne à sa place. Au bout de quelques années, il se retire dans un ermitage en emportant le plat ou *greal*, la lance et le tailloir d'argent. Après sa mort, les trois objets sacrés sont enlevés aux cieux.

accomplie, près d'un cheval tout harnaché, et à côté d'elle un cadavre. Elle essayait de le mettre en selle, mais il tombait à terre et, à chaque fois, elle jetait de grands cris. « Dis, ma sœur, » demanda Peredur, « pourquoi te lamentes-tu ? » — « Peredur l'excommunié, » s'écria-t-elle, « homme de peu de secours, toutes mes souffrances viennent de toi. » — « Pourquoi serais-je excommunié ? » — « Parce que tu es cause de la mort de ta mère. Quand tu t'éloignas malgré elle, un glaive de douleur s'enfonça dans son cœur et elle mourut. C'est pourquoi tu es excommunié. Le nain et la naine que tu as vus à la cour d'Arthur étaient ceux de ton père et de ta mère ; moi, je suis ta sœur de lait et l'homme que tu vois était mon mari. C'est le chevalier de la clairière du bois qui l'a tué ; n'approche pas de lui de peur d'être tué toi aussi. » — « Ma sœur, tu as tort de me faire des reproches. Pour avoir été si longtemps avec vous, c'est à peine si je pourrai le vaincre ; c'eût été bien plus difficile, si j'étais resté plus longtemps. Cesse désormais de te lamenter, cela ne change en rien la situation. J'enterrerai le mort, puis j'irai à l'endroit où se tient le chevalier pour essayer de tirer vengeance de lui. »

Après avoir enterré le mort, ils se rendirent à la clairière où le chevalier chevauchait fièrement. Il demanda immédiatement à Peredur d'où il venait. « Je viens de la cour d'Arthur, » répondit-il. — « Es-tu homme à Arthur ? » — « Oui, par ma foi. » — « Tu tombes bien en parlant de tes liens avec Arthur. » Ce fut tout, et ils se chargèrent. Peredur renversa le chevalier sur-le-champ. Celui-ci lui demanda grâce. « Je te l'accorde, » dit Peredur, « à condition que tu prennes cette femme pour épouse et que tu la traites avec tout l'honneur et la considération que tu pourras, pour avoir tué son mari sans motif; tu iras à la cour d'Arthur, tu lui diras que c'est moi qui t'ai terrassé pour son honneur et service, et que je n'irai pas à sa cour avant de m'être rencontré avec l'homme long pour venger sur lui l'outrage fait au nain et à la naine. » Il prit des gages du chevalier à ce sujet. Celui-ci pourvut la femme de cheval et d'habits et se rendit à la cour d'Arthur, à qui il dit l'aventure et la menace contre Kei. Kei eut des reproches d'Arthur et de sa cour pour avoir forcé à errer loin de la cour d'Arthur, un homme comme Peredur. « Ce jeune homme, » dit Owein, fils d'Uryen, « ne viendra jamais à la cour, si Kei ne s'en va d'ici. — « Par ma foi, » s'écria Arthur, « je vais me mettre en quête de lui, dans les déserts de l'île de Bretagne, jusqu'à ce que je le trouve; et alors, que chacun d'eux fasse à l'autre le pis qu'il pourra. »

Peredur marchait devant lui : Il arriva dans un bois désert, où il ne voyait aucune trace de pas d'hommes ni d'animaux, rien que des buissons et des herbes. Vers l'extrémité du bois, il aperçut un grand château surmonté de tours nombreuses et fortes. Près de l'entrée, les herbes étaient plus longues que partout ailleurs. De la hampe de sa lance, il frappa à la porte ; aussitôt un jeune homme aux cheveux roux, maigre, d'un créneau du rempart, lui dit : — « Choisis, seigneur ; je vais t'ouvrir moi-même la porte ou indiquer à notre chef que tu es à l'entrée. » — « Dis-lui que je suis ici, si l'on veut que j'entre, j'entrerai. » Le jeune homme revint bientôt et ouvrit la porte à Peredur.

En entrant dans la salle il aperçut dix-huit valets maigres, rouges, de même taille, même aspect, mêmes vêtements, même âge que celui qui lui avait ouvert. Il n'eût qu'à se louer de leur politesse et de leur service. Ils le désarmèrent, puis ils s'assirent et ils commençaient à causer, lorsque vinrent cinq pucelles de la chambre dans la salle. Pour celle d'entre elles qui était la plus élevée en dignité, Peredur était sûr qu'il n'avait pas vu de physionomie plus belle. Elle portait un vieux vêtement de *paile*, qui autrefois avait été bon, maintenant tout usé : à travers on voyait sa peau, qui était plus blanche que la fleur du cristal (?). Ses cheveux et ses sourcils étaient plus noirs que le jais, et il y avait sur ses joues deux petites places plus rouges que ce qu'il y a de plus rouge. La pucelle souhaita la bienvenue à Peredur, lui jeta les bras autour du cou, et s'assit à ses côtés. Peu de temps après, arrivèrent deux nonnains, l'une portant un flacon plein de vin, l'autre six tourtes de pain blanc. — « Dame, » dirent-elles, « en toute vérité, voilà tout ce qui restait de nourriture et de bois-

son dans notre couvent cette nuit. » Ils se mirent
à table. Peredur s'aperçut que la pucelle voulait
lui donner plus de nourriture et de boisson à lui
qu'aux autres. — « Ma sœur, » dit-il, « je vais
partager les vivres et la boisson. » — « Non pas,
mon âme; c'est moi, sur ma foi, qui partagerai. »
Peredur prit le pain, en donna à chacun une part
égale, et versa de même, du flacon, une mesure
égale à chacun. Quand le moment fut arrivé, une
chambre fut préparée pour Peredur, et il alla se
coucher.

— « Ecoute, sœur, » dirent les valets à la pucelle la plus belle et la plus élevée en dignité des
jeunes filles, « ce que nous avons à te conseiller. » — « Qu'est-ce, » répondit-elle? — « C'est
d'aller dans la chambre là-haut te proposer au
jeune homme, à son choix, comme femme ou comme
maîtresse. » — « Voilà une chose qui ne me convient pas ; moi, qui n'ai jamais eu de rapport avec
un homme, aller me proposer à lui, avant qu'il ne
m'ait fait la cour! Je ne le saurais pour rien au
monde. » — « Nous en prenons Dieu à témoin, si
tu n'obéis, nous laissons tes ennemis faire ici de
toi ce qu'ils voudront. » Effrayée, la pucelle, en
versant des larmes, alla droit à la chambre. Au
bruit de la porte qui s'ouvrait, Peredur s'éveilla.
La jeune fille pleurait et gémissait. — « Dis, ma
sœur, pourquoi es-tu ainsi à pleurer? » — « Je
vais te le dire, seigneur. Mon père possédait en
propre ces domaines, cette cour-ci et le comté qui

en dépendait, le meilleur qui fût dans ses Etats. Le fils d'un autre comte me demanda à mon père en mariage. Je ne serais pas allé avec lui de mon gré et mon père ne m'aurait jamais donné, non plus contre ma volonté, ni à lui ni à aucun comte au monde. J'étais fille unique. A sa mort, les domaines passèrent entre mes mains, et je désirais encore moins le comte qu'auparavant. Il me fit la guerre et s'empara de mes biens à l'exception de cette seule maison. Grâce à la vaillance de ces hommes que tu vois, mes frères de lait, et à la force de la maison elle-même, elle ne pouvait être prise tant que dureraient la nourriture et la boisson. Elles étaient déjà épuisées, et nous n'avions plus que ce que les nonnains que tu as vues pouvaient nous apporter de nourriture, grâce à la liberté qu'elles avaient de parcourir les domaines et le pays. Mais maintenant, elles n'ont plus rien elles-mêmes. Pas plus tard que demain, le comte viendra avec toutes ses forces attaquer cette place. S'il me prend, le moins qu'il puisse m'arriver, c'est d'être livrée par lui à ses écuyers. Je suis donc venue, seigneur, me proposer à toi pour faire de moi ce qu'il te plaira, en retour de ton aide : emmène-nous hors d'ici ou défends-nous dans cette place. » — « Va te reposer, ma sœur ; je ne te quitterai pas, quoique je ne veuille rien faire de ce que tu m'offres, avant d'avoir su par expérience jusqu'à quel point je puis vous secourir. » La jeune fille alla se coucher.

Le lendemain matin, elle se leva, se rendit auprès de Peredur et le salua. — « Dieu te donne bien mon âme, » dit-il; « quelles nouvelles apportes-tu? » — « Il ne saurait y en avoir de mauvaises, tant que tu seras bien, seigneur; seulement le comte et toutes ses forces sont descendues à l'entrée du château : je n'ai jamais vu nulle part plus de pavillons ni de chevaliers provoquant les autres au combat. » — « Eh bien, » dit Peredur, « que l'on prépare mon cheval. » Son cheval fut harnaché. Peredur se leva et alla au pré. Il y avait là un chevalier chevauchant fièrement et l'étendard de combat dressé. Ils se battirent, et Peredur jeta le chevalier à terre par dessus la croupe de son cheval. A la fin du jour, un chevalier de haut rang vint se battre avec lui et fut renversé. « Qui es-tu? » dit Peredur. — « En vérité, » répondit-il, « je suis le *penteulu* (1) du comté. » — « Quelle partie des possessions de la comtesse détiens-tu? » — « En vérité, le tiers. » — « Eh bien! rends-lui ce tiers complètement et tout ce que tu as pu en retirer de profit; en outre, qu'il y ait de la nourriture et de la boisson pour cent hommes, ainsi que des chevaux et des armes pour eux, cette nuit,

---

(1) La valeur du *penteulu* était le tiers de celle du roi. Il a un tiers aussi dans les amendes dues pour fautes commises à la cour. Le partage se fait par tiers avec le roi, en ce qui concerne le butin, entre lui, la reine et le chef fauconnier (Ancient laws, I, p. 13, 14). Il est possible, d'après un passage suivant de notre récit, que le chef fauconnier ait supplanté le *dystein* ou intendant.

dans sa cour; tu seras son prisonnier, avec cette condition que tu auras la vie sauve. » Le tout fut fourni sans délai. La pucelle fut joyeuse cette nuit-là, après avoir reçu tout cela.

Le lendemain, Peredur alla au pré et renversa un grand nombre de guerriers. A la fin du jour, un chevalier, fier et de haut rang, vint contre lui. Peredur le renversa et lui accorda merci. « Qui es-tu ? » lui dit-il. — « Le *distein* (intendant) de la cour (1). » — « Quelle part des domaines de la jeune fille est en ta possession ? » — « Le tiers. » — « Eh bien ! » dit Peredur, « outre les domaines de la jeune fille, tu donneras tout ce que tu en as tiré de biens, de la nourriture et de la boisson pour deux cents hommes, des chevaux et des armes pour eux, et tu seras son prisonnier. » Tout cela fut fourni sans retard.

Le troisième jour, Peredur alla au pré et renversa encore plus de chevaliers que les autres jours. A la fin de la journée, le comte vint se battre avec lui; il fut renversé et demanda grâce. « Qui es-tu ? » dit Peredur. — « Je suis le comte, » répondit-il; « je ne le cache pas. » — « Eh bien !

---

(1) Le *dystein* est le troisième des officiers de la cour du roi. Il a le soin des vivres et de la boisson; il s'occupe des logements. Il a droit au tiers des amendes infligées aux officiers de la cour. D'après ce récit, il aurait droit aussi à un tiers des dépouilles (*Ancient laws*, I, p. 29, 20). Ce mot de *distein* ou *dystein* se retrouve en Armorique dans le nom de *Wr-distin* ou *Wr-disten* (*Cart.* de Redon).

outre son comté en entier, tu donneras à la jeune fille le tien, plus de la nourriture et de la boisson pour trois cents hommes, des chevaux et des armes pour eux tous, et tu seras en son pouvoir. » Tout cela fut fait sans faute. Peredur resta là trois semaines, forçant au tribut et à la soumission, et mettant les Etats de la jeune fille dans la situation qu'elle désirait. « Avec ta permission, » dit alors Peredur, « je partirai. » — « C'est bien ce que tu désires, mon frère ? » — « Oui, par ma foi : n'eût été mon affection pour toi, je ne serais pas resté si longtemps. » — « Mon âme, qui es-tu ? » — « Peredur, fils d'Evrawc du Nord. S'il te survient affliction ou danger, fais-le-moi savoir et je te protégerai, si je puis. » Peredur s'éloigna et, loin de là, rencontra une femme montée sur un cheval très maigre et couvert de sueur.

Elle salua le jeune homme. « D'où viens-tu, ma sœur ? » dit Peredur. Elle lui donna la raison de son voyage. C'était la femme du maître de la clairière. « Eh bien ! » dit-il, « je suis le chevalier à cause duquel tu as éprouvé cette souffrance. Il s'en repentira, celui qui en est l'auteur. » A ce moment survint un chevalier qui demanda à Peredur s'il avait vu quelqu'un ressemblant à un chevalier qu'il cherchait. « Assez de paroles, » dit Peredur ; « je suis l'homme que tu cherches. Par ma foi, tu as bien tort dans tes reproches à la jeune fille ; elle est bien innocente en ce qui me concerne. » Ils se battirent cependant, et le combat ne fut pas long : Peredur le renversa, et il demanda grâce. « Je te l'accorde, à condition de retourner par le même chemin que tu es venu, de proclamer que tu tiens la jeune femme pour innocente, et que tu as été renversé par moi en réparation de l'outrage que tu lui as fait. » Le chevalier en donna sa foi, et Peredur s'en alla devant lui.

Apercevant un château sur une éminence, il s'y dirigea et frappa à la porte avec sa lance. Aussitôt la porte fut ouverte par un homme brun, à l'air accompli, ayant la stature d'un guerrier et paraissant l'âge d'un adolescent. En entrant dans la salle, Peredur vit une grande femme, majestueuse, assise, et autour d'elle un grand nombre de suivantes. La dame lui fit bon accueil. Lorsqu'il fut temps, ils se mirent à table. Le repas fini, elle lui dit : « Tu ferais bien, seigneur, d'aller coucher ailleurs. » — « Pourquoi ne coucherais-je pas ici ? » dit-il. — « Il y a ici, mon âme, neuf des sorcières de Kaerloyw (Gloucester), avec leur père et leur mère, et si nous essayons de leur échapper vers le jour, elles nous tueront aussitôt. Elles se sont déjà emparées du pays et l'ont dévasté, à l'exception de cette seule maison. » — « Eh bien ! » dit Peredur, « nous resterons ici cette nuit. S'il survient un danger, je vous secourrai, si je peux ; tort, en tout cas, je ne vous en ferai pas. » Ils allèrent se coucher. Vers le jour, Peredur entendit des cris effrayants. Il se leva en hâte, n'ayant que sa chemise, ses chausses et son épée au cou, et il sortit. Il vit une des sorcières atteindre un veilleur qui se mit à jeter les hauts cris. Peredur chargea la sorcière et lui donna un tel coup d'épée sur la tête qu'il fendit le heaume et la cervelière comme un simple plat. « Ta grâce! Peredur, » dit-elle, « et celle de Dieu soit sur toi. » — « D'où sais-tu, sorcière, que je suis Peredur ? » — « C'est la destinée : nous savons que nous aurons à souffrir de toi. Je te donnerai un cheval et une armure. Tu resteras avec moi pour apprendre la chevalerie et le maniement des armes. » — « Voici, » dit Peredur, « à quelle condition tu auras grâce : tu vas donner ta foi que tu ne feras jamais de mal sur les terres de la comtesse. » Peredur prit caution à ce sujet, et, avec la permission de la comtesse, il alla, en compagnie de la sorcière, à la cour des sorcières. Il y resta trois semaines de suite. Puis il choisit un cheval et des armes, et alla devant lui.

Vers le soir, il arriva dans une vallée, et, au bout de la vallée, devant la cellule d'un serviteur de Dieu. L'ermite l'accueillit bien, et il y passa la nuit. Le lendemain matin, il se leva et sortit. Il était tombé de la neige pendant la nuit, et un faucon avait tué un canard devant la cellule. Le bruit du cheval fit fuir le faucon, et un corbeau s'abattit sur la chair de l'oiseau. Peredur s'arrêta, et, en voyant la noirceur du corbeau, la blancheur de la neige, la rougeur du sang, il songea à la chevelure de la femme qu'il aimait le-plus, aussi noire que le jais, à sa peau aussi blanche que la neige, aux pommettes de ses joues, aussi rouges que le sang sur la neige (1).

Or, à ce moment, Arthur et sa cour étaient en quête de Peredur. « Savez-vous, » dit Arthur, « quel est le chevalier à la longue lance (2) arrêté là-bas dans le vallon ? » — « Seigneur, » dit quelqu'un, « je vais savoir qui c'est. » Le page se rendit auprès de Peredur et lui demanda ce qu'il faisait ainsi et qui il était. Peredur était si absorbé dans la pensée de la femme qu'il aimait le plus, qu'il ne lui donna pas de réponse. Le page le chargea avec sa lance ; Peredur se retourna contre lui et le jeta par-dessus la croupe de son cheval à terre. Vingt-quatre pages vinrent successivement le trouver. Il ne répondit pas plus à l'un qu'à l'autre et joua avec chacun d'eux le même jeu : d'un seul coup il les jetait à terre. Kei vint en personne et lui adressa des paroles rudes et désagréables. Peredur lui mit sa lance sous le menton

---

(1) La même comparaison se retrouve dans une légende irlandaise dont le manuscrit le plus ancien paraît antérieur à 1164. M. H. Zimmer l'a analysée et rapprochée du passage gallois dans ses *Keltische Studien*, II, p. 201 et suiv.). Davydd ab Gwilym refait la comparaison tout au long au profit de Dyddgu, sa maîtresse, en rappelant Peredur ab Evrawc et sa méditation ; il a eu évidemment le *mabinogi* de Peredur sous les yeux (p. 18, v. 23 et suiv.).

(2) *Paladyr Hir*, à la longue lance, est le surnom habituel de Peredur.

et le culbuta à une portée de trait de lui, si bien qu'il se brisa le bras et l'omoplate ; puis il fit passer son cheval vingt et une fois par-dessus son corps. Pendant que Kei restait évanoui de douleur, son cheval s'en retourna d'un galop furieux. Les gens de la cour le voyant revenir sans son cavalier, se rendirent en hâte sur le lieu de la rencontre. En arrivant, ils crurent que Kei était tué ; mais ils reconnurent qu'avec les soins d'un bon médecin, il vivrait. Peredur ne sortit pas plus de sa méditation en voyant tirer le heaume de Kei. On transporta Kei dans le pavillon d'Arthur, qui lui fit venir des médecins habiles. Arthur fut peiné de l'accident arrivé à Kei, car il l'aimait beaucoup.

Gwalchmei fit remarquer alors que personne ne devait troubler d'une façon impolie un chevalier ordonné, dans ses méditations, car il se pouvait qu'il eût fait quelque perte ou qu'il songeât à la femme qu'il aimait le plus. « C'est probablement, » ajouta-t-il, « cette inconvenance qu'a commise celui qui s'est rencontré le dernier avec le chevalier. Si tu le trouves bon, seigneur, j'irai voir s'il est sorti de sa méditation : auquel cas, je lui demanderai poliment de venir te voir. » Kei s'en irrita et se répandit en paroles amères et envieuses : « Gwalchmei, je ne doute pas que tu ne l'amènes en tenant ses rênes. Bien minces seront ta gloire et ton honneur pour vaincre un chevalier fatigué et épuisé par le combat. C'est ainsi, d'ailleurs, que tu as triomphé de beaucoup. Tant que dureront ta langue et tes belles paroles, une mince robe de fine toile sera pour toi une armure suffisante ; tu n'auras besoin de rompre ni lance ni épée pour te battre avec le chevalier que tu vas trouver dans un pareil état. » — « Kei, » répondit Gwalchmei, « tu pourrais, si tu le voulais, tenir un langage plus aimable. Ce n'est pas sur moi que tu devrais venger ta fureur et ton ressentiment. Il me semble, en effet, que j'amènerai le chevalier sans qu'il m'en coûte bras ni épaule. » — « Tu as parlé en sage et en homme sensé, » dit Arthur à Gwalchmei. « Va, prends des armes convenables et choisis ton cheval. »

Gwalchmei s'arma et se dirigea, comme en se jouant, au pas de son cheval, du côté de Peredur. Celui-ci était appuyé sur la hampe de sa lance, toujours plongé dans la même méditation. Gwalchmei s'approcha de lui sans aucun air d'animosité et lui dit : « Si je savais que cela dût t'être aussi agréable qu'à moi, je m'entretiendrais volontiers avec toi. Je viens vers toi, en effet, de la part d'Arthur, pour te prier de venir le voir. Deux de ses officiers sont déjà venus vers toi à ce sujet. » — « C'est vrai, » dit Peredur, « mais ils se sont présentés d'une façon désagréable. Ils se sont battus avec moi, à mon grand regret, car il me déplaisait d'être distrait de ma méditation : je méditais sur la femme que j'aime le plus. Voici comment son souvenir m'est venu. En considérant la neige, le corbeau et les taches de sang du canard tué par le faucon sur la neige, je me mis à penser que sa peau ressemblait à la neige, la noirceur de ses cheveux et de ses sourcils au plumage du corbeau, et les deux pommettes de ses joues aux deux gouttes de sang. » — « Cette méditation n'est pas sans noblesse, » dit Gwalchmei, « et il n'est pas étonnant qu'il t'ait déplu d'en être distrait. » — « Me diras-tu si Kei est à la cour d'Arthur ? » — « Il y est ; c'est le dernier chevalier qui s'est battu avec toi, et ce n'est pas pour son bonheur que cette aventure lui est arrivée : son bras et son omoplate ont été brisés du saut qu'il a reçu de ton coup de lance. » — « Eh bien ! j'aime autant commencer à venger ainsi l'injure du nain et de la naine. » Gwalchmei fut tout étonné de l'entendre parler ainsi du nain et de la naine. Il s'approcha de lui, lui jeta les bras autour du cou et lui demanda son nom. « On m'appelle Peredur, fils d'Evrawc, » répondit-il ; « et toi, qui es-tu ? » — « Gwalchmei est mon nom. » — « Je suis heureux de te voir. J'ai entendu te vanter, dans tous les pays où j'ai été, pour ta bravoure et ta loyauté. Je te prie de m'accorder ta compagnie. » — « Tu l'auras, par ma foi ; mais donne-moi aussi la tienne. » — « Volontiers. » Ils s'en allèrent ensemble, joyeux et unis, vers Arthur.

En apprenant qu'ils venaient, Kei s'écria : « Je savais bien qu'il ne serait pas nécessaire à Gwalchmei de se battre avec le chevalier. Il n'est pas étonnant qu'il se fasse grande réputation. Il fait plus par ses belles paroles que nous par la force de nos armes. » Peredur et Gwalchmei allèrent au pavillon de celui-ci pour se désarmer. Peredur prit les mêmes habits que Gwalchmei, puis ils se rendirent, la main dans la main, auprès d'Arthur et le saluèrent. « Voici, » dit Gwalchmei, « l'homme que tu étais en train de chercher depuis déjà longtemps. » — « Sois le bienvenu, seigneur, » dit Arthur ; « tu resteras auprès de moi ; si j'avais su que ta valeur dût se montrer comme elle l'a fait, je ne t'aurais pas laissé me quitter. C'est ce que t'avaient prédit le nain et la naine que Kei maltraita et que tu as vengés. A ce moment survinrent la reine et ses suivantes. Peredur les salua ; elles lui firent un accueil aimable et lui souhaitèrent la bienvenue. Arthur témoigna grand respect et honneur à Peredur, et ils s'en retournèrent à Kaerllion.

La première nuit de son séjour à la cour d'Arthur, à Kaerllion, Peredur alla faire un tour dans le château après le repas. Il rencontra Ygharat Llaw Eurawc (à la main d'or) (1). « Par ma foi, ma sœur, » dit Peredur, « tu es une pucelle avenante et digne

---

(1) *Ygharat*, ou plus souvent *Angharat*. C'est probablement l'Angharad qui est donnée dans les *Triades* comme une des trois dames enjouées de Bretagne ; elle y est qualifiée de Tonnfelen ; elle est fille de Rhydderch Hael (*Myv. arch.*, p. 410, 106). Son surnom de Llaw Eurawc est rappelé, d'une façon singulière, dans une poésie adressée à une Angharat moderne (*Iolo mss.*, p. 199 : *llaw rodd aryan*, « à la main qui donne l'argent »).

d'amour. Je pourrais m'engager à t'aimer plus que toute autre femme, si tu voulais. » — « Je donne ma foi, » répondit-elle, « que je ne t'aime pas et que jamais je ne consentirai à t'aimer. — « Moi, je donne ma foi que je ne dirai pas un mot à un chrétien avant que tu n'en viennes à m'aimer plus que tout autre homme. »

Le lendemain, Peredur partit et suivit la grand'-route, le long de la croupe d'une montagne. Arrivé au bout, il aperçut une vallée ronde dont le pourtour était boisé et rocailleux, tandis que le fond était uni et en prairies ; il y avait des champs labourés entre les prairies et les bois. Au milieu du bois se trouvaient des maisons noires, d'un travail grossier. Il descendit, conduisit son cheval du côté du bois, et, un peu avant, dans le bois, il aperçut le flanc d'un rocher aigu que contournait un sentier. Un lion enchaîné dormait sur le bord du rocher. Sous le lion était un gouffre profond, immense, rempli d'os d'animaux et d'hommes. Peredur dégaîna et, d'un premier coup, jeta le lion suspendu à la chaîne au-dessus du gouffre ; d'un second, il brisa la chaîne, et le lion tomba dans le gouffre. Peredur fit passer son cheval par-delà le rebord du rocher et arriva dans la vallée. Au milieu était un beau château fort. Peredur s'y dirigea. Dans la prairie qui était devant le château, il aperçut un grand homme aux cheveux gris, assis, le plus grand qu'il eût jamais vu, et deux jeunes gens en train de lancer leurs couteaux dont les manches étaient d'os de cétacés, l'un brun, l'autre blond.

Peredur se rendit auprès de l'homme aux cheveux gris et le salua. « Honte sur la barbe de mon portier! » s'écria celui-ci. Peredur comprit que le portier était le lion. L'homme aux cheveux gris et les deux jeunes gens se rendirent avec lui au château. C'était un beau lieu et de noble aspect. Ils entrèrent dans la salle : les tables étaient dressées, portant en abondance nourriture et boisson. A ce moment arrivèrent de la chambre une femme d'un certain âge et une jeune femme : c'étaient les plus grandes femmes qu'il eût jamais vues. Ils se lavèrent et allèrent manger. L'homme aux cheveux gris se mit au bout de la table, à l'endroit le plus élevé, la femme d'un certain âge à côté de lui, et Peredur et la pucelle l'un à côté de l'autre; les deux valets les servirent. La pucelle se mit à regarder Peredur et devint toute triste. Peredur lui demanda la cause de sa tristesse. « Mon âme, » répondit-elle, « à partir du moment où je t'ai vu, c'est toi que j'ai aimé le plus au monde. Il m'est dur de voir un jeune homme aussi noble que toi sous le coup de la mort qui t'attend demain. Tu as vu les nombreuses maisons noires du bois? Tous ceux qui y habitent sont des hommes à mon père, l'homme aux cheveux gris, là-bas, et ce sont tous des géants. Demain ils se rassembleront contre toi et te tueront. La Vallée Ronde (Dyffrynn Crwn) est le nom qu'on donne à cette vallée. » — « Eh bien ! belle pucelle, auras-tu soin de mettre mon cheval et mes armes dans mon logis cette nuit? » — « Par moi et Dieu, je le ferai volontiers, si je le puis. » Lorsqu'il leur parut plus opportun de dormir que de boire, ils allèrent se coucher. La jeune fille fit de sorte que le cheval et les armes de Peredur furent dans le même logis que lui.

Le lendemain, Peredur entendit le tumulte des hommes et des chevaux autour du château. Il se leva, s'arma, lui et son cheval, et se rendit au pré. La vieille femme et la pucelle allèrent trouver l'homme aux cheveux gris : « Seigneur, » dirent-elles, « prends la foi du jeune homme qu'il ne dira rien de ce qu'il a vu ici. Nous serons cautions pour lui. » — « Non, par ma foi, » répondit-il. Peredur se battit avec la troupe, et, vers le soir, il en avait tué le tiers, sans qu'aucun lui eût fait le moindre mal. La femme d'un certain âge dit alors : « Eh bien ! il a tué beaucoup de tes hommes ; donne-lui grâce. » — « Non, par ma foi, » répondit-il. La femme et la belle pucelle regardaient, des créneaux du fort. Tout d'un coup, Peredur se rencontra avec le valet blond et le tua. « Seigneur, » s'écria la pucelle, « donne grâce au jeune homme. » — « Non, par moi et Dieu, » répondit l'homme aux cheveux gris. Peredur, aussitôt, se rencontra avec le valet brun et le tua. « Tu aurais mieux fait de donner grâce à ce jeune homme avant qu'il n'eût tué tes deux fils. C'est à peine, maintenant, si tu pourras toi-même échapper. » — « Va, toi, jeune fille, et prie-le de nous accorder pardon, puisque nous ne le lui avons pas accordé à lui. » La pucelle se rendit auprès de Peredur et lui demanda la grâce de son père et de ceux de ses hommes qui étaient encore en vie. — « Je te l'accorde, » dit Peredur, « à condition que ton père et tous ceux qui sont sous lui aillent prêter hommage à l'empereur Arthur et lui dire que c'est Peredur qui lui vaut ce service. » — « Nous le ferons volontiers, par moi et Dieu. » — « De plus, vous vous ferez baptiser, et j'enverrai vers Arthur pour lui demander de te faire don de cette vallée, à toi et à tes héritiers, pour toujours après toi. »

Ils entrèrent ; la femme et l'homme aux cheveux gris adressèrent leurs saluts à Peredur. L'homme lui dit : « Depuis que je possède cette vallée, tu es le premier chrétien que j'aie vu s'en retourner en vie. Nous irons faire hommage à Arthur et prendre foi et baptême. » — « Je rends grâce à Dieu, » dit Peredur, « de n'avoir pas violé mon serment à la femme que j'aime le plus : que je ne dirais mot à aucun chrétien. » Ils restèrent cette nuit au château. Le lendemain, l'homme aux cheveux gris et sa troupe allèrent à la cour d'Arthur et lui firent hommage. Arthur les fit baptiser. L'homme aux cheveux gris dit à Arthur que c'était Peredur qui l'avait vaincu. Arthur lui fit don, à lui et aux siens, de la vallée, pour la tenir comme vassaux, ainsi que l'avait demandé Peredur. Puis, avec la permission d'Arthur, l'homme aux cheveux gris s'en retourna à la Vallée Ronde.

Peredur, le lendemain, s'était mis en marche. Après avoir parcouru une bonne étendue de déserts sans rencontrer d'habitation, il finit par arriver à une petite maison fort pauvre. Là il entendit parler d'un serpent couché sur un anneau, et qui ne souffrait aucune habitation à sept milles à la ronde. Il se rendit à l'endroit indiqué, et se battit avec lui furieusement, vaillamment, avec glorieux succès; il finit par le tuer, et s'empara de l'anneau.

Il resta longtemps à errer ainsi, cette fois, sans adresser la parole à aucune espèce de chrétien. Aussi perdait-il ses couleurs et sa beauté, par suite des regrets excessifs que lui inspiraient la cour d'Arthur, la femme qu'il aimait le plus, et ses compagnons. Il finit par se diriger vers la cour d'Arthur. En chemin, il rencontra les gens d'Arthur, et Kei à leur tête, allant remplir un message. Peredur les reconnut tous, mais aucun ne le reconnut. « D'où viens-tu, seigneur? » dit Kei. Il le demanda une seconde, une troisième fois, et Peredur ne répondit pas. Kei le frappa de sa lance, et lui traversa la cuisse. Pour ne pas être forcé de parler et de violer sa foi, Peredur passa outre, sans se venger de lui. « Par moi et Dieu, Kei, » dit Gwalchmei, « tu as été bien mal inspiré en blessant un pareil jeune homme, quoiqu'il ne pût parler. » Il s'en retourna à la cour d'Arthur. « Princesse, » dit-il à Gwenhwyvar, « vois avec quelle méchanceté Kei a blessé ce jeune homme, quoiqu'il ne pût parler? Fais-le soigner par les médecins, et, à mon retour, je saurai reconnaître ce service. »

Avant que les hommes ne fussent de retour de leur expédition, un chevalier vint au pré, à côté de la cour d'Arthur, demander quelqu'un pour se battre avec lui. Il l'obtint; le chevalier renversa son adversaire, et, tous les jours, il renversait un chevalier. Un jour, Arthur et ses gens allaient à l'église. Ils aperçurent le chevalier avec son étendard de combat dressé. « Par la vaillance de mes hommes, » dit Arthur, « je ne m'en irai pas d'ici avant d'avoir eu mon cheval et mes armes pour aller me battre avec ce rustre, là-bas. » Les pages allèrent lui chercher son cheval et ses armes. Ils passèrent, en revenant, à côté de Peredur, qui prit le cheval et les armes, et alla au pré. Tous, alors, en le voyant marcher au combat contre le chevalier, montèrent sur le haut des maisons, sur les collines et les lieux élevés, pour considérer la lutte. Peredur fit signe au chevalier, avec la main, de vouloir bien commencer l'attaque. Le chevalier le chargea, mais sans le faire bouger de place. Peredur, à son tour, lança son cheval à toute bride, l'aborda avec vaillance et fureur, terriblement, durement, avec ardeur et fierté, lui donna sous le menton un coup aigu et empoisonné, dur et cuisant, digne d'un guerrier vigoureux, le souleva hors de sa selle, et le lança à une bonne distance de lui. Puis il s'en retourna, et laissa, comme auparavant, le cheval et les armes aux écuyers. Puis, à pied, il se rendit à la cour. On l'appela dès lors le Valet Muet. A ce moment, Agharat Law Eurawc le rencontra. « Par moi et Dieu, seigneur, » dit-elle, « c'est grand'pitié que tu ne puisses parler; si tu le pouvais, je t'aimerais plus que tout homme ; et, par ma foi, quoique tu ne le puisses pas, je t'aimerai le plus au monde tout de même. » — « Dieu te le rende, ma sœur, » dit Peredur, « sur ma foi, moi aussi je t'aime. » On reconnut alors Peredur. Il vécut en compagnie de Gwalchmei, d'Owein, fils d'Uryen, des chevaliers de la cour, et demeura à la cour d'Arthur.

Arthur était à Kaerllion sur Wysc. Un jour, il alla chasser avec Peredur. Peredur lança son chien sur un cerf. Le chien tua le cerf dans un endroit désert. A quelque distance de lui, Peredur apercevant des indices d'habitation, se dirigea dans cette direction. Il vit une salle, et, à la porte, trois valets chauves et basanés jouant aux échecs. En entrant, il vit trois pucelles assises sur une couche, vêtues de même manière, comme des personnes de qualité. Il alla s'asseoir à côté d'elles, sur le divan. Une d'elles le regarda avec attention, et se mit à pleurer. Peredur lui demanda pourquoi elle pleurait : « A cause du chagrin que j'ai, » dit-elle, « à voir tuer un jeune homme aussi beau que toi. » — « Qui me tuerait donc? » dit Peredur. —

« S'il n'était dangereux pour toi de t'attarder ici, je te le dirais. » — « Quoiqu'il puisse m'arriver de fâcheux en restant, j'écouterai. » — « C'est mon père qui est le maître de cette cour, et il tue tous ceux qui y viennent sans sa permission. » — « Quelle espèce d'homme est donc votre père à vous, pour qu'il puisse tuer chacun ainsi? » — « Un homme qui opprime et violente tous ses voisins, sans jamais faire réparation à qui que ce soit autour de lui. »

A ce moment il vit les jeunes gens se lever et débarrasser l'échiquier des cavaliers. Il entendit un grand bruit, et, aussitôt après, entra un grand homme noir et borgne. Les pucelles se levèrent et le débarrassèrent de ses vêtements. Il alla s'asseoir. Lorsqu'il eut repris ses sens et son calme, il jeta les yeux sur Peredur, et demanda quel était ce chevalier. « Seigneur, » dit la pucelle qui avait parlé à Peredur, « c'est le jeune homme le plus beau et le plus noble que tu aies jamais vu. Pour Dieu et au nom de ta dignité, sois modéré avec lui. » — « Pour l'amour de toi, je le serai, et je lui accorderai la vie pour cette nuit. » Peredur alla avec eux auprès du feu, mangea, but, et causa avec les dames. Lorsqu'il eut la tête échauffée par la boisson, il dit à l'homme noir : « Je suis étonné que tu te dises si fort. Qui t'a donc enlevé ton œil? » — « Une de mes habitudes, » répondit-il, « était de ne laisser la vie ni par faveur ni à aucun prix à quiconque me faisait pareille demande. » —

« Seigneur, » dit la pucelle, « quoi qu'il puisse te dire de balivernes sous l'influence de l'ivresse, sois fidèle à ta parole de tout à l'heure, et à la promesse que tu m'as faite. » — « Volontiers, pour l'amour de toi, » dit l'homme noir. « Je lui laisserai la vie cette nuit. » Ils en demeurèrent là cette nuit.

Le lendemain, l'homme noir se leva, s'arma et donna cet ordre à Peredur : « Homme, lève-toi pour souffrir la mort. » — « De deux choses l'une, l'homme noir, » dit Peredur, « si tu veux te battre avec moi : ou tu dépouilleras tes armes ou tu m'en donneras d'autres pour le combat. » — « Ah ! » dit l'autre, « tu pourrais te battre, si tu avais des armes ? Prends celles que tu voudras. » La pucelle apporta à Peredur des armes qui lui convinrent. Il se battit avec l'homme noir jusqu'à ce que celui-ci dut lui demander grâce. « Je te l'accorde, » dit Peredur, « pendant le temps que tu mettras à me dire qui tu es et qui t'a enlevé ton œil. »

« Seigneur, voici : c'est en me battant avec le serpent noir du *Carn* (1). Il y a un monticule qu'on appelle *Cruc Galarus* (le Mont Douloureux), et sur ce monticule il y a un *carn*, dans le *carn* un serpent, et dans la queue du serpent une pierre. La pierre a cette vertu que quiconque la tient dans une main peut avoir, dans l'autre, tout ce qu'il peut désirer d'or. C'est en me battant avec le serpent que j'ai

---

(1) Proprement, tas, pyramide de pierres.

perdu mon œil. Mon nom à moi est le Noir Arrogant (Du Trahaawc), et voici pourquoi on m'a appelé ainsi : Je n'ai laissé personne autour de moi sans l'opprimer, et je n'ai jamais fait droit à personne. » — « A quelle distance d'ici est le mont que tu dis ? » — « Je vais te compter les journées de voyage qu'il y a jusque-là et t'expliquer à quelle distance c'est. Le jour où tu partiras d'ici, tu arriveras à la cour des enfants du Roi des Souffrances. » — « Pourquoi les appelle-t-on ainsi ? » — « L'*addanc* (1) du lac les tue une fois chaque jour. De là tu te rendras à la cour de la comtesse des Prouesses. » — « Quelles sont donc ses prouesses ? » — « Sa maison se compose de trois cents hommes. On raconte, à tout étranger qui arrive à la cour, les prouesses de la famille. Les trois cents hommes sont assis le plus près de la comtesse, non par manque d'égards pour les hôtes, mais pour exposer les prouesses de la maison. Le jour où tu partiras de là, tu iras au Mont Douloureux. Là, au-

---

(1) *Addanc*, plus souvent *avanc*, désigne un animal plus ou moins fabuleux. Suivant les uns, c'est un castor, suivant d'autres un crocodile, etc., v. Silvan Evans, *Welsh dict.* « Il y a trois chefs-d'œuvres de l'île de Bretagne : le navire de Nevydd Nav Neivion, qui emporta un mâle et une femelle de chaque espèce quand Llynn Llion se rompit; le second a été fait par les bœufs cornus de Hu Gadarn quand ils traînèrent l'*avanc* de l'étang à terre, à la suite de quoi l'étang ne se rompit plus; le troisième étaient les pierres de Gwyddon Ganhebon, sur lesquelles se lisaient tous les arts et toutes les connaissances du monde » (*Myv. arch.*, p. 409, 97.)

tour du mont, sont établis les propriétaires de trois cents pavillons faisant la garde autour du serpent. » — « Puisque tu as été si longtemps un fléau, » dit Peredur, « je vais pourvoir à ce que tu ne le sois pas plus longtemps. » Et il le tua. La pucelle, qui la première avait causé avec lui, lui dit alors : « Si tu étais pauvre en venant ici, désormais, avec le trésor de l'homme noir que tu as tué, tu seras riche. Tu vois aussi quelles belles et avenantes pucelles il y a dans cette cour-ci. Tu pourrais faire la cour à celle que tu voudrais. » — « Je ne suis pas venu ici de mon pays, princesse, pour prendre femme. Mais je vois ici des jeunes gens aimables : que chacun de vous s'apparie avec l'autre, comme il voudra. Je ne veux rien de votre bien ; je n'en ai pas besoin. »

Il alla à la cour des fils du Roi des Souffrances. En y entrant, il n'aperçut que des femmes. Elles se levèrent à son arrivée et lui firent bon accueil. Il commençait à causer avec elles, lorsqu'il vit venir un cheval portant en selle un cadavre. Une des femmes se leva, enleva le cadavre de la selle, le baigna dans une cuve remplie d'eau chaude qui était plus bas que la porte, et lui appliqua un onguent précieux. L'homme ressuscita, vint le saluer et lui montra joyeux visage. Deux cadavres arrivèrent encore portés en selle. La femme les ranima tous les deux de la même façon que le premier. Peredur leur demanda des explications. Ils lui dirent qu'il y avait un *addanc*, dans une grotte, qui les tuait une fois chaque jour. Ils en demeurèrent là cette nuit.

Le lendemain, les jeunes gens se mirent en devoir de sortir, et Peredur leur demanda, pour l'amour de leurs maîtresses, de le laisser aller avec eux. Ils refusèrent, en disant que, s'il était tué, il n'y avait personne qui pût le rappeler à la vie; et ils partirent. Peredur les suivit. Il les avait perdus de vue, lorsqu'il rencontra, assise sur le haut d'un mont, la femme la plus belle qu'il eût jamais vue. « Je connais l'objet de ton voyage, » dit-elle ; « tu vas te battre avec l'*addanc*. Il te tuera, non par vaillance, mais par ruse. Il y a, sur le seuil de sa grotte, un pilier de pierre. Il voit tous ceux qui viennent sans être vu de personne, et, à l'abri du pilier, il les tue tous avec un dard empoisonné. Si tu me donnais ta foi de m'aimer plus qu'aucune autre femme au monde, je te ferais don d'une pierre qui te permettrait de le voir en entrant sans être vu de lui. » — « Je le jure, » dit-il ; « aussitôt que je t'ai vue, je t'ai aimée. Et où irai-je te chercher ? » — « Tu me chercheras du côté de l'Inde. » Et elle disparut après avoir mis la pierre dans la main de Peredur.

Il se dirigea vers la vallée arrosée par une rivière. Les contours en étaient boisés ; mais, des deux côtés de la rivière, s'étendaient des prairies unies. Sur l'une des rives, il y avait un troupeau de moutons blancs, et, sur l'autre, un troupeau de moutons noirs. A chaque fois que bêlait un mouton blanc, un mouton noir traversait l'eau et devenait blanc. A chaque fois que bêlait un mouton noir, un mouton blanc traversait l'eau et devenait noir. Sur le bord de la rivière se dressait un grand arbre : une des moitiés de l'arbre brûlait depuis la racine jusqu'au sommet ; l'autre moitié portait un feuillage vert. Plus haut, Peredur aperçut, assis sur le sommet du mont, un jeune homme tenant en laisse deux chiens de chasse, au poitrail blanc, tachetés, couchés à côté de lui ; jamais il n'avait vu à personne un air aussi royal. Dans le bois, en face, il entendit des chiens levant un troupeau de cerfs. Peredur salua le jeune homme, qui lui rendit son salut. Comme trois routes partaient du mont, deux d'entre elles larges et la troisième plus étroite, Peredur lui demanda où elles conduisaient. « L'une, » dit-il, « mène à ma cour. Je te conseille ou de t'y rendre auprès de ma femme, ou d'attendre avec moi ici. Tu verras les chiens courants pousser les cerfs fatigués du bois dans la plaine ; puis les lévriers les meilleurs et les plus braves que tu aies jamais vu, et tu assisteras à la mort des cerfs près de l'eau, à côté de nous. Lorsqu'il sera temps de manger, mon valet viendra à ma rencontre avec mon cheval, et tu trouveras là-bas bon accueil cette nuit. » — « Que Dieu te le rende, mais je ne resterai pas ; je continuerai ma route. » — « L'autre chemin mène à une ville ici près, où tu trouveras, pour de l'argent, nourriture et boisson. Le troisième, le plus étroit, va du côté de la grotte de l'*addanc*. » — « Avec ta permission, jeune homme, c'est de ce côté que je vais aller. »

Et Peredur se dirigea vers la grotte. Il prit la pierre dans sa main gauche, sa lance dans sa main droite. En entrant, il aperçut l'*addanc*; il le traversa d'un coup de lance et lui coupa la tête. En sortant, il trouva à l'entrée les trois compagnons; ils saluèrent Peredur et lui dirent qu'il était prédit que c'était lui qui détruirait ce fléau. Il leur donna la tête du serpent. Ils lui proposèrent celle qu'il voudrait de leurs trois sœurs pour femme, et la moitié de leur royaume avec elle. « Je ne suis pas venu ici pour prendre femme, » dit Peredur. « Si j'en avais l'intention, il se peut que j'eusse choisi votre sœur par-dessus toutes. » Peredur continua sa route.

Entendant du bruit derrière lui, il se retourna et aperçut un homme monté sur un cheval rouge et couvert d'une armure rouge. En arrivant en face de Peredur, le cavalier le salua au nom de Dieu et des hommes. Peredur salua le valet amicalement. « Seigneur, » dit celui-ci, « je suis venu pour te faire une demande. » — « Laquelle ? » dit Peredur. — « C'est que tu me prennes pour ton homme. » — « Qui prendrais-je comme homme, si je te prenais ? » — « Je ne cacherai pas mon origine : on m'appelle Etlym Gleddyvcoch (à l'épée rouge), comte des marches de l'Est. » — « Je suis étonné que tu te proposes comme homme à quelqu'un dont les domaines ne sont pas plus grands que les tiens : je n'ai aussi qu'un comté. Puisque tu tiens à me suivre comme mon homme, je t'accepte volontiers. » Ils se dirigèrent vers la cour de la comtesse des Prouesses.

On leur fit accueil courtois. On leur dit que si on les plaçait à table plus bas que la famille, ce n'était pas pour leur manquer de respect, mais que la coutume de la cour le voulait ainsi : quiconque terrasserait les trois cents hommes de la comtesse aurait le droit de s'asseoir à table le plus près d'elle et serait celui qu'elle aimerait le plus. Peredur renversa les trois cents hommes de la famille et s'assit à côté de la comtesse, qui lui dit : « Je remercie Dieu de m'avoir fait avoir un jeune homme aussi beau et aussi vaillant que toi, puisque je n'ai pas eu l'homme que j'aimais le plus. » — « Qui était-il? » — « Sur ma foi, Etlym Gleddyvcoch était celui que j'aimais le plus, et jamais je ne l'ai vu. » — « En vérité, » dit-il; « Etlym est mon compagnon, et le voici. C'est pour l'amour de lui que je suis venu jouter avec tes gens; il aurait pu le faire mieux que moi, s'il l'avait voulu. Je te donne à lui. » — « Dieu te le rende, beau valet; j'accepte l'homme que j'aime le plus. » Cette nuit-là, Etlym et la comtesse couchèrent ensemble.

Le lendemain, Peredur se mit en route pour le Mont Douloureux. « Par ta main, seigneur, » dit Etlym, « je m'en vais avec toi. » Ils marchèrent jusqu'à ce qu'ils aperçurent le mont et les pavillons. « Va vers ces gens là-bas, » dit Peredur à Etlym, « et commande-leur de venir me faire hommage. » Etlym alla vers eux et leur dit : « Venez faire hommage à mon seigneur. » — « Et quel est ton seigneur? » dirent-ils. — « Peredur Baladyr hir (à la longue lance). » — « S'il était permis de mettre à mort un messager, tu ne serais pas retourné vivant auprès de ton maître, pour avoir fait à des rois, des comtes et des barons une demande aussi arrogante que de venir faire hommage à ton seigneur. » Peredur lui ordonna de retourner auprès d'eux et de leur donner le choix ou de lui faire hommage ou de se battre avec lui. Ils préférèrent se battre.

Ce jour-là même Peredur renversa les propriétaires de cent pavillons. Le lendemain, il jeta à terre les propriétaires de cent autres. Le troisième jour, le cent qui restait se décida à lui faire hommage. Peredur leur demanda ce qu'ils faisaient là. Ils lui répondirent qu'ils montaient la garde autour du serpent jusqu'à ce qu'il fût mort ; ensuite ils se seraient battus entre eux pour la pierre, et le vainqueur l'aurait eue. « Attendez-moi ici, » dit Peredur ; « je vais aller lutter contre le serpent. » — « Non pas, seigneur, » dirent-ils ; « allons ensemble. » — « Je ne le veux point, » dit Peredur. « Si on tuait le serpent, je n'en aurais pas plus de gloire que le premier venu d'entre vous. » Il alla où était le serpent et le tua. Puis il revint auprès d'eux et leur dit : « Comptez votre dépense depuis que vous êtes venus ici, et je vous rembourserai sur parole. » Il remboursa chacun d'après le compte qu'il indiqua et ne leur demanda pas autre chose que d'être ses hommes. Puis il dit à Etlym : « Retourne auprès de la femme que tu aimes le plus, et moi j'irai devant moi. Je veux te récompenser de l'hommage que tu m'as prêté. » Et il lui donna la pierre. « Dieu te le rende, » dit Etlym, « et aplanisse la voie devant toi. »

Peredur s'éloigna et arriva à une vallée arrosée par une rivière, la plus belle qu'il eût jamais vue. Il y vit une quantité de pavillons de différentes couleurs ; mais ce qui l'étonna le plus, ce fut le nombre des moulins à eau et des moulins à vent. Il se heurta à un homme brun ayant l'air d'un *saer* (ouvrier en pierres ou bois, charpentier) (1), et lui demanda qui il était : « Je suis, » répondit-il, « le chef meunier de tous ces moulins-là. » — « Me donnerais-tu un logement chez toi ? » — « Volontiers. » Peredur alla chez le meunier ; il trouva un beau logis qui lui convint. Il demanda de l'argent en prêt au meunier pour acheter de la nourriture et de la boisson pour lui et les gens de la maison, en s'engageant à le dédommager avant de partir. Puis il s'informa de la cause de tout ce rassemblement. « De deux choses l'une, » dit le meunier ; « ou tu viens de loin ou tu n'es pas dans ton bon sens. Là se trouve l'impératrice de la grande Cris-

---

(1) V. Kulhwch et Olwen, I, p. 214, note 2 ; p. 149, note 2.

tinobyl. Elle ne veut pour époux que l'homme le plus vaillant ; pour les biens, elle n'en a pas besoin. C'est parce qu'il serait impossible d'apporter ici des vivres pour tant de milliers d'hommes, qu'on a établi cette multitude de moulins. » Cette nuit-là, ils prirent du repos.

Le lendemain, Peredur se leva et s'arma, lui et son cheval, pour aller au tournois. Au milieu des pavillons, il en distingua un, le plus beau qu'il eût jamais vu ; par la fenêtre, avançait la tête une belle pucelle, la plus belle qu'il eût jamais vue. Elle était vêtue de *paile* d'or. Peredur la regarda fixement et son amour le pénétra profondément. Il resta à la considérer depuis le matin jusqu'à midi et de midi jusqu'à nones, auquel moment le tournois prit fin. Alors il retourna à son logis, dépouilla ses armes, et demanda de l'argent au meunier en prêt ; la meunière s'irrita contre lui ; mais, néanmoins, le meunier lui en prêta. Le lendemain, il se conduisit comme la veille, puis il revint à la nuit à son logis et emprunta de l'argent au meunier.

Le troisième jour, pendant qu'il était à la même place à considérer la jeune fille, il reçut un grand coup du manche d'une cognée entre le cou et les épaules. Il se retourna et vit le meunier qui lui dit : « Choisis, ou de déguerpir, ou d'aller au tournois. » Peredur sourit en l'entendant et se rendit au tournois. Tous ceux qui se rencontrèrent avec lui ce jour-là, il les jeta à terre ; les hommes, il les envoyait en présent à l'impératrice, les chevaux et les armes, à la femme du meunier, comme intérêt de son argent. Peredur suivit le tournoi jusqu'à ce qu'il eût renversé tout le monde. Les hommes, il les envoya comme prisonniers à l'impératrice ; les chevaux et les armes, à la femme du meunier, comme intérêt de son argent. L'impératrice dépêcha vers le chevalier du moulin pour lui demander de la venir voir. Peredur fit défaut au premier message. Un second lui fut adressé. La troisième fois, elle envoya cent chevaliers lui demander une entrevue avec ordre de l'amener de force, s'il ne venait pas de bon gré. Ils allèrent et lui exposèrent le message de l'impératrice. Il joua bon jeu avec eux, les fit enchaîner avec des cordes de nerfs de chevreuils et jeter dans le clos du moulin.

L'impératrice demanda conseil à un sage entre tous ses conseillers. Il lui dit qu'avec sa permission il irait trouver Peredur. Il se rendit auprès de lui, le salua et le pria, pour l'amour de son amante, de venir voir l'impératrice. Peredur alla avec le meunier. Au premier endroit du pavillon qu'il arriva, il s'assit. Elle vint s'asseoir à côté de lui ; et, après une courte conversation, Peredur prit congé d'elle et rentra à son logis. Le lendemain, il retourna la voir. Lorsqu'il entra dans le pavillon, il le trouva dans tous les coins préparé avec le même soin ; ils ne savaient pas, en effet, où il serait allé s'asseoir. Peredur s'assit à côté de l'impératrice et ils causèrent amicalement.

Sur ces entrefaites entra un homme noir ayant à la main un gobelet rempli de vin. Il tomba à genoux devant l'impératrice et la pria de ne le donner qu'à celui qui viendrait le lui disputer les armes à la main. Elle regarda Peredur. « Princesse, » dit-il, « donne-moi le gobelet. » Il but le vin et donna la coupe à la femme du meunier. A ce moment, entra un autre homme noir, plus grand que le premier, et ayant à la main un ongle de *pryv* (1), taillé en forme de coupe et rempli de vin. Il le donna à l'impératrice en la priant de n'en faire don qu'à celui qui viendrait se battre avec lui. « Princesse, » dit Peredur, « donne-le-moi. » Peredur but le vin et donna le gobelet à la femme du meunier. A ce moment, entra un homme aux cheveux rouges frisés, plus grand qu'aucun des deux autres, ayant à la main un gobelet de cristal rempli de vin. Il s'agenouilla et le mit dans la main de l'impératrice en la priant de ne le donner qu'à celui qui viendrait le lui disputer les armes à la main. Elle le donna à Peredur qui l'envoya à la femme du meunier. Peredur passa cette nuit à son logis. Le lendemain, il s'arma, lui et son cheval, alla au pré et tua les trois hommes. Puis, il se rendit au pavillon. « Beau Peredur, » lui dit l'impératrice, « rappelle-toi la foi que tu m'as donnée,

---

(1) Proprement *ver*; mais *pryv*. désigne aussi divers animaux : voir notes critiques. *Vermes*, dans Nennius, désigne aussi le dragon. C'est la traduction latine du mot gallois *pryv*.

lorsque je te fis présent de la pierre et que tu tuas l'*Addanc.* » — « Princesse, tu dis vrai, je ne l'ai pas oublié. » Peredur gouverna avec l'impératrice pendant quatorze ans, à ce que dit l'histoire.

Arthur se trouvait à Kaerllion sur Wysc, sa principale cour. Quatre hommes, au milieu de la salle, étaient assis sur un manteau de *paile* : Owein, fils d'Uryen ; Gwalchmei, fils de Gwyar ; Howell, fils d'Emyr Llydaw, et Peredur Baladyr hir. Tout à coup entra une jeune fille aux cheveux noirs frisés, montée sur un mulet jaune, ayant en main des lanières grossières avec lesquelles elle le faisait marcher. Sa physionomie était rude et désagréable ; son visage et ses deux mains, plus noires que le fer le plus noir trempé dans la poix. Son teint n'était pas encore ce qu'il y avait de plus laid en elle : c'était la forme de son corps ; elle avait les joues très relevées, le bas du visage allongé, un petit nez avec des narines distendues, un œil gris vert, étincelant, et l'autre noir comme le jais, enfoncé profondément dans la tête, les dents longues, jaunes, plus jaunes que la fleur du genêt. Son ventre se relevait de la poitrine plus haut que le menton. Son échine avait la forme d'une crosse. Ses hanches étaient larges, décharnées, et toute la partie inférieure de son corps, mince, à l'exception des pieds et des genoux qu'elle avait gros.

Elle salua Arthur et toute sa famille, à l'exception de Peredur. A Peredur, elle parla en termes irrités, désagréables. « Peredur, » dit-elle, « je ne te salue pas, car tu ne le mérites point. La destinée était aveugle lorsqu'elle t'accorda talents et gloire. Tu es allé à la cour du roi boiteux, tu y as vu le jeune homme avec la lance rouge, au bout de laquelle il y avait une goutte de sang qui se changea en un torrent coulant jusque sur le poing du jeune homme ; tu as vu là encore d'autres prodiges : tu n'en as demandé ni le sens ni la cause! Si tu l'avais fait, le roi aurait obtenu la santé pour lui et la paix pour ses Etats, tandis que désormais il n'y verra que combats et guerres, chevaliers tués, femmes laissées veuves, dames sans moyens de subsistance ; et tout cela à cause de toi (1). Seigneur, » dit-elle en s'adressant à Arthur, « avec ta permission, mon logis est loin d'ici ; c'est le Château Noble (*syberw*) ; je ne sais si tu en as entendu parler. Il y a cinq cent soixante-six chevaliers ordonnés, et chacun d'eux a avec lui la femme qu'il aime le plus. Quiconque cherche la gloire par les armes, la lutte et les combats, la trouvera là, s'il en est digne ; mais pour celui qui aspire au sceptre de la gloire et de l'honneur, je sais où il peut le conquérir. Sur une montagne qu'on voit de tous côtés, il y a un château, et, dans ce château, une jeune fille qu'on tient étroitement assiégée. Celui qui la délivrerait acquerrait la plus grande renommée du monde. » En disant ces mots, elle sortit. « Par ma foi, » dit Gwalchmei, je ne dor-

---

(1) V. la note à la page 60.

mirai pas tranquille avant d'avoir su si je peux délivrer la pucelle. » Beaucoup des hommes d'Arthur adoptèrent le sentiment de Gwalchmei. « Pour moi, » dit Peredur, « au contraire, je ne dormirai pas d'un sommeil tranquille tant que je n'aurai pas su l'histoire et le sens de la lance dont a parlé la jeune fille noire. »

Chacun était en train de s'équiper, lorsque se présenta à l'entrée un chevalier ayant la stature et la vigueur d'un guerrier, bien pourvu d'habits et d'armes. Il salua Arthur et toute sa maison, à l'exception de Gwalchmei. Sur l'épaule, il avait un écu émaillé d'or dont la traverse était d'émail bleu ; bleues aussi étaient toutes ses armes. Il dit à Gwalchmei : « Tu as tué mon seigneur par tromperie et trahison, et je le prouverai contre toi. » Gwalchmei se leva : « Voici, » dit-il, « mon gage contre toi, ici ou à l'endroit que tu voudras, que je ne suis ni trompeur ni traître. » — « Je veux que la lutte entre toi et moi ait lieu devant le roi mon suzerain. » — « Volontiers, » dit Gwalchmei, « marche, je te suis. » Le chevalier partit.

Gwalchmei fit ses préparatifs ; on lui proposa beaucoup d'armes, mais il ne voulut que les siennes. Une fois armés, Gwalchmei et Peredur partirent à la suite du chevalier, tous les deux, à cause de leur compagnonnage et de leur grande affection l'un pour l'autre. Ils ne se mirent pas en quête ensemble, mais chacun de son côté.

Dans la jeunesse du jour, Gwalchmei arriva dans

une vallée arrosée par une rivière, où il aperçut un château fort, avec une grande cour, et couronné de tours superbes et très élevées. Il vit en sortir un chevalier partant pour la chasse, monté sur un palefroi d'un noir luisant, aux narines larges, avide de voyager, au trot égal et fier, vif, rapide et sûr : c'était le propriétaire de la cour. Gwalchmei le salua. « Dieu te protège, seigneur, » dit le chevalier ; « d'où viens-tu ? » — « De la cour d'Arthur. » — « Es-tu des hommes d'Arthur ? » — « Oui, par ma foi. » — « Un bon conseil, » dit le chevalier ; « je te vois fatigué, harassé. Va à ma cour, et restes-y cette nuit, si cela te convient. » — « Volontiers, seigneur, et Dieu te le rende. » — « Voici un anneau comme signe de passe pour le portier ; va ensuite droit à cette tour là-bas, ma sœur s'y trouve. » Gwalchmei se présenta à l'entrée, montra l'anneau au portier, et se dirigea vers la tour.

A l'intérieur brûlait un grand feu à flamme claire, élevée, sans fumée ; auprès du feu était assise une jeune fille, majestueuse, accomplie. La pucelle lui fit bon accueil, le salua et alla à sa rencontre. Ils s'assirent l'un auprès de l'autre. Ils mangèrent, et, le repas fini, ils tinrent amicalement conversation. Sur ces entrefaites, entra, se dirigeant vers eux, un homme, aux cheveux blancs, respectable. « Ah ! misérable putain, s'écria-t-il, si tu savais comme il te convient de jouer et de t'asseoir en compagnie de cet homme, assurément tu ne le ferais pas ! » Il se retira aussitôt et s'éloigna. « Seigneur, » dit la pucelle, « si tu suivais mon avis, dans la crainte d'un danger pour toi de la part de cet homme, tu fermerais la porte. » Gwalchmei se leva. En arrivant à la porte, il vit l'homme, lui soixantième, complètement armé, ainsi que ses compagnons, montant à la tour. Saisissant la table du jeu d'échecs, il réussit à empêcher aucun d'eux de monter, jusqu'au retour du comte de la chasse. « Que se passe-t-il ? » dit le comte en arrivant. — « Une bien vilaine chose, » répondit l'homme aux cheveux blancs : « cette malheureuse, là-haut, est restée jusqu'à ce soir assise et mangeant en compagnie de l'homme qui a tué votre père : c'est Gwalchmei, fils de Gwyar. » — « Arrêtez maintenant, » dit le comte, « je vais entrer. »

Le comte fut courtois vis-à-vis de Gwalchmei. « Seigneur, » dit-il, « tu as eu tort de venir à notre cour, si tu savais avoir tué notre père ; quoique nous ne puissions, nous, le venger, Dieu le vengera sur toi. » — « Mon âme, » dit Gwalchmei, « voici, à ce sujet, la vérité : ce n'est ni pour avouer que j'ai tué votre père ni pour le nier que je suis venu ici. Je suis en mission pour le compte d'Arthur et le mien. Je te demande un délai d'un an, jusqu'au retour de ma mission, et alors, sur ma foi, je viendrai à cette cour pour avouer ou pour nier. » Le délai lui fut volontiers accordé. Il passa la nuit à la cour et partit le lendemain. L'histoire n'en dit pas davantage au sujet de Gwalchmei à propos de cette expédition.

Pour Peredur, il marcha devant lui. Il erra à travers l'île, cherchant des nouvelles de la jeune fille noire, et il n'en trouva pas. Il finit par arriver dans une terre qu'il ne connaissait pas, dans le val d'une rivière. En cheminant à travers cette vallée, il vit venir un cavalier ayant les insignes d'un prêtre. Il lui demanda sa bénédiction. « Malheureux, » répondit-il, « tu ne mérites pas ma bénédiction, et il ne te portera pas bonheur de vêtir une armure un jour comme aujourd'hui. » — « Quel jour est-ce donc ? » — « C'est aujourd'hui le vendredi de la passion. » — « Ne me fais pas de reproches, je ne le savais pas. Il y a un an aujourd'hui que je suis parti de mon pays. »

Peredur mit pied à terre (1) et conduisit son cheval à la main. Il suivit quelque temps la grand'route, puis il prit un chemin de traverse qui le mena à travers un bois. En en sortant, il aperçut un château qui lui parut habité. Il s'y rendit et, à l'entrée, il rencontra le même prêtre et lui demanda sa bénédiction. « Dieu te bénisse, » répondit le prêtre, « il vaut mieux faire route ainsi. Tu resteras avec moi ce soir. » Peredur passa la nuit au château. Le lendemain, comme

(1) L'usage d'Arthur était de ne pas monter à cheval durant la semaine *peneuse* ou sainte (Paulin Paris, *Les Romans de la Table Ronde*, IV, p. 206).

il songeait à partir, le prêtre lui dit : « Ce n'est pas un jour aujourd'hui pour voyager, pour qui que ce soit. Tu resteras avec moi aujourd'hui, demain et après demain, et je te donnerai toutes les informations que je pourrai au sujet de ce que tu cherches. » Le quatrième jour, Peredur se mit en devoir de partir et demanda au prêtre des renseignements au sujet du château des Merveilles. « Tout ce que j'ai appris, » dit celui-ci, « je vais te le dire. Tu franchiras cette montagne là-bas ; de l'autre côté, il y a une rivière et dans la vallée de cette rivière, une cour. C'est là que fut le roi à Pâques. S'il y a un lieu où tu doives trouver des nouvelles au sujet du château des Merveilles, c'est bien là. »

Peredur partit et se rendit à la vallée de la rivière où il rencontra une troupe de gens allant à la chasse et ayant au milieu d'eux un homme de haut rang. Peredur le salua. « Choisis, seigneur, » dit cet homme : « viens chasser avec moi, ou va à la cour : j'enverrai quelqu'un de mes gens pour te recommander à ma fille, qui y est ; elle te donnera à manger et à boire en attendant mon retour de la chasse. Si ce que tu cherches est de telle nature que je puisse te le procurer, je le ferai volontiers. » Le roi fit accompagner Peredur par un valet court et blond ; lorsqu'ils arrivèrent à la cour, la princesse venait de se lever et allait se laver. Peredur s'avança ; elle le salua avec courtoisie, le fit asseoir à côté d'elle, et ils prirent ensemble leur repas. A tout ce que lui disait Peredur, elle riait assez haut pour être entendue de toute la cour : « Par ma foi, » lui dit alors le petit blond, « si tu as jamais eu un mari, c'est bien ce jeune homme. S'il ne l'a pas encore été, à coup sûr, ton esprit et ta pensée sont fixés sur lui. » Puis le petit blond se rendit auprès du roi et lui dit qu'à son avis, suivant toute vraisemblance, le jeune homme qu'il avait rencontré, était le mari de sa fille. « S'il ne l'est pas encore, ajouta-t-il, il va le devenir tout de suite, si tu n'y prends pas garde. » — « Quel est ton avis, valet, dit le roi ? » — « Je suis d'avis de lancer sur lui des hommes vaillants et de le tenir prisonnier jusqu'à ce que tu n'aies plus d'incertitude à ce sujet. » Le roi lança ses hommes sur Peredur, avec ordre de le saisir et le fit mettre en geôle. La jeune fille alla au-devant de son père et lui demanda pourquoi il avait fait emprisonner le chevalier de la cour d'Arthur. « En vérité, » répondit-il, « il ne sera libre ni ce soir, ni demain, ni après-demain : jamais il ne sortira du lieu où il est. » Elle ne protesta pas contre les paroles du roi et se rendit auprès du jeune homme auquel elle dit : « Est-ce qu'il t'est désagréable d'être ici ? » — « J'aimerais autant, » répondit-il, « ne pas y être. » — « Ton lit, ton sort, ne seront pas plus mauvais que ceux du roi. Les meilleurs chants de la cour, tu les auras à ton gré. Si tu trouves même plus amusant que j'établisse mon lit ici pour causer avec toi, je le ferai volontiers » — « Pour cela, je ne le refuse pas. » Il passa cette nuit en prison, et la pucelle tint tout ce qu'elle avait promis.

Le lendemain Peredur entendit du bruit dans la ville. « Belle pucelle, » dit-il, « quel est ce bruit ? » — « L'armée du roi et toutes ses forces viennent dans cette ville aujourd'hui. » — « Que veulent-ils ainsi? » — « Il y a ici près un comte, possédant deux comtés et aussi puissant que le roi. Il y aura lutte entre eux aujourd'hui. » — « J'ai une prière à t'adresser : fais-moi avoir cheval et armes pour assister à la lutte ; je jure de retourner à ma prison. » — « Volontiers, tu auras cheval et armes. » Elle lui procura le cheval et les armes, ainsi qu'une cotte d'armes toute rouge par-dessus son armure, et un écu jaune qu'il suspendit à son épaule. Il alla au combat et renversa tout ce qu'il rencontra d'hommes du comte ce jour-là. Puis il rentra en prison. La pucelle demanda des nouvelles à Peredur : il ne lui répondit pas un mot. Elle alla aux renseignements auprès de son père et lui demanda qui avait été le plus vaillant de sa maison. Il répondit qu'il ne le connaissait pas, mais que c'était un chevalier portant une cotte d'armes rouge par-dessus son armure et un bouclier jaune sur l'épaule. Elle sourit et retourna auprès de Peredur, qui fut cette nuit là l'objet d'égards particuliers.

Trois jours de suite, Peredur tua les gens du comte, et, avant que personne ne pût savoir qui il était, il retournait à sa prison. Le quatrième jour, Peredur tua le comte lui-même. La pucelle alla au-devant de son père et lui demanda les nouvelles. « Bonnes nouvelles, » répondit-il, « le comte est tué, et je suis maître de ses deux comtés. » — « Sais-tu, seigneur, qui l'a tué? » — « Je le sais : c'est le chevalier à la cotte d'armes rouge et à l'écu jaune. » — « Seigneur, moi je le connais. » — « Au nom de Dieu, qui est-ce? » — « C'est le chevalier que tu tiens en prison. » Il se rendit auprès de Peredur, le salua, et lui dit qu'il le récompenserait du service qu'il lui avait rendu, comme il le voudrait lui-même. A table, Peredur fut placé à côté du roi, et la pucelle à côté de lui : « Je te donne, lui dit le roi, ma fille en mariage avec la moitié de mon royaume, et je te fais présent des deux comtés. » — « Seigneur, Dieu te le rende, mais je ne suis pas venu ici pour prendre femme. » — « Que cherches-tu, seigneur? » — « Je cherche des nouvelles du château des Merveilles. » — « La pensée de ce seigneur est bien plus haut que là où nous la cherchions, dit la pucelle : tu auras des nouvelles au sujet du château, des guides pour te conduire à travers les Etats de mon père, et de quoi défrayer ta route. C'est toi, seigneur, l'homme que j'aime le plus. Franchis, continua-t-elle, cette montagne là-bas, puis tu verras un étang et, au milieu, un château : c'est ce qu'on appelle le château des Merveilles. »

Peredur se dirigea vers le château. Le portail était ouvert. En arrivant à la salle, il trouva la porte ouverte : il entra et aperçut un jeu d'échecs : les deux troupes de cavaliers jouaient l'une contre l'autre (1); celle à qui il donnait son aide perdait et l'autre jetait un cri, absolument comme l'eussent fait des hommes. Il se fâcha, prit les cavaliers dans son giron, et jeta l'échiquier dans le lac. A ce moment entra une jeune fille noire, qui lui dit : « Puisse Dieu ne pas t'accorder sa grâce. Il t'arrive plus souvent de faire du mal que du bien. Tu as fait perdre à l'impératrice sa table de jeu, ce qu'elle n'eût pas voulu pour son empire. » — « Y aurait-il moyen de la retrouver? » — « Oui, si tu allais à Ysbidinongyl. Il y a là un homme noir qui dévaste une grande partie des domaines de l'impératrice. En le tuant, tu aurais la table. Mais si tu y vas, tu n'en reviendras pas vivant. » — « Veux-tu me guider là-bas? » — « Je vais t'indiquer le chemin. »

Il se rendit à Kaer Ysbidinongyl, et se battit avec l'homme noir. Celui-ci demanda grâce : « Je te l'accorde, » dit Peredur, « à condition que la table de jeu soit où elle était à mon entrée dans la salle. » A ce moment arriva la jeune fille noire. « En vérité, » dit-elle, « que la malédiction de Dieu soit sur toi en retour de ta peine, pour avoir laissé en vie ce fléau qui est en train de dévaster les domaines de l'impératrice. — « Je lui ai laissé la vie, »

---

(1) Parmi les treize merveilles de l'île est le jeu d'échec de Gwenddoleu ou Gwenddolen : on n'a qu'à mettre debout les cavaliers, ils jouent tout seuls. L'échiquier était en or et les cavaliers en argent (lady Guest, *Mab.*, I, p. 383).

dit Peredur, « pour qu'il remît la table. » — « Elle n'est pas à l'endroit où tu l'as trouvée : retourne et tue-le. » Peredur alla et tua l'homme noir.

En arrivant à la cour, il y trouva la jeune fille noire. « Pucelle, » dit Peredur, « où est l'impératrice ? » — « Par moi et Dieu, » répondit-elle, « tu ne la verras pas maintenant, si tu ne tues le fléau de cette forêt là-bas. » — « Quel est ce fléau ? » — « Un cerf, aussi rapide que l'oiseau le plus léger ; il a au front une corne aussi longue qu'une hampe de lance, à la pointe aussi aiguë que tout ce qu'il y a de plus aigü. Il brise les branches des arbres, et tout ce qu'il y a de plus précieux dans la forêt ; il tue tous les animaux qu'il rencontre, et ceux qu'il ne tue pas meurent de faim. Bien pis : il va tous les soirs boire l'eau du vivier et il laisse les poissons à sec ; beaucoup sont morts avant que l'eau n'y revienne. » — « Pucelle, viendrais-tu me montrer cet animal-là ? » — « Non point ; personne depuis un an n'a osé aller à la forêt, mais il y a l'épagneul de l'impératrice qui lèvera le cerf et reviendra vers toi avec lui ; le cerf alors t'attaquera. » L'épagneul servit de guide à Peredur, leva le cerf, et le rabattit vers l'endroit où était Peredur. Le cerf se jeta sur Peredur, qui le laissa passer de côté, et lui trancha la tête. Pendant qu'il considérait la tête, une cavalière vint à lui, mit l'épagneul dans sa cape et la tête du cerf entre elle et l'arçon de sa selle. Il avait au cou un collier d'or rouge.

« Ah! seigneur, » dit-elle, « tu as agi d'une façon discourtoise en détruisant le plus précieux joyau de mes domaines. » — « On me l'a demandé, » répondit-il ; « y a-t-il un moyen de gagner ton amitié ? » — « Oui, va sur la croupe de cette montagne là-bas. Tu y verras un buisson. Au pied du buisson, il y a une pierre plate. Une fois là, demande par trois fois quelqu'un pour se battre avec toi ; ainsi tu pourras avoir mon amitié. »

Peredur se mit en marche et, arrivé au buisson, il demanda un homme pour se battre avec lui. Aussitôt un homme noir sortit de dessous la pierre, monté sur un cheval osseux, couvert, lui et son cheval, d'une forte armure rouillée. Ils se battirent. A chaque fois que Peredur le renversait, il sautait de nouveau en selle. Peredur descendit et tira son épée. Au même moment l'homme noir disparut avec le cheval de Peredur et le sien, sans que Peredur pût même jeter un coup d'œil dessus. Peredur marcha tout le long de la montagne et, de l'autre côté, dans une vallée arrosée par une rivière, il aperçut un château. Il s'y dirigea. En entrant, il vit une salle dont la porte était ouverte. Il entra et aperçut au bout de la salle sur un siège, un homme aux cheveux gris, boiteux ; à côté de lui, Gwalchmei, et son propre cheval dans la même écurie que celui de Gwalchmei. Ils firent joyeux accueil à Peredur qui alla s'asseoir de l'autre côté de l'homme aux cheveux gris.

A ce moment, un jeune homme aux cheveux

blonds tomba à genoux devant Peredur et lui demanda son amitié. « Seigneur, » dit-il, « c'est moi que tu as vu sous les traits de la jeune fille noire, à la cour d'Arthur, puis lorsque tu jetas la table de jeu, lorsque tu tuas l'homme noir d'Ysbidinongyl, lorsque tu tuas le cerf, quand tu t'es battu avec l'homme de la pierre plate. C'est encore moi qui me suis présenté avec la tête sanglante sur le plat, avec la lance de la pointe de laquelle coulait un ruisseau de sang jusque sur mon poing et tout le long de la hampe. La tête était celle de ton cousin germain. Ce sont les sorcières de Kaerloyw qui l'ont tué ; ce sont elles aussi qui ont estropié ton oncle ; moi, je suis ton cousin. Il est prédit que tu les vengeras. »

Peredur et Gwalchmei décidèrent d'envoyer vers Arthur et sa famille pour lui demander de marcher contre les sorcières. Ils engagèrent la lutte contre les sorcières. Une des sorcières voulut tuer un des hommes d'Arthur devant Peredur ; celui-ci l'en empêcha. Une seconde fois, la sorcière voulut tuer un homme devant Peredur ; celui-ci l'en empêcha. A la troisième fois, la sorcière tua un homme devant Peredur. Celui-ci tira son épée et en déchargea un tel coup sur le sommet de son heaume qu'il fendit le heaume, toute l'armure et la tête en deux. Elle jeta un cri et commanda aux sorcières de fuir en leur disant que c'était Peredur, celui qui avait été à leur école pour apprendre la chevalerie, et qui, d'après le sort, devait les tuer. Arthur et ses gens se mirent alors à frapper sur les sorcières. Toutes les sorcières de Kaerloyw furent tuées.

Voilà ce qu'on raconte au sujet du château des Merveilles.

Geraint [1] et Enid [2]

Voici comment on traite de l'histoire de Geraint, fils d'Erbin.

Arthur prit l'habitude de tenir cour à Kaerllion sur Wysc. Il l'y tint sept fois de suite à Pâques, cinq fois de suite à Noël. Une fois même, il l'y

---

[1] Gereint, fils d'Erbin. Il y a eu un Gereint, roi des Bretons, qui a eu à lutter contre le roi de Wessex, Ine, vers 710 (*Chronique anglo-saxonne*, Petrie, *Mon. hist. brit.*, p. 326). Le nôtre paraît avoir été roi de Devon et de Cornouailles, d'après la célèbre élégie qui lui est consacrée dans le *Livre Noir* (Skene, II, p. 38, XXII), ce qui concorde avec un passage de notre récit. Dans les *Triades*, il devient un des trois chefs de flotte de Bretagne, avec March ab Meirchyon et Gwenwynnwyn ab Nav (*Triades Mab.*, p. 303, l. 11). Gereint = Gerontios; cf. irl. *gerait*, « champion. » Gereint a été mis au rang des saints, ainsi que ses enfants. Une église lui était dédiée à Hereford (*Iolo mss.*, p. 136).

[2] *Enit.* « Les trois dames les plus remarquables de la cour d'Arthur sont : Dyvyr Walt Eureid (aux cheveux d'or); Enit, fille du comte Yniwl, et Tegeu Eurvron. Elle est souvent mentionnée par les poètes (*Daf. ab Gwil.*, p. 28).

tint à la Pentecôte (1) : c'était, en effet, de tous ses domaines, l'endroit à l'accès le plus facile par mer et par terre. Neuf rois couronnés, ses vassaux, vinrent jusque-là, ainsi que les comtes et les barons : c'étaient ses invités à toutes les fêtes principales, à moins qu'ils ne fussent arrêtés par de graves empêchements. Quand il tenait cour à Kaerllion, on réservait treize églises pour la messe, voici de quelle façon : une d'elles était destinée à Arthur, à ses rois et à ses invités ; une seconde à Gwenhwyvar et ses dames ; la troisième au *distein* (intendant) et aux solliciteurs ; la quatrième à Odyar le Franc et aux autres officiers ; les neuf autres étaient pour les neuf *penteulu*, et, tout d'abord, pour Gwalchmei, à qui la supériorité de gloire, de vaillance et de noblesse avait valu d'être leur chef. Aucune de ces églises ne renfermait un homme de plus que ceux que nous venons de dire. Glewlwyt Gavaelvawr était chef-portier ; il ne s'occupait de ce service qu'à chacune des trois fêtes principales ; mais il avait sous ses ordres sept hommes qui se partageaient le service de l'année : c'étaient Grynn....., Penpighon, Llaesgynym, Gogyvwlch, Gwrddnei Llygeit Cath (aux yeux de chat), qui voyait la nuit aussi bien que le jour ; Drem, fils de Dremhidid ; Klust, fils de Klustveinyt. Ils servaient de veilleurs à Arthur.

(1) Les trois principales fêtes de l'année étaient Noël, Pâques et la Pentecôte (*Ancient laws*, I, p. 6).

Le mardi de la Pentecôte, comme l'empereur était assis, buvant en compagnie, entra un grand jeune homme brun. Il portait une robe et un surcot de *paile* losangé, une épée à poignée d'or suspendue au cou, et, aux pieds, deux souliers bas de *cordwal*. Il se présenta devant Arthur. « Bonne santé, seigneur, » dit-il. — « Dieu te donne bien, » dit Arthur; « sois le bienvenu en son nom. Apportes-tu des nouvelles fraîches ? » — « Oui, seigneur. » — « Je ne te connais pas, toi. » — « J'en suis surpris : je suis ton forestier de la forêt de Dena (1); mon nom est Madawc, fils de Twrgadarn. » — « Dis tes nouvelles. » — « Voici, seigneur : j'ai vu, dans la forêt, un cerf comme je n'en ai jamais vu. » — « Qu'a-t-il donc de particulier, que tu n'aies jamais vu son pareil? » — « Il est tout blanc, et par fierté, par orgueil de sa royauté, il ne marche en compagnie d'aucun autre animal. Je viens te demander ton avis : quel est ton sentiment à son sujet? » — « Ce que j'ai de mieux à faire, c'est d'aller le chasser demain, dans la *jeunesse* du jour, et en faire donner avis dans tous les logis. »

On prévint Ryfuerys, le chef chasseur (2) d'Ar-

---

(1) La forêt de Dena, ou, comme le disent les écrivains anglais, de Dean. Un *cantrev* de Gwent portait le nom de *Cantrev coch yn y Ddena* et s'étendait depuis Mynwy jusqu'à Gloucester (*Myv. arch.*, p. 736, 737).

(2) Le *penkynydd*, ou chef chasseur, est le dixième des officiers du roi. Il a sa terre libre, un cheval nourri aux frais du roi, ses vêtements de toile, de la reine, et ceux de laine, du roi. Il a le tiers

thur; Elivri, le chef des pages (1); enfin tout le monde. C'est à quoi ils s'arrêtèrent. Arthur fit partir le valet avant eux. Gwenhwyvar dit à Arthur : « Seigneur, me permettras-tu demain d'aller voir et entendre chasser le cerf dont a parlé le valet? » — « Volontiers, » dit Arthur. — « J'irai donc. » Gwalchmei dit alors à Arthur : « Ne trouverais-tu pas juste, seigneur, de permettre à celui à qui viendrait le cerf pendant la chasse de lui couper la tête et de la donner à qui il voudrait, maîtresse ou compagnon, que le cerf tombe sur un cavalier ou un piéton? » — « Je le permets volontiers, » répondit Arthur, « et que le *distein* soit blâmé si chacun n'est pas prêt demain pour la chasse. » La nuit, ils eurent à souhait chants, divertissements, causeries, services abondants, et ils allèrent se coucher quand ils le jugèrent à propos.

Le lendemain, lorsque vint le jour, ils se réveillèrent. Arthur appela les quatre pages qui gardaient le lit : Kadyrieith, fils de Porthawr Gandwy (portier de Gandwy); Amhren, fils de Bedwyr; Amhar, fils d'Arthur; Gorcu, fils de Kustennin. Ils vinrent, le saluèrent et le vêtirent. Arthur s'étonna que que Gwenhwyvar ne fût pas réveillée et qu'elle ne

---

des amendes payées par les chasseurs et l'*amobyr* (droit pour mariage) de leurs filles, etc. (*Ancient laws*, I, p. 36, 37).

(1) Lady Guest croit qu'il s'agit du *gwas ystavell*, ou valet de la chambre royale. Il est plus probable que c'est le *pengwastrawd*, ou chef des écuyers, le sixième personnage de la cour (*Ancient laws*, I, p. 29, 30; pour le *gwas-ystavell*, v. *ibid.*, p. 31, 32).

se fût pas retournée dans son lit. Les hommes voulurent la réveiller ; mais Arthur leur dit : « Ne la réveillez pas, puisqu'elle aime mieux dormir qu'aller voir la chasse. » Arthur se mit en route ; il entendit bientôt deux cors sonner, l'un auprès du logis du chef chasseur, l'autre auprès du chef des écuyers. Toutes les troupes vinrent se rassembler autour d'Arthur, et ils se dirigèrent vers la forêt.

Arthur était sorti de la cour, lorsque Gwenhwyvar s'éveilla, appela ses pucelles et s'habilla. « Jeunes filles, » dit-elle, « j'ai eu hier la permission d'aller voir la chasse. Qu'une d'entre vous aille à l'étable et amène ce qu'il peut y avoir de chevaux convenables à monter pour une femme. » Une d'elles y alla ; mais on ne trouva à l'écurie que deux chevaux. Gwenhwyvar et une des pucelles les montèrent, traversèrent la Wysc et suivirent les traces de la file des hommes et des chevaux. Comme elles chevauchaient ainsi, elles entendirent un grand bruit impétueux. Elles regardèrent derrière elles et aperçurent un jeune cheval de chasse de stature énorme, monté par un jeune valet brun, aux jambes nues, à l'air princier ; il portait à la hanche une épée à poignée d'or ; il portait une robe et un surcot de *paile*, et ses pieds étaient chaussés de deux souliers bas en *cordwal*. Par-dessus, il avait un manteau de pourpre bleue, orné d'une pomme d'or à chaque angle. Le cheval marchait la tête levée et fière, d'une allure rapide, facile, brève et cadencée. Le cavalier atteignit Gwenhwyvar et la salua. « Que Dieu te favorise, Gereint, » dit-elle; « je t'ai reconnu dès que je t'ai aperçu; sois le bienvenu au nom de Dieu. Pourquoi n'es-tu pas allé chasser avec ton seigneur? » — « Parce qu'il est parti sans que je le susse. » — « Moi aussi j'ai été étonnée qu'il y soit allé sans m'avertir. » — « Je dormais, princesse, de sorte que je ne me suis pas aperçu de son départ. » — « Parmi tous les compagnons que j'ai dans ce royaume, tu es bien le jeune homme dont je préfère la compagnie. La chasse pourrait bien être aussi amusante pour nous que pour eux-mêmes : nous entendrons les cors sonner, la voix des chiens quand on les découplera et qu'ils commenceront à appeler. » Ils arrivèrent à la lisière de la forêt et s'y arrêtèrent. « Nous entendrons bien d'ici, » dit-elle, « quand on lâchera les chiens. »

A ce moment un bruit se fit entendre : ils tournèrent les yeux dans cette direction et aperçurent un nain monté sur un cheval haut et gros, aux larges naseaux, dévorant l'espace, fort et vaillant; le nain tenait à la main un fouet; près de lui était une femme sur un cheval blanc pâle, parfait, au pas uni et fier, et vêtue d'un habit de *paile* d'or; à côté d'elle, un chevalier monté sur un cheval de guerre de grande taille, à la fiente abondante, couvert, lui et son cheval, d'une armure lourde et brillante. Ils étaient bien sûrs de n'avoir jamais vu cheval, chevalier et armure dont les proportions leur parussent plus belles. Ils étaient tous les trois près l'un de l'autre. « Gereint, » dit Gwenhwyvar, « connais-tu ce grand chevalier là-bas ? » — « Non, je ne le connais pas, » répondit-il ; « cette grande armure étrangère ne laisse pas apercevoir sa figure et sa physionomie. » — « Va, pucelle, » dit Gwenhwyvar, « et demande au nain quel est ce chevalier. » La pucelle se dirigea vers le nain ; la voyant venir, celui-ci l'attendit. « Quel est ce chevalier? » lui demanda-t-elle. — « Je ne le dirai pas, » répondit-il. — « Puisque tu es trop mal appris pour me le dire, je vais le lui demander à lui-même. » — « Tu ne le lui demanderas point, par ma foi. » — « Pourquoi? » — « Parce que tu n'es pas d'un rang à parler à mon maître. » La pucelle tourna bride du côté du chevalier. Aussitôt, le nain lui donna du fouet qu'il avait à la main à travers le visage et les yeux, au point que le sang jaillit abondamment. La douleur du coup arrêta la pucelle, qui retourna auprès de Gwenhwyvar en se plaignant de son mal. « C'est bien vilain, » dit Gereint, « ce que t'a fait le nain. Je vais moi-même savoir quel est ce chevalier. » — « Va, » dit Gwenhwyvar.

Gereint alla trouver le nain. « Quel est ce chevalier ? » lui dit-il. — « Je ne te le dirai pas, » répondit-il. — « Je le demanderai au chevalier lui-même. » — « Tu ne le demanderas point, par ma foi; tu n'es pas d'un rang à t'entretenir avec mon maître. » — « Je me suis entretenu avec quelqu'un qui vaut bien ton maître. » Et il tourna bride du côté du chevalier. Le nain l'atteignit et le frappa au même endroit que la jeune fille, au point que le sang tacha le manteau qui couvrait Gereint. Gereint porta la main sur la garde de son épée ; mais il se ravisa et réfléchit que ce n'était pas une vengeance pour lui que de tuer le nain (1), et que le chevalier aurait bon marché de lui, privé qu'il était de son armure. Il retourna auprès de Gwenhwyvar. « Tu as agi en homme sage et prudent, » dit-elle. — « Princesse, » répondit-il, je vais aller après lui, avec ta permission ; il arrivera bien à la fin à quelque lieu habité où je trouverai des armes, en prêt ou sur gage, de façon à pouvoir m'essayer avec lui. » — « Va, » dit-elle, « et n'en viens pas aux mains avec lui, avant d'avoir trouvé de bonnes armes. J'aurai grande inquiétude à ton sujet, avant d'avoir reçu des nouvelles de toi. » — « Si je suis vivant, si j'échappe, demain soir, vers nones, tu auras de mes nouvelles. » Il se mit aussitôt en marche.

(1) Un chevalier ne pouvait, sans déshonneur, porter la main sur un écuyer, un valet, sauf le cas de légitime défense (Paulin Paris, *Les Romans de la Table Ronde*, V, p. 190). Dans le roman d'Erec et Enide de Chrétien de Troyes, Erec et Genièvre aperçoivent une pucelle battue par un nain. Erec, sur l'ordre de la reine, se porte à son secours. Le nain le frappe de son fouet au visage. Erec va se venger, quand un chevalier accourt armé de toutes pièces : c'était Ydier (Edern) (V. *Histoire littéraire de France*, XV, p. 197 et suiv.).

Le chemin que suivirent les inconnus passait plus bas que la cour de Kaerllion. Ils traversèrent le gué sur la Wysc, et marchèrent à travers une terre unie, belle, fertile, élevée, jusqu'à une ville forte. A l'extrémité de la ville, ils aperçurent des remparts et un château et se dirigèrent de ce côté. Comme le chevalier s'avançait à travers la ville, les gens de chaque maison se levaient pour le saluer et lui souhaiter la bienvenue. Gereint, dès son entrée dans la ville, se mit à jeter les yeux dans chaque maison pour voir s'il ne trouverait pas quelque connaissance à lui, mais il ne connaissait personne et il n'y avait personne à le connaître, personne par conséquent dont il pût attendre le service de lui procurer des armes en prêt ou sur gage. Toutes les maisons étaient pleines d'hommes, d'armes, de chevaux, de gens en train de faire reluire les boucliers, de polir les épées, de nettoyer les armures, de ferrer les chevaux. Le chevalier, la femme à cheval et le nain se rendirent au château. Tout le monde leur y fit bon accueil, aux créneaux, aux portes, de tous côtés : on se rompait le cou à les saluer et à leur faire accueil. Gereint s'arrêta pour voir s'ils n'y resteraient pas longtemps. Quand il fut bien sûr qu'ils y demeuraient, il jeta les yeux autour de lui et aperçut, à quelque distance de la ville, une vieille cour tombant en ruines et toute percée de trous. Comme il ne connaissait personne en ville, il se dirigea de ce côté.

En arrivant devant, il n'aperçut guère qu'une chambre à laquelle conduisait un pont de marbre ; sur le pont était assis un homme aux cheveux blancs, aux vêtements vieillis et usés. Gereint le regarda fixement longtemps. « Valet, » dit le vieillard, « à quoi songes-tu ? » — « Je suis songeur, » répondit Gereint, « parce que je ne sais où aller cette nuit. » — « Veux-tu venir ici, seigneur ? On te donnera ce qu'on trouvera de mieux. » Gereint s'avança et le vieillard le précéda à la salle. Gereint mit pied à terre dans la salle, y laissa son cheval et se dirigea vers la chambre avec le vieillard. Il y aperçut une femme d'un certain âge, assise sur un coussin, portant de vieux habits de paile usés : si elle avait été dans sa pleine jeunesse, Gereint pensait qu'il eût été difficile de voir femme plus belle ; à côté d'elle était une pucelle portant une chemise et un manteau déjà vieux et commençant à s'user : jamais Gereint n'avait vu jeune fille plus pleine de perfections du côté du visage, de la forme et de la beauté. L'homme aux cheveux blancs dit à la pucelle : « Il n'y aura d'autre serviteur que toi ce soir pour le cheval de ce jeune homme. » — « Je le servirai, » répondit-elle, « de mon mieux, lui et son cheval. » Elle désarma le jeune homme, pourvut abondamment son cheval de paille et de blé, puis se rendit à la salle et revint à la chambre. « Va maintenant à la ville, » lui dit alors le vieillard, « et fais apporter ici le meilleur repas, comme nourriture et boisson, que tu trouveras. » — « Volontiers, seigneur. » Et elle se rendit à la ville.

Eux causèrent pendant son absence. Elle revint bientôt accompagnée d'un serviteur portant sur le dos un cruchon plein d'hydromel acheté, et un quartier de jeune bœuf; elle avait, elle, entre les mains, une tranche de pain blanc, et dans son manteau, une autre de pain plus délicat. Elle se rendit à la chambre et dit : « Je n'ai pu avoir meilleur repas, et je n'aurais pas trouvé crédit pour mieux. » — « C'est bien assez bon, répondit Gereint. » Et ils firent bouillir la viande. Leur nourriture prête, ils se mirent à table. Gereint s'assit entre l'homme aux cheveux blancs et sa femme; la pucelle les servit. Ils mangèrent et burent.

Le repas fini, Gereint se mit à causer avec le vieillard et lui demanda s'il était le premier à avoir possédé la cour qu'il habitait. « Oui, c'est moi, » répondit-il; « je l'ai bâtie; la ville et le château que tu as vu m'ont appartenu. » — « Oh! dit Gereint, et pourquoi les as-tu perdus? » — « J'ai perdu, en outre, un grand comté, et voici pourquoi : j'avais un neveu, un fils à mon frère. Je réunis ses états aux miens. Lorsque la force lui vint, il les réclama. Je les gardai; il me fit la guerre et conquit tout ce que je possédais. » — « Voudrais-tu m'expliquer la réception qu'ont eu à leur entrée dans la ville le chevalier de tout à l'heure, la femme à cheval et le nain, et me dire pourquoi toute cette activité à mettre les armes en état? » — « Ce sont des préparatifs pour la joûte de demain que fait faire le jeune comte. On va planter dans le pré là-bas deux fourches, sur lesquelles reposera une verge d'argent; sur la verge on placera un épervier qui sera le prix du tournois. Tout ce que tu as vu dans la ville d'hommes et de chevaux et d'armures y sera. Chacun amènera avec lui la femme qu'il aime le plus; autrement, il ne sera pas admis à la joûte. Le chevalier que tu as vu a gagné l'épervier deux années de suite; s'il le gagne une troisième fois, on le lui enverra désormais chaque année, sans qu'il vienne lui-même, et on l'appellera le chevalier à l'épervier. » — « Quel avis me donnerais-tu, gentilhomme, au sujet de ce chevalier, et de l'outrage que son nain nous a fait à moi et à la pucelle de Gwenhwyvar, femme d'Arthur? »

Gereint raconta alors à l'homme aux cheveux blancs l'histoire de l'outrage. « Il m'est difficile, » répondit-il « de te donner un avis, car il n'y a ici ni femme ni pucelle dont tu puisses te déclarer le champion. Si tu allais te battre avec lui, je t'offre les armes que je portais autrefois, ainsi que mon cheval, si tu le préfères au tien. » — « Dieu te le rende; je suis habitué à lui; je me contenterai de mon cheval et de tes armes. Me permettrais-tu de me déclarer le champion de cette pucelle, ta fille, dans la rencontre de demain? Si j'échappe du tournois, la pucelle aura ma foi et mon amour, tant que je vivrai. Si je n'en reviens pas, elle sera aussi irréprochable qu'auparavant. » — « Volontiers. Eh bien, puisque c'est à cette résolution que tu t'arrêtes, il faut que demain, au jour, ton cheval et tes armes soient prêts. Le chevalier fera faire en effet une publication : il invitera la femme qu'il aime le plus à venir prendre l'épervier, en ajoutant que c'est à elle qu'il convient le mieux, qu'elle l'a eu l'année dernière, deux années de suite, et que s'il se trouve quelqu'un à le lui disputer de force, lui, il le lui maintiendra. Il faut donc que tu sois là, dès le jour ; nous aussi, nous y serons avec toi, tous les trois. » Ce fut à quoi on s'arrêta, et aussitôt on alla se coucher.

Ils se levèrent avant le jour, et se vêtirent. Quand le jour vint, ils étaient tous les quatre dans le champ clos. Là se trouvaient aussi le chevalier de l'épervier qui fit faire silence et invita sa maîtresse à aller prendre l'épervier. » — « N'y va pas » s'écria Gereint : « il y a ici une pucelle plus belle, plus accomplie, plus noble que toi et qui le mérite mieux. » — « Si c'est toi qui soutiens que l'épervier lui revient, avance pour te battre avec moi. » Gereint s'en alla à l'extrémité du pré, couvert, lui et son cheval, d'armes lourdes, rouillées, sans valeur. Ils se chargèrent et brisèrent un faisceau de lances, puis un second, puis un troisième. Ils les brisaient à mesure qu'on les leur apportait. Quand le comte et ses gens voyaient le chevalier de l'épervier l'emporter, ce n'étaient de leur côté que cris, joie, enthousiasme, tandis que l'homme aux cheveux blancs, sa femme et sa fille s'attristaient. Le vieillard fournissait Gereint de lances à mesure qu'il les brisait, et le nain, le chevalier de l'épervier. Le vieillard s'approcha de Gereint. « Tiens, » dit-il, « prends cette lance que j'avais en main le jour où je fus sacré chevalier, dont la hampe ne s'est jamais encore rompue et dont le fer est excellent, puisque aucune lance ne te réussit. » Gereint la prit en le remerciant. Aussitôt le nain apporta une lance à son maître : « En voici une, » dit-il, « qui n'est pas plus mauvaise. Souviens-toi que tu n'as laissé debout aussi longtemps aucun chevalier. » — « Par moi et Dieu, » s'écria Gereint, « à moins que mort subite ne m'enlève, il ne se trouvera pas mieux de ton aide. » Et, partant de loin, il lança son cheval à toute bride, chargea son adversaire en l'avertissant, et lui lança un coup dur et cruel, rude, au milieu de l'écu, à tel point que l'écu et l'armure, dans la même direction, furent fendus, que les sangles se rompirent et que le chevalier avec sa selle fut jeté à terre par-dessus la croupe de son cheval.

Gereint mit pied à terre, s'anima, tira son épée et l'attaqua avec colère et impétuosité. Le chevalier de son côté se leva, dégaina contre Gereint, et ils se battirent à pied, à l'épée, au point que l'armure de chacun d'eux en était rayée et bosselée, et que la sueur et le sang les aveuglaient. Quand Gereint l'emportait, le vieillard, sa femme et sa fille se réjouissaient ; c'était le tour du comte et de son parti, quand le chevalier avait le dessus.

Le vieillard voyant que Gereint venait de recevoir un coup terrible et douloureux, s'approcha vivement de lui en disant : « Seigneur, rappelle-toi l'outrage que tu as reçu du nain ; n'est-ce pas pour le venger que tu es venu ici ? rappelle-toi l'outrage fait à Gwenhwyvar, femme d'Arthur. »

Ces paroles allèrent au cœur à Gereint ; il appela à lui toutes ses forces, leva son épée et, fondant sur le chevalier, il lui déchargea un tel coup sur le sommet de la tête, que toute l'armure qui la couvrait se brisa, que la peau et la chair furent entamées, que l'os du crâne fut atteint et que le chevalier fléchit sur ses genoux et, jetant son épée, demanda merci à Gereint. « Trop tard, » s'écria-t-il, « mon fâcheux orgueil et ma fierté m'ont permis de te demander merci ; si je ne trouve un peu de temps pour me remettre avec Dieu au sujet de mes péchés, et m'entretenir avec des prêtres, ta grâce me sera inutile. » — « Je t'accorde grâce, » répondit Gereint, « à condition que tu ailles trouver Gwenhwyvar, femme d'Arthur, pour lui donner satisfaction au sujet de l'outrage fait à sa pucelle par ton nain, car pour celui que j'ai reçu de toi et de ton nain, le mal que je t'ai fait me suffit ; tu ne descendras pas de cheval avant de t'être présenté devant Gwenhwyvar pour lui offrir telle satisfaction qu'on décidera à la cour d'Arthur. » — « Je le ferai volontiers ; maintenant, qui es-tu ? » — « Je suis Gereint, fils d'Erbin ; et toi ? » — « Je suis Edern, fils de Nudd. » On le mit sur son cheval et ils partirent pour la cour d'Arthur, lui, la femme qu'il aimait le plus et son nain, menant grand deuil tous les trois. Leur histoire s'arrête là.

Le jeune comte et sa troupe se rendirent alors auprès de Gereint, le saluèrent et l'invitèrent à venir avec eux au château. « Je n'accepte pas, » dit Gereint; « où j'ai été hier soir, j'irai ce soir. » — « Puisque tu ne veux pas d'invitation, tu voudras bien que je ne te laisse manquer de rien, autant qu'il est en mon pouvoir, à l'endroit où tu as été hier soir. Je te ferai avoir un bain, et tu pourras te reposer de ta fatigue et de ta lassitude. » — « Dieu te le rende; je m'en vais à mon logis. » Gereint s'en alla avec le comte Ynywl, sa femme et sa fille. En arrivant à la chambre, ils y trouvèrent les valets de chambre du jeune comte occupés au service, en train de mettre en état tous les appartements, de les fournir de paille et de feu. En peu de temps, le bain fut prêt; Gereint s'y rendit, et on lui lava la tête. Bientôt arriva le comte avec des chevaliers ordonnés, lui quarantième, entouré de ses vassaux et des invités du tournois. Gereint revint du bain, et le jeune comte le pria de se rendre à la salle pour manger. « Où sont donc, » dit Gereint, « le comte Ynywl, sa femme et sa fille? » — « Ils sont à la chambre là-bas, » dit un valet de la chambre du comte, « en train de revêtir les vêtements que le comte leur a fait apporter. » — « Que la pucelle ne mette que sa chemise et son manteau jusqu'à son arrivée à la cour d'Arthur, où Gwenhwyvar la revêtira de l'habit qu'elle voudra. » La pucelle ne s'habilla pas.

Tout le monde se rendit à la salle. Après s'être lavés, ils se mirent à table. A un des côtés de Gereint s'assit le jeune comte, puis le comte Ynywl ; de l'autre, prirent place la pucelle et sa mère ; ensuite chacun s'assit suivant son rang (1). Ils mangèrent, eurent riche service, quantité de mets différents, et se mirent à causer. Le jeune comte invita Gereint pour le lendemain. « Par moi et Dieu, » dit Gereint, « je n'accepte pas; demain je me rendrai, avec cette pucelle, à la cour d'Arthur. J'aurai assez à faire tant que le comte Ynywl sera dans la pauvreté et la misère ; j'irai tout d'abord lui chercher d'autres moyens de subsistance. » — « Seigneur, » dit le jeune comte, « ce n'est pas ma faute à moi si le comte Ynywl est sans domaines. » — « Par ma foi, il ne restera pas sans domaines, à moins que mort subite ne m'enlève. » — « Seigneur, pour ce qui est du différend entre moi et Ynywl, je suis prêt à me conformer à ta décision, car tu es désintéressé dans le redressement de nos griefs. » — « Je ne réclame pour lui que son droit et une compensation pour ses pertes depuis l'enlèvement de ses domaines jusqu'à ce jour. » — « Je le ferai volontiers pour l'amour de toi. » —

---

(1) Les lois galloises déterminent avec le plus grand soin les places assignées à la table du roi à chaque officier (*Ancient laws*, I, 10).

« Eh bien! que tous ceux de l'assistance qui doivent être vassaux d'Ynywl lui fassent hommage sur-le-champ. » Tous les vassaux le firent. On s'en tint à ces conditions de paix : on rendit à Ynywl son château, sa salle, ses domaines et tout ce qu'il avait perdu, même l'objet le plus insignifiant. « Seigneur, » dit-il alors, « la jeune fille dont tu t'es déclaré le champion pendant le tournois est prête à faire ta volonté; la voici en ta possession. » — « Je ne veux qu'une chose, » répondit il; « c'est que la jeune fille reste comme elle est jusqu'à son arrivée à la cour d'Arthur. Je veux la tenir de la main d'Arthur et de Gwenhwyvar. » Le lendemain, ils partirent pour la cour d'Arthur. L'aventure de Gereint s'arrête ici.

Voici maintenant comment Arthur chassa le cerf. Les hommes et les chiens furent divisés en partis de chasse, puis on lâcha les chiens sur le cerf. Le dernier qui fut lâché était le chien favori d'Arthur, Cavall. Il laissa de côté tous les chiens et fit faire un premier crochet au cerf; au second, le cerf arriva sur le parti d'Arthur. Arthur se rencontra avec lui et lui trancha la tête avant que personne n'eût pu le blesser. On sonna le cor, annonçant la mort du cerf, et tous se réunirent en cet endroit. Kadyrieith vint à Arthur et lui dit : « Seigneur, Gwenhwyvar est là-bas, n'ayant pour toute compagnie qu'une servante. » — « Dis à Gildas, » répondit Arthur, « et à tous les clercs, de retourner, avec Gwenhwyvar, à la cour. » Ce qu'ils firent. Tous se mirent alors en marche, discutant au sujet de la tête du cerf, pour savoir à qui on la donnerait : l'un voulait en faire présent à sa bien-aimée, un autre à la sienne ; la discussion tourna à l'aigre entre les gens de la maison d'Arthur et les chevaliers jusqu'à leur arrivée à la cour. Arthur et Gwenhwyvar l'apprirent. Gwenhwyvar lui dit : « Voici mon avis au sujet de la tête du cerf : qu'on ne la donne à personne avant que Gereint, fils d'Erbin, ne soit revenu de son expédition. » Et elle exposa à Arthur le motif de son voyage. « Volontiers, » dit alors Arthur ; « qu'on fasse ainsi. » On s'arrêta à cette résolution.

Le lendemain, Gwenhwyvar fit mettre des guetteurs sur les remparts. Après midi, ils aperçurent au loin un petit homme monté sur un cheval ; à sa suite, à ce qu'il leur semblait, une femme ou une pucelle, et, après elle, un chevalier de haute taille, un peu courbé, la tête basse, l'air triste, l'armure fracassée et en très mauvais état. Avant qu'ils ne fussent arrivés au portail, un des guetteurs se rendit auprès de Gwenhwyvar et lui dit quelle sorte de gens ils apercevaient et quel était leur aspect. « Je ne sais qui ils sont, » ajouta-t-il.
— « Je le sais, moi, » dit Gwenhwyvar ; « voilà bien le chevalier après lequel est allé Gereint, et il me semble bien que ce n'est pas de bon gré qu'il vient. Gereint l'aura atteint et aura, tout au moins, vengé l'outrage fait à la pucelle. » A ce moment, le portier vint la trouver. « Princesse, » dit-il, « un

chevalier est à la porte ; je n'ai jamais vu personne qui fasse plus mal à voir. Son armure est fracassée, en très mauvais état, et on en aperçoit moins la couleur que le sang qui la couvre. » — « Sais-tu qui c'est ? » — « Je le sais : il a dit être Edern, le fils de Nudd. Pour moi, personnellement, je ne connais pas. » Gwenhwyvar alla à leur rencontre jusqu'à la porte.

Le chevalier entra : il eût fait peine à voir à Gwenhwyvar, s'il n'avait gardé avec lui son nain si discourtois. Edyrn salua Gwenhwyvar. « Dieu te donne bien, » dit-elle. — « Princesse, » dit-il, « je te salue de la part de Gereint, fils d'Erbin, le meilleur et le plus vaillant des hommes. » — « As-tu eu une rencontre avec lui ? » — « Oui, et non pour mon bonheur ; mais la faute n'en est pas à lui, mais bien à moi. Gereint te salue ; il m'a forcé à venir ici non seulement pour te saluer, mais pour faire ta volonté au sujet du coup donné par le nain à ta pucelle. Pour celui qu'il a reçu lui-même, il me le pardonne en raison du mal qu'il m'a fait. Il pensait que j'étais en danger de mort. C'est à la suite d'un choc vigoureux et vaillant, courageux, guerrier, qu'il m'a forcé à venir ici te donner satisfaction, princesse. » — « Et où s'est-il rencontré avec toi ? » — « A un endroit où nous joutions et nous nous sommes disputé l'épervier, dans la ville qu'on appelle maintenant Kaerdyff (Cardiff). Il n'avait avec lui que trois personnes à l'extérieur assez pauvre, délabré : un homme aux cheveux blancs d'un certain âge, une femme âgée, une jeune fille d'une beauté accomplie, tous portant de vieux habits usés ; c'est en se donnant comme amant de la pucelle que Gereint a pris part au tournois pour disputer l'épervier. Il a déclaré qu'elle le méritait mieux que la pucelle qui m'accompagnait. Là-dessus nous nous sommes battus, et il m'a laissé, princesse, dans l'état où tu me vois. » — « Quand penses-tu que Gereint arrive ici ? » — « Je pense qu'il arrivera demain, princesse, avec la jeune fille. »

Arthur, à ce moment, vint à lui. Le chevalier le salua. Arthur le considéra longtemps et fut effrayé de le voir dans cet état. Comme il croyait le reconnaître, il lui demanda : « N'es-tu pas Edern, fils de Nudd ? » — « Oui, c'est moi, mais atteint par très grande souffrance et blessures intolérables. » Et il lui raconta toute sa mésaventure. « Eh bien, » dit Arthur, « d'après ce que je viens d'entendre, Gwenhwyvar fera bien d'être miséricordieuse envers toi. » — « Je lui accorderai merci de la façon que tu voudras, seigneur, puisque la honte qui m'atteint est aussi grande pour toi que pour moi. » — « Voici ce que je crois juste : il faut le faire soigner jusqu'à ce qu'on sache s'il vivra. S'il vit, qu'il donne telle satisfaction qu'auront décidée les principaux personnages de la cour ; prends caution à ce sujet. S'il meurt, c'est déjà trop que la mort d'un homme comme Edern pour l'outrage fait à une pucelle. » — « J'y consens, » dit Gwenhwyvar.

Arthur se porta comme répondant pour lui, avec Kradawc, fils de Llyr ; Gwallawc, fils de Lleenawc (1) ; Owein, fils de Nudd ; Gwalchmei et bon nombre d'autres outre ceux-là. Il fit appeler Morgan Tut, le chef des médecins. « Emmène avec toi, » dit-il, « Edern fils de Nudd ; fais-lui préparer une chambre ; fais-le soigner aussi bien que moi si j'étais blessé, et, pour ne pas troubler son repos, ne laisse entrer dans sa chambre personne autre que toi et ceux de tes disciples qui le traiteront. » — « Je le ferai volontiers, seigneur, » répondit Morgan Tut. Le *distein* dit alors à Arthur : « Seigneur, où faut-il mener la jeune fille ? » — « A Gwenhwyvar et à ses suivantes, » répondit-il. Le *distein* la leur confia. Leur histoire à eux deux s'arrête ici.

(1) Gwallawc ab Lleenawc est un des personnages les plus considérables de la légende galloise. Un poème du *Livre Noir* lui est consacré (Skene, II, 53, XXXII) ; il est question de sa mort dans le dialogue entre Gwynn ab Nudd et Gwyddno (*ibid.*, p. 55, 22). Sa tombe est à Karrawc (*ibid.*, p. 29, 9). C'est un des héros favoris de Taliesin : « Il n'a pas vu un homme, » s'écrie-t-il, « celui qui n'a pas vu Gwallawc » (Skene, II, p. 150, 16 ; cf. *ibid.*, p. 149, XI). Le théâtre de ses exploits paraît avoir été surtout le Nord (*ibid.*, p. 192, 30 ; v. sa généalogie, *Y Cymmrodor*, IX, I, p. 173). Llywarch Hen le mentionne aussi (Skene, II, p. 271, 7). Dans les Triades, c'est un des trois *aerveddawc*, un de ceux qui se vengent du fond de leur tombe (*Triades mab.*, p. 304, 8). C'est aussi un des trois *post-cad* ou piliers de combat ; les deux autres sont Dunawd ab Pabo et Cynvelyn Drwsgl (*Myv. arch.*, p. 407, 71). Avec Uryen et deux autres chefs, il lutte contre les successeurs d'Ida (Voir II, p. 1, la note à Owein ab Uryen).

Le lendemain, Gereint se dirigea vers la cour. Gwenhwyvar avait fait mettre des guetteurs sur les remparts pour qu'il n'arrivât pas à l'improviste. Le guetteur vint la trouver. « Princesse, » dit-il, « il me semble que j'aperçois Gereint et la jeune fille avec lui : il est à cheval avec un habit de voyage ; pour elle, ses habits de dessus me paraissent blancs ; elle semble porter quelque chose comme un manteau de toile. » — « Apprêtez-vous toutes, femmes, » dit Gwenhwyvar ; « venez au-devant de Gereint pour lui souhaiter la bienvenue et lui faire accueil. » Gwenhwyvar se rendit au-devant de Gereint et de la pucelle. En arrivant auprès d'elle, il la salua. « Dieu te donne bien, » dit-elle ; « sois le bienvenu. Tu as fait une expédition féconde en résultats, favorisée, au succès rapide, glorieuse. Dieu te récompense pour m'avoir procuré satisfaction avec tant de vaillance. » — « Princesse, » répondit-il, « mon plus vif désir était de te faire donner toute la satisfaction que tu pouvais désirer. Voici la pucelle qui m'a fourni l'occasion d'effacer ton outrage. » — « Dieu la bénisse ; il n'est que juste que je lui fasse bon visage. » Ils entrèrent. Gereint mit pied à terre, se rendit auprès d'Arthur et le salua. « Dieu te donne bien, » dit Arthur ; « sois le bienvenu en son nom. Quoique Edern, fils de Nudd, ait reçu de toi souffrances et blessures, ton expédition a été heureuse. » — « La faute n'en est pas à moi, » répondit Gereint, « mais à l'arrogance d'Edern lui-même, qui ne voulait pas avoir affaire à moi. Je ne voulais pas me séparer de lui avant de savoir qui il était ou que l'un de nous deux fût venu à bout de l'autre. » — « Eh bien, où est la pucelle dont j'ai entendu dire que tu es le champion? » — « Elle est avec Gwenhwyvar, dans sa chambre. »

Arthur alla voir la pucelle et lui montra joyeux visage, ainsi que tous ses compagnons et tous les gens de la cour. Pour chacun d'eux, c'était assurément la plus belle pucelle qu'il eût vu, si ses ressources avaient été en rapport avec sa beauté. Gereint la reçut de la main d'Arthur et il fut uni avec Enid, suivant l'usage du temps. On donna à choisir à la jeune fille entre tous les vêtements de Gwenhwyvar. Quiconque l'eût vu ainsi habillée lui eût trouvé un air digne, agréable, accompli. Ils passèrent cette journée et cette nuit au milieu des plaisirs de la musique, des divertisssements, ayant en abondance présents, boissons et jeux variés. Lorsque le moment leur parut venu, ils allèrent se coucher. Ce fut dans la chambre où était le lit d'Arthur et de Gwenhwyvar qu'on dressa le lit de Gereint et d'Enid : ce fut la première nuit qu'ils couchèrent ensemble.

Le lendemain, Arthur combla les solliciteurs, au nom de Gereint, de riches présents. La jeune femme se familiarisa avec la cour d'Arthur et s'attira tant de compagnons, hommes et femmes, qu'il n'y eut pas, dans toute l'île de Bretagne, une fille dont on parlât davantage. Gwenhwyvar dit alors :

« J'ai eu une bonne idée, au sujet de la tête du cerf, en demandant qu'on ne la donnât pas avant l'arrivée de Gereint. On ne saurait mieux la placer qu'en la donnant à Enid, la fille d'Ynywl, la plus illustre des jeunes femmes, et je ne crois pas que personne la lui dispute, car il n'y a, entre elle et tous ici, d'autres rapports que ceux de l'amitié et du *compagnonnage*. » Tout le monde applaudit, Arthur le premier, et on donna la tête à Enid. A partir de ce moment, sa réputation grandit encore, ainsi que le nombre de ses compagnons. Gereint se prit de goût pour les tournois, les rudes rencontres, et il en sortait toujours vainqueur. Une année, deux années, trois années il s'y livra, à tel point que sa gloire vola par tout le royaume.

Arthur tenait cour une fois à Kaerllion. Arrivèrent auprès de lui des messagers sages et prudents, très savants, à la conversation pénétrante. Ils le saluèrent. « Dieu vous donne bien, » dit Arthur; « soyez en son nom les bienvenus. D'où venez-vous ? » — « De Kernyw, seigneur, » répondirent-ils ; « nous venons, comme ambassadeurs, vers toi, de la part d'Erbin, fils de Kustenhin (1), ton oncle. Il te salue comme un oncle salue son neveu et un vassal son seigneur. Il te fait savoir qu'il s'alourdit, s'affaiblit, qu'il approche de la vieillesse, et que les propriétaires, ses voisins, le sachant, empiètent sur ses limites et convoitent

---

(1) V. plus bas, triade 10, note à Gwrtheyrn.

ses terres et ses états. Erbin te prie donc, seigneur, de laisser aller Gereint pour garder ses biens et connaître ses limites, et de lui représenter qu'il vaut mieux pour lui passer la fleur de sa jeunesse et de sa force à maintenir les bornes de ses terres que dans des tournois stériles, malgré la gloire qu'il peut y trouver. » — « Eh bien, » dit Arthur, « allez vous désarmer, mangez et reposez-vous de vos fatigues. Avant de vous en retourner, vous aurez une réponse. » Ainsi firent-ils.

Arthur réfléchit que s'il ne pouvait sans peine laisser aller Gereint loin de lui et de sa cour, il ne lui était guère possible non plus ni convenable d'empêcher son cousin de garder ses domaines et ses limites, puisque son père ne le pouvait plus. Le souci et les regrets de Gwenhwyvar n'étaient pas moindres non plus que ceux de ses femmes, dans la crainte qu'Enid ne les quittât. On eut tout en abondance ce jour et cette nuit-là. Arthur annonça à Gereint la venue des ambassadeurs de Kernyw et le motif de l'ambassade. « Eh bien, » dit Gereint, « quoi qu'il puisse m'arriver ensuite de profit ou de perte, je ferai, seigneur, ta volonté au sujet de cette ambassade. » — « Voici, à mon avis, ce que tu as à faire, » dit Arthur. « Quoique ton départ me soit pénible, va vivre sur tes domaines et garder les limites de tes terres. Prends avec toi, pour t'accompagner, la suite que tu voudras, ceux que tu préfères de mes fidèles et qui t'aiment le plus, les chevaliers, tes compagnons d'armes. » —

« Dieu te le rende, » répondit Gereint ; « j'obéirai. »
— « Qu'est-ce que tout ce tracas de votre part ? »
dit Gwenhwyvar. « Est-ce au sujet des gens qui
accompagneraient Gereint jusqu'à son pays ? » —
« C'est de cela qu'il s'agit, » répondit Arthur. —
« Il me faut donc aussi songer, » dit Gwenhwyvar,
« à faire accompagner et pourvoir de tout la dame
qui est en ma compagnie. » — « Tu feras bien, »
dit Arthur. Et ils allèrent se coucher. Le lendemain, on congédia les messagers, en leur disant
que Gereint les suivrait.

Le troisième jour après, Gereint se mit en route.
Voici ceux qui l'accompagnèrent : Gwalchmei,
fils de Gwyar ; Riogonedd, fils du roi d'Iwerddon ;
Ondyaw, fils du duc de Bourgogne ; Gwilym, fils
du roi de France ; Howel, fils d'Emyr Llydaw ;
Elivri Anaw Kyrdd ; Gwynn, fils de Tringat ; Goreu, fils de Kustennin ; Gweir Gwrhytvawr ; Garannaw, fils de Golithmer ; Peredur, fils d'Evrawc ;
Gwynn Llogell Gwyr, juge de la cour d'Arthur ;
Dyvyr, fils d'Alun Dyvet ; Gwrhyr Gwalstawt Ieithoedd ; Bedwyr, fils de Bedrawt ; Kadwri, fils de
Gwryon ; Kei, fils de Kynyr ; Odyar le Franc, *ysti-
wart* (*stewart*) de la cour d'Arthur. « Et Edern,
fils de Nudd, » dit Gereint, « que j'entends
dire être en état de chevaucher, je désire aussi
qu'il vienne avec moi. » — « Il n'est vraiment
pas convenable, » répondit Arthur, « que tu l'em-
mènes, quoiqu'il soit rétabli, avant que paix n'ait
été faite entre lui et Gwenhwyvar. » — « Mais

nous pourrions, Gwenhwyvar et moi, le laisser libre sur cautions. » — « Si elle le permet, qu'elle le fasse en le tenant quitte de cautions ; c'est assez de peines et de souffrances sur cet homme pour l'outrage fait par le nain à la pucelle. » — « Eh bien, » dit Gwenhwyvar, « puisque vous le trouvez juste, toi et Gereint, je le ferai volontiers. » Et aussitôt elle permit à Edern, fils de Nudd, d'aller en toute liberté. Bien d'autres, outre ceux-là, allèrent conduire Gereint.

Ils partirent, formant la plus belle troupe qu'on eût jamais vue, dans la direction de la Havren. Sur l'autre rive étaient les nobles d'Erbin, fils de Kustennin, et son père nourricier à leur tête, pour recevoir amicalement Gereint. Il y avait aussi beaucoup de femmes de la cour envoyées par sa mère au-devant d'Enid, fille d'Ynywl, femme de Gereint. Tous les gens de la cour, tous ceux des Etats furent remplis de la plus grande allégresse et de la plus grande joie à l'arrivée de Gereint, tellement ils l'aimaient, tellement il avait recueilli de gloire depuis son départ, et aussi parce qu'il venait prendre possession de ses domaines et faire respecter leurs limites. Ils arrivèrent à la cour. Il y avait là abondance, profusion somptueuse de toute espèce de présents, boissons diverses, riche service, musique et jeux variés. Pour faire honneur à Gereint, on avait invité tous les gentilhommes des états à venir voir Gereint. Ils passèrent cette journée et la nuit suivante avec tout l'agrément désirable. Le lendemain matin, Erbin fit venir Gereint et les nobles personnages qui l'avaient escorté, et lui dit : « Je suis un homme alourdi, âgé ; tant que j'ai pu maintenir les domaines pour toi et pour moi, je l'ai fait. Toi, tu es un jeune homme, tu es dans la fleur de la jeunesse : à toi à présent de maintenir tes Etats. » — « Assurément, » répondit Gereint, « s'il avait dépendu de moi, tu n'aurais pas remis en ce moment entre mes mains la possession de tes domaines, et tu ne m'aurais pas emmené de la cour d'Arthur. » — « Je les remets entre tes mains ; prends aujourd'hui l'hommage de tes vassaux. » Gwalchmei dit alors : « Ce que tu as de mieux à faire, c'est de satisfaire aujourd'hui les solliciteurs et de recevoir demain les hommages. »

On réunit les solliciteurs. Kadyrieith se rendit auprès d'eux pour examiner leurs vœux et demander à chacun ce qu'il désirait. Les gens d'Arthur commencèrent à donner ; puis aussitôt vinrent les gens de Kernyw, qui se mirent aussi à faire des dons. La distribution ne dura pas longtemps, tellement chacun était empressé à donner. Personne de ceux qui se présentèrent ne s'en retourna sans avoir été satisfait. Ils passèrent cette journée et la nuit suivante dans tous les plaisirs désirables. Le lendemain, Erbin pria Gereint d'envoyer des messagers à ses vassaux pour leur demander si cela ne les contrarierait pas qu'il vînt recevoir leur hommage, et s'ils avaient à lui opposer sujet de colère, dommage, ou quoi que ce soit. Gereint envoya des messagers à ses hommes de Kernyw pour leur faire ces demandes. Ils répondirent qu'ils n'éprouvaient d'autre sentiment que la joie et l'honneur le plus complets à la nouvelle que Gereint venait prendre leur hommage. Gereint prit aussitôt l'hommage de tous ceux d'entre eux qui se trouvaient là. La troisième nuit, ils la passèrent encore ensemble.

Le lendemain, les gens d'Arthur manifestèrent le désir de s'en aller. « Il est trop tôt pour partir, » dit Gereint. « Restez ici avec moi jusqu'à ce que j'aie fini de prendre l'hommage de ceux de mes nobles qui auront l'intention de se rendre auprès de moi. » Ils restèrent jusqu'à ce qu'il eût fini, puis ils partirent pour la cour d'Arthur. Gereint et Enid les accompagnèrent jusqu'à Diganhwy (1). En se séparant, Ondyaw, fils du duc de Bourgogne, dit à Gereint : « Va tout d'abord aux extrémités de tes domaines et examine minutieusement tes limites. Si tes embarras devenaient trop lourds, fais-le savoir à tes compagnons. » — « Dieu te le rende, » dit Gereint ; « je le ferai. »

Gereint se rendit aux extrémités de ses Etats, ayant avec lui, comme guides, les nobles les plus clairvoyants de ses domaines, et prit possession des

---

(1) Dyganhwy est sur la Conway, dans le nord du pays de Galles. Il est donc probable que le scribe ici s'est trompé. C'est un endroit célèbre (V. *Annales Cambriae* aux années 812, 822. Cf. *Livre Noir*, 23, 11). Le fragment de Hengwrt donne Dyngannan.

points les plus éloignés qu'on lui montra. Comme il en avait l'habitude pendant tout son séjour à la cour d'Arthur, il rechercha les tournois, fit connaissance avec les hommes les plus vaillants et les plus forts, si bien qu'il devint célèbre dans cette région comme il l'avait été ailleurs, et qu'il enrichit sa cour, ses compagnons et ses gentilshommes des meilleurs chevaux et des meilleures armes. Il ne cessa que lorsque sa gloire eut volé par tout le royaume. Mais lorsqu'il en eut conscience, il commença à aimer son repos et ses aises : il n'y avait plus personne à lui résister un moment. Il aima sa femme, le séjour continu à la cour, la musique, les divertissements, et resta ainsi assez longtemps à la maison. Bientôt il aima la retraite dans sa chambre avec sa femme, à tel point qu'il perdait le cœur de ses gentilshommes, négligeant même chasse et divertissements, le cœur des gens de sa cour, et qu'il y avait secrètement des murmures et des moqueries à son sujet, pour se séparer aussi complètement de leur compagnie par amour pour une femme. Ces propos finirent par arriver à l'oreille d'Erbin. Il répéta ce qu'il avait entendu à Enid, et lui demanda si c'était elle qui faisait agir ainsi Gereint et qui lui mettait en tête de se séparer de sa maison et de son entourage. — « Non, par ma foi, » répondit-elle, « je le déclare devant Dieu ; et il n'y a rien qui me soit plus odieux que cela. » Elle ne savait que faire ; il lui était difficile de révéler cela à Gereint ; elle pouvait encore moins négliger de l'avertir de ce qu'elle avait entendu. Aussi en conçut-elle un grand chagrin.

Un matin d'été, ils étaient au lit, lui sur le bord, Enid éveillée, dans la chambre vitrée. Le soleil envoyait ses rayons sur le lit. Les habits avaient glissé de dessus sa poitrine et ses bras; il dormait. Elle se mit à considérer combien son aspect était beau et merveilleux, et dit : « Malheur à moi, si c'est à cause de moi que ces bras et cette poitrine perdent toute la gloire et la réputation qu'ils avaient conquise. » En parlant ainsi, elle laissait échapper d'abondantes larmes, au point qu'elles tombèrent sur la poitrine de Gereint, ce qui, avec le bruit de ses paroles, acheva de le réveiller. Une autre pensée le mit en émoi : c'est que ce n'était pas par sollicitude pour lui qu'elle avait ainsi parlé, mais par amour pour un autre qu'elle lui préférait, et parce qu'elle désirait se séparer de lui. L'esprit de Gereint en fut si troublé, qu'il appela son écuyer. « Fais préparer tout de suite, dit-il, mon cheval et mes armes, et qu'ils soient prêts. Toi, » dit-il à Enid, « lève-toi, habille-toi, fais préparer ton cheval et prends l'habit le plus mauvais que tu possèdes pour chevaucher. Honte à moi, et si tu reviens ici avant d'avoir appris si j'ai perdu mes forces aussi complètement que tu le dis, et si tu as autant de loisirs que tu en avais pour désirer te trouver seule avec l'homme auquel tu songeais. » Elle se leva aussitôt et revêtit un habit négligé. « Je ne sais rien de ta pensée, seigneur, » dit-elle.

— « Tu ne le sauras pas maintenant, » répondit-il. Et il se rendit auprès d'Erbin. « Seigneur, » dit-il, « je pars pour une affaire, et je ne sais pas trop quand je reviendrai; veille donc sur tes domaines jusqu'à mon retour. » — « Je le ferai, » répondit-il; « mais je m'étonne que tu partes si subitement. Et qui ira avec toi? car tu n'es pas un homme à qui il convienne de traverser seul la terre de Lloegyr. » — « Il ne viendra avec moi qu'une seule personne. » — « Dieu te conseille, mon fils, et puissent beaucoup de gens avoir recours à toi en Lloegyr. » Gereint alla chercher son cheval, qu'il trouva revêtu de son armure lourde, brillante, étrangère. Il ordonna à Enid de monter à cheval, d'aller devant et de prendre une forte avance. « Quoi que tu voies ou entendes, » ajouta-t-il, « ne reviens pas sur tes pas, et, à moins que je ne te parle, ne me dis pas un seul mot. » Et ils allèrent devant eux.

Ce ne fut point la route la plus agréable ni la plus fréquentée qu'il lui fit prendre, mais bien la plus déserte, celle où il était le plus certain de trouver des brigands, des vagabonds, des bêtes fauves enragées, venimeuses. Ils arrivèrent à la grand'route, la suivirent et aperçurent un grand bois à côté d'eux. Ils y entrèrent, et, en sortant du bois, ils virent quatre cavaliers. Ceux-ci les regardèrent, et l'un d'eux dit : « Voici une bonne aubaine pour nous : les deux chevaux, la femme avec, nous aurons le tout sans effort pour ce qui est du chevalier là-bas, seul, à la tête penchée, affaissée et triste. » Enid les entendait, et, par crainte de Gereint, ne savait que faire : si elle devait le lui dire ou se taire. « La vengeance de Dieu soit sur moi, » dit-elle enfin, « si je n'aime mieux la mort de sa main que de la main d'un autre. Dût-il me tuer, je l'avertirai plutôt que de le voir frappé de mort à l'improviste. » Elle attendit Gereint, et, quand il fut près d'elle : « Seigneur, » lui dit-elle, « entends-tu les propos de ces hommes là-bas à ton sujet? » Il leva la tête et la regarda avec colère : « Tu n'avais autre chose à faire qu'à observer l'ordre qui t'avait été donné, c'est-à-dire te taire. Je ne tiens pas compte de ce qui vient de toi ni de ton avertissement; quoique tu désires me voir tuer et mettre en pièces par ces gens-là, je n'ai pas la moindre appréhension. » A ce moment, le premier d'entre eux mit sa lance en arrêt et s'élança sur Gereint. Gereint lui tint tête, et non en homme amolli. Il laissa passer le choc de côté, et, s'élançant lui même sur le chevalier, le frappa à la boucle de son écu au point que l'écu se fendit, que l'armure se brisa, qu'une bonne coudée de la hampe de la lance lui entra dans le corps et qu'il fut jeté mort à terre par-dessus la croupe de son cheval. Le second chevalier l'attaqua avec fureur en voyant son compagnon tué ; d'un seul choc, Gereint le jeta à terre et le tua comme l'autre. Le troisième le chargea et Gereint le tua de même. De même aussi, il tua le quatrième.

Triste et peinée, Enid regardait. Gereint mit pied à terre, enleva aux morts leurs armures, les mit sur les selles, attacha les chevaux ensemble par le frein et remonta à cheval. « Voici, » lui dit-il, « ce que tu vas faire ; tu vas prendre les quatre chevaux et les pousser devant toi ; tu iras devant, comme je te l'avais commandé tout à l'heure, et tu ne me diras pas un mot avant que je ne t'adresse la parole. Je le déclare devant Dieu, si tu ne le fais pas, ce ne sera pas impunément. »
— « Je ferai mon possible, seigneur, » dit-elle, « pour te satisfaire. »

Ils s'avancèrent à travers le bois, et de là, ils passèrent dans une vaste plaine. Au milieu, il y avait un taillis à tête épaisse, embroussaillé ; et ils virent venir vers eux, du côté de ce bois, trois chevaliers montés sur des chevaux bien équipés, et couverts, eux et leurs montures, d'armures de haut en bas. Enid les observa avec attention. Quand ils furent près, elle les entendit dire entre eux : « Voici une bonne aubaine qui ne coûtera pas d'efforts : nous aurons à bon marché les quatre chevaux et les quatre armures pour ce qui est de ce chevalier là-bas, sans compter la pucelle. » — « Ils disent vrai, » se dit-elle ; « il est fatigué à la suite de sa lutte avec les homme de tout à l'heure. La vengeance de Dieu soit sur moi si je ne l'avertis pas. » Elle attendit Gereint, et quand il fut près d'elle :

« Seigneur, » dit-elle, « n'entends-tu pas la conversation de ces hommes là-bas à ton sujet? » — « Qu'est-ce, » répondit-il? — « Ils sont en train de dire qu'ils auront tout ceci comme butin à bon marché. » — « Par moi et Dieu, ce qui est plus pénible pour moi que la conversation de ces gens-là, c'est que tu ne te taises point vis-à-vis de moi et que tu ne te conformes pas à mon ordre. » — « Seigneur, je ne veux pas qu'on te prenne à l'improviste. » — « Tais-toi désormais, je ne me soucie pas de ce qui vient de toi. » A ce moment, un des chevaliers, baissant sa lance, se dirigea vers Gereint, et s'élança sur lui avec succès, pensait-il. Gereint reçut le choc tranquillement, d'un coup le fit passer à côté, et se jeta en plein sur le chevalier. Tel fut le choc de l'homme et du cheval, que le nombre des armes ne servit de rien au chevalier, que la pointe de la lance sortit de l'autre côté, qu'il eut une bonne partie de la hampe dans le corps, et que Gereint le précipita à terre de toute la longueur de son bras et de sa lance par-dessus la croupe de son cheval. Les deux autres chevaliers chargèrent tour à tour et n'eurent pas meilleure chance.

La jeune femme s'était arrêtée et regardait. Elle était anxieuse dans la crainte que Gereint ne fût blessé dans sa lutte avec ces hommes, et aussi joyeuse en le voyant avoir le dessus. Gereint descendit, amarra les trois armures dans les trois selles, et attacha les trois chevaux ensemble par le frein, de sorte qu'il avait avec lui sept chevaux. Puis il remonta, et commanda à la jeune femme de les pousser devant. « Il vaut autant que je me taise, » ajouta-t-il, « car tu ne te conformeras pas à mon ordre. » — « Je le ferai, seigneur, » dit-elle, « dans la mesure du possible ; seulement je ne pourrai te cacher les propos menaçants et terribles que j'entendrai à ton sujet de la part d'étrangers, comme ceux-ci, qui rôdent à travers le pays. » — « Par moi et Dieu, je ne me soucie pas de ce qui vient de toi. Tais-toi maintenant. » — « Je le ferai, seigneur, autant que possible. » La jeune femme alla en avant, les chevaux devant elle, et garda son avance.

Du taillis dont nous avons parlé un peu plus haut, ils firent route à travers une terre découverte, d'une agréable élévation, heureusement unie, riche. Au loin, ils aperçurent un bois, et, s'ils en voyaient la partie la plus proche, ils n'en distinguaient ni les côtés ni l'extrémité. Ils s'y rendirent, et, en sortant, ils virent cinq chevaliers ardents et vaillants, forts et solides, sur des chevaux de guerre gros et robustes, tous parfaitement armés, hommes et chevaux. Lorsqu'ils furent tout prêts, Enid les entendit dire entre eux : « Voici pour nous une bonne aubaine : nous aurons à bon marché, sans nulle peine, tous ces chevaux et ces armures, ainsi que la pucelle, pour ce qui est de ce chevalier là-bas, affaissé, courbé, triste. » Enid fut très inquiète en entendant les propos de ces hommes, au point qu'elle ne savait au monde que faire. A la fin, elle se décida à avertir Gereint. Elle tourna bride de son côté. « Seigneur, » lui dit-elle, « si tu avais entendu la conversation de ces hommes là-bas comme je l'ai entendue, tu ferais plus attention que tu ne le fais. » Gereint sourit d'un air contraint, irrité, redoutable, amer, et dit : « Je t'entends toujours bien enfreindre toutes mes défenses ; il se pourrait que tu eusses bientôt à t'en repentir. » Au même moment les chevaliers se rencontrèrent avec lui, et Gereint les renversa victorieusement, superbement tous les cinq. Il mit les cinq armures dans les cinq selles, attacha les douze chevaux ensemble par le frein et les confia à la jeune femme. « Je ne sais pas, » dit-il, « à quoi il me sert de te donner des ordres. Pour cette fois, que mon ordre te serve d'avertissement. » La jeune femme s'avança vers le bois et garda l'avance, comme Gereint le lui avait commandé. Il eût été dur pour Gereint de voir une jeune femme comme elle obligée, à cause des chevaux, à une marche aussi pénible, si la colère le lui eût permis.

Ils allèrent à travers le bois, qui était profond. La nuit les y surprit. « Jeune femme, » dit-il, « il ne nous sert pas de chercher à marcher. » — « Bien, seigneur, » répondit-elle ; « nous ferons ce que tu voudras. » — « Ce que nous avons de mieux à faire, c'est de nous détourner de la route dans le bois pour nous reposer, et d'attendre le jour pour voyager. » — « Volontiers. » C'est ce qu'ils firent. Il descendit de cheval et la mit à terre. « Je suis si fatigué, » dit-il, « que je ne puis m'empêcher de dormir. Veille, toi, les chevaux, et ne dors pas. » — « Je le ferai, seigneur. » Il dormit dans son armure et passa ainsi la nuit. Elle n'était pas longue à cette époque de l'année. Quand Enid aperçut les lueurs de l'aurore, elle tourna ses yeux vers lui pour voir s'il dormait. A ce moment il s'éveilla. « Je voulais déjà te réveiller, il y a pas mal de temps, » dit-elle. Par lassitude, Gereint ne dit rien, quoiqu'il ne l'eût pas autorisée à parler. Gereint se leva et dit : « Prends les chevaux, va devant, et garde ton avance comme tu l'as fait hier. »

Le jour était déjà un peu avancé quand ils quittèrent le bois et arrivèrent à une plaine assez nue. Il y avait des prairies des deux côtés et des faucheurs en train de couper le foin, et, devant eux, une rivière. Il y fit descendre les chevaux, et, lorsqu'ils eurent bu, ils gravirent une pente assez élevée. Là, ils rencontrèrent un tout jeune homme, assez mince, ayant autour du cou une serviette avec quelque chose dedans, ils ne savaient quoi, et, à la main, une petite cruche bleue et un bol dessus. Le valet salua Gereint. « Dieu te donne bien, » dit Gereint; « d'où viens-tu? » — « De la ville qui est là-bas devant toi. Trouverais-tu mauvais, seigneur, que je demande d'où tu viens toi-même? » — « Non, »

dit Gereint; « je viens de traverser ce bois là-bas. »
— « Je suppose bien que ta situation n'a guère dû
être bonne hier soir et que tu n'as eu ni à manger
ni à boire. » — « Non, certes, par moi et Dieu! »
— « Veux-tu suivre mon conseil? Accepte de moi
ce repas. » — « Quel repas? » — « Le déjeuner
que j'apportais à ces faucheurs là-bas, c'est-à-dire
du pain, de la viande et du vin. Si tu veux, seigneur, ils n'en auront rien. » — « J'accepte, » dit
Gereint; « Dieu te le rende. » Gereint descendit
de cheval. Le valet mit Enid à terre. Ils se lavèrent et prirent leur repas. Le valet coupa le pain,
leur donna à boire, les servit complètement. Lorsqu'ils eurent fini, il se leva et dit à Gereint :
« Seigneur, avec ta permission, je vais aller chercher à manger aux faucheurs. » — « Va à la ville, »
répondit Gereint, « tout d'abord pour me retenir
un logement dans l'endroit le meilleur que tu con-
naisses et où les chevaux soient le moins à l'étroit;
prends le cheval et l'armure que tu voudras en récompense de ton service et de ton présent. » —
« Dieu te le rende; cela eût suffi à payer un service
autrement important que le mien. »

Le valet alla à la ville, retint le logement le
meilleur et le plus confortable qu'il connût pour
Gereint; puis il se rendit, avec son cheval et ses
armes à la cour, auprès du comte, et lui raconta
toute l'aventure. « Seigneur, » dit-il ensuite, « je
vais retrouver le chevalier pour lui indiquer le logement. » — « Va, » dit le comte; « s'il le désirait,

il trouverait ici bon accueil. » Le valet retourna auprès de Gereint et l'informa qu'il aurait bon accueil de la part du comte dans sa cour même. Gereint ne voulut que son logement. Il trouva, en y arrivant, chambre confortable, avec abondance de paille et d'habits, et ample étable pour les chevaux. Le valet veilla à ce qu'ils fussent bien servis. Quand ils furent désarmés, Gereint dit à Enid : « Va de l'autre côté de la chambre et ne passe pas de ce côté-ci. Fais venir, si tu veux, la femme de la maison. » — « Je ferai, seigneur, » répondit-elle, « comme tu dis. » A ce moment l'hôtelier vint auprès de Gereint, le salua, lui fit accueil, et lui demanda s'il avait mangé son souper. Il répondit que oui. Le valet lui dit alors : « Désires-tu boisson ou autre chose, avant que je n'aille voir le comte ? » — « En vérité, je veux bien, » répondit-il. Le valet alla en ville et revint avec de la boisson. Ils se mirent à boire ; mais, presque aussitôt, Gereint dit : « Je ne peux m'empêcher de dormir. » — « Bien, » dit le valet ; « pendant que tu dormiras, j'irai voir le comte. » — « Va, et reviens ici ensuite. » Gereint s'endormit, ainsi qu'Enid.

Le valet se rendit auprès du comte, qui lui demanda où logeait le chevalier. « Il ne faut pas que je tarde, » dit le valet, « à aller le servir. » — « Va, » dit le comte, « et salue-le de ma part. Dis-lui que j'irai le voir bientôt. » — « Je le ferai. » Il arriva lorsqu'il était temps pour eux de s'éveiller. Ils se levèrent et allèrent se promener. Lorsque le moment leur parut venu, ils mangèrent. Le valet les servit. Gereint demanda à l'hôtelier s'il avait chez lui des compagnons qu'il voulût bien inviter à venir près de lui. — « J'en ai, » dit-il. — « Amène-les ici pour prendre en abondance, à mes frais, tout ce qu'on peut trouver de mieux à acheter dans la ville. » L'hôtelier amena là la meilleure société qu'il eût pour festoyer aux frais de Gereint. Sur ces entrefaites, le comte vint avec des chevaliers, lui douzième, faire visite à Gereint. Celui-ci se leva et le salua. « Dieu te donne bien, » dit le comte. Ils allèrent s'asseoir chacun suivant son rang. Le comte s'entretint avec Gereint et lui demanda quel était le but de son voyage. — « Pas d'autre, » répondit-il, « que celui de chercher aventure et faire ce que je jugerai à propos. » Alors le comte considéra Enid avec attention, fixement. Jamais, pensait-il, il n'avait vu une jeune fille plus belle ni plus gracieuse qu'elle ; il concentra toutes ses pensées sur elle. « Veux-tu me permettre, » dit-il à Gereint, « d'aller m'entretenir avec cette jeune femme là-bas, que je vois en quelque sorte comme séparée de toi ? » — « Très volontiers, » dit Gereint. Il se rendit près d'Enid et lui dit : « Jeune fille, il n'y a guère de plaisir pour toi, dans un pareil voyage, en compagnie de cet homme. » — « Il ne m'est pas désagréable, » répondit-elle, « de suivre la route qu'il lui plaît de suivre. » — « Tu n'auras à tes ordres ni serviteurs ni servantes. » — « J'aime mieux suivre cet homme que d'avoir serviteurs et servantes. » — « Veux-tu un bon conseil? Reste avec moi, et je mettrai mon comté en ta possession. » — « Non, par moi et Dieu, cet homme est le seul à qui j'aie jamais donné ma foi, et je ne lui serai pas infidèle. » — « Tu as tort. Si je le tue, je t'aurai tant que je voudrai, et quand je serai fatigué de toi, je te jetterai dehors. Si tu consens pour l'amour de moi, il y aura entre nous accord indissoluble, éternel, tant que nous vivrons. » Elle réfléchit aux paroles du comte, et trouva plus sage de lui inspirer une confiance présomptueuse au sujet de sa demande. « Seigneur, » dit-elle, « ce que tu as de mieux à faire pour ne pas m'attirer trop de honte, c'est de venir ici demain m'enlever, comme si je n'en savais rien. » — « Je le ferai, » répondit-il. Sur ce, il se leva, prit congé et sortit, lui et ses hommes.

Pour le moment, elle ne parla pas à Gereint de son entretien avec le comte, de peur d'accroître sa colère, ses soucis et son agitation. Ils allèrent se coucher quand il fut temps. Elle dormit un peu au commencement de la nuit. A minuit, elle s'éveilla, mit les armes de Gereint en état toutes ensemble, de façon à ce qu'il n'eût qu'à les vêtir, et, avec beaucoup d'appréhension pour sa démarche, elle alla jusqu'au bord du lit de Gereint et lui dit à voix basse, doucement : « Seigneur, réveille-toi et habille-toi. Ecoute l'entretien que j'ai eu avec le comte et ses intentions à mon égard. » Elle révéla à Gereint toute la conversation. Quoiqu'il fût irrité contre elle, il tint compte de l'avertissement et s'habilla. Elle alluma de la chandelle pour l'éclairer pendant qu'il s'habillait. « Laisse-là la chandelle, » dit-il, « et dis au maître de la maison de venir ici. » Elle obéit. L'hôtelier se rendit auprès de Gereint. « Sais-tu combien je te dois ? » lui dit-il. — « Peu de chose, je crois, seigneur. » — « Quoi qu'il en soit de ma dette, prends onze chevaux et onze armures. » — « Dieu te le rende, seigneur ; mais je n'ai pas dépensé pour toi la valeur d'une seule de ces armures. » — « Qu'importe ! Tu n'en seras que plus riche. Veux-tu me guider hors de la ville ? » — « Volontiers ; et de quel côté comptes-tu aller ? » — « Je voudrais aller du côté opposé à celui par lequel nous sommes entrés en ville. » L'hôtelier le conduisit aussi loin qu'il le voulut. Alors Gereint ordonna à Enid de prendre de l'avance comme auparavant. Elle le fit et partit devant elle. L'hôtelier retourna chez lui.

Il venait à peine de rentrer qu'il entendit venir sur sa maison le plus grand bruit qu'il eût jamais entendu. Lorsqu'il regarda dehors, il vit quatre-vingt-six chevaliers complètement armés et le comte Dwnn à leur tête. « Où est le chevalier ? » s'écria-t-il. — « Par ta main, seigneur, » dit l'hôtelier, « il est déjà à une certaine distance d'ici ; il est parti depuis pas mal de temps. » — « Pourquoi, vilain, l'as-tu laissé aller sans m'avertir ? »

— « Seigneur, tu ne me l'avais pas commandé; si tu l'avais fait, je ne l'aurais pas laissé aller. » — « De quel côté crois-tu qu'il soit allé ? » — « Je ne sais ; seulement, c'est la grand'rue qu'il a prise. » Ils tournèrent bride vers cette rue, aperçurent les traces des pieds des chevaux, les suivirent et arrivèrent à la grand'route.

Enid, quand elle vit le jour poindre, regarda derrière elle, et aperçut comme un brouillard et un nuage qui approchait de plus en plus. Elle s'en inquiéta, pensant que c'étaient le comte et sa suite lancés à leur poursuite. A ce moment, elle vit un chevalier apparaître hors du nuage. « Par ma foi, » dit-elle, « je l'avertirai, au risque d'être tué par lui. J'aime mieux mourir de sa main que de le voir tuer sans l'avoir prévenu. Seigneur, » lui dit-elle, « ne vois-tu pas cet homme se diriger vers toi suivi de beaucoup d'autres ? » — « Je le vois, » répondit-il. « On a beau te commander le silence, tu ne te tairas jamais. Ton avertissement ne compte pas pour moi ; ne m'adresse plus la parole. » Il se retourna contre le chevalier, et, du premier assaut, le jeta sous les pieds de son cheval. Il continua à les culbuter au premier choc, tant qu'il resta un seul des quatre-vingt-six cavaliers. Le vaincu était toujours remplacé par un plus fort, le comte restant à part. Le comte vint le dernier. Il brisa contre lui une première lance, puis une seconde. Gereint se tourna contre lui, et, s'élançant, le frappa de sa lance au beau milieu de son bouclier, si bien que le bouclier se brisa, ainsi que toute l'armure, dans cette direction, et qu'il fut jeté lui-même par-dessus la croupe de son cheval à terre, en péril de mort. Gereint s'approcha de lui; le bruit des sabots du cheval fit revenir le comte de son évanouissement. « Seigneur, » dit-il à Gereint, « ta merci. » Gereint lui accorda merci. Par suite de la dureté du sol sur lequel ils avaient été précipités et de la violence des assauts qu'ils avaient eus à subir, pas un d'eux ne s'en alla sans avoir reçu de Gereint un saut mortellement douloureux, amenant de cuisantes blessures et brisant le corps.

Gereint s'en alla devant lui, suivant la route sur laquelle il se trouvait. La jeune femme garda son avance. Près d'eux ils virent une vallée, la plus belle qu'on pût voir, traversée par une grande rivière, un pont sur la rivière, et une route conduisant à la rivière; plus haut que le pont, de l'autre côté, il y avait une ville forte, la plus belle du monde. Comme il se dirigeait vers le pont, Gereint vit venir de son côté, à travers un taillis épais, un chevalier monté sur un cheval gros et grand, au pas égal, fier et docile. « Chevalier, » lui dit-il, « d'où viens-tu ? » — « Je viens, » répondit-il, « de cette vallée là-bas. » — « Qui possède cette belle vallée et cette belle ville forte ? » — « Je vais te le dire : les Francs et les Saxons l'appellent Gwiffret Petit, et les Kymry le Petit Roi (1). » — « Puis-je aller à ce

(1) Dans Chrestien de Troyes, il s'appelle Gujures-le-Petit, ce

pont et à la grand'route qui passe le plus près sous les murs de la ville ? » — « Ne mets pas les pieds sur la terre qui est de l'autre côté du pont, si tu ne veux avoir affaire à lui ; c'est son habitude que pas un chevalier ne passe sur ses terres sans se battre avec lui. » — « Par moi et Dieu, je suivrai cette route malgré lui. » — « S'il en est ainsi, je crois bien que tu auras honte et affront. » Gereint, d'un air furieux, avec résolution et colère, se dirigea vers la route qu'il avait auparavant l'intention de suivre. Et ce ne fut pas celle qui menait à la ville par le pont qu'il prit, mais celle qui menait à une éminence au sol dur, solide, élevée, à la vaste vue.

Il vit aussitôt venir après lui un chevalier monté sur un cheval de guerre fort et gros, à la démarche vaillante, au large sabot, au large poitrail : jamais il n'avait vu d'homme plus petit ; il était complètement armé, lui et son coursier. En atteignant Gereint, il s'écria : « Dis, seigneur, est-ce par ignorance ou par présomption que tu as cherché à me faire perdre mon privilège et à violer ma loi ? » — « Non, » répondit Gereint, « je ne savais pas que le chemin fût fermé à personne. » — « Comme tu le savais, viens avec moi à ma cour pour me donner satisfaction. » — « Je n'irai point, par ma foi ; je n'irai même pas à la cour de

---

qui paraît une faute de scribe, car, plus loin, on lui donne le nom de Guivret (*Hist. littér. de France*, XV, p. 197 et suiv.).

ton seigneur, à moins que ce ne soit Arthur. » — « Par la main d'Arthur, j'aurai satisfaction de toi ou souffrance extrême. » Et ils s'attaquèrent.

Un écuyer à lui vint les fournir de lances à mesure qu'ils les brisaient. Ils se donnaient l'un à l'autre, sur leurs écus, des coups durs, violents, au point que les écus en perdirent toute leur couleur. Gereint ne trouvait guère agréable de se battre avec lui, à cause de sa petitesse, de la difficulté de le bien voir, et de la violence des coups qu'il donnait lui aussi. Ils ne cessèrent de frapper que lorsque les chevaux s'abattirent sur leurs genoux, et qu'enfin Gereint l'eut jeté à terre, la tête la première. Alors ils se battirent à pied. Ils se donnèrent l'un à l'autre des coups rapides et irrités, rudes et vaillants, durs et précipités. Ils trouèrent leurs heaumes, entamèrent leurs cervelières, détraquèrent leurs armures, si bien qu'ils étaient aveuglés par la sueur et le sang. A la fin Gereint entra en fureur, appela à lui toutes ses forces, et avec colère, rapidité, cruellement, solidement, il leva son épée et lui déchargea sur la tête un coup mortellement violent, pénétrant comme le poison, furieux, amer, au point qu'il brisa toute l'armure de la tête, la peau, la chair, qu'il entama l'os et que l'épée du petit roi fut lancée au bout le plus éloigné du champ. Il demanda à Gereint grâce et merci. — « Tu l'auras, » dit Gereint, « malgré ton manque de courtoisie et de politesse, à condition d'être mon allié, de ne jamais rien faire contre moi désormais, et, si tu apprends que je suis dans la peine, de venir m'en délivrer. » — « Je le ferai, seigneur, avec plaisir. » Quand il lui en eut donné sa foi, il ajouta : « Et toi, seigneur, tu viendras sans doute avec moi à ma cour, là-bas, pour te remettre de tes fatigues et de ta lassitude. » — « Je n'irai point, par moi et Dieu, » répondit Gereint. Gwiffret le Petit aperçut alors Enid : il trouva dur de voir une créature aussi noble qu'elle supporter tant de souffrances. « Seigneur, » dit-il à Gereint, « tu as tort de ne pas te laisser aller au délassement et au repos. S'il te survient, dans cet état, une aventure difficile, il ne te sera pas facile d'en venir à bout. » Gereint ne voulut que continuer son voyage.

Il remonta à cheval, couvert de sang et souffrant. La jeune femme reprit son avance. Ils marchèrent vers un bois qu'ils apercevaient à côté d'eux. La chaleur était grande, et les armes, par la sueur et le sang, collaient à sa chair. Arrivés dans le bois, il s'arrêta sous un arbre, pour éviter la chaleur. La douleur de ses blessures se fit alors sentir plus vivement à lui qu'au moment où il les avait reçues. Enid se tenait sous un autre arbre. A ce moment, ils entendirent le son des cors et le tumulte d'un grand rassemblement : c'était Arthur et sa suite qui descendaient dans le bois. Gereint se demandait quelle route il prendrait pour les éviter, lorsqu'un piéton l'aperçut : c'était le valet du *distein* de la cour. Il alla trouver le *distein* et lui dit quelle sorte de chevalier il avait vu dans le bois. Le *distein* fit équiper son cheval, prit sa lance et son bouclier, et se rendit auprès de Gereint. « Chevalier, » lui dit-il, « que fais-tu ici ? » — « Je suis au frais sous cet arbre, et j'évite l'ardeur du soleil et de la chaleur. » — « Qui es-tu et quel est le but de ton voyage ? » — « Chercher des aventures et aller où il me plaît. » — « Eh bien, » dit Kei, « viens avec moi faire visite à Arthur, qui est ici près. » — « Je n'irai point, par moi et Dieu. » — « Il te faudra bien venir. » Kei ne le reconnaissait pas, mais Gereint le reconnaissait bien. Kei chargea Gereint du mieux qu'il put. Gereint, irrité, le frappa du bois de sa lance sous le menton et le jeta à terre, la tête la première : ce fut tout le mal qu'il lui fit. Kei se leva tout hors de lui, remonta à cheval et se rendit à son logis. De là, il se rendit au pavillon de Gwalchmei. « Seigneur, un de mes serviteurs vient de me dire qu'il a vu dans le bois, là haut, un chevalier blessé, avec une armure en très mauvais état. Tu ferais bien d'aller voir si c'est vrai. » — « Cela m'est égal, » répondit Gwalchmei. — « Prends ton cheval et une partie de tes armes, car j'ai appris qu'il n'est guère aimable pour ceux qui vont le trouver. »

Gwalchmei prit sa lance et son bouclier, monta à cheval et se rendit auprès de Gereint. « Chevalier, » lui dit-il, « quel voyage fais-tu ? » — « Je voyage pour mes affaires et je cherche aventure. » — « Diras-tu qui tu es et viendras-tu faire visite à

Arthur, qui est ici près? » — « Je ne veux pas entrer en relation avec toi pour le moment, et je n'irai pas voir Arthur. » Il reconnut Gwalchmei, mais Gwalchmei ne le reconnut pas. « Il ne sera pas dit, » s'écria Gwalchmei, « que je t'aie laissé aller avant d'avoir su qui tu étais. » Il le chargea avec sa lance et frappa son écu au point que sa lance fut brisée et leurs chevaux front à front. Gwalchmei le regarda alors avec attention et le reconnut. « Oh! Gereint, » s'écria-t-il, « est-ce toi? » — « Je ne suis pas Gereint, » répondit-il. — « Tu es bien Gereint, par moi et Dieu. C'est une triste et déraisonnable expédition que la tienne. » En jetant les yeux autour de lui, il aperçut Enid, la salua et lui montra joyeux visage. « Gereint, » dit Gwalchmei, « viens voir Arthur, ton seigneur et ton cousin. » — « Je n'irai pas, » répondit-il; « je ne suis pas dans un état à me présenter devant qui que ce soit. » A ce moment, un des écuyers vint après Gwalchmei pour chercher des nouvelles. Gwalchmei l'envoya avertir Arthur que Gereint était blessé, qu'il ne voulait pas le voir et que c'était pitié de voir l'état dans lequel il se trouvait, et tout cela sans que Gereint le sût, à part, à voix basse : « Recommande à Arthur, » ajouta-t-il, « d'approcher sa tente de la route, car il n'ira pas le voir de bon gré, et il n'est pas facile de l'y contraindre dans l'état où il est. » L'écuyer alla rapporter tout cela à Arthur, qui fit transporter son pavillon sur le bord de la route. L'âme d'Enid en fut réjouie alors. Gwalchmei essaya de faire entendre raison à Gereint tout le long de la route, jusqu'au campement d'Arthur, à l'endroit où les pages étaient en train de tendre son pavillon sur le bord de la route. « Seigneur, » dit Gereint, « porte-toi bien. » — « Dieu te donne bien, » répondit Arthur ; « qui es-tu ? » — « Gereint, » dit Gwalchmei; « de sa propre volonté, il ne serait pas venu te voir aujourd'hui. » — « En vérité, » répondit Arthur, « il n'est pas dans son bon sens. » A ce moment, Enid arriva près d'Arthur et lui offrit ses souhaits. — « Dieu te fasse bien, » répondit-il ; « quel voyage est celui-ci ? » — « Je ne sais, seigneur, » dit-elle ; « seulement, mon devoir est de suivre la même route qu'il lui plaira de suivre lui-même. » — « Seigneur, » dit Gereint, « nous allons nous mettre en route, avec ta permission. » — « Où cela ? Tu ne peux partir que pour achever ta perte. » — « Il ne voulait pas me permettre à moi-même de l'inviter, » dit Gwalchmei. — « Il me le permettra bien à moi, » dit Arthur ; « et, de plus, il ne s'en ira pas d'ici, qu'il ne soit guéri. » — « Je préférerais, » dit Gereint, « que tu me laissasses aller. » — « Je n'en ferai rien, par moi et Dieu. » Il fit appeler les pucelles pour Enid et la fit conduire à la chambre de Gwenhwyvar. Gwenhwyvar et toutes les dames lui firent bon accueil. On la débarrassa de son habit de cheval et on lui en revêtit un autre. Arthur appela Kadyrieith, lui ordonna de tendre un pavillon pour Gereint et ses médecins, et le chargea de ne le laisser manquer de rien de ce qu'il lui demanderait. Kadyrieith le fit ; il amena Morgan Tut et ses disciples à Gereint. Arthur et sa cour restèrent là à peu près un mois pour soigner Gereint.

Quand Gereint sentit ses chairs solides, il alla trouver Arthur pour lui demander la permission de se mettre en route. « Je ne sais pas, moi, » dit Arthur, « si tu es encore guéri. » — « Je le suis assurément, seigneur, » répondit-il. — « Ce n'est pas à toi que je me fierai là-dessus, mais aux médecins qui t'ont soigné. » Il fit venir les médecins et leur demanda si c'était vrai. « C'est vrai, » dit Morgan Tut. Le jour même, Arthur quitta ces lieux. Gereint ordonna à Enid de prendre les devants et de garder l'avance, comme elle l'avait fait auparavant. Elle se mit en marche et suivit la grand'route. Comme ils allaient ainsi, ils entendirent les cris les plus violents du monde près d'eux. « Arrête ici, toi, » dit Gereint à Enid, « et attends. Je vais voir ce que signifient ces cris. » — « Je le ferai, » répondit-elle. Il partit et arriva à une clairière qui était près de la route. Dans la clairière, il aperçut deux chevaux, l'un avec une selle d'homme, l'autre avec une selle de femme, et un chevalier, revêtu de son armure, mort. Une jeune femme, revêtue d'un habit de cheval, se lamentait, penchée sur le chevalier. « Dame, » dit-il, « que t'est-il arrivé ? » — « Nous voyagions par ici, moi et l'homme que j'aimais le plus, lorsque vinrent à nous trois géants, qui, au mépris de toute justice, le tuèrent. » —

« Par où sont-ils allés ? » — « Par là, par la grand'route. » Il retourna vers Enid : « Va, » lui dit-il, « auprès de la dame qui est là-bas, et attends-moi là, si je reviens. » Cet ordre lui fit de la peine ; elle se rendit cependant auprès de la jeune femme, qui faisait mal à entendre. Elle était persuadée que Gereint n'en reviendrait pas.

Pour lui, il partit après les géants et les atteignit. Chacun d'eux était plus grand que trois hommes et avait sur l'épaule une énorme massue. Il se précipita sur l'un d'eux et le traversa de sa lance. Il la retira du corps et en frappa le second de même façon. Mais le troisième se retourna contre lui et le frappa de sa massue, au point qu'il fendit le bouclier, entama l'épaule, que toutes ses blessures se rouvrirent et qu'il se mit à perdre tout son sang. Alors il tira son épée, fondit sur le géant et le frappa d'un coup dur, rapide, énorme, violent, vaillant, sur le haut de la tête, si bien qu'il lui fendit la tête et le cou jusqu'aux deux épaules et l'abattit mort. Il laissa les morts ainsi, alla jusqu'à l'endroit où était Enid, et, à sa vue, tomba sans vie de dessus son cheval. Enid poussa des cris terribles, perçants, continuels, douloureux. Elle accourut et se jeta sur son corps. A ses cris, aussitôt vinrent le comte Limwris et sa suite, qui suivaient cette route ; ils accoururent à travers la route. « Dame, » dit le comte à Enid, « que t'est-il arrivé ? » — « Seigneur, » répondit-elle, « il est tué l'homme que j'aimais et que j'aimerai toujours le plus. » — « Et à toi, » dit-il à l'autre dame, « que t'est-il arrivé ? » — « Celui que j'aimais le plus moi aussi, » dit-elle, « est tué. » — « Qui les a tués ? » — « Les géants avaient tué mon plus aimé. L'autre chevalier est allé à leur poursuite et est revenu d'auprès d'eux dans l'état que tu vois, perdant excessivement de sang. Je ne crois pas qu'il les ait quittés sans avoir tué quelqu'un d'eux et peut-être tous. » Le comte fit enterrer le chevalier qui avait été laissé mort. Pour Gereint, il supposait qu'il y avait encore en lui un reste de vie. Pour voir s'il en reviendrait, il le fit transporter avec lui à sa cour, sur une bière, dans le creux de son bouclier. Les deux jeunes femmes l'y accompagnèrent.

Lorsqu'on y fut arrivé, on plaça Gereint dans sa bière, sur une table placée de front dans la salle. Chacun se débarrassa de ses habits de voyage. Le comte pria Enid d'en faire autant et de prendre un autre habit. « Je n'en ferai rien, par moi et Dieu, » dit-elle. — « Dame, » dit-il, « ne sois pas si triste. » — « Il est bien difficile de me raisonner sur ce point. » — « Je ferai en sorte que tu n'aies pas lieu d'être triste, quoi qu'il arrive de ce chevalier, qu'il meure ou qu'il vive. J'ai un bon comté : tu l'auras en ta possession, et moi avec lui. Sois joyeuse, heureuse désormais. » — « Je ne le serai pas, j'en prends Dieu à témoin, tant que je vivrai désormais. » — « Viens manger. » — « Je n'irai point, par moi et Dieu. » — « Tu viendras, par moi et Dieu. » Et il l'emmena à table, malgré elle, et lui demanda avec insistance de manger. — « Je ne mangerai pas, j'en atteste Dieu, jusqu'à ce que mange celui qui est sur la bière là-bas. » — « Voilà une parole que tu ne pourras tenir : cet homme n'est-il pas, autant vaut dire, mort ? » — « J'essaierai. » Alors il lui proposa une coupe pleine. « Bois cette coupe, et tes sentiments changeront. » — « Honte à moi, » répondit-elle, « si je bois avant qu'il ne boive lui-même ! » — « En vérité, » s'écria le comte, « je ne suis pas plus avancé d'être aimable à ton égard ! » Et il lui donna un soufflet (1). Elle jeta un cri perçant, violent. Elle éprouvait une douleur plus grande que jamais en pensant que si Gereint avait été vivant, on ne l'aurait pas souffletée ainsi.

A ses cris, Gereint sortit de son évanouissement, se mit sur son séant, et, trouvant son épée dans le creux de son bouclier, s'élança jusqu'auprès du comte et lui déchargea un coup furieux et perçant, mortellement acéré, vigoureux, sur le haut de la tête, si bien qu'il le fendit en deux et que l'épée entama la table. Tout le monde abandonna les tables et s'enfuit dehors. Ce n'est pas

---

(1) Chez Chrestien de Troyes, le chevalier force Enid à accepter sa main ; le lendemain, il donne un repas de noces, et, par un raffinement de cruauté, place en face le corps d'Erec sur une bière. La scène, pour le reste, ne diffère guère de celle de notre *mabinogi*.

tant la crainte de l'homme vivant qui les saisissait que le spectacle du mort se levant pour les frapper. Gereint jeta les yeux sur Enid, et une double douleur le pénétra en voyant Enid privée de couleur et par la conscience qu'il avait de son innocence. « Dame, » dit-il, « sais-tu où sont allés nos chevaux? » — « Je sais où est le tien, mais je ne sais où est allé l'autre. Le tien est à cette maison là-bas. » Il y alla, fit sortir son cheval, monta, et, enlevant Enid de terre, la plaça entre lui et l'arçon de devant, et s'éloigna.

Pendant qu'ils chevauchaient ainsi entre deux haies, la nuit commençant à triompher du jour, ils aperçurent tout d'un coup derrière eux, entre eux et le ciel, des hampes de lances, et entendirent un bruit de sabots de chevaux et le tumulte d'une troupe. « J'entends venir derrière nous, » dit Gereint ; « je vais te déposer de l'autre côté de la haie. » A ce moment, un chevalier se dirigea sur lui, la lance en arrêt. En le voyant, Enid s'écria : « Seigneur, quelle gloire aurais-tu à tuer un homme mort, qui que tu puisses être? » — « Ciel, » dit-il, « serait-ce Gereint? » — « Assurément, par moi et Dieu; et qui es-tu toi-même? » — « Je suis le Petit Roi ; je viens à ton secours, parce que j'ai appris que tu étais dans la peine. Si tu avais suivi mon conseil, tu n'aurais pas éprouvé tous ces malheurs. » — « On ne peut rien, » répondit Gereint, « contre la volonté de Dieu; grand bien peut cependant venir d'un bon conseil. » — « Assurément, et je puis t'en donner un bon dans les circonstances présentes : tu vas venir avec moi à la cour d'un gendre d'une sœur à moi, tout près ici, pour te faire traiter par les meilleurs médecins du royaume. » — « Volontiers, allons, » répondit-il. On donna le cheval d'un des écuyers à Enid, et ils se rendirent à la cour du baron. On leur fit bon accueil. Ils y trouvèrent attentions et service. Le lendemain matin, on se mit en quête de médecins : ils ne tardèrent pas à arriver, et ils le soignèrent jusqu'à complète guérison. Entre temps, il avait chargé le Petit Roi de faire remettre ses armes en état, de sorte qu'elles étaient aussi bonnes que jamais. Ils restèrent là un mois et quinze jours. Le Petit Roi lui dit alors : « Nous allons nous rendre à ma cour à moi maintenant, pour nous reposer et prendre nos aises. » — « Si tu le voulais bien, » dit Gereint, « nous marcherions encore un jour, et ensuite nous reviendrions. » — « Volontiers ; ouvre la marche. » Dans *la jeunesse du jour*, ils se mirent en route.

Enid se montrait avec eux plus heureuse et plus joyeuse qu'elle ne l'avait jamais été. Ils arrivèrent à la grand'route et virent qu'elle se divisait en deux. Sur un des chemins, ils aperçurent un piéton venant à eux. Gwiffret lui demanda : « Piéton, de quel côté viens-tu ? » — « De ce pays là-bas, » répondit-il, « de faire des commissions. » — « Dis-moi, » dit Gereint, « lequel de ces deux chemins vaut-il mieux que nous prenions ? » — « Tu feras mieux de prendre celui-ci ; si tu vas à l'autre, là-bas, tu n'en reviendras pas. Là-bas est le clos du Nuage, et il y a des jeux enchantés. De tous ceux qui y sont allés, pas un n'est revenu. Là est la cour du comte Owein (1) ; il ne permet à personne de venir prendre logis en ville, à moins qu'on n'aille à sa cour. » — « Par moi et Dieu, c'est par ce chemin que nous irons. » Et alors, suivant cette route, ils arrivèrent à la ville.

Ils prirent leur logement dans l'endroit de la ville qui leur parut le plus beau et le plus agréable. Comme ils y étaient, un jeune écuyer vint à eux et les salua. « Dieu te donne bien, » répondirent-ils. — « Gentilshommes, quels préparatifs sont les vôtres ici ? » — « Nous prenons un logement et nous restons ici cette nuit. » — « Ce n'est pas l'habitude de l'homme à qui appartient cette ville de permettre à aucun gentilhomme d'y loger, à moins qu'il n'aille le trouver à sa cour. Venez donc à la cour. » — « Volontiers, » dit Gereint. Ils suivirent l'écuyer. On les accueillit bien. Le comte vint à leur rencontre dans la salle, et commanda de préparer les tables. Ils se levèrent et allèrent s'asseoir : Gereint, d'un côté du comte, et Enid, de l'autre ; le Petit Roi tout à côté d'Enid et la comtesse à côté de Gereint ; chacun ensuite suivant sa dignité. Gereint se mit à réfléchir aux jeux, et, pensant qu'on ne

---

(1) Chrestien de Troyes l'appelle Evrain. Il est probable qu'il a eu sous les yeux une forme *Evain* ou *Ewain*.

le laisserait pas y aller, il cessa de manger. Le comte le regarda et crut que c'était de peur d'aller aux jeux. Il se repentit de les avoir établis, quand ce n'eût été qu'à cause de la perte d'un homme comme Gereint. Si Gereint lui avait demandé d'abolir ces jeux à jamais, il l'eût fait volontiers. Il dit à Gereint : « A quoi penses-tu, que tu ne manges pas ? Si tu appréhendes d'aller aux jeux, tu obtiendras de moi de n'y point aller, et même que personne n'y aille plus jamais, par considération pour toi. » — « Dieu te le rende : je ne désire rien tant que d'y aller et de m'y faire guider. » — « Si tu le préfères, je le ferai volontiers. » — « Oui, en vérité, » répondit-il. Ils mangèrent. Ils eurent service complet, abondance de présents, quantité de boissons. Le repas terminé, ils se levèrent. Gereint demanda son cheval et ses armes, et se harnacha, lui et son destrier. Toutes les troupes se rendirent à la limite du clos.

La haie s'élevait à perte de vue dans l'air. Sur chacun des pieux qu'on apercevait dans le champ, il y avait une tête d'homme, deux pieux exceptés, et on y apercevait des pieux de tous côtés. « Quelqu'un pourra-t-il accompagner le prince, » dit alors le Petit Roi, « ou ira-t-il tout seul ? » — « Personne, » répondit Owein. — « Par quel côté entre-t-on ? » demanda Gereint. — « Je ne sais, » dit Owein. « Va par le côté que tu voudras et qui te paraîtra le plus commode. » Et sans crainte, sans hésitation, il s'avança dans la nuée.

En en sortant, il arriva dans un grand verger, avec un espace libre au milieu, où il aperçut un pavillon de *paile* au sommet rouge. La porte était ouverte. En face de la porte était un pommier, et un grand cor d'appel était suspendu à une branche de l'arbre. Gereint mit pied à terre et entra : il n'y avait qu'une pucelle assise dans une chaire dorée ; en face d'elle était une autre chaire vide. Gereint s'y assit. « Seigneur, » dit la jeune fille, « je ne te conseille pas de t'asseoir dans cette chaire. » — « Pourquoi ? » — « Celui à qui elle appartient n'a jamais permis qu'un autre s'y assît. » — « Il m'est fort égal qu'il trouve mal que je m'y assoie. » A ce moment, un grand bruit se fit entendre près de la porte. Gereint alla voir ce que cela signifiait, et il aperçut un chevalier monté sur un cheval de guerre, aux naseaux orgueilleux, ardent et fier, aux os forts ; une cotte d'armes divisée en deux le couvrait, lui et son cheval, et il y avait dessous une armure complète. « Dis, seigneur, » demanda-t-il à Gereint, « qui t'a prié de t'asseoir là ? » — « Moi-même. » — « Tu as eu tort de me causer pareille honte et pareil affront. Lève-toi de là pour me donner satisfaction pour ton manque de courtoisie. » Gereint se leva, et aussitôt ils se battirent. Ils brisèrent un assortiment de lances, puis un second, puis un troisième. Ils se donnaient l'un à l'autre des coups durs et précipités, rapides et violents. A la fin, Gereint s'irrita, lança son cheval à toute bride, se jeta sur lui et le frappa juste au milieu de son écu, si bien qu'il le fendit, que la pointe de la lance pénétra dans son armure, que toutes les sangles se rompirent, et qu'il fut jeté à terre, par-dessus la croupe de son cheval, de toute la longueur de la lance du bras de Gereint, la tête la première. « Oh ! seigneur, » dit-il à Gereint, « ta merci, et tu auras tout ce que tu voudras. » — « Je ne veux qu'une chose, » répondit-il ; « c'est qu'il n'y ait plus jamais ici ni jeux enchantés, ni champ de nuage, ni jeux de tromperie et de sorcellerie. » — « Je te l'accorde volontiers, seigneur. » — « Fais disparaître la nuée. » — « Sonne de ce cor là-bas, et, aussitôt que tu sonneras, la nuée disparaîtra pour toujours ; elle ne devait pas disparaître avant que n'en sonnât un chevalier qui m'eût terrassé. »

Triste et soucieuse était Enid à l'endroit où elle était restée en pensant à Gereint. Gereint sonna du cor, et, au premier son qu'il en tira, la nuée disparut. Toutes les troupes se réunirent, et tout le monde fit la paix. Le comte invita Gereint et le Petit Roi pour cette nuit-là. Le lendemain matin, ils se séparèrent. Gereint se rendit dans ses états (1). Il les gouverna à partir de là d'une façon prospère ; sa vaillance et sa bravoure ne cessèrent de lui maintenir gloire et réputation désormais, ainsi qu'à Enid.

---

(1) Chez Chrestien de Troyes, Erec, après sa victoire sur le chevalier Mabonagrains, reçoit la nouvelle de la mort du roi Lac, son père. Il se fait couronner roi à Nantes par Arthur.

NOTES CRITIQUES

Notes critiques à Owein et Lunet ou la Dame de la Fontaine

Page 162, l. 5, trad. p. 3; lady Guest : *et si on pouvait dire qu'il y avait un portier*. *Cyt* a le sens de *quoique* (v. Zeuss, Gr. Celt., 2ᵉ édit., p. 730), excepté dans quelques cas où il est pour *cyhyd* et a le sens de *aussi longtemps que* (pour ce sens, cf. Daf. ab Gwil., p. 282; Ancient laws, I, p. 718). — L. 9; lady Guest : *les recevoir avec honneur*, au lieu de : *leur faire les premiers honneurs* (*dechreu eu hanrydedu*, « commencer à les honorer »). — L. 10 et 11 : lady Guest traduit *yr neb a dylyei* (*ceux qui avaient droit à*), comme s'il y avait *yr neb a delei*, *ceux qui venaient*.

Page 163, l. 7, trad. p. 4 : *talu vy ymdidan*, « payer mon récit. » *Talu* s'explique ici par le contexte, mais l'auteur n'aurait-il pas été influencé par le français *conter*, qui avait les deux sens de *compter* et *conter*? — L. 14 : lady Guest inexactement : *Je ne pensais pas qu'il y eût au monde d'entreprise trop grande pour moi*. — L. 17 : lady Guest traduit *eithavoed byt*, *extrémités du monde*, par *régions éloignées* — L. 19, trad.

p. 5 : au lieu de *regedawc*, lisez *redegawc*. — L. 21 : au lieu de *ar parth arall a gerdeis*, je lis : *ar parth arall yr avon a gerdeis*, leçon qui se retrouve p. 171, l. 1, dans le récit du même voyage fait par Owein. Lady Guest a suivi la lettre du texte, et compris qu'il s'agissait de la vallée, tandis qu'il s'agit de la rivière.

Page 164, l. 3, trad. p. 5 : *yn nodeu udunt?* — L. 10 et 11 trad. p. 6 : au lieu de *a chyfarch gwell a wneuthum idaw*, je lis : *a chyfarch gwell a vynnwn* ou *vynnaswn idaw*, leçon justifiée par le passage correspondant du *mabinogi*, p. 171, l. 6, et par le contexte ici; lady Guest a traduit littéralement : *je le saluai*, or, à la ligne suivante, nous voyons que c'est le maître du château qui le salue le premier. Dans Peredur, p. 243, l. 4, on trouve aussi *wnaeth* faussement pour *vynnawd*. — L. 11 : *y wybot*, mot à mot *sa science*. — L. 24, trad. p. 6 : *rol* est traduit par lady Guest par « vase; » Davies le traduit par *magis*, « pétrin. » — L. 30, trad. p. 7 : *gorffowys*; je lis *gorfroys*, du français *orfroys*. — L. 30 : *tynnu*, « tendre, étendre; » lady Guest : *placer*.

Page 165, l. 20 et 21, trad. p. 7 et 8 : lady Guest : « je dis que j'étais heureux de trouver quelqu'un pour s'entretenir avec moi, et que ce n'était pas considéré comme un grand crime à cette cour, pour les gens, de s'entretenir les uns avec les autres. » Lady Guest eût évité ce contre-sens en se reportant à cet autre passage du *mabinogi*, p. 189, l. 1 : *ac ny welas Owein bei kymeint yno a thristyt y dynyon*. Elle a traduit, p. 163, *bei* par *défaut*, sens exact, et p. 189, comme s'il y avait *a vei*, *qui fût*.

Page 166, l. 5, trad. p. 8 : *y fford ydwyt*; lady Guest n'a pas traduit *ydwyt*. — L. 14 : lady Guest : *et ce n'est pas un homme avenant*, comme s'il y avait *hygar*, tandis qu'il y a *anhegar*, ce qui est tout le contraire. — L. 17, trad. p. 9 : *gwrthgroch*;

plus bas, p. 167, l. 1, on a *gwrthglochedd*; il est probable qu'il faut là aussi *gwrthgrochedd*; lady Guest traduit par *brièvement*, ce qui est en tout cas inexact. — L. 23 et 24. trad. p. 9 : lady Guest : *je fus trois fois plus étonné du nombre des bêtes sauvages que ne me l'avait dit l'homme*. Ce qui a induit en erreur lady Guest, c'est son texte, *ae dywawt*. Ce sont les animaux qui lui paraissaient trois fois plus nombreux que n'avait dit l'homme.

Page 167, l. 1 : lady Guest : *il me parla seulement en réponse à mes questions*; v. note à la page 166. — L. 8 : *a hynny* n'est pas traduit par lady Guest. — L. 11 : *adoli idaw*; lady Guest traduit : *ils lui firent hommage*; *adoli* est l'équivalent gallois du vieux français *aorer* (adorer), qui a non seulement le sens d'adorer et prier Dieu, mais aussi de *témoigner son respect à*. — L. 26, trad. p. 12 : *twryf* ne signifie proprement que bruit, mais il a aussi le sens de *tonnerre*. Ce sens, d'ailleurs, est justifié par le passage correspondant du Chevalier au Lion.

Page 168, l. 25, trad. p. 12 : *y baryflen*; lady Guest traduit : *la partie supérieure du bouclier*. Il semble plutôt qu'il s'agisse de la housse de l'écu.

Page 169, l. 4, trad. p. 12 : *beth a hut ti ymi; a hut* est peut-être pour *a archut*; si *a hut* était pour *aut* du verbe aller, il faudrait *attafi*. Pour *beth*, dans le sens de *pourquoi*, cf. p. 221, l. 5. — L. 5 : au lieu de *ac ym kyf byth a wnaethost*, je lis *ac ym kyfoeth beth a wnaethost* (*beth* dépend de *wnelut*). Le texte de lady Guest donne *kyfoeth*, mais *byth*; elle a traduit comme s'il y avait eu *beth*. — L. 10 : *ac arwyd o vliant purdu ymdanaw*; au lieu de *ymdanaw*, il faut probablement *ymdan y waew*, « autour de sa lance; » *arwyd* a le sens propre de signe, insigne, et répond plus bas à *gonfanon*. Lady Guest traduit par *tabard*, « cotte d'armes. » — L. 19, trad. p. 13 : *ryued na thodeis yn llynntawd*; cette expression se retrouve ailleurs :

Rees, *Welsh saints*, p. 169. — L. 28 : *a mygen* = gallois moderne *mynyen*, « crinière; » lady Guest a lu *a mygeu*, ce qui ne donne rien de satisfaisant, et traduit par *naseaux*.

Page 171, l. 1, trad. p. 15 : *ar parth arall yr avon* n'est pas traduit par lady Guest; v. la note à la page 163, l. 21. — L. 1 : au lieu de *dyffrynn*, il faudrait *maes*, v. p. 163, l. 22. — L. 6 : lady Guest : *Owein ne l'eut pas plutôt salué qu'il fut salué par lui.* » Contresens évident qui s'explique en ce que lady Guest a voulu ramener ce passage au passage correspondant, p. 164, l. 10, tandis que le premier est manifestement altéré. — L. 17, trad. p. 15 : lady Guest : *et je suis à la recherche du chevalier de la fontaine*, comme s'il y avait *ac yn keissaw y marchawc*, tandis qu'il y a « *ac yn ymgeissaw a'r marchawc... vy mot*.

Page 172, l. 12, trad. p. 16 : lady Guest traduit *penffestin* par *head-pièce*, et *pengwch pwrqwin* par *visière*. *Penffestin* semble bien avoir eu le sens propre de *serre-tête*, et répond à la *coiffe* de nos romans, tantôt faite de toile ou de peau, et alors sous-jacente au camail de mailles, tantôt de mailles, auquel cas c'est une coiffure de mailles ou de plaques de fer enveloppant la partie supérieure du crâne. Dans les Lois (*Ancient laws*, I, p. 304) *penfestin* est traduit par *basnet*; ce serait alors la calotte de fer battu, posée sur le camail. *Penguwch* mot à mot *bonnet* ou *capuchon*, désigne probablement la *ventaille*, pièce dépendant du haubert, et descendant sur la poitrine quand on ne la remontait pas sur le visage pour l'attacher à la coiffe du haubert. Elle finit par être remplacée par la visière dépendant du casque (v. Paulin Paris, *Les Romans de la Table Ronde*, IV, notes). *Purqwin*; on trouve la même expression dans Bown o Hamtwn : *am y benn y dodet penguch bwrkwm (Bwrgwin?) a ffaylet ac ar warthaf hynny helym enreit* (p. 127, t. X). — L. 22, trad. p. 234 : *pardwgyl y kyfrwy*; lady Guest traduit simplement par *selle*. — L. 29, trad. p. 17 : *cysswllt*; lady Guest traduit par *ouverture*; *cysswllt* a proprement le sens de *jointure*.

Page 173, l. 2 : *gwintas*; lady Guest : *souliers*. Il s'agit de souliers hauts, de brodequins. Dans les Lois (*Ancient laws*, II, p. 888), *gwintas* est traduit par *cothurni*. — L. 9, trad. p. 18 : *cares;* il est bien probable qu'il faudrait traduire par *concubine*. Dans les Lois (*Ancient laws*, II, p. 874), *concubinatus* est traduit par *karad*; c'était un état aussi légal que chez les Romains; le *concubinatus* est compris parmi les *novem conjunctiones immunes*. *Cariat-wraic* a le sens de *concubine* dans le *Brut y Tywysogion*, *Myv. arch.*, p. 162. — L. 15, trad. p. 18 : *lleon* n'est pas traduit par lady Guest; ce n'est certainement pas le pluriel de *lle*, « lieu; » il ne paraît pas non plus avoir ici le sens de *lleon* dans *Caer-lleon* (*Castra legionum*). On retrouve ce mot dans le *Livre Rouge* (Skene, *Four ancient books of Wales*, II, p. 301, v. 9) : *a vo lleion nys myn pwyllat*; malheureusement le sens de ce passage ne me paraît pas plus clair.

Page 174, l. 21, trad. p. 19 : *gra*; lady Guest traduit par *fourrure;* Richards, d'après Lhwyd, par *ysgarlad gwynm*.

P. 175, l. 29, trad. p. 21 : lady Guest : *Dieu sait qu'elle ne t'aimera pas peu;* le texte porte : *qu'elle ne t'aime ni peu ni même pas du tout.* Na... na a le sens de *soit, soit*, et une valeur affirmative, mais non dans une proposition subordonnée de ce genre (pour *soit*, cf. *Ancient laws*, I, p. 56, p. 64; pour *na*, dans le même sens qu'ici, cf., entre autres exemples, *Mab.*, 215, l. 15).

Page 176, l. 6, trad. p. 22 : *a deu ganawl eureit ar ellyn*; lady Guest traduit par *rivets*. *Canawl* proprement *milieu* (*canâlis*), semble indiquer ici les rainures. Dans le songe de Rhonabwy, il est question d'une épée *tri-chanawl*, traduit par épée à *trois tranchants*. Il serait plus juste de traduire *triangulaire*. Le sens étymologique serait à *trois creux*. — L. 8 : au lieu de *ac odyna dyrchavel a oruc y vorwyn*, je lis : *ac odyna dyrchavel y bwrd a oruc y vorwyn*. On ne voit pas pourquoi la jeune fille se lèverait : elle n'est pas assise. *Dyrchavel y bwrd*, « dresser la table, » est une expression qui se retrouve ailleurs, et qui paraît traduite du français. Lady Guest s'en est tenue à la lettre du texte. — L. 19 : *a blyghau a aruc*; lady Guest traduit : *elle s'inclina vers elle*. Il est clair qu'elle a lu *plygau*, « plier, » du latin *plicare*, mot avec lequel *blyghau*, « s'irriter, » n'a aucun rapport. Son texte cependant ici est correct. — L. 21, trad. p. 239 : *py wyneb yssyd arnat ti*; lady Guest traduit : *quel changement s'est produit en toi*; *wyneb* a le sens de *honneur*, v. *Mab.*, trad. fr., I, p. 73, n. 2. J'y ajoute ce proverbe : *o gadw dy air y cedwi dy wyneb*, « en gardant ta parole tu garderas ton honneur. » — L. 22 : *ac a oed itti*, paraît de trop, ou il manque quelque chose. — L. 26 et 27; lady Guest : *est-ce bien à toi de te lamenter sur la mort de ce gentilhomme, ou pour autre chose que tu ne peux avoir?* *well* (mieux) n'a pas été compris, non plus que *ennill*. — L. 30 : lady Guest a traduit comme s'il y avait *gwr hagyr* : *même un homme laid serait aussi bien ou meilleur que lui*; contre sens ingénieux, mais contre sens. Le texte, le sien même, donne *gwrha gwr* : *tu pourrais épouser un homme qui...* Pour *gwrha*, aujourd'hui généralement *gwrhau*, v. p. 178, l. 28 : *Kanhad idi gwra o le arall*.

Page 177, l. 2 : au lieu de *wrthmun*, je lis *wrthun*.

Page 178, l. 6, trad. p. 24 : *a minneu a baraf ysgyvalhau y dref erbin hynny*; lady Guest traduit : *ysgyvalhau* par *assembler*, ce qui est à peu près exactement le contraire du sens réel; Gruff. ab Cynan, *Arch. Cambr.*, XII, p. 126 : *i le dirgel ysgyvala*, *solitarium locum*; cf. *Ystoria de Carolo magno*, éd. Powell, *Y Cymmrodor*, p. 59; *ysgyvala*, « *securus, vacuus, otiosus*

(Davies); cf. Bown o Hamtwn, p. 149, t. I : *a niver ysgyvala gyt ac ef.*

Page 180, l. 1, trad. p. 26 : lady Guest : *et le service des pucelles leur parut à tous surpasser tout service qu'ils eussent déjà rencontré*; *bei*, « défaut, » n'est pas traduit. — L. 3, je lis : *ac nyt oed waeth gwasanaeth ar gweisson y meirch… noc vydei ar Arthur.* — L. 14, trad. p. 27 : *govut* est traduit par lady Guest par *advantage*, ce qui semble une faute d'impression : *govut* signifie souffrance, affliction. — L. 27, trad. p. 27 : *ac yna pebyllyaw a oruc y marchawc*, « *et alors le chevalier tendit son pavillon;* » lady Guest : *et alors le chevalier se retira.*

Page 181, l. 2 : *Kam ym byrywyt*; lady Guest : *quoique j'aie été renversé.* Elle semble avoir lu : *kan ym byrywyt*, mais *kan*, qui ici irait parfaitement, a le sens de *parce que.* — L. 16 trad. p. 28 : au lieu de *iarll y rangyw*, je lis : *iarll yr angyw.* — L. 19 : lady Guest : *et aucun d'eux ne fut capable de*, ce qui est inexact, *agos* signifiant *près de.*

Page 182, l. 27, trad. p. 30 : *enneint* est traduit encore ici inexactement. V. la note à Kulhwch, p. 141, notes critiques.

Page 183, l. 7, trad. p. 30 : *cytgyfedachwyr* est traduit par lady Guest par *amis.* — L. 12, trad. p. 31 : *ae vyghen a gaffei;* lady Guest traduit par *couvert d'écume;* ce qui n'a aucun rapport avec cette expression; *myghen* a le sens de *crinière*, et *gaffei* est l'imparfait du verbe *caffel* ou *caffael.* Pour *caffel*, dans le sens de *tenir*, *saisir*, v. le mabin. de Manawyddan ab Llyr, p. 54. Je me hasarde à lire *caffei*, de *caffio*, « caresser. » — L. 16 : *mevyl ar dy varyf*; lady Guest : *honte sur l'homme sans barbe !* Elle a traduit *dy varyf* comme s'il y avait eu *di-varyf*, « sans barbe. » — L. 29, trad. p. 32 : *llynn a oed yn y parc hyt ar gyfeir y chanawl :* lady Guest traduit : *un étang qui était au milieu du parc; y chanawl* suffit, par la spirante *ch*, à montrer que *son milieu* se rapporte non à *parc*, qui est masculin (on eût eu *y ganawl*), mais à *llynn*, qui est féminin (v. *Mab.*, p. 201, l. 27).

Page 184, l. 3, trad. p. 32 : *sef y gwelynt gwythi yn llawn arnaw* ; lady Guest : *elles virent qu'il y avait encore de la vie en lui*. La traduction exacte serait : *elles virent des veines pleines sur lui*. Mais il faut lire *gwychi* au lieu de *gwythi*; *gwychi*, « scories, teignes, » v. Kulhwch et Olwen, p. 121, l. 27, trad. p. 243. — L. 15 : *yn kossi y vreicheu*, « gratter ses bras ; » lady Guest : *remuer ses bras* : elle a trouvé, sans doute, l'expression *shocking*.

Page 185, l. 3, trad. p. 33 : *neur golles oll* ; lady Guest donne à *neu* un sens interrogatif qu'il ne semble pas avoir ici. — L. 4 : *atneiryau* ; lady Guest : *pardonner* ; le sens est *reprocher*. V. Silvan Evans, *Welsh dict*. — L. 5 : *diryeit* ; lady Guest : *il est triste pour moi* (je regrette). *Dirieid* est traduit quelquefois par malheureux, mais il paraît bien avoir ici le sens de *inutile*, et être équivalent à *direid*. — L. 6 : *yny vo diwall o gwbyl* ; lady Guest : *jusqu'à ce qu'il soit rétabli* ; sens satisfaisant, mais qui ne paraît pas le vrai ; *diwall*, étymologiquement *sans défaut*, ne s'applique pas à la santé, au moins dans les *Mab*. — L. 12 : *gwynnach oed y gnawt noc y buassei* ; lady Guest a reculé devant la lettre : *sa peau devint plus blanche qu'auparavant*, et traduit : *il devint même plus charmant*.

Page 186, l. 19, trad. p. 35 : *a chwbyl oe heur ae haryant ae thlysseu ae gwystlon ar hynny* ; lady Guest a compris qu'il s'agissait de l'or, de l'argent, des joyaux et des otages du comte ; le *th* pour *t* après le possessif montre qu'il s'agit de ce qui appartient à la comtesse. — L. 20 et 21 : *ae wahawd a wnaeth y iarlles idaw ef ae holl gyfoeth*. Il semble qu'il manque ici quelque chose : *la comtesse l'invita* [*et lui offrit elle-même*] *et tous ses domaines* ; ce qui est confirmé par le passage correspondant du Chevalier au Lion : lady Guest, *Mab.*, I, p. 173, col. 2.

Page 187, l. 16, trad. p. 36 : *kaeriwrch*, dans les dictionnaires, *karwiwrch* ; mais *Ancient laws*, I, p. 732 : *caeriwrch*. — L. 28, trad. p. 36 : *llestyr o vaen*, mot à mot, *vase de pierre* ; l'auteur semble avoir traduit le français *chapele*, sorte de vase, pour *chapel*, prison, lieu secret.

Page 189, l. 1, trad. p. 38 : *ac ny welas Owein bei kymeint yno a thristyt y dynyon* ; lady Guest : *Owein n'avait jamais vu de tristesse comparable à celle de ces gens.* V. la note à la page 165, l. 20 et 21.

Page 190, l. 4, p. 39 : *val y gwelit y holl amysgar yn llithraw ohonaw ;* lady Guest a encore reculé devant le mot exact : *et son cœur fut mis à nu !*

Page 191, l. 19, trad. p. 41 : *an gwneuthur yn vedw*, « on nous enivra ; » lady Guest : *et nous fûmes jetées dans un état de stupeur !*

Page 192, l. 1, trad. p. 41 : *ymadoydi*, probablement composé de *ym* et de *adoed* : *anaf ac adoet*. V. mab. de Kulhwch et Olwen, p. 115, l. 6. — L. 20, trad. p. 42 : *sef oed hynny (y gyfoeth*, ses vassaux) *trychant cledyf kenverchyn ar vranhes* ; lady Guest : *c'était l'armée des trois cents corbeaux que Kenverchyn lui avait laissée ;* c'est contraire au texte ; de plus, nous savons, par une triade, le sens exact de *Kenverchyn*. Dans le curieux morceau connu sous le nom de *Bonhed gwyr y Gogled*, « noblesse ou généalogie des hommes du Nord, » imprimée par Skene en appendice à ses *Four ancient books of Wales*, I, p. 454, nous lisons qu'Uryen, père d'Owein, était de la tribu de *Kynvarch*, puis plus bas : « trois cents épées de Kynvarch (*Kynvarchiens*, en quelque sorte), trois cents boucliers des *Kynnwydyon* (les enfants de Kynnwyt Kynnwydyon), et trois cents épées de Coel : à quelque affaire qu'ils allassent ensemble unis, ils ne la manquaient jamais. » Pour la troupe de corbeaux d'Owen, v. le songe de Rhonabwy.

Notes critiques à Peredur ab Evrawc

Page 193, l. 9, trad. p. 46 : au lieu de *kymet*, qui ne paraît pas exister, je lis *kymhen* ou *kymen*, qui signifie éloquent (*Myv. arch.*, p. 760, col. 2), et aussi *intelligent* : *nid carach gan Duw y diddeall na'r cymmen*; *Myv. arch.*, p. 750, col. 1). — L. 14 : *ny ellynt*; lady Guest traduit par *qui n'étaient pas accoutumés*, ce qui est inexact; l'expression revient au français : *incapables de*. — L. 16 : *lle y clywei y mab*; lady Guest traduit : *où était l'enfant. Clybod* a le sens d'entendre et aussi de sentir, comme en breton.

Page 194, l. 5, trad. p. 47 : *yghot*, « tout près d'ici, » n'est pas traduit par lady Guest. — L. 15 : au lieu de *rannassei yr yr aualeu*, il faut lire : *rannassei ar yr aualeu*, ou *rannassei yr aualeu*.

Page 198, l. 4, trad. p. 48 : *marchogyon urdolyon*; lady Guest : *d'honorables chevaliers. Urdolyon*, dérivé de *urdd*, du latin *ordo*, a la valeur propre de *ordonnés, sacrés*. — L. 10 : au lieu de *y kyweirdabei*, je lis : *y kyweirdabeu*; au lieu de *meir, meirch*. — L. 20, trad. p. 49 : *diaspat wreic annat diaspat or byt*; lady Guest n'a pas compris *annat*, et traduit : *surtout si c'est un cri de femme*. — L. 23 : *yth wna*, « elle t'estimera. » (V. sur le sens de cet idiotisme la note au songe de

Rhonabwy, p. 144, l. 19; v. notes critiques.) Lady Guest ne l'a pas compris, et traduit : *tu te rendras ainsi...*

Page 196, l. 10, trad. p. 50 : *melvoch ;* lady Guest traduit par *sanglier* ; le dictionnaire d'Owen Pughe donne le sens de *cochon de lait* et de *ours*. — L. 24, 25, trad. p. 51 : *a vu ef gennyt ti* n'est pas traduit par lady Guest ; le mot *harm* ne traduit pas non plus *anvod*, « violence. »

P. 197, l. 14, trad. p. 51 : au lieu de *y march*, je lis *y marchawc*. — L. 19, trad. p. 52 : *ac yn anhydwf yn llys kyfurd a honno* ; lady Guest : *et il traversa la cour dans toute sa longueur* ; il n'y a rien de cela dans le texte.

Page 198, l. 31, trad. p. 53 : lady Guest traduit *vedru yn drwc* par *être mal appris*, sens que donnent, en effet, les dictionnaires, mais qui ne paraît pas le sens habituel (cf. p. 199, l. 4, l. 6, etc.).

Page 199, l. 16, trad. p. 54 : *Tym yw gennyf pany ohonaw e hunan pan heinyw* n'est pas traduit par lady Guest ; elle se contente de : *malgré tous mes efforts. Tym* est peut-être à corriger en *tynn* ; cependant, comme il peut à la rigueur s'expliquer, il vaut mieux le conserver. — L. 18 : *dioscles* ; le dict. d'Owen Pughe ne donne que *diosg*, mais *diosgyl* existe : *diosgyl y helym*. Y Seint Greal, éd. Williams, p. 9. — L. 21, trad. p. 55 : au lieu de *durdaw*, leg. *urdaw*.

Page 200, l. 4, trad. p. 55 : *iawn lle ydwyt yn ymardelw ar Arthur* ; lady Guest : *un bon service, vraiment, est celui d'Arthur* ; *iawn lle* n'est pas compris non plus que *ymardelw* ; le mot à mot est : *c'est bien le lieu pour toi de te réclamer d'Arthur*. Pour le sens de *occasion*, *bon moment pour* (avoir lieu de), cf. Geraint ab Erbin, p. 270, l. 23. Ici la phrase est ironique.

Page 201, l. 10, trad. p. 57 : *na wnn*. — *nas gwypwn*, « je ne sais si je ne le saurais pas. » Pour ce sens de *na* (si ne), cf. *Myv. arch.*, p. 446, col. 1 : *nad ymrodassei*, « s'il ne s'était adonné à. »

Page 203, l. 6, trad. p. 273 : *brodoryon*, il faut probablement lire : *brodyr ymni, mi ar gwr*; il est en effet, comme l'autre, oncle de Peredur, un frère de sa mère. — L. 9, trad. p. 60 : *or mwn*, lady Guest traduit *du bout de la lance*. *Mwn* a proprement le sens de *cou*, mais la traduction de lady Guest est justifiée par la page 232, l. 30 : *o vlaen y gwaew*. — L. 28, trad. p. 274 : *vyggovit a geveis*; lady Guest a traduit comme si *govit* était sujet, et comme si *geveis* était une troisième personne, tandis que c'est la première.

Page 204, l. 1, trad. p. 61 : *gwaew*, « un glaive » (de douleur); lady Guest traduit par *angoisse*. L'auteur gallois semble avoir traduit ici quelque chose comme *un glaive de douleur*, et avoir pris *glaive* dans le sens où on le trouve souvent au moyen âge, de *lance* (*gwaew*). Davies lui donne un sens figuré ; il a probablement en vue ce passage. — L. 17, trad. p. 62 : *iawn lle*, v. la note critique à la page 200, l. 4. — L. 26 : au lieu de *vyt*, leg. *vyth*.

Page 206, l. 17, trad. p. 64 : *a gyghwn i itti*; il faut corriger en *a gyghorwn ni itti*. — L. 21 : *mivi heb achaws eiryoet a gwr*; lady Guest : *je n'ai été jamais jusqu'ici la dame des pensées d'aucun chevalier*. *Achaws* a le sens, ici, de *coitus*, rapport charnel (V. *Ancient laws*, I, p. 86, en parlant d'un enlèvement : *kin bod achaus a hi* ; cf. *Myv. arch.*, p. 457, col. 2 : *ni by achos rofi a gwr*). Ici on peut traduire exactement : « je n'ai jamais eu *affaire* à aucun homme. »

Page 207, l. 2, trad. p. 64 : *yn veu*; lady Guest a traduit : *comme leur chef*; *yn veu* signifie *en propre*, *comme bien particulier*. V. *Mab.*, p. 125, p. 208. — L. 5, trad. p. 65 : *nym rodi*, leg. *nym rodei*. — L. 18 : *dihenyd* a, dans les dictionnaires, ordinairement le sens de *mort* ; mais il a un sens plus général :

celui de *traitement cruel*. On peut, comme lady Guest l'a fait, traduire ici par *destin* (cf. *Y Seint Greal*, p. 316, 183). — L. 23, trad. p. 65 : *Kynny wnelwyf dim oc a dywedy dy ;* lady Guest traduit : *jusqu'à ce que j'aie fait ce que tu dis*. *Kynny* n'a pas le sens qu'elle lui attribue ; il a le sens de *quand même... ne, quoique... ne*. Cf. *Mab.*, p. 44, p. 195, p. 214 ; *Ancient laws*, I, p. 22, etc. Le contexte, d'ailleurs, ne justifie même pas cette violation de sens.

Page 209, l. 9, trad. p. 68 : *ar kyuoth* ; il faudrait peut-être *ar y kyvoeth*. — L. 26, 27 : *drwc wyt ar deulu wrth y vorwyn* ; lady Guest traduit d'une façon fantaisiste par : *tu n'as pas mérité de ta famille*. Il faut vraisemblablement lire : *arddelw* ou *ar arddelw*.

Page 210, l. 16, trad. p. 69 : *ac nyt nes an dianc ni erbyn y dyd noc udunt yn lad* ; lady Guest : *si nous ne nous échappons pas avant le jour, nous serons tués*. Cf. un idiotisme analogue, *Mab.*, p. 76, l. 18 : *nyt kynt noc y kavas hi yr ymadrawd y hanvones at Gronw Bebyr.* — L. 24, trad. p. 70 : *gwillwr* ; il faut probablement lire, comme l'a fait lady Guest : *gwiliwr*, « veilleur. »

Page 212, l. 5, trad. p. 72 : *ergyt y wrthaw* ; lady Guest a pris *ergyt* dans le sens ordinaire de coup ; il a ici, comme en maint endroit, le sens de distance d'un coup, *portée de lance ou de trait* ; v. *Mab.*, p. 128, l. 9, et la note critique. — L. 14, trad. p. 72 : *yr gwelet y pennyal oed ambenn Kei* ; lady Guest : *en voyant le concours qui se faisait autour de Kei*. — L. 29 : *herwyd y avwyneu* (*secundum habenas*) n'est pas traduit par lady Guest ; *avwyn* vient de *abêna*.

Page 213, l. 14, trad. p. 73 : *yn chueric* n'est pas traduit par lady Guest. — L. 27 : au lieu de *y doeth cof im hynny*, je lis : *y doeth cof im am hynny*.

Page 214, l. 25, trad. p. 75 : *no nivi*, « que nous ; » lady Guest semble avoir lu : *no mivi*, « que moi. »

Page 215, l. 18, trad. p. 76 : au lieu de *ei*, je lis *eir = geir*. — L. 26 : au lieu de *wnaet*, je lis *wnaei*.

P. 216, l. 17, trad. p. 77 : au lieu de *yd aet*, je lis : *yd aeth*.

Page 217, l. 30, trad. p. 79 : *Kan nys rodassam idaw ef*; lady Guest : *car nous nous livrons entre ses mains*. Elle a traduit comme s'il y avait eu *kanys*, ce qui ne suffirait d'ailleurs pas à justifier sa traduction.

Page 219, l. 9, trad. p. 80 : au lieu de *nyt atwaey*, leg. *nyt atwaeney*. — L. 13, trad. p. 80 : *heb ymattiala ac ef*; lady Guest : *sans s'arrêter. Ymattiala* est à décomposer en *ym-at-diala*, « sans se revenger de. » — L 16, 18 : *yr na allei*; lady Guest : *qui ne pouvait*, comme s'il y avait *a'r ny allei* ; *yr* a le sens de *quoique* et *parce que*. — L. 23, trad. p. 81 : *Peredur* est à supprimer de ce passage. C'est le chevalier, le provocateur, qui abat son adversaire, et qui continue ainsi pendant une semaine, comme le montre clairement le contexte. Peredur emprunte les armes et le cheval d'Arthur, et finit par l'abattre. Lady Guest a suivi la lettre du texte.

Page 220, l. 8, trad. p. 81 : *a ordinhaawd*; lady Guest : *éperonna. Gor-ddinau* a proprement le sens de *répandre à flot, verser* ; il semble donc qu'ici, au figuré, cela signifie *lancer son cheval à fond, à toute bride*. — L. 11, trad. p. 82 : *ergit mawr* a, cette fois, été bien traduit par lady Guest. V. note à la page 128, l. 9. — L. 18 : *Kyn nys gellych*; lady Guest : *si tu le pouvais. Kyn ny* n'a pas le sens de *si*, mais bien de *quoique, quand même, même si... ne*. V. la note à la page 207, l. 23.

Page 221, l. 3, trad. p. 82 : *lleithic*; lady Guest traduit : *banc*. Ce mot, qui représente le latin *lectica*, a plusieurs sens (V. Richards, *Welsh Dict.*). D'après l'étymologie, il semble indiquer une sorte de *couche*, de *divan*, *trône*. — L. 8, trad. p. 83 : *Pei na bei hyt ytt* ; lady Guest n'a pas traduit, mais imaginé : *si tu étais assez hardi pour*. En réalité, il y a une faute évidente du copiste : *hyt* (longueur) est à corriger en *byt* : *s'il n'était dangereux pour toi*. *Byt* est régulièrement ici pour *pyt*. V. un exemple de *bot pyt*, « être dangereux, » *Mab.*, p. 235, l. 12. — L. 20 : *aryfhau*; lady Guest traduit par *ponder*, ce qui n'est pas exact ; *aryfhau* a habituellement la forme *arafhau*, « aller doucement, se calmer, s'adoucir. » Pour *aryf* au lieu de *araf*, cf. *yn aryf*, « doucement, » *Seint Greal*, p. 224, 112.

Page 222, l. 18, trad. p. 84 : *tra vych yn degwedut* ; lady Guest : *pourvu que tu dises*, ce qui est inexact ; *tra vych* signifiant proprement *pendant que* ; le contexte, d'ailleurs, est d'accord avec la grammaire : il le tue aussitôt qu'il a su ce qu'il voulait ; au lieu de *pun*, leg. *pwy*. — L. 30, trad. p. 85 : lady Guest n'a pas traduit depuis *mi a rifaf* jusqu'à *y dyd...* ; la phrase manque dans son texte.

Page 224, l. 1, trad. p. 86 : *y mywn a oed*, suppléez : *y mywn gerwyn a oed*. — L. 6 : *dywygyat a wnaeth*; lady Guest : *les traita*. *Dywyc* signifie proprement *amender*, *réparer*. — L. 22, trad. p. 87 : *llechwaew*, voir la note à Kulhwch et Olwen, p. 118, l. 24.

Page 227, l. 16, trad. p. 90 : *ar nos honno kyscu a wnaeth*, et *à partir de ce moment elle devint l'épouse d'Etlym*, dit lady Guest ; ce qui est conforme à son habitude d'atténuer ou de supprimer les crudités du texte.

Page 228, l. 17, trad. p. 92 : au lieu de *ar eu*, leg. *ar eir*, « sur parole, » n'est pas traduit par lady Guest.

Page 230, l. 2, trad. p. 93 : *mynybyr* ; lady Guest traduit par *edge*; *mynybyr* représente exactement le latin *manubrium*, et signifie *manche*. — L. 22, trad. p. 94 : *wharyawd*, « joua, » dans le sens de jouter, est une expression traduite du français. — L. 28, trad. p. 94 : *yn y gyveir gyntaf*; lady Guest : *dans la chambre la plus à l'extérieur*; *kyveir* a le sens propre de *direction, endroit en face de*, cf. p. 231, l. 4, et aussi de *compartiment*, semble-t-il.

Page 231, l. 15, 16, trad. p. 95 : *ewin pryf*, « ongle de serpent ou de dragon; » *pryf* a proprement le sens de *insecte* (cf. breton armor. *prenv*, *amprevan*), et aussi, en gallois, de serpent (cf. *Seint Greal*, p. 46, 19). Page 230, le *pryf* est un *addanc*, dragon, crocodile. *Pryf* s'applique aussi, d'après le dict. d'Owen Pughe, à des animaux sauvages, tels que le lièvre. Dans les *Lois*, il a le sens de castor, martre (*Ancient laws*, II, p. 448).

Page 232, l. 17, trad. p. 96 : *Kyckir* par *kyc-hir*? de *cwg*, « action de projeter » (v. Owen Pughe), et *hir* long? ou peut-être *cygn-hir*, noueux et long? — L. 19 : *kewynt* pour *kevyn*. Cf. p. 249, l. 2, *dra chevynt*; cf. *Ancient laws*, I, p. 154, trois fois *yaunt* pour *yawn*, etc.

Page 233, l. 22, trad. p. 98 : *amgen*, « autrement; » lady Guest a traduit comme s'il y avait *nyt amgen*, ce qui est contraire au texte et au sens général. — L. 30 : *a thrwst o lassar glas*; pour cette couleur et le prix de l'écu ainsi peint, v. *Ancient laws*, I, p. 726; trois couleurs sont indiquées pour les écus : *doré, argenté*, ou *llassar*; Ibid., II, p. 805, *coloratum glauco* est glosé par *calch lassar*; le *calch lassar* est à traduire par *émail bleu*.

Page 234, l. 13 : *ac nyt ymganlynassant y gyt*; lady Guest : *et ils ne le suivirent pas tous les deux*, ce qui est inexact; il ne s'agit pas du chevalier pour Peredur.

Page 235, l. 21, trad. p. 100 : *peitwch*; lady Guest traduit par *taisez-vous*; *peidio*, aujourd'hui, n'a guère que le sens de *cesser*; dans les *Mab.*, il a quelquefois le sens plus étymologique de *durer, rester* (du latin *patior*, cf. armoric. *padout*,

« *durer*; ») ici il signifie ou *restez*, *arrêtez*, ou *cessez*. Pour *peidio*, rester, endurer, v. Kulhwch, p. 109, l. 20.

Page 236, l. 17, trad. p. 101 : *ar yr ochelfordd trwy y coet*; il faut faire dépendre ces mots de *gerdawd*; lady Guest a traduit : *la route de traverse allait à travers ce bois.*

Page 237, l. 27, trad. p. 103 : au lieu de *byt*, leg. *byd*; pour cette orthographe, cf. *reit* pour *reid* (*raidd*), Kulhwch, p. 129, l. 25.

Page 238, l. 20, trad. p. 104 : *a chy gadarnet yw a brenhin*; il faut probablement lire *a'r brenhin*.

Page 239, l. 28, trad. p. 105 : *mwy... noc ydym ni yn y geissaw*; lady Guest a été ici trompé par son texte : *noc y dymmyny geissaw* ; elle a vu dans *dymmyny* (*y dym ni yn y*) le verbe *dymuno*, « désirer, » et traduit par : « ton entreprise est trop grande pour que tu puisses souhaiter la poursuivre. »

Page 240, l. 16, trad. p. 106 : *oed wed y keffit y clawr* n'est pas traduit par lady Guest.

Page 241, l. 16, trad. p. 107 : *bric y coet ac a vo o well*; lady Guest traduit : *les branches des meilleurs arbres*; son texte porte *evo* au lieu de *a vo*, ce qui ne donnerait pas de sens satisfaisant. — L. 17 : *ny lyvasswys dyn* : *personne n'a osé*; lady Guest traduit : *il n'a permis à personne.*

Page 242, l. 11, trad. p. 108 : *lech*; lady Guest traduit, je ne sais pourquoi, par *cromlech*.

Page 243, l. 4, 6, trad. p. 109 : *lladd... a wnaeth*; je lis : *llad a vynawd : elle voulut tuer*, au lieu de *elle tua*; *elle tua* est en contradiction avec les mots suivants : Peredur l'en empêcha. Pour la ligne 8 il est difficile de dire s'il faut *wnaeth* ou *vynawd*.

Notes critiques à Geraint et Enid

Page 244 : le sous-titre : *llyma mal y treythir o ystorya Gereint ab Erbin* manque dans le texte de lady Guest. — L. 2, trad. p. 111 : *ar untu* n'est pas traduit par lady Guest. — L. 14, trad. p. 112 : le texte porte *y... franc*; je supplée : *Odyar franc*; v. p. 265, l. 19, il était *stewart* de la cour; lady Guest a traduit : *les Francs*. — L. 18, trad. p. 112 : *ac nyt anghei...*; lady Guest traduit : *et il n'y avait pas d'autre arrangement que*. Elle n'a pas compris le verbe, qui signifie *être contenu, se renfermer dans*. Cf. Mab., p. 28 : *nyt eyngassei vendigeit Vran mywn ty*; ibid., p. 37 : *nyt ei[n]gwys; ty y geingho ef*; Seint Greal, p. 90 : *nyt eynghei eu pechodeu... y mywn yndunt*; ibid., p. 291 : *nyt anghei y gorff mewn daear*.

Page 245, l. 10, trad. p. 113 : *caerawc*; lady Guest traduit : *diapred*; Davies le traduit par *scutulatus*. — L. 28, 29, trad. p. 113, 114 : lady Guest a lu : *arryfuerys* et *arelivri*; il faut faire porter *rybud* sur *ar*, et couper : *ar Ryfuerys, ar Elivri. Elivri* se retrouve p. 246, 2; cf. 265, 14.

Page 246, l. 18, 19 : *Cadyrieith*; lady Guest : *Cadyrnerth*; *Amhren vab Bedwyr*; lady Guest : *Ambren vab Bedwar*.

Page 247, l. 13, trad. p. 115 : *helyclei*; le premier terme de ce composé paraît être *hely*, « chasse. » — L. 14 : *gwyneu*, leg. *gwineu* ; lady Guest y a vu un dérivé de *gwyn*, « blanc, » — L. 19, trad. p. 116 : *gyssonuyr* n'est pas traduit par lady Guest ; ce mot semble bien un composé de *cysson*, « harmonieux, cadencé, » et de *byr*, « court, » *au trot bref et cadencé*. — L. 27 : *goreu vn kedymdeith ... wyt ti o was ieuanc* ; lady Guest a fait de *o was ieuanc* une exclamation : *ô jeune homme*. — L. 30 : au lieu de *ymi*, je lis *yni* à cause des pluriels suivants, l. 1, p. 248.

Page 248, l. 12, trad. p. 116 : *tomlyt* ; lady Guest ne traduit pas ; Zeuss, *Gr. Celt.*, p. 891, le traduit par *lutulentus* ; au point de vue de la composition, c'est exact, mais *tom* a le sens propre de *fumier*. *March tom* signifie *cheval de labour*, ce qui n'est pas le cas.

Page 249, l. 9, trad. p. 117 : *vn enryded*, leg. *yn enryded*. — L. 18, trad. p. 118 : *yn y gael yn rat* n'est pas traduit par lady Guest. — L. 24 : au lieu de *ymbraw*, je lis *ymbrawf*. — L. 28 : *auory cher*, leg. *auory ucher*.

Page 250, l. 15, trad. p. 331 : *yd ymdoruynnyglynt*, mot à mot : *ils se rompaient le cou* ; lady Guest traduit : *ils risquaient leurs cous*. L'expression est ici figurée.

Page 251, l. 18, trad. p. 120 : *trawsgwyd* ; je lis *trawsglwyd*? — L. 25, trad. p. 121 : *un coesset* ; lady Guest traduit par : *une quantité de* ; *coesed*, d'après Richards, qui suit un auteur du dix-septième siècle, a le sens de *pain blanc, pain mollet* ; *coesed* paraît dérivé de *coes*, « jambe, » et indiquerait la forme du pain ; cf. en français moderne, *-une flûte*.

Page 252, l. 12, trad. p. 121 : *a chynuydu*, leg. *a chynnydu* ; lady Guest traduit : *et il m'arracha*. Le sens propre est : *et il conquit, il ajouta à ses états*. Cf., dans la *Myv.*, la pièce intitulée : *Cynnydd Llewelyn mab Gruffudd*, p. 20, entre autres vers, le suivant : *Powys pan y cynnydwys* ; cf. *Mab.*, p. 89 ;

Myv. arch., p. 472, col. 1 ; 760, col. 1 ; *Ancient laws*, I, p. 444, etc.

Page 253, l. 5, trad. p. 122 : *y delut y ymwan ac ef*, se rapporte à ce qui suit ; lady Guest le rapporte à ce qui précède, et traduit comme s'il y avait *y ymwan amdanei ymardelwych o honei* ; elle le traduit inexactement par *appartenant à toi*. V. plus bas, p. 262, l. 17.

Page 254, l. 6, trad. p. 123 : au lieu de *ymda*, leg. *ymdan*. — L. 7 : *to*, « faisceau, liasse » (Cf. Paulin Paris, *Romans de la Table ronde*, I).

Page 255, l. 21, trad. p. 125 : *a rywyr = a ry hwyr*, « et trop tard ; » cette expression n'a pas été comprise par lady Guest ; cf. *rywyr ydym yn kerdet*, Bown o Hamtwn, p. 167, l. 1.

Page 256, l. 4 : *y byrywyt ef*, « on le jeta sur ; » lady Guest : *il se jeta*.

Page 257, l. 12, trad. p. 127 : *gan dy uot yn gyffredin...* n'est pas traduit par lady Guest.

Page 258, l. 28, trad. p. 129 : *yd edyw* a le même sens que *ethyw*, « il est allé. »

Page 259, l. 4 : au lieu de *godrumyd*, leg. *godremmyd* (Richards, Dict., *vue, aspect*). — L. 21, trad. p. 130 : lady Guest met dans la bouche de Gwenhwyvar les mots : *nyt atwaen inheu ef*, ce qui n'est pas exigé par le sens. — L. 25, trad. p. 130 : *pei na attei* ; lady Guest traduit : *quoiqu'il fût accompagné* ; *pei* ne saurait avoir ce sens.

Page 261, l. 6, trad. p. 131 : au lieu de *os marw uyd ynt*, leg. *os marw uyd ynteu*. — L. 9, trad. p. 132 : *yn oruodawc* ; pour le sens précis de ce mot, v. *Ancient laws*, I, p. 134, 138, 430, 702, etc. — L. 19 : *gorchymun*, confier, ordonner de mener à, faire conduire à (cf. *Ystoria de Carolo magno*, p. 17 : a *orchymynnwys y garchar*). — L. 29, trad. p. 133 : *wraged in*; *in* paraît de trop. Le manuscrit de Hengwrt ne l'a pas.

Page 262, l. 4, trad. p. 133 : *hyrrwyd*, prob. pour *hy-rwyd*. — *l*. 8 : au lieu de *dy warthrud*, le manuscrit de Hengwrt porte, avec raison, *dy diwarthrudio.* — L. 16, trad. p. 134 : *nat ymgystlynei*; lady Guest traduit : *c'est pour l'arrogance d'Edern... que nous ne fûmes pas amis.* Pour le sens que nous donnons à ce mot, v., plus bas, p. 285, l. 6. Peut-être faut-il lier *nat ymgystlynei* à *nyt ymadawn*, cf. note à la page 264, l. 14. — L. 18, trad. p. 134 : *ardelw*; **v.** Ancient laws, I, p. 122, 150, 158, 162, 250, etc.; cf., plus haut, *ymardelwych ohonei.* — L. 23, trad. p. 134 : *kytrettei*; manuscrit de Hengwrt : *kyhyttrei*; le sens, que l'on adopte l'un ou l'autre, est à peu près le même. — L. 25 : *ar rwym a wneyit yna*, cf. Pwyll, p. 21, l. 18. — L. 26 : *dewis ar holl wiscoed*; lady Guest traduit inexactement : *et les habits de choix.*

Page 263, l. 4 : *ar nos honno gyntaf y kysgassant y gyt*; lady Guest traduit : *et, à partir de ce moment, elle devint sa femme.* — L. 6 : *a cheneuinaw a oruc... ar llys*, « elle fixa sa demeure dans la cour; » *cynnefino* a le sens propre de *s'habituer à.* — L. 18, trad. p. 135 : *caru carw*; il faut lire *caru* seul; le manuscrit que le scribe avait sous les yeux devait porter à tort deux fois *caru*; le manuscrit de Hengwrt ne l'a pas.

Page 264, l. 4 : *camderwynu*, leg. *camdervynnu*, comme le porte le manuscrit de Hengwrt; le contexte montre qu'il s'agit des *bornes des états.* Cet exemple, avec beaucoup d'autres, montre que le scribe avait sous les yeux un manuscrit où *u* représentait *w* et *f* (= *v*). — L. 14, 15, trad. p. 136 : *nat oed hawd... nyt oed hawd*, « s'il ne lui était pas facile de..., il ne lui était pas facile non plus; » cf., p. 262, *nat ymg... nyt ymadawn.* Pour *nad*, dans le sens de *si... ne*, cf. Myv. arch., p. 466, *nad ymrodassei*; cf. Ancient laws, I, p. 152. — L. 26 :

dyhir, « pénible, »; pour le sens, cf. Math ab Math, *Mab.*, p. 71, l. 19.

Page 265, l. 3, trad. p. 137 : *ac am hebryngyeit*; je lis comme lady Guest, *ae*. — L. 17 : *Elivri anawkyrd*; lady Guest a mal lu *Elivri* et *Nawkyrd*. — L. 20, trad. p. 137 : lady Guest rattache *ac Edern uab Nud* à l'énumération; le contexte montre clairement que c'est Gereint qui parle. — L. 30, trad. p. 138 : *a digawn y am hynny*; lady Guest ne traduit pas *y am hynny*.

Page 266, l. 13, trad. p. 138 : au lieu de *ehalaethrwd*, leg. *ehalaethrwyd*. — L. 17 : au lieu de *y ymweleint*, leg. *y ymwelet*. — L. 28, trad. p. 139 : *nu y rodaf*; il faut lire : *nw y rodaf*; *nw* est une particule verbale indiquant le présent ou le futur, dont il y a, dans le *Livre Noir* particulièrement, plusieurs exemples. Le scribe a encore eu ici une écriture *nu* pour *nw*, qu'il n'aura pas su interpréter, cette particule étant hors d'usage de son temps. Il semble que, dans d'autres passages, *nu* ait bien la valeur de *maintenant*.

Page 267, l. 3 : *ac y ovyn y bawb*; lady Guest : *et chacun demanda*, ce qui est contraire à la construction (*et pour demander à chacun*). — L. 14, trad. p. 139, 140 : *ae bar ae enniwet*, n'est pas traduit par lady Guest. — L. 23, 24, trad. p. 140 : *or a erkyttyo onadunt dyuot attaf*; lady Guest : *qui sont convenus de venir vers moi*. Pour le sens d'*erkyttyo*, v. Kulhwch et Olwen, note à la page 103, ligne 20.

Page 268, l. 1 : *ac o'r gorthrymha gouut arnat*; lady Guest : *et si tu as quelque embarras*; *gorthrymha* a un sens beaucoup plus fort; v. la note à Kulhwch, p. 104, l. 5, trad. p. 196, sur *gwrthrwm*. — L. 4 : *a chyvarwydyt o oreugwyr*; lady Guest traduit : *et des guides expérimentés et les principaux....* comme s'il y avait *a* au lieu de *o*. — L. 15, trad. p. 354 : *a dalei aruot yn y erbyn*; lady Guest : *qui valût la peine d'être combattu*, comme si *dalei* était pour *talhei*. *Aruot* n'est pas traduit; ce mot a le sens de *moment opportun, temps, occasion*, et aussi un sens analogue à *gorvod*, « vaincre. » Le ms. de Hengwrt porte *vot*. — L. 20 : *ae hela ae digrifwch* ne semblent pas à leur place à cet endroit: ils devaient venir après *namyn hynny* avec quelques mots perdus.

Page 269, l. 15, trad. p. 142 : lady Guest a traduit *kyffroes* comme s'il y avait eu *deffroes*. — L. 17 : *yscaualwch hebdaw ef*; lady Guest : *et la société d'un autre*. Pour le sens d'*yscavalwch*, v. la note à Owen et Lunet, p. 178, l. 6. — L. 26, trad. p. 142 : *ac y gyt a hynny or byd*; lady Guest : *et alors il te sera facile...*, traduction impossible à justifier, qui supposerait *ac yna y byd* au lieu de *ac y gyt a hynny or byd*. *Kyn ysgaualhet* est aussi inexactement traduit par : *il te sera facile de...*; *ysgavalwch*, l. 27, n'est pas traduit.

Page 270, l. 6, trad. p. 143 : *wrth nai wyt wr di*; lady Guest : *parce que tu n'es pas assez fort pour*, paroles peu vraisemblables dans la bouche d'Erbin; de plus, le sens littéral ne s'y prête pas. — L. 8 : *ath gyghoro nu mab*, leg. *ath gyghoro uu mab* : *uu = vy*. — L. 30, trad. p. 144 : au lieu de *chyt ymlado a mi*, leg. *chyt ym lado i*; le ms. de Hengwrt donne *chyt am ladho*.

Page 271, l. 6 : *y teu*; lady Guest y a vu une deuxième personne du futur du verbe *tewi*, ce qui semble difficile et contraire à la construction.

Page 272, l. 20, trad. p. 359 : *y teu*; lady Guest traduit comme précédemment, p. 146, l. 6. — L. 22 : au lieu de *ysgaelu*, leg. *ysgaelus*.

Page 273, l. 13, trad. p. 147 : *y teu*, même contresens de lady Guest que p. 272, 20 ; 271, 6. — Au lieu de *bellac*, leg. *bellach*. — L. 23 : au lieu de *ffroeuolldrut*, leg. *ffroenvolldrut*.

Page 274, l. 14, trad. p. 148 : *ar un weith honn ar ureint rybud itt mi ae gorchymynnaf*; lady Guest : *et cette fois je te l'or-*

donne d'une façon toute spéciale. Ar vreint ne paraît pas avoir ce sens : cf. *ar vreint porthawr*, « comme portier, » Mab., p. 162, l. 8. — L. 16 : *athost oed* (il eût été dur); lady Guest : *et il lui était pénible*. *Oed*, dans le sens conditionnel, est d'un emploi fréquent; ce sens, ici, est déterminé par *pei as gattei*. — L. 22 : *trossi yr coet*; lady Guest : *sortir du bois*, contre sens évident; il eût fallu, pour cela, *trossi o'r coet*. — L. 29, trad. p. 149 : *a phan welas hi awr dyd*, leg. *wawr dyd*.

Page 275, l. 15, trad. p. 149 : *ac ny wydynt beth*; ajoutez *oed*, comme le porte le ms. de Hengwrt.

Page 277, l. 1, trad. p. 151 : au lieu de *kynn dy uynet*, leg. *kynn vy mynet*, comme le porte correctement le ms. de Hengwrt. — L. 2 : *yd aet*, leg. *yd aeth*. — L. 7 : *pan ercheisi ytti dyuot* paraît de trop ici; le ms. de Hengwrt ne le donne pas. En tout cas, si ce n'est pas un membre de phrase égaré ici, il faudrait *pan archaf i ytti dyuot*; c'est ce que suppose aussi la traduction de lady Guest. — L. 11, 12 : *y chwinsaf*; lady Guest : *ce soir*. Les dictionnaires donnent, en effet, ce sens aussi à ce mot (cf. Bown, p. 145, XXVII); mais le sens de *bientôt*, que donne entre autres le dict. de Salesbury, paraît ici plus naturel. — L. 14 : *y gws*, leg. *y gwas*.

Page 278, l. 5, trad. p. 152 : *megis ar didawl*; lady Guest ne traduit pas *megis*. — L. 9 : *gennyf i nu gerdet*; *nu* paraît de trop, Hengwrt ne l'a pas; le scribe a eu peut-être sous les yeux *genniu uu*. — L. 17, trad p. 153 : *ac nyt anwadalaf*; le texte de lady Guest n'avait pas *nyt*, ce qui l'a obligée à donner à l'expression un tour exclamatif.

Page 279, l. 16, trad. p. 154 : *nu a dylyych*; voy, pour *nu*, la note à la page 266, l. 28; le texte de lady Guest porte *uu*; elle n'a pas traduit ces mots.

Page 280, l. 2 : *Dwnn*; lady Guest : *Dwrm*. — L. 3 : *ar dalym odyma* n'est pas traduit par lady Guest. — L. 21, trad.

p. 155 : *yr a ostecker arnat ti* ; lady Guest : *en dépit de mes ordres*; *gostegu* a le sens propre d'*imposer silence*. — L. 30, trad. p. 156 : *yn y gyueir honno*, « dans cette direction, » n'est pas traduit par lady Guest.

Page 281, l. 23, trad. p. 157 : *ae*; Hengwrt porte *ac*. — L. 25, trad. p. 157 : *ar y dwrr*. leg. *ar y dir*; c'est la leçon du ms. de Hengwrt. — L. 26 : *ony mynynny*, leg. *ony mynny* ou *ony mynny di*. — L. 30 : *y gwney nu y keffi*, leg. *y gwney, nw y keffi*.

Page 282, l. 4 : *erdrym*; lady Guest traduit : *raboteux*; *erdrym* a plutôt le sens de beau à voir : *dwy ael erdrym*, *Daf. ab Gwilym*, édit. de Liverpool, 1873, p. 10. — L. 23, trad. p. 158 : *amprytuerth*; lady Guest : *difficile*. — L. 24 : *a chalettei y dyrnodeu a rodei ynteu* ; lady Guest : *malgré tous les efforts qu'il pouvait faire*; il est clair qu'il s'agit des coups que donnait Gwiffret.

Page 285, l. 6, trad. p. 161 : *nyt ywgystlynaf wrthyt ti*; lady Guest : *je ne ferai pas alliance avec toi*; voy., sur ce mot, *Revue celtique*, VII, p. 406, note 5.

Page 286, l. 2, trad. p. 162 : *a chynnhwyllaw..... ar hyt y ffordd*; lady Guest : *et il le conduisit le long de la route*; il faut probablement lire *cymhwyllaw*, « raisonner, argumenter; » v. fr. *araisoner*, si on conserve *cynnhwyllaw*, on peut y voir un composé de *twyllaw*, « tromper. » — L. 7, trad. p. 48 : *hed*, leg. *hediw*, leçon du ms. de Hengwrt. — L. 21, trad. p. 162 : au lieu de *y uorwyn*, leg. *y uorynyon*, leçon de Hengwrt. — L. 30 : *a phan oed gadarn y gnawt* ; lady Guest inexactement : *et quand il fut complètement rétabli*.

Page 287, l. 26, trad. p. 164 : *ac arho ui yno y deuaf*; je lis avec Hengwrt : *ac arho ui yno, or deuaf*.

Page 288, l. 21, trad. p. 164 : *ac a gaf*, leg. *ac a garaf*.

Page 289, l. 8, trad. p. 165 : au lieu de *a nawd*, leg. *anhawd*.

— L. 20, trad. p. 166 : *mi a brofaf y allu* ; lady Guest : *je prouverai que je le puis* ; *profi* a plutôt ici le sens d'*essayer, mettre à l'épreuve*.

Page 290, l. 29, trad. p. 167 : *ny ellir dim wrth uynno Du...* ; lady Guest inexactement : *rien ne peut arriver sans la volonté de Dieu*.

Page 291, l. 13, trad. p. 168 : *a phenewnos*, leg. *a phethewnos*.

Page 292, l. 28, trad. p. 170 : *dy teu di*, leg. *y teu di*.

Page 293, l. 1 : *dyn oth enryded ditheu* ; lady Guest : *personne de ton rang*.

Page 294, l. 28, trad. p. 172 : *ac yny canei ef uarchawc am byryei* ; lady Guest : *à moins qu'il ne soit sonné du corps par le chevalier qui m'a vaincu*. *Yny* a le sens de *jusqu'à ce que* ; *byryei* n'a pas le sens d'un prétérit primaire.

APPENDICE

I

LES TRIADES HISTORIQUES ET LÉGENDAIRES DES GALLOIS

(Cf. Mab., I, p. 22, 23; Ibid., Addenda et corrigenda, p. 358)

Les triades jusqu'ici publiées peuvent se classer en trois familles distinctes. L'une est formée par les triades du *Livre Rouge*; elles ont été publiées en entier par M. Rhys dans le *Cymmrodor*, tome III, p. 52-63, et reproduites diplomatiquement à la suite des *Mabinogion*, dans l'édition des *Mabinogion* qui a servi de base à ma traduction, de la page 297 à la page 309). On les trouve aussi dans la 2ᵉ édition de la *Myv. Arch.*, de la page 395 à la page 399 : les triades concernant les noms de l'île de Bretagne, de ses îles et des îles adjacentes, de ses cités, ont été laissées de côté. Les triades de la *Myv. Arch.*, 2ᵉ éd., de la page 391 à la page 394, du numéro 46 au numéro 77, moins les triades 47, 51, 52, 54, 56, 57, 58, 61, 62, 73, 74, sont d'une source très voisine de celle des triades du *Livre Rouge*, mais se présentent dans un ordre différent ; les triades 87 et 91 remontent aussi à la même source que le *Livre Rouge*. Celles que M. Egerton Phillimore a publiées, dans le *Cymmrodor*, VII, II, p. 123-124, 126-132, sont identiques à celles du *Livre Rouge*; le manuscrit de Hengwrt, n° 202, d'où elles sont tirées, est du commencement du quatorzième siècle.

A la seconde famille appartiennent les triades imprimées par Skene, en appendice au tome II de ses *Four ancient books of Wales*, p. 456-465, avec traduction, d'après un manuscrit du quatorzième siècle. On doit ranger dans la même famille les triades de la *Myv. Arch.*, 2ᵉ édit., p. 388-391, du n° 7 au n° 46, en exceptant les numéros 18, 27, 42, 43, 44.

La troisième famille se compose des triades imprimées dans la *Myv. Arch.*, 2ᵉ éd., de la page 400 à la page 417 ; il y en a 126 sur les 300 que contenait l'œuvre primitive. Ces triades ont été extraites, en 1601, d'un manuscrit connu sous le nom de livre de *Jeuan Brechva* (mort vers 1500), et d'un autre manuscrit appelé très improprement le *Livre de Caradoc de Lancarvan*, plus récent probablement que le premier. Ce sont les plus récentes et celles qui offrent le plus de traces de remaniements.

Les plus importantes sont celles du *Livre Rouge* et celles qui ont été publiées par Skene. Elles trahissent cependant, elles aussi, en plusieurs endroits, l'influence de Gaufrei de Monmouth, comme le commentaire le montrera. La première rédaction d'une bonne partie de ces triades a été probablement antérieure à Gaufrei, mais aucune des copies que nous en possédons ne nous l'a fidèlement conservée.

En maint endroit, je renvoie aux *Annales Cambriæ*. Lorsque je n'avertis pas, je reproduis le texte du *Harleian* manuscrit 3,859, publié par Egerton Phillimore dans le *Cymmrodor*, IX, I, p. 152-169 ; ces annales vont jusqu'à l'année 977. Le manuscrit est du commencement du douzième siècle ; mais il est *absolument sûr* que la rédaction de ces *Annales* ne peut avoir été faite plus tard que la fin du dixième siècle (1). On peut en dire autant des généalogies de princes gallois que M. Egerton Phillimore a publiées à la suite des *Annales Cambriæ* (*y Cymmrodor*, IX, I, p. 169-183). Ce sont des documents d'une haute valeur, qui ne le cèdent point en importance aux *Annales Cambriæ* (2).

Pour éviter des redites, j'ai pris comme base le texte du *Livre Rouge*, en reproduisant en note les leçons des triades de source différente. A la traduction des triades du *Livre Rouge*, j'ai joint la traduction de celles des triades de Skene et de la

---

(1) Voy. *y Cymmrodor*, IX, I, p. 144, 146, 147. Egerton Phillimore en donne d'excellentes raisons. La langue, à elle seule, des noms gallois, suffirait. Le copiste du douzième siècle n'était pas un Gallois.

(2) V. appendice II.

Myv. Arch., qui avaient un caractère indépendant et ne pouvaient pas en être considérées comme des variantes. Le texte des triades du *Livre Rouge* est, en certains endroits, altéré ; celui des autres triades n'a jamais été reproduit d'une façon sûre et avec critique. Aussi ai je bien regretté de n'avoir pas à ma disposition l'édition des triades annoncée par MM. Rhys et Evans. Elle m'eût épargné bien des hésitations et sans doute plus d'une erreur. Le commentaire de ces triades est, pour bien des raisons, extrêmement laborieux et plein d'écueils. Les écrivains et commentateurs gallois sont très souvent des guides peu sûrs, et il n'est malheureusement pas toujours possible de contrôler leurs assertions, ce que j'ai toujours essayé de faire.

Je renvoie souvent aux notes de ma traduction des *Mabinogion*, avec l'abréviation *Mab.*, I ou II ; le chiffre qui suit indique la page. Lorsque le lecteur ne trouvera aucune indication à des personnages dont il n'a pas été question, c'est que le commentateur n'a trouvé rien à dire. Pour les autres, ils sont l'objet de renvois. S'il y avait quelque omission, l'index général placé à la fin du volume II la réparerait et guiderait le lecteur.

APPENDICE.

TRIADES DES CHEVAUX DU LIVRE NOIR DE CAERMARTHEN (1).

1. Trois chevaux de butin de l'île de Prydein (2) : Carnavlawc (3), cheval d'Owein ab Uryen; Bucheslwm (4) Seri, cheval de Gwgawn Cleddyvrudd; Tavautir Breichir (5), cheval de Kadwallawn ab Kadvan (6).

2. Trois *tom eddystr* (7) (chevaux...?) de l'île de Prydein : Arvwl Melyn (8), cheval de Pascen ab

---

(1) Skene, *Four ancient books of Wales*, II, VIII. Cf. Fac-simile of the Black book of Caermarthen, J. Gwenogfryn Evans, Oxford, 1888, fol. 14. J'emploie la même orthographe que pour les Mabinogion. Pour ces triades, cf. plus loin les *Triades* correspondantes du *Livre Rouge*, n°s 57-63. Les personnages dont il est ici question se retrouvent plus loin et sont l'objet de notices ou de renvois à des notes ou passages des Mabinogion.

(2) Voy. Mabinogion (notre traduction, tome I, p. 273, n. 5).

(3) *Carnavlawc*, aujourd'hui dans les dictionnaires *carnaflog* = *carn-gavloc*, a le sens de *pied fourchu*.

(4) *Bucheslwm*. Buches a le sens de *parc à bétail*, lwm, le sens de *nu, dépouillé*. Peut-être faut-il lire *Bucheslawn*, « qui a un grand parc, riche en bétail. »

(5) *Tavautir* doit être lu *Tavawt Hir*, « langue longue, » et *Breichir*, *Breich Hir*, « bras long. »

(6) Le manuscrit donne simplement *Kadwallawn filius K.* (avec l'abréviation latine ordinaire pour *filius*).

(7) Les dictionnaires traduisent *march tom* par *cheval de corvée*. Ce sens ne paraît guère satisfaisant ici. Dans le Mabinogi de Gereint ab Erbin, Edern ab Nudd est monté sur un coursier *tomlyt*, mot à mot, à la fiente abondante, épithète évidemment louangeuse dans l'idée de l'auteur, si on se rapporte au contexte. Il est probable que cela équivaut à *bien nourri, vigoureux*.

(8) Je lis *arvwl*, ou mieux *arvwll*, plutôt qu'*arvull*. *Arvwll* a

Uryen ; Duhir Tervenhydd (1), cheval de Selyv ab Kynan Garwyn, Drudlwyd (2), cheval de Rydderch Hael.

3. Trois coursiers pétulants de l'île de Prydein : Gwyneu Godwff Hir (3), cheval de Kei; Ruthyr Ehon Tuth Bleidd (4), cheval de Gilbert Kadgyffro ; Keincaled (5), cheval de Gwalchmei.

4. Trois coursiers alertes de l'île de Prydein : Lluagor (6), cheval de Karadawc Breichvras (7) ; Melynlas (8), cheval de Kaswallawn ab Bely (9).

le sens d'*ardeur*. C'est le nom de l'épée de Trystan ab Tallwch (v. Silvan Evans, Wolsh Dict.). — *Melyn*, « jaune. »

(1) Ms. *terwenhit*, qui, orthographiquement, en gallois moderne, équivaut soit à *tervenhydd* (*terfenhydd*), soit à *tervynydd*, soit même à *terwenydd* ou *terwynydd*. *Tervenydd* indique le moment du rut pour le bétail ; *tervynydd* signifie *qui termine* ; *terwyn* a le sens d'*ardent, passionné*. *Du hir* signifie *noir long*.

(2) *Drudlwyd* : *drud*, « vaillant ; » *lwyd*, « gris, blanchâtre. »

(3) *Gwyneu* pourrait être un dérivé de *gwyn*, « blanc, » mais est probablement ici pour *gwineu*, « brun, bai. » *Godwff Hir* équivaut à *gwddwv hir*, « cou long, » aujourd'hui *gwddf, gwddw* ou *gwddwf*. D'après l'orthographe habituelle du *Livre noir* on attendrait plutôt *Gutuff* ou *Gutuw*.

(4) *Ruthyr* (= *rhuthr*), « élan impétueux ; » *ehon*, « sans peur ; » *tuth bleidd*, « trot de loup. » Skene donne à tort *blet* ; le manuscrit a *bleit* = *bleidd*.

(5) *Kein*, « beau » ; *caled*, « dur. »

(6) Paraît être composé de *llu*, « armée, troupe, » et d'*agor*, « ouvrir. » *Agor*, en parlant des animaux, désigne aussi les membres : *y pedwar agor*, « les quatre jambes des quadrupèdes. »

(7) Le manuscrit ne donne que *Karadawc B.*

(8) *Melynlas*, « jaune-blanc, ou jaune-verdatre. » Le *Livre Rouge* porte *meinlas*, « mince-blanchâtre. »

(9) Voy. plus bas, triade 57.

TRIADES DU LIVRE ROUGE.

5. Trois hommes ont eu la force d'Addav (Adam) : Ercwlf le Fort (Hercule); Ector le Fort (1); Sompson le Fort : ils étaient tous les trois aussi forts qu'Addav lui-même.

6. Trois hommes ont eu la beauté d'Addav : Absolon, fils de David; Jason, fils d'Eson; Paris, fils de Priav (Priam) : ils étaient tous les trois aussi beaux qu'Addav lui-même.

7. Trois personnes ont eu la sagesse d'Addav : Cado Hen (Caton l'Ancien); Beda et Sibli Doeth (Sibli la Sage, la Sibylle) : ils étaient tous les trois aussi sages qu'Addav lui-même.

8. Trois femmes se partagèrent entre elles trois la beauté d'Eva : Diadema, l'amante d'Eneas Yscwydwyn (2); Elen Vannawc (3), la femme à cause de

---

(1) Ces souvenirs troyens indiquent une rédaction postérieure à Gaufrei de Monmouth. Il est très remarquable que les généalogies du *Harleian mss.* de la fin du dixième siècle, fabuleuses en abordant l'époque romaine, ne remontent jamais à des ancêtres troyens.

(2) *Yscwydwyn* a été traduit de diverses façons. La plus simple paraît être *bouclier blanc*. On y a vu *yscwydd — wyn*, « épaule blanche. » Taliesin Williams lit *ysgwydd-ddwyn*, « qui porte sur ses épaules » : ce serait une épithète qu'aurait mérité Enée, en portant son père Anchise sur ses épaules. On a fait remarquer contre cette hypothèse par trop ingénieuse, que cette épithète est appliquée à d'autres personnages de la légende galloise qui n'ont pas eu assurément l'occasion de se distinguer par le même trait de piété filiale (voy. Skene, *Four ancient books*, II, p. 425).

(3) *Bannawc*, « élevé, remarquable. »

laquelle fut détruite Troia (Troie), et Polixena, fille de Priav le Vieux, roi de Troia.

Quand une armée s'en alla en Llychlyn (Scandinavie).

9. Un secours s'en alla avec Yrp (1) Lluyddawc (le chef, l'amasseur d'armées) jusqu'en Llychlyn. Cet homme vint, du temps de Cadyal (2), demander la permission d'emmener une levée de troupes de cette île. Il n'avait avec lui que Mathuthavar (3), son serviteur. Voici ce qu'il demanda à chacune des trente principales villes fortes que contient cette île : qu'il lui fût permis de sortir de chacune d'elles avec deux fois autant d'hommes qu'il y serait entré ; dans la première, il se présenterait seul avec son serviteur. Les gens de cette île n'y réfléchirent pas ; ils le lui accordèrent, et ce fut l'armée la plus complète qui s'en soit allé de cette île. Avec ces guerriers, il fut le maître partout où il alla. Il s'établit dans deux îles sur les bords de la mer de Grèce : Clas et Avena (4).

(1) *Yrp*. Les *Triades* de Skene (*Four ancient books of Wales*, II, p. 462, n° XXXII) commencent plus naturellement : « Trois levées de troupes partirent de l'île de Bretagne... »

(2) Skene : Cadyal, fils d'Erynt. Le texte du *Livre Rouge*, avant *erchi*, « demander, » porte *byry*, « qui paraît de trop. »

(3) *Myv. arch.*, p. 402, n. 4 : *Mathalta vawr*, « Mathatta le Grand. Les *Chwedlau y Doethion* (*Iolo mss.*, p. 96) portent *Mathavar*. Il faut probablement lire, pour le *Livre Rouge* : *Mathulta vawr*.

(4) Skene, *Gals* ; *Myv. arch.*, la terre de *Galas* (vague réminiscence de la Galatie ?).

La seconde expédition alla avec Elen Lluyddawc et Maxen Wledic (1) jusqu'en Llychlyn : ils ne revinrent jamais dans cette île (2).

La troisième expédition partit avec Kasswallawn (3), fils de Beli, Gwennwynnwyn et Gwanar, fils de Lliaws (4) ab Nwyvre, et Aryanrot (5), fille de Beli, leur mère. Ces hommes étaient originai-

---

(1) Voy. Mab., I, 155, n. 1. Pour Elen, voy. ibid., 168, n. 4. La légende des conquêtes d'Elen est certainement postérieure au dixième siècle, et doit être attribuée à l'école de Gaufrei de Monmouth. Voici, en effet ce qu'on lit dans les généalogies du Harleian mss., 3859, copie d'un manuscrit de la fin du dixième siècle : « Constantini magni et Helen luicdauc (leg. luitdauc), que de brittania exivit ad crucem Christi querendam usque ad Jerusalem, et inde attulit usque ad Constantinopolin, et est ibi usque in hodiernum diem (Y Cymmrodor, IX, ɪ, 171, col. 2). »

(2) Nennius donne à Maximus la domination sur l'Europe entière, et ajoute que les troupes bretonnes ne revinrent jamais en Bretagne (Hist. Brit., XXIII). La confusion de noms entre Maxen et Magnence, qui explique que certains traits de l'histoire de ce dernier aient été attribués à Maxime, se retrouve chez Tigernach. On lit, à l'année 350 (O'Connor, Rerum hibernic. script., II, p. 71) : « Magcentius posteà arripuit imperium, apud Augustodunum, et continuo per Galliam, Africam Italiamque perrexit. »

(3) Voy. Mab., I, 92, n. 1. Il faut bien se garder de le confondre avec Caswallawn Law Hir (longue-main), fils d'Eniawn Yrth ab Cunedda, d'après les généalogies du Harleian mss. (V. appendice II); il faudrait, d'après ce dernier texte, lire : Cadwallawn Law Hir. Voy. plus bas, triade 65, 47, 111.

(4) Ms. Lliaw ; Skene et Myv., Lliaws. Il y a un autre Gwenwynnwyn ab Nav, dont il est question dans les Mab., I, 205, 211, 311.

(5) Voy. Mab., I, 134, n. 2.

res d'Erch et Heledd (1). Ils allèrent avec Kasswallawn, leur oncle, à la poursuite des Césariens chassés de cette île. Ils sont restés en Gwasgwyn (Gascogne). Le nombre des hommes qui partirent dans chacune de ces expéditions fut de vingt et un mille. Ce furent les trois *aryanllu* (2) de l'île de Prydein (3).

(1) On n'est pas d'accord sur l'identification de ces lieux plus ou moins fabuleux. Les uns y voient les Orcades, d'autres les Hébrides. Northwich porte, en gallois, le nom de Heledd Ddu, et Nantwich celui de Heledd Wen (*heledd*, endroit où on fait du sel). Le poète Cynddelw (1150-1209) mentionne Erch et Heledd dans l'élégie funèbre d'Owain de Gwynedd (*Myv. arch.*, p. 152, col. 2). Skene donne *Arllechwedd*; la *Myv.*, *Arllechwedd Galedin*, dont il sera question plus bas.

(2) Skene : « On les appelle ainsi parce qu'elles (ces armées) emportèrent avec elles l'argent et l'or de cette île, et qu'on avait choisi les soldats en allant toujours du plus brave au plus brave (*ae hethol wynteu o oreu y oreu*; Skene traduit à contre sens : *le plus qu'ils purent*).

(3) La triade correspondante de la *Myv. arch.* (p. 401, n° 14) est plus développée. Le nombre des soldats d'Yrp est de soixante-quatre mille. Arrivé à la dernière ville forte, Yrp se trouvait avoir le droit d'emmener plus de soldats qu'il n'y en avait dans l'île entière. Les hommes de la seconde expédition sortaient d'Arllechwedd Galedin (v. plus bas), d'Essyllwg (Gwent), et des tribus associées des Bylwennwys (nom énigmatique dans lequel le traducteur des triades du *Cambro-Briton*, I, p. 88, a vu le Boulonnais). Il faut rapprocher ce nom de *bulgion*, dans *Blatobulgion*. Plusieurs noms de lieu, en Anglesey, rappellent ce nom. Sur *Blatobulgion*, voy. Rhys, *Celtic Britain*. Une partie d'entre eux se fixa dans la terre de Gely Llydaw (chez les Gaulois d'Armorique, dit le traducteur du *Cambro-Briton*). La troisième expédition part avec Elen et Kynan, seigneur de Meiriadawc (partie nord-ouest de Powys). Les soldats étaient originaires

10. Il y a eu trois hommes de déshonneur dans l'île de Prydein. Le premier est Avarwy, fils de Lludd ab Beli (1). C'est lui qui fit venir Julius César et les Romains pour la première fois dans cette île, et fit payer chaque année aux Romains un tribut de mille livres d'argent, par opposition à son oncle Kaswallawn. Le second fut Gwrtheyrn Gwrtheneu qui, le premier, donna des terres dans cette île aux Saeson (Saxons); le premier, il épousa une femme de cette nation ; il fit tuer Kustennin Vychan (Constantin le Petit), fils de Kustennin Bendigeit (Constantin le Béni), força les deux frères de Kustennin, Emrys Wledic et Uthur Penndragon, à s'exiler en Llydaw (Armorique), et, par trahison, prit pour lui la couronne et la royauté. A la fin, Uthur et Emrys brûlèrent Gwrtheyrn (2)

de Meiriadawc, Seisyllwg (Cardigan), Gwyr (Gower) et de Gorwennydd (partie du Glamorgan voisine de Gower).

(1) Voy. *Mab.*, I, 172, n. 1 et 2.

(2) *Uurtigern*, pour employer la forme la plus ancienne, d'après Gildas appelle les Saxons à son aide contre les Pictes et les Scots, et c'est tout (XXIII). D'après Nennius, dès son avènement au trône, il se trouve inquiété par les Pictes et les Scots, par les Romains et par Ambrosius (*Hist. Britt.*, XXVIII). Uurtigern appelle les Saxons et donne à Horst et à Hengist l'île de Taneth, en 447 (*ibid.*, XXIX). Il devient amoureux de la fille d'Hengist, la prend comme femme et cède à Hengist le pays de Kent, où régnait Guoirangon (*ibid.*, XXXVIII). Il donne au fils de Hengist et au beau-frère du fils les pays voisins du mur d'Adrien (*ibid.*, XXXVIII). Il épouse sa propre fille et en a un enfant qu'il attribue à saint Germain (XXXIX). Pressé par les Saxons, il se retire en Galles et bâtit une citadelle dans les monts Heriri (Snowdon). Tout s'écroule. D'après ses mages, il faut que les fondements soient

dans Castell Gwerthrynyawn (1), sur les bords de

arrosés du sang d'un enfant sans père. On cherche ; on en trouve un en *Glewissing* (pays entre le Teivi et l'Usk). Au moment où il va être sacrifié, il pose aux mages diverses questions auxquelles ils ne peuvent répondre. Il révèle son nom ; il s'appelle Ambrosius et *son père* est un consul romain. Uurtigern lui donne l'ouest de la Bretagne et se retire au nord (*ibid.*, XL-XLV). Après la mort de Gvorthemir son fils, les Saxons, ses amis, reviennent; il compose avec eux. Mais il est trahi pendant un banquet. Ses nobles sont égorgés, et, pour sauver sa vie, il leur cède les pays auxquels il ont donné les noms d'Essex, Sussex, Middlesex (*ibid.*, XLVII, XLVIII). Il se retire dans sa citadelle de *Din Guortigern*, en Dimet (Dyved) avec ses femmes. A la prière de saint Germain, le feu du ciel tombe sur le fort, et il périt dans les flammes avec les siens (*ibid.*, L). Il avait eu quatre fils : Guorthemir, Cattegirn, Pascent qui régna en Buellt avec la permission d'Ambrosius Aurelius, roi de ces régions, et Faustus, né de son inceste avec sa fille. Faustus fut saint et fonda un monastère près du fleuve Rhemory (entre le Glamorgan et le Monmouthshire). Il est à remarquer que les généalogies du dixième siècle, publiées dans le *Cymmrodor* (IX, I, p. 179), font de Cattegirn, père de Pascent, un fils de Catel Durnlwc, tige des rois de Powys, et non de Vortigern, dont elles ne font pas mention. Ces généalogies n'ont en rien été influencées par l'œuvre de Nennius. L'histoire de Uurtigern a été très remaniée par Gaufrei de Monmouth. Uurtigern est consul des Gewissei (Saxons occidentaux). Voulant s'emparer de la royauté, il réussit à trahir et à faire tuer Constans, fils de Constantin frère d'Aldroen, roi d'Armorique, et d'une dame romaine. Les deux frères de Constans, Aurelius Ambrosius et Uther Pendragon fuient en Armorique. Vortigern s'allie aux Saxons pour se défendre des Pictes et des fils de Constantin. Il épouse la fille d'Hengist, Rowen ou Ronwen, dont Nennius ne donne pas le nom. Ses trois fils Vortimer, Kategern et Pascent se brouillent avec lui. Il cède le Kent à Hengist et le nord de l'Angleterre au fils de Hengist. Rétabli sur le trône à la mort de Vortimer, il est trahi par les Saxons à Caer Caradawc (Salisbury); c'est le complot dit des couteaux; trois cents nobles bretons y sont tués dans la Gwy (la Wye), avec le château lui-même, pour venger leur frère. Le troisième, le pire de tous, fut Medrawt (1), quand Arthur lui laissa le gouver-

un festin par les Saxons, qui avaient caché leurs couteaux (cf. Nennius, *Hist.*, LIX). Il se retire en Cambrie. La légende de la citadelle et de l'enfant sans père est reproduite comme dans Nennius, avec cette importante différence que l'enfant est, chez Gaufrei, *Merlinus Ambrosius*. Les fils de Constans, Ambrosius Aurelius et Utherpendragon reviennent d'Armorique. Ambrosius est couronné roi ; il attaque Vortigern dans sa citadelle et y met le feu. Tout périt dans les flammes (VIII, 1-2). On voit que la triade qui nous occupe suit Gaufrei de Monmouth. Constantin le Petit est le Constans de Gaufrei. Pour Constantin le Grand, il a été confondu avec le Constantin de Gaufrei. L'idée de cette fable de Constantin et de Constans paraît avoir été inspirée à Gaufrei par un fait réel. En 407, un Constantin se fait empereur en Bretagne (Prosper d'Aquitaine). D'après Bède (*Hist. eccl.*, I, 11), il aurait été tué à Arles par le comte Constancius, envoyé par Honorius. Suivant Orose (VII, 40), Constantin aurait fait, de moine, général, son fils Constans qui mourut en Espagne. Il aurait été, de moine, fait César et tué à Vienne, d'après Jornandes, *De Get. or.*, c. 32. Il est à remarquer que le roi Constans, frère d'Ambrosius et d'Uther, de Gaufrei, aurait été fait moine par son père Constantin, et mis sur le trône par Vortigern (VI, 5, 6).

(1 de la page précédente) *Gwerthryniawn*, mieux *Gwrtheyrniawn*, plus anciennement *Wrtigerniawn*, nom dérivé de *Gwrtheyrn* (Wrtigern), est un *cymmwd* du Radnorshire, près de Buellt.

(1) Pour Medrawt et Arthur, voy. *Mab.*, I, 186, n. 1. La forme *Modred*, employée par Gaufrei pour ce nom, est armoricaine et peut-être cornique, mais non galloise. En ce qui concerne la parenté d'Arthur, les pures traditions galloises sont déjà troublées dans les *Mabinogion* par l'influence de Gaufrei de Monmouth (voir plus bas l'*index* à Arthur). Les généalogies du dixième siècle ne mentionnent qu'un Arthur, fils de Petr (Petrus), lequel Petr est petit-fils de Gwortepir, le Vortiporius de Gildas, roi des De-

nement de l'ile de Prydein, pour aller au delà de la mer à la rencontre de Lles, empereur de Rome, qui lui avait envoyé des ambassadeurs jusqu'à Kaer Llion (1) réclamer de cette île le tribut tel qu'il avait été payé par Katwallawn, fils de Beli, et depuis lors jusqu'au temps de Kustennin Bendigeit, grand'père d'Arthur. Arthur avait répondu que les gens de Rome n'avaient pas plus de droits à un tribut de la part des Bretons que les Bretons n'en avaient à un tribut de la part des Romains : Bran, fils de Dyvynwal, et Kustennin, fils d'Elen, avaient été empereurs à Rome ; or, ils étaient tous les deux originaires de cette île. A la suite de cette réponse, Arthur emmena les guerriers d'élite de ses Etats au delà de la mer contre l'empereur. Ils se rencontrèrent de l'autre côté de la montagne de Mynneu. Il y eut le jour même une quantité innombrable d'hommes de tués de chaque côté. A la fin, Arthur joignit l'empereur et le tua ; mais il perdit les plus vaillants de ses guerriers. En apprenant que l'armée d'Arthur était ainsi affaiblie, Medrawt se tourna contre lui. Il s'allia aux Saxons, aux Pictes, aux Scots, pour défendre l'abord de l'île à Arthur. A ces nouvelles, Arthur revint avec ce qui survivait de ses soldats, et, malgré Medrawt, il réussit à aborder dans cette île. Alors

---

metae (*Y Cymmrodor*, IX, I, p. 171). Cet Arthur est père de Nougoy, dont la fille Sannan épouse Elisse, roi de Powys vers l'an 700.

(1) Voy. Mab., I, 167, n. 4.

s'engagea la bataille de Camlan (1) entre Arthur et Medrawt. Arthur tua Medrawt, mais il fut blessé mortellement. Après sa mort, il fut enseveli dans l'île d'Avallach (2).

Ici commencent les triades :

11. Les trois prisonniers les plus éminents de l'île de Prydein sont : Llyr Lledyeith ; Mabon, fils de Modron, et Geir, fils de Geiryoedd. Il y en eut un de plus éminent que ces trois-là, et qui fut trois nuits dans une prison enchantée sous Llech Echymeint : c'était Arthur. C'est le même homme qui

---

(1) V. *Mab.*, I, 210, note 1.

(2) Avallach ou Avallon, Glastonbury, d'après les écrivains gallais. Cf. *Myv. arch.*, p. 403, n° 21 : d'après cette triade, le tribut aurait été refusé pour la première fois par Owain ab Macsen Wledic. Les Romains en profitèrent pour se faire donner, par compensation, les meilleurs soldats de l'île. Ils les envoyèrent guerroyer jusqu'en Arabie et ailleurs. Les Romains de l'île retournèrent en Italie et ne laissèrent en Bretagne que des femmes et des enfants. Gwrtheyrn tue Cystennin le Béni. Sa femme, la fille d'Hengist, s'appelle Alis Ronwen, ce qui fait qu'on appelle les rois de Londres les enfants d'Alis ! Il aurait cédé l'île au fils qu'il avait eu de Ronwen, Gotta. La *Triade* appelle Medrawd, fils de Llew ab Cynvarch. Sur la généalogie des membres de la famille de Cynvarch, voir Noblesse des hommes du Nord (appendice III ; Généalogies du *Harleian* ms. 3859, *Y Cymmrodor*, IX, I, p. 173, col. 2). Arthur, dans les *Mabinogion*, est donné comme cousin de March ab Meirchiawn. Or, Merchiawn est père de Cynvarch et grand-père d'Uryen. Meirchiawn serait donc un Breton du Nord. Dans les documents auxquels je renvoie pour la généalogie de Cynvarch, il n'est pas question de March.

le délivra de ces trois prisons : Goreu, fils de Kustennin, son cousin-germain (1).

12. Trois rois bénis de l'île de Prydein : Owein, fils d'Uryen (2) ; Run (3), fils de Maelgwn ; Ruawn (4) Pebyr, fils de Dorarth Wledic.

13. Trois bardes peu sérieux (5) de l'île de Prydein : Arthur; Raawt (6), fils de Morgant ; Katwallawn (7), fils de Katvan.

(1) Cette triade est plus complète plus bas; voir triade 56.
(2) V. *Mab.*, II, p. 1, n. 1.
(3) V. *Mab.*, I, 313.
(4) V. *Mab.*, I, 204, 293, 294, 311. Il est question plus bas de Ruawn ab Gwyddno.
(5) On explique cette singulière épithète en disant que ces trois héros avaient été initiés au bardisme et étaient devenus bardes, mais qu'ils n'avaient, en réalité, suivi d'autre carrière que celle des armes, ce qui était peu conforme aux principes du bardisme, au moins d'après une certaine école.
(6) Il est question plus bas de son cheval, triade 61. La triade corresp. de la *Myv. arch.*, p. 411, 423, le fait fils de Morgant Morganwg.
(7) Kadwallawn ab Kadvan (vieux gallois, Catguolaun map Catman) est un roi du nord du pays de Galles bien connu. Allié de Penda, roi de Mercie, il bat et tue Edwin, roi de Northumbrie à Haethfelth (Hatfield, en Yorkshire), en 633 (Bède, *H. E.*, II, 20 ; c'est la bataille de Meicen, dans les *Ann. Cambriae*, portée à l'année 630). Après avoir été quelque temps maître du royaume de Northumbrie, il est, à son tour, battu et tué par Oswald de Northumbrie, à Hefenfelth, en 634 ou 635 (Bède, *H. E.*, III, 2. Cette bataille s'appelle Catscaul, dans Nennius, et Cantscaul, dans les *Ann. Cambriae*, qui la mettent à l'année 631). La généalogie de Cadwallawn est une des mieux connues et des plus sûres ; la voici d'après le *Harleian ms.* 3859 : « Catguollawn map Catman map Iacob map Beli map Run map Mailcun map Catguolaun Lauhir map Eniaun girt map Cuneda map Aetern map Patern *Pesrut*

14. Trois choses qu'on fit bien de cacher : la tête de Bendigeit Vran (1) (Bran le Bénit), fils de Llyr (2), qui fut cachée dans *Gwyn Vryn* (la Colline

(à la robe rouge) map Tacit etc... » Parmi ses descendants figure Howel dda. On a retrouvé l'inscription funéraire de son père Catman à Llangadwaladr, en Anglesey : *Catamanus Rex sapientissimus opinatissimus omnium regum* (Hübner, *Inscript. Brit. Christ.* ; cf. Rhys, *Lectures*, 2ᵉ éd., 160, 161, 364). Les ancêtres de Cadwallawn jusqu'à Cuneda sont connus (V. plus bas Généalogie, appendice II). Gaufrei a ajouté à l'histoire beaucoup de détails légendaires. Cadwallon est élevé à la cour de son père Cadvan avec Edwin, fils d'Aethelfrith, de Northumbrie : la mère d'Edwin avait été chassée par Aethelfrith. On les envoie parfaire leur éducation chez Salomon (!) d'Armorique. De retour en grande Bretagne, ils se font la guerre, Cadwallon n'ayant pas voulu permettre à Edwin de porter la couronne de Northumbrie. Cadwallon est d'abord battu et se réfugie en Irlande, puis en Armorique. Il revient avec des secours de Salomon, bat et tue Edwin, après avoir soumis Peanda, à Hevenfeld; il tue ensuite Osric, successeur d'Edwin; est vainqueur d'Oswald à Burne ; permet à Peanda de faire la guerre à Oswiu de Northumbrie, mais Peanda est battu et tué; Cadwallon intervient et ménage la paix entre Oswiu et Wulfred, fils de Peanda ; il meurt tranquillement, chargé d'ans et de gloire. Dans ce tissu de fables, l'épisode de l'éducation en commun de Cadwallawn et d'Edwin a pu être inspiré à Gaufrei par une ancienne tradition galloise. On lit, en effet, dans les *Ann. Cambr.*, à l'année 626 : *Etguin baptizatus est et Run filius Urbgen baptizavit eum* (de même dans Nennius). Bède attribue, il est vrai, le baptême d'Edwin à Paulinus (H. E., II, 14). Gaufrei n'aura fait que développer et enjoliver une tradition galloise plus ou moins fondée. Les exploits de Cadwallawn ont été célébrés par Llywarch Hen (Skene, *Four anc. books of Wales*, II, 277). — Pour l'emplacement de Meicen, voir plus bas, triade 20.

(1) V. *Mab.*, I, 65, n. 1; 175, n. 1.
(2) V. *Mab.*, I, 67, n. 2.

Blanche), à Llundein (Londres), le visage tourné vers la France : tant qu'elle resta ainsi, les Saxons ne vinrent pas opprimer cette île. La seconde, ce furent les dragons cachés par Lludd, fils de Beli (1), dans Dinas Emreis (2). La troisième, ce furent les ossements de Gwerthevyr Vendigeit (3), cachés dans les principaux ports de cette île : tant qu'ils étaient cachés, il n'était pas à craindre que les Saxons vinssent dans cette île.

(1) V. *Mab.*, I, 172-183.
(2) V. *Mab.*, I, 180, 181.
(3) D'après Nennius, *Gwerthevyr* (en vieux gallois *Cuortemir*), est fils de Gortigern. Il ne suit pas son père dans ses alliances avec les Saxons, repousse Hengist jusqu'à Tanet, le bat trois fois, et, malgré des renforts de Germanie, le met en fuite quatre fois de suite. Il assiste au synode de Gwerthriniaun convoqué par saint Germain, et demande pardon au saint de l'accusation infâme portée par son père contre lui (voy. plus haut, triade 10, note à Gwrtheyrn). Il reprend le cours de ses exploits, tue Horsa et poursuit les Saxons jusqu'à la mer. Au moment de mourir, il ordonne de l'enterrer dans un port, assurant que si on le faisait, les Saxons disparaîtraient de l'île. On ne lui obéit pas; on l'enterre à Lincoln. Aussi bientôt les Barbares, amis de Gurtigern, reviennent (Nennius, *Hist. brit.*, XLVI-XLVIII, LIII). Gaufrei suit à peu près Nennius (VI, 12-14). Il fait cependant empoisonner Guortemir par Rowen, fille d'Hengist, sa belle-mère. Bède, sans nommer Gwortemir, dit que Horsa fut tué par les Bretons et que son tombeau existait encore de son temps dans l'est du pays de Kent (*H. E.*, I, 15). Il n'y a guère de doute que le *Vortimer* de Nennius ne soit le Vortiporios, roi des *Demetae*, contre lequel Gildas, dans son *Epistola*, lance ses imprécations. Les généalogies du *Cymmrodor* donnent, en effet, la forme *Gwortepir*, correspondant exactement à *Vortiporios*, et le font fils d'*Aircol* = *Agricola* (v. appendice, II).

15. Ce furent les trois mauvaises découvertes quand on les découvrit. Gwrtheyrn Gwrtheneu découvrit les os de Gwerthevyr Vendigeit pour l'amour d'une femme, Ronnwen la païenne. Ce fut lui aussi qui découvrit les dragons (1). Ce fut Arthur qui enleva la tête de Bendigeit Vran de la Colline Blanche : il ne trouvait pas beau de garder cette île par une autre force que la sienne (2).

16. Trois charges de cheval (3) de l'île de Prydein : la première fut celle de Du y Moroedd (4), cheval d'Elidyr Mwynvawr (5) (le généreux), qui

(1) Skene, *Four anc. books*, II, app. p. 464; *Myv. arch.*, p. 406, 53 : Gwrtheyrn découvre les dragons pour se venger des mauvaises dispositions des Cymry à son égard et appelle les Saxons sous prétexte de faire la guerre aux Gaëls Pictes ; il découvre les os de Gwerthevyr par amour pour Rhonwen.

(2) La triade 53, p. 406 de la *Myv. arch.*, réunit en une les triades 14 et 15. D'après cette triade, c'est Owen ab Macsen Wledig qui cache la tête de Bran ; les dragons furent enfouis à Dinas Pharaon, dans les rochers de l'Eryri.

(3) Le mot *march-lwyth* peut s'interpréter de plusieurs façons, *llwyth* ayant à la fois le sens de *faix* et de *tribu*. On pourrait traduire *cheval de tribu*. Ce qui m'a fait adopter le sens de *charge de cheval*, c'est le texte de la triade correspondante de la *Myv. arch.*, p. 394, n. 1, où ce sens est seul possible.

(4) *Du*, noir ; *y moroedd*, des mers. Il y a peut-être ici une faute de texte. Le *Mabinogi* de Kulhwch et Olwen mentionne *Du*, le cheval de *Moro Oerveddawc* (*Mab.*, I, 254).

(5) Les lois de Gwynedd nous donnent sur cette expédition et ce personnage d'intéressants renseignements (*Anc. laws*, I, p. 104). Elidyr Mwynvawr vient du Nord et est tué en Gwynedd. Les chefs de son pays viennent le venger, entre autres : Clydno Eiddin, Nudd Hael ab Senyllt, Mordav Hael ab Servari (leg. Serwan), Rydderch Hael ab Tudwal Tudglyt. Ils s'avancent en

porta sept hommes et demi sur son dos du sommet de Llech Elidyr, au Nord, jusqu'au sommet de Llech Elidyr, en Mon (Anglesey). Ces hommes étaient : Elidyr Mwynvawr ; Eurgain, fille de Maelgwn, sa femme ; Gwynn Da Gyved ; Gwynn Da Reimat ; Mynach Nawmon, son conseiller ; Petrylew Vynestyr (1), son échanson ; Aranvagyl, son serviteur ; Albeinwyn, son cuisinier, qu'il attacha par les deux mains (2) sur la croupe de son cheval : ce fut là le demi-homme. La seconde charge est celle que porta Corvann (3), le cheval des enfants d'Eliffer Gosgorddvawr ; il porta Gwrgi et Peredur (4). Personne ne l'atteignit, si ce n'est Dino-

---

Arvon et dévastent cette région parce que c'était là, à Aber Mewydus, qu'Elidyr avait été tué. Run ab Maelgwn et les hommes de Gwynedd s'avancent contre eux jusqu'à la rivière de Gwerydd (la Wear ?), dans le Nord. Les gens d'Arvon se distinguent particulièrement dans l'expédition victorieuse de Run. L'endroit où tomba Elidyr porte le nom d'Elidyr Bank. On conjecture que l'expédition d'Elidyr fut entreprise pour réclamer le trône de Gwynedd, Run étant, d'après certaines traditions, fils naturel de Maelgwn, mort en 547. La femme d'Elidyr, Eurgain, a été mise au rang des saintes et elle a donné son nom à Llan-Eurgain, dans le Flintshire.

(1) *Mynestyr* ou *menestr*, du latin *minister*, a le sens de serviteur et d'échanson.

(2) Le texte porte *noeves*; on pourrait peut-être lire *noees*, de *noe*, gamelle, plat, et traduire *il mit dans un plat ?*

(3) Taliesin le nomme (*Four anc. books of Wales*, II, p. 176, vers. 15 et 16). Skene a lu *Kornan*.

(4) V. Mab., II, p. 46, n. 1. Eliffer Gosgorddvawr (vieux gallois Eleuther Cascordmaur), est rangé parmi les treize princes du Nord, dont parle Taliesin (*Four ancient books*, II, p. 293). Il est

gat, fils de Kynan Garwynn (1), monté sur Kethin
Kyvlym (2), ce qui lui valut d'être caractérisé et déshonoré depuis lors jusqu'aujourd'hui (3) ; il portait
aussi Dunawt, fils de Pabo (4), et Kynvelyn Drws-

fils de Gwrgwst Letlwm ab Ceneu ab Coel, cousin de Dunawd ab
Pabo ab Ceneu ab Coel, de Gwallawc ab Llaenawc ab Masguic
Clop (Cloff) ab Ceneu ab Coel (v. plus bas, appendice II), et, par
conséquent, apparenté à Uryen de Reged, Llywarch Hen, Clydno
Eiddin, Gwenddolau, Rydderch Hael, etc. (*Four ancient books*,
II, p. 454). Les *Annales Cambriae* placent la mort de Gwrgi et
de Peredur à l'année 580.

(1) Le texte porte *Diuogat*, faute évidente du copiste, pour Dinogat. Dinogat figure à la bataille de Cattraeth (Aneurin, *Gododin*,
éd. de Th. Stephens, Londres, 1888, p. 333, 334). Un autre fils de
Cynan, Selyv (vieux gallois Selim) est mieux connu. Il est tué à
la bataille de Chester en 613 (*Ann. Cambriae*). Pour Kynan, voy.
Mab., I, 310, n. 1. Une ode de Taliesin lui est adressée (*Four
anc. books*, II, p. 172). Il est aussi question de lui dans la vie
de saint Beuno (Rees, *Lives of the Cambro-British saints*, p. 15).
Aneurin ne dit pas de qui Dinogad est fils. Aussi est-il fort possible qu'il ne s'agisse pas d'un fils de Kynan Garwyn.

(2) *Kethin*, « noir, sombre, effrayant; » *Kyvlym*, « rapide. »
D'après Taliesin, Kethin est le cheval de Keidaw (*Four ancient
books*, II, 176, v. 21).

(3) Cette flétrissure semble s'adresser à Dinogat ; il est possible
cependant qu'il s'agisse de Corvann.

(4) Dunawt est fils de Pabo ab Ceneu ab Coel (v. plus bas, appendice II). Il meurt en 595 (*Ann. Cambr.*). Llywarch Hen nous
le montre en guerre avec les fils d'Uryen (*Four anc. books*, II,
271, 272). Dans l'élégie sur la mort d'Uryen, Llywarch s'écrie :
Dunawd, le fils de Pabo, ne fuit pas (*Four anc. books*, II, p. 267).
On l'a confondu avec l'abbé de Bangor dont parle Bède, Dinoot = Dunawd (du latin *Dōnatus*). On a supposé que chassé du
Nord, il aurait trouvé un asile en Galles, aurait embrassé la vie
religieuse et fondé le monastère de Bangor, sur la Dee, dont il
serait devenu l'abbé. Or, le Dinoot de Bangor vivait encore en

gyl (1), qui allaient voir la colonne funéraire de l'armée de Gwenddoleu à Arderydd (2). La troisième charge fut celle que porta Erch, le cheval des enfants de Grythmwl Wledic (3) ; il porta Achleu et

---

599. En le qualifiant de *rex*, les *Ann. Cambr.* ont voulu, sans doute, le distinguer de l'abbé du même nom. Dunawd était un des rois des Bretons du Nord. Le district de Dunodig, sur la côte de Merioneth et la partie adjacente de Caernarvon, tire son nom de Dunawd, mais très probablement de Dunawd ab Cunedda.

(1) Cynvelyn (Cinbelin) Drwsgyl (le grossier, le rude) est fils de Dumnagual Hen (Dyvnwal) et père de Clitno Eidin (Clydno Eiddin). Dyvynwal est de la tribu de Kynwyd (Cinuit).

(2) Les *Annal. Camb.* mettent cette bataille en l'an 573 (bellum Armterid). D'après un manuscrit plus récent des *Ann. Cambr.*, de la fin du treizième siècle, la bataille eut lieu entre les fils d'Eliffer et Gwenddoleu ab Ceidiaw (Petrie, *Mon. hist. brit.*). Gwenddoleu était leur cousin germain (*Four anc. books*, II, 454). Stephens, dans son édition du Gododin (*The Gododin of Aneurin*, London, 1888), a supposé que cette bataille avait été le triomphe définitif du christianisme représenté par Rhydderch Hael, Maelgwn, Urien, Gwallawc, Nudd Hael et d'autres, sur le paganisme défendu par Aeddan ab Gavran, Gwenddoleu ab Ceidiaw, Morgant ab Sadyrnin, et les fils d'Eliffer. C'est aller trop loin. D'après la vie de saint Kentigern, Rhydderch aurait été chassé de ses Etats, en même temps que Kentigern de son siège, par Morgant ab Sadyrnin. C'est tout ce que nous savons. Cette bataille d'Arderydd est une bataille entre Bretons, pour des motifs peu connus, plus sérieux sans doute que ceux que donnent les *Triades* (triade 79). D'après une autre triade (triade 12, note 6), Aeddan aurait été ennemi réellement de Rhydderch. Voy. la note à Aeddan, triade 19.

(3) Il est donné plus bas comme *penhynaiv*, « chef des anciens, » d'Arthur, à Penryn Rionedd, triade 71. Le *Livre Noir* met sa tombe à Kelli Vriavael, ou bois de Briavael, probablement Saint-Briavel's Castell, dans la forêt de Dean, à l'ouest de la Severn, dans le Gloucestershire.

Archanat vers Riw Vaelawr en Keredigyawn, pour venger leur père (1).

17. Trois flottes de piraterie de l'île de Prydein : la flotte de Llary (2), fils d'Yryv; la flotte de Digniv, fils d'Alan; la flotte de Solor, fils d'Urnach (3).

18. Trois furieux soufflets de l'île de Prydein : l'un fut donné par Matholwch le Gwyddel (le Gaël) à Branwen, fille de Llyr (4) ; le second, par Gwenhwyvach (5) à Gwenhwyvar, ce qui causa dans la suite la bataille de Kamlan; le troisième,

---

(1) Dans la triade 1, p. 394 de la *Myv. arch.*, les fils de Gyrthmwl, qui n'est pas nommé, sont Gweir, Gleis et Arthanat. Ils vont à Allt Vaelwr venger leur père. Le texte, dans les deux triades, semble altéré. Le meurtrier aurait été Maelwr de Rhiw ou Allt Vaelwr. Il avait l'habitude de ne jamais fermer la porte de sa demeure à une simple charge de cheval.

(2) Les *Mab.* mentionnent un autre Llary ab Casnar Wledic, Mab., I, 108.

(3) *Myv. arch.*, p. 408, 86 : ... La flotte de Digniv ab Alan, la flotte de Divwg ab Alban, la flotte de Dolor ab Mwrchath, roi de Manaw (Man). La triade 72 de la page 392 de la *Myv.* donne *Llawr ab Eiriv* au lieu de *Llary ab Yryv*. Les *Mab.* mentionnent un Llawr ab Erw (I, 208).

(4) Voy. Mab., I, 65, n. 1. *Myv. arch.*, p. 405, 49 : Bronwen; cf. *Y Cymmrodor*, VII, p. 123, 13. Stephens, qui fait parfois preuve d'une imagination par trop riche dans son interprétation du *Gododin*, s'efforce d'identifier Branwen avec Bradwen du *Gododin* et Mathonwy avec Adonwy.

(5) Les *Mab.* en font une sœur de Gwenhwyvar (*Mab.*, I, 223). Le *Cambro-Briton*, III, p. 388, je ne sais sur quelle autorité, en fait la femme de Medrawd.

par Golyddan Vardd (le barde) à Katwaladyr Vendigeit (1).

19. Trois coûteuses (2) expéditions de pillage de l'île de Prydein. La première eut lieu quand Medrawt alla à la cour d'Arthur à Kelliwic (3) en Kernyw (Cornouailles) : il ne laissa ni nourriture ni

---

(1) D'après la triade 36, Golyddan est puni de ce soufflet par un coup de hache.

Cadwaladyr, fils de Cadwallawn ab Cadvan meurt, d'après les *Annales Cambriae*, en 682, en Galles, une année où il y eut grande mortalité. C'est à Gaufrei de Monmouth qu'il doit son surnom de *béni*. D'après Gaufrei, Cadwaladr, fils de Cadwallon et d'une sœur de Penda, pressé par les Saxons, se rend en Armorique auprès d'Alan, fils de Salomon (!). Là, un ange lui commande d'aller à Rome, où il mourra en odeur de sainteté ; les Bretons ne seront maîtres de l'île qu'après avoir repris ses ossements bénis. Plusieurs poèmes de prétendus bardes du sixième siècle font mention de cette éventualité. Toute l'histoire du voyage à Rome, avec ses détails, a été empruntée par Gaufrei à celle de Caedualla, roi de Wessex (Bède, *H. E.*, V, 7). Ce Cadualla meurt en odeur de sainteté, à Rome, en 689. On aurait pu croire, pour *Cadwallon* peut-être, à une erreur de Gaufrei. Il aurait pu y avoir confusion entre Caedualla, forme saxonisée de Cadwallo, fils de Cadvan, père de Cadwaladr, et Caedvalla, roi de Wessex. Gaufrei n'aurait fait que puiser à une source déjà troublée. Mais il est clair, par les expressions dont il se sert et les détails qui accompagnent la mort de Cadwaladr, qu'il avait sous les yeux le texte même de Bède ; il a eu l'aplomb de lui emprunter jusqu'au jour de la mort du roi saxon Caedualla ; sa mauvaise foi est évidente.

(2) Le mot gallois *drud* pourrait se traduire par *vaillant, terrible*, mais le sens que j'adopte est recommandé par la triade correspondante de la *Myv. arch.*, p. 406, 52 : on les appelle *drud* parce que les Cymri furent obligés de donner des compensations pour tous les méfaits commis.

(3) Voy. *Mab.*, I, 195, n. 2.

boisson dans la cour ; il consomma tout ; il tira
Gwenhwyvar de sa chaire royale et la souffleta (1).
La seconde, ce fut quand Arthur se rendit à la
cour de Medrawt : il ne laissa ni nourriture ni
boisson dans la cour ni dans le *cantrev* (2).

La troisième, ce fut quand Aeddan Vradawc (3)

---

(1) La triade 52, p. 406, de la *Myv. arch.* ajoute qu'il eut des rapports criminels avec elle. (Cf. *Y Cymmrodor*, VII, p. 123, 14).

(2) Voy. *Mab.*, p. 28, n. 2.

(3) Le fragment de Hengwrt, publié dans le *Cymmrodor*, VII, p. 123, 14, s'arrête, comme notre texte, après la deuxième expédition, ce qui montre, comme d'autres passages d'ailleurs, qu'il appartient à la même source. Mais une main plus récente y a ajouté ce que nous traduisons entre crochets. Cf. *Myv. arch.*, p. 391, 46 ; 406, 52 : ces deux triades ajoutent qu'Arthur ne laissa en vie ni bête, ni créature humaine.

Aeddan ab Gavran, roi de Dalriada, en Ecosse, en 574, meurt en 606 d'après Tigernach, et en 607 d'après les *Ann. Cambriae*. D'après Bède, il fut battu en 603 par Aethelfrid, roi de Northumbrie, à Degsastane, dans une sanglante bataille où Theobald, frère d'Aethelfrid, périt avec toutes ses troupes (*H. E.*, III, 34 ; Cf. O'Connor, *Rerum Hibern. script.*, II, p. 175). Les *Annales* de Tigernach mentionnent plusieurs guerres de lui ; il est vainqueur, en 581, dans le *praelium Mannense* ; en 570, bataille de Lothrigia ; en 596, bataille de *Rath na ndruadh* et d'*Ardsendoin* ; plus tard, bataille de *Circhind*, où il est battu et ses fils Brian, Domangart, Artur et Eochadh, tués (Tigernach ap. O'Connor, *Rerum hib. script.*, II). Stephens identifie la bataille de Degsastane avec celle de Catraeth. Il est fait, en effet, mention d'Aeddan dans le *Gododin* ; il est présent à la bataille de Cattraeth ; il s'enfuit avec son bouclier brisé (Stephens, *Gododin*, LXI). Suivant les *Ann. Ult.* (O'Connor, *Rerum hib. script.*, p. 29, à l'année 579), il entreprend sur mer une expédition de piraterie. C'était le sixième roi des Scots d'Ecosse depuis Fergus. Voy. plus haut la note 7, à la triade 16. Gaufrei de Monmouth le fait tuer par Cadwallon, dans la même bataille où Osric, fils d'Edwin, périt (XII, 9). Il est pro-

(le traître) alla en Alclut à la cour de Rydderch Hael : après lui, il ne resta ni nourriture ni boisson, ni bête en vie.

20. Trois missions eurent lieu de Powys (1). L'une consista à aller chercher Myngan de Meigen pour l'amener à Llan Silin recevoir le lendemain, dans la matinée, les instructions de Katwallawn le Béni (2), après le meurtre de Ieuav et de Griffri. La seconde fut d'aller chercher Griffri pour l'amener le lendemain matin jusqu'à Brynn Griffri, au

---

bable que son surnom de *bradawc*, « traître, » lui est venu d'une confusion avec Aeddan ab Blegywryd, prince gallois qui, en 996, appela les Danois en Dyved (Brut y Tywys. *Myv. arch.*, p. 693).

(1) Voy. Mab., I, 122, n. 1.

(2) L'épithète de *béni* s'applique habituellement à Cadwaladr, fils de Cadwallawn ab Cadvan, v. p. 224, note 1. Le Cadwallawn de la *Triade* est probablement Cadwallawn ab Jeuav, prince de Gwynedd. Il voulut tuer ses deux cousins Jonaval et Edwal. Edwal seul échappa. Cadwallawn fut battu et tué, en 985, par Meredudd ab Owen, prince du sud-Galles (Brut y Tywysogion, ap. Petrie, *Mon. hist. brit...*) Llan Silin est en Edeyrnion, Merionethshire. *Meigen* est situé près du fleuve Rhymni, en Glewyssing (*Iolo ms.*, p. 18). C'est à Meigen qu'a eu lieu la bataille dans laquelle Cadwallawn ab Cadvan tua Edwin de Northumbrie, et, d'après Nennius, ses deux fils Osfrid et Eadfrid. Bède, mettant cette bataille à Haethfelth, qu'on identifie avec Hatfield en Yorkshire, on a identifié Hatfield et Meigen. Il est cependant peu probable que Meigen, le lieu de la bataille entre Cadwallawn et Edwin soit différent du Meigen de Glewyssyng, à en juger par un passage d'un poème du *Livre Rouge*, sur les exploits de Cadwallawn (*Four anc. books*, II, p. 227). Qu'est-ce que Myngan et même ici Jeuav et Griffri ? C'est assez difficile à dire; le texte paraît d'ailleurs altéré.

moment où il se retournait vers Etwin (1). La troisième fut d'aller chercher, de Maen Gwynedd (2) jusqu'en Keredigiawn, Howel, fils de Ieuav, pour se battre avec Ieuav et Iago (3).

Voici des triades :

21. Trois principales dames de la cour d'Arthur : Gwenhwyvar, fille de Gwryt Gwent; Gwenhwyvar, fille de [Gwythyr] ab Greidiawl (4); Gwenhwyvar, fille d'Ocvran Gawr (5) (le géant).

(1) Il est difficile de dire quel est ce Griffri (Gryffydd). Il y a un Griffri ab Cyngen qui fut tué, en 814, par la trahison de son frère Elisse; mais il ne saurait, dans ce cas, avoir eu des rapports avec Edwin, qui paraît bien être un fils d'Howel Dda. Cet Edwin meurt en 952, tué probablement à la bataille de Lanrwst livrée par les fils d'Idwal Voel à ceux d'Howell Dda (Brut y Tywys, ap. Petrie, *Mon. hist. brit.*).

(2) Le texte porte Owein Gwynedd, faute évidente pour Maen Gwynedd, endroit des collines de Berwyn, entre Llanrhaiadr ym Mochnant et Llandrillo yn Edernion (Egerton Phillimore, *Y Cymmrodor*, VII, II, p. 98).

(3) Howel ab Jeuav, en 972, bat son oncle Iago, roi de Gwynedd, pour venger son père Ieuav, dépossédé et aveuglé par ce dernier, et s'empare de ses Etats. En 972, il bat et tue Constantin, fils de Iago. Il est tué, en 984, par trahison, par les Saxons (Brut y Tywys. ap. Petrie, *Mon. hist. brit.*). Le texte est encore altéré en cet endroit. Il y a sans doute un mot de passé, ou il faut supprimer Ieuav.

(4) Pour Gwythyr, voy. *Mab.*, I, 224, 267, 269, 270.

(5) Voy. *Mab.*, I, 200, n. 4, 223; II, 2, 6, 14, 51, 52, 55. Pour cette triade, cf. *Y Cymmrodor*, VII, p. 126, 16. *Myv. arch.*, p. 410, 109 : au lieu de *Gwryt Gwent*, *Gawrwyd Ceint* ; au lieu d'*Ocvran*, *Ogyrvan*. Je supplée Gwythyr, d'après cette triade et divers passages des *Mabinogion*.

22. Ses trois maîtresses étaient : Indec, fille d'Arwy Hir (le long); Garwen (jambe blanche), fille de Henen Hen (1) (le vieux) ; Gwyl, fille d'Endawt (2).

23. Trois amazones (mot à mot : *hommes-jeunes filles*) de l'île de Prydein : Llewei, fille de Seitwedd ; Rore, fille d'Usber, et Mederei Badellvawr (3).

24. Trois clans au caractère généreux de l'île de Prydein : celui de Mynyddawc (4), à Katraeth ; celui de Dreon Lew (le brave), au gué d'Arderydd; celui de Belyn de Lleyn Erythlyn en Ros (5).

---

(1) Le *Livre Noir* mentionne la tombe de *Carrwen verch Hennin* (Garwen, fille de Hennin) et celle de *Hennin* qu'il qualifie de Henben (*Four anc. books*, II, p. 35).

(2) Cf. *Y Cymmrodor*, VII, p. 410, 110 : Garwen, fille de Henyn tegyrn (chef) de Gwyr et d'Ystrat Tywy ; Gwyl, fille d'Entaw à Caer Worgorn ; Indeg, fille d'Avarwy Hir de Maelienydd (*cantref* de Powys).

(3) Cf. *Y Cymmrodor*, VII, p. 126, 18. *Padell vawr*, « au grand plat ou à la grande poêle. » *Padell*, joint au mot *glyn* (genou), désigne la rotule ; joint à *ymenydd*, « cervelle, » il désigne le crâne.

(4) Mynyddawc Eiddin, roi d'Edimbourg, est le généralissime des troupes bretonnes à Cattraeth, que Stephens identifie avec Degsastane. Voy. Stephens, *The Gododin of Aneurin*, p. 33, 79, 80, 81, 161-163, 179, 218, etc., etc.

(5) Le texte porte Melyn; mais, d'après d'autres triades et un passage d'un poème d'Owein Cyveiliawc, le prince barde de Powys (1150-1197), dans lequel il fait allusion à la suite vaillante de *Belyn* (*Myv. arch.*, p. 191), il n'y a pas à hésiter : il s'agit bien de Belyn. Quel est cet Edwin ? Probablement Edwin de Northumbrie, l'adversaire de Cadwallawn ab Cadvan. Un Belin meurt,

25. Trois premières magies de l'île de Prydein : celle de Math (1), fils de Mathonwy, qui l'apprit à Gwydyon (2), fils de Don ; celle d'Uthur Penndragon, qui l'apprit à Menw (3), fils de Teirgwaedd ; celle de Ruddlwm Gor (le nain), qui l'apprit à Koll, fils de Kollvrewi (4), son neveu.

26. Trois premiers ministres de l'île de Prydein : Gwydar, fils de Run ab Beli (5) ; Ywein, fils de

---

d'après les Ann. Cambr., en 627 ; Edwin avait été baptisé en 626. Lleyn est un *cantrev* de Gwynedd, aujourd'hui un district du Carnarvonshire. Pour *Rhos*, deux *cantrevs* portent ce nom, l'un en Gwynedd, dans la partie appelée *y berveddwlad*, le pays du milieu, un autre en Dyved. *Erythlyn* est probablement de trop ; il y a un endroit de ce nom dans la paroisse d'Eglwys Fach. Chez Skene (*Four anc. books*, II, p. 462, 28), les clans sont ceux de Mynyddawc Eiddin, de Melyn (leg. Belyn), fils de Cynvelyn, de Dryan, fils de Nudd. Belyn, fils de Cynvelyn, était chef dans l'armée de Caradoc ab Bran, d'après la triade 79 de la page 408 de la *Myv. arch.* C'est là un souvenir de Gaufrei de Monmouth. Belinus, chez Gaufrei, est chef des troupes de Cassibellaunus (*Hist.*, IV, 3 ; IX, 16, 17). Skene a lu adwy et a traduit par : *clan de passage.* Dans la triade 27 de Skene, Melyn devient Belyn de Lleyn et se bat contre Etwin à Brynn Etwin en Ros.

(1) V. Mab., I, 117, n. 1.
(2) V. Mab., I, 120, n. 2.
(3) V. Mab., I, 229, n. 1.
(4) V. Mab., I, 248, n. 2. Cf. Y Cymmrodor, VII, 126, 20. Myv. arch., p. 409, 90 : Ruddlwm Gawr apprit sa magie à Eiddilic, Gorr et à Coll, fils de Collvrewi. Skene (*Four anc. books*, II, p. 461, 25), au lieu de Ruddlwm, donne Gwyddelyn Gorr, qui paraît être une variante de Gwiddolwyn Gor (V. Mab., I, 247).
(5) Il y a un autre Run, fils d'Uryen. Il est probable qu'il faut lire ici Run, fils de Maelgwn. Les généalogies du dixième siècle font de Beli, père de Iago, mort en 613, et grand-père de Cad-

Maxen Wledic (1); Kawrdav (2), fils de Karadawc.

27. Trois *deivniawc* (3) de l'île de Prydein : Riwallawn Wallt Banhadlen (4) (aux cheveux de genêt); Gwalchmei (5), fils de Gwyar, et Llacheu (6), fils d'Arthur.

28. Trois mauvaises résolutions de l'île de Prydein : donner à Ulkessar (Jules César) et aux Romains de la place pour les sabots de devant de

---

van, mort en 616, le fils de Run ab Maelgwn (appendice II).

(1) V. *Mab.*, I, p. 155, n. 1.

(2) V. *Mab.*, I, p. 312, n. 2. Pour cette triade, cf. *Y Cymmrodor*, VII, 127, 21. Skene, *Four anc. books*, II, triade 12; *Myv. arch.*, p. 405, 41 : Karadawc ab Bran à la place de Gwydar, ce qui est conforme à un passage des *Mab.* (I, 81). La triade de la *Myv.* ajoute que c'étaient trois fils de bardes, qu'on les appelait *cynweissat*, parce que tous les Bretons, depuis le roi jusqu'au serf, leur prêtaient hommage volontairement, et que, lorsqu'ils allaient à la guerre, personne n'hésitait à les suivre. On pourrait traduire *cynweissat* par *ancien ministre*, mais il est fort possible que ce soit un dérivé de *cynwas* = *Cunovassos*, ministre élevé. Taliesin mentionne les trois *cynweissat* qui gardèrent le pays (*Four ancient books*, II, 156).

(3) Probablement *inventeurs*, qui devinent la nature des choses (de la même racine que *devnydd*, matière, substance). Il n'y avait rien, dit la *Myv. arch.*, dont ils ne connussent la matière, l'essence, etc. (p. 407, 70; cf. *Y Cymmrodor*, VII, 127, 21).

(4) Il est difficile de dire quel est ce Riwallawn, peut-être le fils d'Uryen?

(5) V. *Mab.*, I, 227, n. 2. Notre texte, ainsi que le fragment de Hengwrt, ne porte que *Gwall*; il est clair qu'il faut corriger en Gwalchmei (cf. Skene, *Four anc. books*, II, p. 456; IV).

(6) V. *Mab.*, I, 312. La version galloise du *Greal* le fait tué traîtreusement par Kei.

leurs chevaux sur la terre à Pwyth Meinlas (1) ; laisser Horst, Heyngyst et Ronnwen entrer dans cette île (2); la troisième fut celle d'Arthur, quand il divisa trois fois ses troupes avec Medrawt (3) à Kamlan.

29. Trois *taleithiawc* (porte-diadèmes) de l'île de Prydein : Gweir (4), fils de Gwystyl ; Kei (5), fils de Kynyr, et Drystan (6), fils de Tallwch (7).

30. Trois *ruddvoawc* (8) de l'île de Prydein : Run, fils de Beli; Llew Llawgyffes (9), et Morgan Mwynvawr (10). Il y avait quelqu'un qui l'était en-

---

(1) *Myv. arch.*, p. 405, 951 : *Pwyth min y Glas* en Tanet; cf. *Y Cymmrodor*, VII, 127, 22.

(2) V. la note à Gwrtheyrn, triade 10.

(3) Gaufrei montre Medrawd divisant ses troupes en trois corps à Camlan, tandis qu'Arthur les partage en neuf (*Hist.*, XI, 2).

(4) V. *Mab.*, I, 311; II, 47.

(5) V. *Mab.*, I, 198, n. 1.

(6) V. *Mab.*, I, 311, n. 2.

(7) Chez Skene, les trois *taleithiawc* sont : Trystan, Hueil ab Kaw et Kei; il y a un *taleithiawc* au-dessus d'eux : Bedwyr, fils de Pedrawt; de même dans la *Myv. arch.*, p. 407, 69; cf. *Y Cymmrodor*, VII, 127, 23.

(8) Cf. *Y Cymmrodor*, VII, 127, 24. Il faut peut-être lire *ruddvaawc*, qui fait le sol rouge. La *Myv. arch.* porte *rhuddvannogion*, qui ont des marques rouges, des taches rouges; ce sont : Arthur, Run et Morgant; quand ils allaient à la guerre, dit la triade, personne ne voulait rester à la maison. Cette glose doit se rapporter à une autre triade. Chez Skene, triade 18, les trois *ruddvoawc* sont aussi Arthur, Run ab Beli et Morgant.

(9) V. *Mab.*, I, 139, n. 1.

(10) Morgan le Généreux ou Morgan *Morganwg* a donné son nom au Glamorgan. Il vivait au sixième siècle; il est contemporain de Berthgwyn, évêque de Llandaf (V. *Liber Land.*, p. 625, 626; il est

core plus qu'eux : il s'appelait Arthur. Pendant une année, ni herbe ni plante ne poussait là où ils marchaient, tandis que c'était pendant sept années, là où passait Arthur.

31. Trois chefs de flotte de l'île de Prydein : Gereint, fils d'Erbin (1) ; March (2), fils de Meirchyon, et Gwennwynnwyn, fils de Nav (3).

32. Trois princes de la cour d'Arthur : Gronw, fils d'Echel ; Ffleuddwr Fflam (4), fils de Godo, et Kadyrieith (5), fils de Seidi (6).

33. Trois princes taureaux de combat de l'île de Prydein : Addaon, fils de Talyessin (7) ; Kynhaval, fils d'Argat, et Elynwy, fils de Kadegyr (Kategirn?) (8).

---

fils d'Atroys, appendice II, 182 ; cf. *Iolo ms.*, p. 3). On le confond souvent avec un roi du dixième siècle ; voy. triade 127.

(1) V. *Mab.*, II.
(2) V. *Mab.*, I, 299.
(3) V. *Mab.*, I, 205, n. 6. Le texte porte *Naw* ; Skene, triade 13, et la *Myv. arch.*, p. 407, 68, ont *Nav*. D'après la *Myv. arch.*, chacune des flottes se composait de cent vingt navires montés chacun par cent vingt hommes (cf. *Y Cymmrodor*, VII, 127, 25).
(4) V. *Mab.*, I, 204, 312.
(5) V. *Mab.*, I, 313, 314.
(6) Skene, *Four anc. books*, II, app. n° IX : Goronwy, Kadreith, fils de Porthawr Gadu (leg. Gandwy), Ffleiddur Fflam. *Myv. arch.*, p. 410, 114 : Ffleiddur ab Godo ; ces trois chefs se trouvent plus honorés de rester comme simples chevaliers à la cour d'Arthur que d'aller gouverner leurs domaines.
(7) V. *Mab.*, I, 89, 3 ; 297, 312.
(8) Cf. *Y Cymmrodor*, VII, 127, 27. Skene, *Four anc. books*, II, app., n° VII : Elmwr, fils de Kadeir ; Kynhaval, fils d'Argat ; Avaon, fils de Taliesin ; c'étaient trois fils de bardes. *Myv. arch.*,

34. Trois princes de Deivyr et Bryneich (1), tous les trois bardes et fils de Dissyvyndawt; ce furent eux qui commirent les trois bons meurtres. Diffeidell, fils de Dissyvyndawt, tua Gwrgi Garwlwyt, qui tuait tous les jours un Kymro (Gallois), et en tuait deux chaque samedi pour n'avoir pas à en tuer le dimanche. Sgavynell, fils de Dissyvyndawt (2), tua Edefflet Ffleissawr (3), roi de Lloegyr. Gall, fils de Dissyvyndawt, tua les deux oiseaux de Gwenddoleu qui gardaient l'or et l'argent de leur maitre, et mangeaient chaque jour deux hommes à leur dîner et autant à leur souper (4).

p. 408, 73 : Elmur, fils de Cibddar; pour le reste, rien à remarquer; mais la triade 72 de la page 407 donne comme taureaux de combat : Cynvar (leg. Cynvarch) Cadgadwg, fils de Cynwyd Cynwydyon, Gwenddoleu ab Ceidiaw et Urien ab Cynvarch. Chez Skene, il y a une triade correspondante, n° VI; le texte de Skene porte *caduc*, qui est à corriger en *cadwc*. Gwenddoleu y est roi du côté de la forêt de Celyddon.

(1) A peu près les territoires du Northumberland et d'York. Les *Iolo ms.* (p. 86) étendent Deivr et Bryneich d'Argoet Derwennydd (Derwent Wood) jusqu'à la rivière Trenn (la Trent).

(2) Dans les *Chwedlau y Doethion* (propos des sages), ce nom s'écrit Dysgyvundawt.

(3) C'est l'épithète qu'il porte aussi dans Nennius : « Ealdric (fils d'Ida) genuit Aelfret : ipse est *Edlferd Flesaur*, » épithète qu'on traduit habituellement par *ravageur* (Nennius, Geneal, ap. Petrie, *Mon. hist. brit.*, p. 74, 76). C'est Aethelfrith, roi de Northumbrie de 593 à 616.

(4) Cf. *Y Cymmrodor*, VII, 127, 28. Skene, *Four anc. books*, II, app., n° XXIX: le père des trois héros s'appelle Disgyvedawt; les oiseaux de Gwenddoleu portaient un joug d'or : cf. *Myv. arch.*, p. 404, 39; d'après la triade 46 de la page 405, Gwrgi aurait épousé

35. Trois hommes violents de l'ile de Brydein et qui commirent les trois mauvais meurtres : Llofvan (= Llovan) Llaw Divro (1), qui tua Uryen (2), fils de Kynvarch ; Llongat Grwm Vargot Eiddin, qui tua Avaon, fils de Telyessin ; Heidden, fils d'Euengat, qui tua Aneirin Gwawtrydd (3), chef des bardes.

36. [Trois coups de cognée de l'île de Prydein] : l'homme qui mettait chaque jour à Talhearn (4) la valeur de trois cents vaches, en argent, dans une baignoire, le frappa d'un coup de cognée à la tête (5) ; ce fut là un des trois coups de cognée. Le

---

la sœur d'Edelfflet. Celui-ci enlevait, chaque soir, deux nobles galloises, les violait et, le matin, les tuait et les mangeait.

(1) Llywarch Hen, dans l'élégie funèbre d'Uryen, attribue la mort du héros à Llovan Law Divro (à la main sans pays) (*Four anc. books*, II, p. 272).

(2) Voy. *Mab.*, II, p. 1, n. 1.

(3) Aneirin, auquel est attribué le célèbre poème connu sous le nom de *Gododin*, florissait vers le milieu du sixième siècle (Nennius, Geneal. ap. Petrie, *Mon. hist. brit.*, p. 75). Pour sa vie, voy. Stephens, *The Gododin*, p. 1 et suiv. *Gwawdrydd* a le sens de au panégyrique, au chant de louange abondant.

(4) La *Geneal.* de Nennius (Petrie, *Mon. hist. brit.*, p. 75) le signale comme un barde qui florissait au milieu du sixième siècle : c'est le barde d'Urien de Reged, d'après les *Iolo mss.*, p. 77, 78.

(5) Je corrige *yn Talhearn* en *y Talhearn*; *merch teyrn beirdd* en *mechteyrn beird* et *yn y phenn* en *yn y benn*. *Yn y phenn* indiquerait une femme. Le copiste ayant écrit *merch*, « fille, » a logiquement commis cette erreur. Skene, *Four anc. books*, II, app., n° XXX : Eiddyn ab Einygan tue Aneirin; Lawgat Trwmbargawt Eiddin tue Avaon ; Llovan Law Divro tue Uryen. La *Myv. arch.*, p. 405, 47, est d'accord avec la triade de Skene.

second fut celui que déchargea un bûcheron d'Aberffraw sur la tête de Golyddan Vardd. Le troisième, celui que reçut [Iago], fils de Beli, sur la tête, de la main de son vassal même (1).

37. Trois *aerveddawc* (2) de l'île de Prydein : Selyv (3), fils de Kynan Garwyn ; Avaon, fils de Talyessin ; Gwallawc, fils de Lleenawc (4). On les appelait ainsi parce qu'ils vengeaient leurs torts même de leurs tombes.

38. Trois piliers de combat de l'île de Prydein : Dunawt, fils de Pabo ; Kynvelyn Drwsgyl (le rude, le grossier) ; Uryen, fils de Kynvarch (5).

39. Trois hommes généreux de l'île de Prydein : Rydderch Hael, fils de Tutwal Tutclyt ; Nudd

---

(1) D'après la *Myv. arch.*, p. 405, 48, Golyddan est frappé pour venger le coup qu'il avait donné lui-même à Cadwaladr le Béni (v. plus haut, triade 18). Iago ab Beli, roi de Gwynedd, mourut en 613 (*Ann. Cambr.*). D'après la *Myv. arch.*, ce vassal aurait été Cadavael Wyllt, le furieux, le sauvage. On a quelquefois identifié ce Cadavael avec le *Catgabail Catguomedd* de Nennius (Petrie, *Mon. hist.*, p. 76), qui semble avoir régné après Cadwaladr.

(2) *Aerveddawc*, « qui combat du tombeau, » ou peut-être « qui est maître du champ de bataille » (*aer et meddawc ?*). Cf. *Y Cymmrodor*, VII, p. 128, 30.

(3) Voy. *Mab.*, I, 310, n. 1.

(4) Voy. *Mab.*, II, 132. Gwallawc (Guallauc map Laenauc) est petit-fils de Keneu ab Coel. Il joue un grand rôle dans les luttes des Bretons du Nord (Voy. Stephens, *The Gododin*, p. 6, 66, 70, 71, 73, 74, 152, etc.).

(5) Cf. *Y Cymmrodor*, VII, p. 128, 31. *Myv. arch.*, p. 407, 71.: au lieu d'Uryen, Gwallawc ab Lleenawc.

Hael (1), fils de Senullt; Mordav Hael, fils de Serwan (2).

40. Trois vaillants de l'île de Prydein : Grudnei, Henben et Aedenawc ; ils ne revenaient jamais du combat que sur leurs civières. Ils étaient tous les trois fils de Glessiar du Nord par Haearnwedd Vradawc, leur mère (3).

41. Trois orgueilleux de l'île de Prydein : Gwibei Drahaawc (l'orgueilleux), Sawyl Benn-uchel (4)

---

(1) Nudd ab Senyllt paraît avoir été un roi breton du nord. Voy. Stephens, *The Gododin*, p. 66, 71, etc.

(2) Un *Serguan ab Letan* est nommé dans les généalogies du dixième siècle (Y *Cymmrodor*, IX, I, p. 175) ; mais Mordav n'y paraît pas. Ce Serguan (= *Serwan*) est père de *Caurtam* (*Cawrdav*), grand-père de Run ab Nwython. Cf., pour cette triade, Y *Cymmrodor*, VII, 128, 32. *Myv. arch.*, p. 404, 30.

(3) Notre texte porte *Henbrien* ; Skene, *Four anc. books*, II, app., n° XX : Grudnei, Henpen, Edenawc ; Y *Cymmrodor*, VII, 128, 33 : Henben. Les *Chwedlau y Doethion* font de Haearnwedd Vradawc un guerrier (*Iolo mss.*, p. 56).

(4) Il y dans Gaufrei de Monmouth (III, 17) un roi des Bretons, avant l'arrivée de César, du nom de *Samuel Penissel* (à la tête basse). Il est fils de Rederch et père de Pir. C'est un personnage historique que Gaufrei a été prendre probablement dans d'anciens textes. Les généalogies du dixième siècle mentionnent un *Samuil Pennissel*, fils de *Pappo Post Priten*, par conséquent vivant au sixième siècle, après Jésus-Christ. Il est donc de la famille de Coel (V. appendice II). C'est le personnage des triades. Un auteur de triades aura trouvé qu'il y avait contradiction avec l'épithète d'*orgueilleux* et le titre de *tête baissée*, et aura voulu faire disparaître cette anomalie en transformant *pennissel* en *penn-uchel*, « tête haute. » Différentes généalogies donnent Sawyl Bennuchel comme fils de Pabo et frère de Dunawd (v. Stephens, *The Gododin*, p. 174).

(à la tête haute), et Ruvawn Pebyr (1) l'Orgueilleux,

42. Trois princes *obliques* (2) (princes sans l'être, évitant la royauté) de l'île de Prydein : Manawyddan (3), fils de Llyr ; Llywarch Hen (4), et Gwgon Gwron (5), fils de Peredur ab Eliffer. On les appelait

(1) Voy. *Mab.*, I, 204, 293, 294, 311. Cf , pour cette triade, *Y Cymmrodor*, VII, 128, 38. Skene, *Four anc. books*, II, app., n° XXI ; *Myv. arch.*, p. 408, 71 : Sawyl Bennuchel, Pasgen ab Urien, Rhun ab Einiawn. Suivant la *Myv.*, ils se seraient alliés aux Saxons.

(2) On traduit souvent par *désintéressés*.

(3) V. *Mab.*, I, 97, n. 1.

(4) La noblesse des hommes du Nord le donne comme fils d'Elidir Lydanwyn ab Meirchawn et descendant de Coel (v. appendice III). Dans l'élégie sur la mort d'Uryen ab Cynvarch, Llywarch appelle Uryen son cousin germain (*Four anc. books*, II, p. 269). Le *Livre Noir* nous donne les noms de plusieurs de ses enfants (*Four anc. books*, II, p. 30, vers 2 ; 50, 19 ; 60, XXXIX). C'est surtout dans le *Livre Rouge*, dans les poèmes qui lui sont attribués que l'on trouve sur lui de précieux renseignements. Dans une fort belle élégie (*Four anc. books*, II, p. 264), il se montre vieux, abandonné, lui qui a été un vaillant guerrier, aimant surtout la fille de l'étranger et les chevaux, qui a eu vingt-quatre fils. Il célèbre Urien ab Cynvarch, père d'Owein, Cadwallawn ab Cadvan (*Four anc. books*, II, XV), Gereint ab Erbin (*ibid.*, XIV). Un de ses fils, Pyll, périt à la bataille de Cattraeth (Stephens, *The Gododin*, p. 220, vers 334). Un autre, Keneu, délivre Aneurin de la captivité (*ibid.*, p. 251, 252, vers 467-471). Il semble qu'il ait été de bonne heure vers l'Ouest et le Sud, ce qui explique ses rapports avec Cadwallawn et Gereint. Il a séjourné en Powys, comme le prouve son élégie de Cynddylan (*Four ancient books*, II, p. 279 ; XVI). Il le dit d'ailleurs formellement (*ibid.*, p. 259, XI).

(5) Cf. *Y Cymmrodor*, VII, 128, 35. *Myv. arch.* : Gwgawn Gwron ab Eleuver Gosgordḋvawr. Il y a un autre Gwgawn Gleddyvrudd qui paraît différent, v. I, 310.

ainsi parce qu'ils ne cherchaient pas de domaines, et que personne pourtant n'aurait pu les en empêcher.

43. Trois maîtres ès machines de l'île de Brydein : Greidyawl Gallovydd (1). maître en mécanique; Drystan, fils de Tallwch, et Gwgon Gwron (2).

44. Trois *esgemydd aereu* (3) de l'île de Prydein : Morvran (4), fils de Tegit ; Gwgon Gleddyvrud (5) (à l'épée rouge), et Gilbert, fils de Kadgyffro (6).

45. Trois *porthawr* (7) de la bataille du Verger de Bangor : Gwgon Gleddyvrudd ; Madawc, fils de Run (8), et Gwiawn (9), fils de Kyndrwyn. Il y en

(1) V. Mab., I, 202, n. 2.

(2) Cf. Y *Cymmrodor*, VII, 129, 36. Skene, *Four anc. books*, II, app. n° XVII ; *Myv. arch.*, p. 404, 32 : Greidiawl, Envael ab Adran et Trystan ab Tallwch. Skene n'a pas compris le mot *gallovydd*.

(3) Les dictionnaires traduisent *esgemydd* par banc, escabeau ; *esgemydd aereu* signifierait donc *bancs de batailles*. La *Myv. arch.*, p. 404, 33, donne une explication de ce terme : les trois héros sont Grudneu, Henpen et Eidnew; « ils ne revenaient du combat que sur leurs civières, lorsqu'ils ne pouvaient plus remuer la langue ni un doigt. »

(4) V. Mab., I, 209, n. 5.

(5) V. Mab., I, 310.

(6) V. Mab., I, 312.

(7) *Porthawr* a habituellement le sens de portier, mais le mot pourrait bien ici avoir le sens de *soutien, qui supporte*; cf. *porthi*, « soutenir, supporter. » Cette bataille de Bangor est la célèbre bataille de Chester, livrée en 613, d'après les *Ann. Cambr.*, dans laquelle Selim ab Cinan (Selyv ab Cynan) périt (cf. *Ann. Tigern.*; Bède, *H. E.*, II, 2).

(8) C'est de ce Madawc qu'il est probablement question dans le *Gododin*; son nom y est en effet rapproché de celui de Gwiawn et de Gwgawn (Stephens, *The Gododin*, p. 220, v. 334, 335).

(9) Il est question d'un Gwiawn à deux reprises dans le *Gododin*

avait trois autres du côté des Lloegrwys (les Saxons et leurs alliés) : Hawystyl Drahaawc (l'orgueilleux), Gwaetcyn Herwuden, et Gwiner.

46. Trois cadavres d'or (1) de l'île de Brydein : Madawc, fils de Brwyn; Keugan, fils de Peillyawc, et Ruawn Pevyr, fils de Gwyddno (2).

47. Trois familles avec entraves (3) de l'île de

(Stephens, *The Gododin*, p. 220, v. 335 ; p. 321, v. 795). Quant à Cyndrwyn, c'est un prince de Powys, père de Cynddylan, chanté par Llywarch Hen. Le poète mentionne comme fils de Cyndrwyn, outre Cynddylan, Cynon, *Gwion* et Gwynn (*Four anc. books of Wales*, II, p. 283. On a identifié avec apparence de raison Cyndylan avec le Condidan que la chronique anglo-saxonne dit avoir été tué avec deux autres rois bretons, à la bataille de Deorham, en 577, bataille qui livra aux Saxons Bath, Gloucester et Cirencester (Green, *Making of England*, p. 128, 206).

(1) *Myv. arch.*, p. 408, 77 : on les appelait ainsi parce que les mains qui les avaient tués devaient rendre leur poids en or. *Y Cymmrodor*, VII, 129, 39 : Kengan Peillyawc. On ne sait de quel Brwyn il est ici question. Il y en a un qui est qualifié par Taliessin de *bro bradawc*, « traître à son pays » (*Four anc. books*, II, p. 176, n. 18).

(2) On l'a souvent identifié avec Ruawn Pebyr ab Deorthach. Il y a encore un Rumawn (= Ruvawn) ab Cunedda (v. appendice II), un Rumaun ab Enniaun (*ibid.*). Voy. les notes à Ruawn ab Deorthach, *Mab.*, I, 204, 293, 294, 311.

(3) Cf. *Y Cymmrodor*, VII, 129, 40. *Myv. arch.*, p. 403, 27 : au lieu de *hualogion, hueilogion*, que l'auteur semble avoir compris dans le sens de *chef souverain, maître* ; ce serait un dérivé de *huail*, auquel je ne sais pourquoi Owen Pughe donne le sens de *vice-roi, gouverneur*; l'auteur ajoute, en effet, qu'on leur donnait ce nom parce qu'ils ne reconnaissaient ni chef ni roi dans toute l'étendue de leurs domaines ; ils n'étaient soumis qu'à la loi du pays et de la nation.

Brydein : la famille de Katwallawn Llawhir (1) (longue main) ; ils s'étaient mis chacun aux pieds les entraves de leurs chevaux pour se battre avec Serygei le Gwyddel à Kerric y Gwyddyl (les Rochers des Gaels) en Mon. La seconde était celle de Riwallawn, fils d'Uryen, quand elle voulut se battre avec les Saxons ; la troisième, celle de Belen de Lleyn, quand elle voulut se battre avec Etwin à Brynn Etwin en Ros.

48. Trois familles (clans) fidèles de l'île de Prydein : la famille de Katwallåwn, lorsqu'elle se mit des entraves ; la famille de Gavran, fils d'Aeddan (2), quand eut lieu sa disparition complète ; la

---

(1) Cadwallawn Lawhir (*Catguolaun Lauhir*, en vieux gallois) est père de Maelgwn et petit-fils de Cunedda (d'après les généalogies du dixième siècle, appendice II). La triade est ici l'écho d'un fait historique important. Nennius nous dit que Cunedag vint, avec ses fils, du pays des Ottadini (Manau Guotodin) en Gwynedd (*in regione Guenedotae*), et qu'ils en chassèrent les Scots (les Irlandais), après en avoir fait un grand massacre, et que ceux-ci n'y revinrent plus. Nennius donne huit fils à Cunedag ; les généalogies du dixième siècle lui en donnent neuf, mais un d'eux serait resté dans son pays d'origine (v. plus bas, appendice II). D'après Nennius, l'émigration de Cunedag aurait eu lieu cent quarante-six ans avant le règne de Maèlgwn (Mailcun) (Petrie, *Mon. hist. brit.*, p. 75), par conséquent vers la fin du quatrième siècle ap. Jésus-Christ (Mailcun meurt en 547, d'après les *Ann. Cambr.*). D'après les *Iolo mss.* (p. 80), Serigi était roi de Mon et de Gwynedd (voy. la triade 111).

(2) Il faut probablement lire Aeddan ab Gavran (voy. triade 19). Ce qui a pu donner lieu à cette fable, c'est une expédition sur mer d'Aeddan ab Gavran, en 579, mentionnée par les *Ann. Ult.* (O'Connor, *Rerum hibern. script.*, IV, p. 29), à moins, comme

famille de Gwenddoleu, fils de Keidyaw, à Arderydd, qui continua la lutte un mois et quinze jours après que son seigneur eut été tué. Le nombre des combattants de chacune de ces familles était de cent vingt (1).

49. Trois familles infidèles de l'île de Brydein : la famille de Goronwy Pevyr (2) de Penllyn, qui refusa à son seigneur de recevoir à sa place le coup du javelot empoisonné de Llew Llawgyffes ; la famille de Gwrgi et de Peredur (3), qui abandonna ses seigneurs à Kaer Greu, lorsqu'ils devaient se battre le lendemain avec Eda Glingawr (4), ce qui

Stephens le suppose, que ce ne soit la mort en mer de Conang, fils d'Aeddan: « Conangus regis Aidani filius mari demersus » (Tigernach, à l'année 622, d'après Stephens, *The Gododin*, 286, note; 287, note).

(1) Cf. *Y Cymmrodor*, VII, 129, 41. *Myv. arch.*, p. 408, 80 : la famille de Cadwallawn ab Cadvan, qui fut sept années avec lui en Iwerddon et ne réclama jamais ni son salaire ni son dû, de peur d'être obligée de l'abandonner ; la famille de Gavran ab Aeddan, lorsque eut lieu la disparition complète. (Le reste comme dans le *Livre Rouge*, avec quelques détails insignifiants.) La version de Skene, *Four anc. books*, II, app., n° XXVI, est celle de la *Myv. arch.*

(2) Voy. *Mab.*, I, 152, n. 1.

(3) Voy. *Mab.*, I, p. 152, n. 1 ; 311 ; II, 45.

(4) Ida, fils d'Eoppa, roi de Northumbrie, de 547 à 559, est souvent confondu avec un de ses descendants, Eata, fils de Leodwald, père d'Eadbert qui commença son règne en 738 (*Chron., anglo-sax.*, ap. Petrie, *Mon. hist. brit.*). Nennius donne à Eata le surnom de *Glin-maur*, « au grand genou ; » *Glingawr* signifie *genou de géant* (Nennius ap. Petrie, *Mon. hist. brit.*, p. 75). Guurci et Peretur étant morts, d'après les *Ann. Cambr.*, en 580, la triade

amena leur mort à tous deux; la famille d'Alan Fergan (1), qui abandonna son seigneur, en cachette, dans sa marche vers Kamlan. Le nombre des hommes de chaque famille était de cent vingt (2).

50. Trois hommes aux entraves d'or de l'île de Brydein : Riwallawn Wallt Banhadlen, Run (3), fils de Maelgwn, et Katwaladyr Vendigeit. Voici pourquoi on les appelait ainsi : comme on ne trouvait pas de chevaux qui leur allassent à cause de leur grande taille, ils se mettaient des entraves d'or autour du bas des jambes relevées derrière leur dos sur la croupe de leurs chevaux et, sous les genoux, un plateau d'or. C'est de là qu'est venu au genou le nom de *padellec* (4).

porte à faux. Ils n'ont pu périr dans un combat ni avec Ida, mort en 559, ni avec Eata, qui a dû vivre vers la fin du septième et le commencement du huitième siècle.

(1) Voy. Mab., I, 152, n. 1.

(2) Cf. *Y Cymmrodor*, VII, 129, 42. Skene, *Four anc. books*, II, app., n° XXVII : la famille de Goronwy l'abandonne à Llech-Oronwy, vers Blaen Cynvael ; Eda est appelé Glinmawr. La *Myv. arch.*, p. 408, 81, est d'accord avec Skene.

(3) Voy. Mab., I, 313, n. 1. Les généalogies du dixième siècle le mentionnent : Run, fils de Mailcun mort en 547, et père de Beli (*Y Cymmrodor*, IX, I, p. 170).

(4) Cf. *Y Cymmrodor*, VII, 43. Skene, *Four anc. books*, II, app., n° XV. *Myv. arch.*, p. 403, 28 : on leur accorda de porter des chaînes d'or autour des bras, des genoux et du cou, et avec cela on leur conférait privilège de royauté dans toute contrée et domaine de l'île de Bretagne. *Padellec* : on dit couramment, en gallois, *padell y glin* pour la rotule. *Padell* est emprunté au latin *patella*. Le *Livre Rouge* porte *hualo eur*, à corriger en *hualoc eur*.

51. Trois fantômes taureaux (1) de l'île de Prydein : le fantôme de Gwidawl, le fantôme de Llyr Marini (2), le fantôme de Gyrthmwl **Wledic** (3).

52. Trois fantômes sauvages de l'île de Prydein : le fantôme de Manawc, le fantôme d'Ednyveddawc Drythyll (le fougueux, le licencieux), le fantôme de Melen (4).

53. Trois hôtes libres et contre leur volonté de la cour d'Arthur : Llywarch Hen, Llemenic (5) et Heledd (6).

54. Trois femmes chastes de l'île de Prydein :

---

(1) Notre texte porte *tri charw ellyll*, ce qui signifierait *trois cerfs-fantômes* ; mais la *Myv. arch.*, p. 409, 94, donne *tri tharw*, ce qui paraît plus vraisemblable. En rapprochant l'expression *tri tharw ellyll* de *tri tharw unbenn*, « trois princes taureaux de bataille, » on est amené à supposer que « taureau » est pris ici au figuré, dans le sens de *terrible, impétueux*. Le texte du *Cymmrodor*, VII, 130, 44, a *tri tharw*.

(2) Voy. *Mab.*, I, 298.

(3) Voy. plus haut, triade 16.

(4) *Myv. arch.*, p. 409, 95 : *Melan* au lieu de *Melen* ; *Bannawc* au lieu de *Manawc*. *Y Cymmrodor*, VII, 130, 45 : *Bannawc*.

(5) Llemenic est célébré dans le *Gododin* (Stephens, *The Gododin*, p. 201, v. 287). Le *Livre Noir* mentionne sa tombe à Llan Elwy, Saint-Asaph (*Four anc. books*, II, p. 33, vers 6), et Taliesin, son coursier (*Four anc. books*, II, p. 176, v. 24). Llywarch Hen l'appelle fils de Mahawen. Stephens (*The Gododin*, p. 203) l'identifie, à tort probablement, avec Llyminawg, qui aurait combattu les Irlandais de Mon (*Four anc. books*, II, p. 208, v. 17).

(6) Cf. *Y Cymmrodor*, VII, 130, 46. *Myv. arch.*, p. 410, 112. Au lieu de Heledd, Heiddyn Hir : Heiddyn est peut-être le guerrier célébré dans le *Gododin* (Stephens, *The Gododin*, p. 308-311).

Arddun, femme de Catgor ab Gorolwyn ; Eveilian, femme de Gwydyr Drwm (le lourd) ; Emerchret, femme de Mabon ab Dewengen (1).

55. Trois hommes à la lance rouge (2) de l'île de Prydein : Degynelw (3), barde d'Ywein ; Arovan, barde de Selyv ab Kynan ; Avanverddic, barde de Katwallawn ab Katvan (4).

56. Trois prisonniers éminents de l'île de Prydein : Llyr Lledyeith (5), Mabon ab Modron (6), Gweir, fils de Gweiryoedd (7). Il y en eut un de

---

(1) *Myv. arch.*, p. 410, 104 : Catgor ab Collwyn ; Evilian, Dwein Hen. *Y Cymmrodor*, VII, 130, 47 : Eveilian. J'ai préféré *Eveilian* à l'*Eneillian* du texte. Ce nom est resté assez commun en Galles : vers 1031 Ardden, fille d'*Eviliau* (leg. *Evilian*), femme de Rhotpert ab Seissyllt, est violée par Iestin ab Gwrgan (Brut y Tyw., *Myv. arch.*, p. 695).

(2) Suivant une traduction des *Triades*, dans le *Cambro-Briton*, I, p. 36, on les appelait ainsi, parce que, contrairement aux lois bardiques, ils versaient le sang.

(3) Le fils de Kynddelw, le barde d'Owein, roi de Gwynedd (1137-1169), s'appelait Dygynnelw (*Myv. arch.*, p. 1185).

(4) Cf. *Y Cymmrodor*, VII, 130, 48. *Myv. arch.*, p. 404, 40 : Tristvard, barde d'Urien de Reged ; Degynelw, barde d'Owein ab Urien ; Avan Verddic, barde de Kadwallawn ab Cadvan : c'étaient trois fils de bardes. Skene, *Four anc. books*, II, app., n° XI, a lu *Mianverddic*. Son texte ajoute, après avoir énuméré les trois bardes : a *Ryhawt eil Morgant*, c'est-à-dire : « et Ryhawt, fils de Morgant. » Skene traduit : *et ils étaient fils de Morgant !* Notre texte porte *Avan Veddic*. Je n'ai pas hésité à adopter la leçon Avan Verddic ; elle est assurée par un poème de Kynddelw, barde, qui vivait entre 1150 et 1200 ; il se compare à *Avan Verddic* et à *Arovan* (*Myv. arch.*, p. 189, col. 1).

(5) Voy. *Mab.*, I, 67, 298, n. 2.

(6) Voy. *Mab.*, I, 265, n. 1.

(7) Il y a plusieurs autres Gweir ; voy. l'*Index*.

plus éminent qu'eux trois, qui fut trois nuits en prison à Kaer Oeth et Anoeth (1), trois nuits en prison du fait de Gwen Pendragon, trois nuits dans une prison enchantée sous Llech Echymeint : c'était Arthur. Ce fut le même homme qui le délivra de ces trois prisons : Goreu (2), fils de Kustennin, son cousin germain.

Voici les triades des chevaux :

57. Trois chevaux donnés en cadeau de l'île de Brydein : Meinlas, cheval de Kaswallawn ab Beli; Melyngan Gamre, cheval de Llew Llawgyffes; Lluagor, cheval de Karadawc Vreichvras (3).

58. Trois principaux chevaux de l'île de Bry-

---

(1) Voy. Mab., I, 197, n. 1.

(2) C'est le nom de Kustennin qui a poussé l'auteur de la triade à faire de Goreu le cousin d'Arthur; il a identifié Custennin le berger avec Custennin Vychan, le Constantin de Gaufrei, père d'Uthur Pendragon, grand-père d'Arthur (voy. triade 10, la note à Gwrtheyrn). D'après le *Mabinogi* de Kulhwch et Olwein, la femme de Custennin le berger est la tante de Kulhwch, cousin d'Arthur, mais Custennin est fils de Dyvnedic et frère d'Yspaddaden Penkawr.

Le fragment de Hengwrt (*Y Cymmrodor*, VII, 130, 49) est d'accord avec notre texte; il dit de plus que Llyr Lledyeith fut mis en prison par Eurosywdd; cf. la triade 11.

(3) Voy., plus haut, les triades 1, 2, 3, 4. *Melyngan*, « jaune-blanc, *camre*, pas, trace de pas. » *Meinlas*, « mince et pâle ou blanchâtre. » Cf. *Y Cymmrodor*, VII, 130, 50; *Myv. arch.*, p. 394, 9 : trois chevaux de bataille de l'île de Prydein : Lluagor, le cheval de Caradawc Vreichuras; Melyngan Mangre, le cheval de Llew Llawgyffes; Awyddawc Vreichir, le cheval de Cynhoret ab Cynon.

dein : Du Hir Tynedic, cheval de Kynan Garwyn ; Awyddawc Vreich Hir, cheval de Kyhoret ab Kynan (1) ; Rudd Dreon Tuth-bleidd, cheval de Gilbert ab Katgyffro (2).

59. Trois chevaux de butin de l'île de Prydein : Karnavlawc, cheval d'Ywein ab Uryen ; Tavawt Hir, cheval de Katwallawn ab Katvan ; Bucheslom, cheval de Gwgawn Kleddyvrudd (3).

60. Trois chevaux de labour de l'île de Brydein : Gwineu Gwddwv Hir, cheval de Kei ; Grei, cheval d'Edwin ; Lluydd, cheval d'Alser ab Maelgwn (4).

61. Trois chevaux d'amoureux de l'île de Brydein : Ferlas (cheville blanchâtre), cheval de Dalldav ab Kunin (5) ; Gwelwgan (blanc-pâle), Gohoewgein (vif et beau), cheval de Keredic (6)

(1) Cf. note 6. Kyhoret est la bonne leçon (cf. *Livre Noir*, *Four anc. books.*, II, p. 35).

(2) Cf. *Y Cymmrodor*, VII, 131, 51 ; voy. nos quatre premières triades.

(3) Cf. *Y Cymmrodor*, VII, 131, 52, et notre triade 1. Pour Gwgawn Kleddyvrudd, voy. *Mab.*, I, 310, n. 3.

(4) Cf. *Y Cymmrodor*, VII, 131, 53, et nos triades 2 et 3. Chez Taliesin, Grei est le cheval de Cunin (*Four anc. books*, II, p. 176, v. 14).

(5) Notre texte porte *Kimin* ; je préfère Cunin, d'après deux passages de Taliesin, *Four anc. books*, II, p. 176, v. 14, p. 182, v. 23). Pour Dalldav, cf. *Mab.*, I, 204.

(6) Ne pas le confondre avec le *Ceretic*, fils de Cunedda, venu avec son père en Galles et qui a donné son nom à Cardigan (*Cereticiawn*, plus tard, Ceredigiawn). Un Ceredic paraît dans le *Gododin* (Stephens, p. 204, 205, 206). Stephens en a fait le fils de Cunedda, ce qui semble impossible. Ce Ceredic pourrait bien être plutôt le fils de Gwallawc, que nous savons avoir été un

ab Gwallawc; Gwrbrith, cheval de Raawt (1).

62. Trois chevaux de somme de l'île de Brydein, qui portèrent les trois charges de chevaux; leurs noms sont plus haut (2).

63. Trois grands porchers de l'île de Brydein : le premier est Pryderi (3), fils de Pwyll Penn Annwn (4), qui garda les porcs de Pendaran (5) Dyvet (6), son père nourricier; c'étaient les sept porcs qu'avait emmenés Pwyll Penn Annwvn et qu'il avait donnés à Pendaran Dyvet, le père nourricier de son fils. C'est à Glynn Cuch (7), en Emlyn, que Pryderi les gardait. Voici pourquoi on l'appela un des trois grands porchers : c'est que personne ne put rien contre lui ni par ruse, ni par violence. Le second fut Drystan, fils de Tallwch, qui garda les porcs de March, fils de Meirchyon, pendant que le porcher allait en message vers Essyllt (8).

chef du Nord. Les *Ann. Cambr.* mentionnent à l'année 616 la mort du roi Ceretic. Suivant Nennius (Petrie, *Mon. hist.*, p. 76), Ceretic aurait été expulsé d'Elmet (la région de Leeds) par Edwin, fils d'Alli, vers 616. Le Ceretic, fils de Cunedda, paraît bien être le Coroticus avec lequel saint Patrice a été en rapport.

(1) Cf. Y *Cymmrodor*, VII, 131, 54.
(2) Cf. Y *Cymmrodor*, VII, 131, 55; voy. triade 16.
(3) Voy. Mab., I, 60, n. 2.
(4) Voy. Mab., I, 27, n. 1; 31, n. 1.
(5) Voy. Mab., I, 60, n. 1.
(6) Voy. Mab., I, 27, n. 2.
(7) Voy. Mab., I, 29, n. 1.
(8) Skene, *Four anc. books*, II, app. n° XXIII: ... vers Essyllt pour lui demander une entrevue.

Arthur, March, Kei et Bedwyr (1) vinrent tous les quatre, mais ils ne purent lui enlever une seule truie, ni par ruse, ni par violence, ni par larcin. Le troisième était Koll (2), fils de Kollvrewi, qui gardait les porcs de Dallwyr Dailbenn (3) à Glynn Dallwyr, en Kernyw. Une de ses truies, du nom de Henwen, était pleine (4). Or, il était prédit que l'île de Prydein aurait à souffrir de sa portée. Arthur rassembla donc l'armée de l'île de Brydein et chercha à la détruire. La truie alla, en se terrant, jusqu'à Penryn Awstin, en Kernyw. Là, elle se jeta dans la mer avec le grand porcher à sa suite. A Maes Gwenith (5), en Gwent, elle mit bas un grain de froment et une abeille; aussi, depuis lors jusqu'aujourd'hui, il n'y a pas de meilleur terrain que Maes Gwenith pour le froment et les abeilles. A Llovyon (6), en Pennvro (Pembroke), elle mit bas un grain d'orge et un grain de froment; aussi, l'orge de Llovyon est passé en proverbe. A Riw-Gyverthwch, en Arvon (7), elle mit bas un louveteau (8) et un petit aigle. Le loup fut donné à

(1) Voy. Mab., I, 202, 226, 259-266, 268, etc.
(2) Voy., plus haut, triade 25. On peut supposer que c'est de ce Coll qu'il est question dans le *House of fame* de Chaucer.
(3) Voy. Mab., I, 206.
(4) Cf. Mab., I, 248, n. 2.
(5) Le champ du froment. Skene : Aber Torogi, en Gwent Iscoed.
(6) Skene : Llonyen.
(7) Voy. Mab., I, 80, n. 3.
(8) Le texte porte *cath*, « chat, » mais le contexte montre qu'il s'agit d'un loup. Skene : *ceneu bleidd*, « un louveteau. »

Menwaed (1), et l'aigle à Breat (2), prince du Nord. Ils eurent à s'en repentir. A Llanv r, en Arvon, sous Maen Du (la pierre noire), elle mit bas un chat, que le grand porcher lança du rocher dans la mer. Les enfants de Paluc (3), en Mon, le nourrirent, pour leur malheur. Ce fut le chat de Paluc, un des trois fléaux de Mon et nourris dans son sein. Le second fut Daronwy (4); le troisième, Edwin (5), roi de Lloegyr.

64. Trois favoris de la cour d'Arthur et trois chevaliers de combat : aucun d'eux ne supporta jamais de *penteulu* au-dessus de lui. Arthur leur chanta cet *englyn* :

> Voici mes trois chevaliers de combat :
> Menedd, Lludd Llurugawc (le cuirassé)
> Et la colonne des Kymry, Karadawc (6).

65. Trois cordonniers-orfèvres de l'île de Bry-

---

(1) Le texte porte *Bergaed*; Skene : Menwaed d'Arllechwedd, et ce fut le loup de Menwaed. Menwaed apparaît dans une autre triade: voy. triade 64, n. 3.

(2) Skene : Brynach Gwyddel (le Gaël), du Nord.

(3) La triade de Skene s'arrête à cet endroit.

(4) Voy. *Mab.*, I, 256, n. 1.

(5) Voy. la note 3 à la triade 13. Pour toute la triade 63, cf. *Y Cymmrodor*, VII, 132, 56.

(6) Skene, *Four anc. books*, II, app. n° XVI : Karadawc Vreichvras, Menwaed d'Arllechwedd, Llyr Lluyddawc ; *Myv. arch.*, p. 403, 29: Caradawc Vreichvras, Mael ab Menwaed d'Arllechwedd, Llyr Lluyddawc. Après la prose, cette triade ajoute un *englyn* sur le même sujet; avec les mêmes noms : Mael est qualifié de *hir*, « long. » *Y Cymmrodor*, VII, 132, 57 : *Meuedd*, au lieu de *Menedd*.

dein : Caswallawn, fils de Beli, quand il alla chercher Fflur jusqu'à Rome (1) ; Manawyddan, fils de Llyr, quand un charme fut jeté sur Dyvet (2) ; Llew Llawgyffes, quand il alla avec Gwydyon chercher à avoir, par surprise, un nom et des armes d'Aranrot sa mère (3).

66. Trois rois furent fils de vilains : Gwryat, fils de Gwryon (4), dans le Nord (5) ; Kadavel (6), fils de Kynvedw, en Gwynedd ; Hyveidd (7), fils de Bleiddic, dans le Sud (8).

67. Trois *empesteurs* de la Havren (Severn) : Katwallawn, quand il alla avec l'armée des Kymry (9)

---

(1) Cf. Y *Cymmrodor*, VII, 132, 58. *Myv. arch.*, p. 411, 124..., chercher Fflur, fille de Mygnach Gorr (le nain), enlevée par Mwrchan Lleidr (le voleur) et livrée par lui à l'empereur Iwl Caisar ; Caswallawn la ramena dans l'île de Prydein. L'épisode de *Flur* (= *Flora*) ne se trouve pas dans Gaufrei de Monmouth. Le nom de Fflur n'apparaît ni dans le *Livre Noir*, ni dans le livre de Taliesin, ni dans les poèmes du *Livre Rouge* donnés par Skene.

(2) Voy. le *Mabinogi* de Manawyddan ab Llyr.

(3) Voy. Mab., I, p. 137 et suiv.

(4) Il y a un Gwriat mentionné dans le *Gododin*, à côté d'un Gwrion (Stephens, *The Gododin*, p. 212, v. 325). Un Gwryat, fils de Rodri et père de Gwgawn, est tué en 953 (Brut y Tyw. ap. Petrie, *Mon. hist. brit.*, p. 848).

(5) Voy. Mab., I, 195, n. 3.

(6) Voy. la note 3 à la triade 36.

(7) Voy. Mab., I, 43, n. 3.

(8) Voy. Mab., I, 122, n. 2. Cf. Y *Cymmrodor*, VII, 132, 59. *Myv. arch.*, p. 403, 26 : Gwrgai ab Gwrein, dans le Nord ; Cadavael ab Cynvedw, en Gwynedd ; Hyveidd Hir ab Bloiddan le Saint, en Morganwg.

(9) Voy. Mab., I, 79, n. 1.

à la bataille de Digoll (1), tandis qu'Elwin était de l'autre côté avec l'armée de Lloegyr (2). Le second fut le présent reçu par Golyddan d'Enyawn ab Bedd, roi de Kernyw. Le troisième fut Calam, cheval d'Iddon, fils de Ner, envoyé par Maelgwn.

NOMS DE L'ILE DE PRYDEIN ET DES ILES ADJACENTES.

68. Le premier nom que porta cette île avant qu'on ne l'occupât et qu'on ne l'habitât fut celui de Clas Myrddin. Après qu'elle eut été occupée et habitée, elle s'appela Mel Ynys (l'île de miel). Après sa conquête par Prydein ab Aedd Mawr (le grand), on l'appela l'île de Prydein (3).

69. Elle a trois principales îles adjacentes; vingt-sept autres îles adjacentes en dépendent. Les trois principales sont : Mon, Manaw (Man) et Gweith (Wight) (4).

70. Elle a 123 principales embouchures, 54

(1) Voy. Mab., I, 298, n. 2.
(2) A partir de cet endroit, la triade paraît tronquée. La suite a dû appartenir à une triade différente. Le *Livre Rouge* porte Calam, fille d'Iddon, ce qui paraît une faute du copiste : il a substitué *merch*, fille, à *march*, cheval. Y *Cymmrodor*, VII, 132, 60 : *Calam march...*
(3) Cf. *Myv. arch.*, p. 400, 1; cf. Y *Cymmrodor*, VII, 124, 111.
(4) *Myv. arch.*, p. 407, 67 : Trois principales îles primitives : Orc, Manaw, Gwyth; quand la mer rompit la terre, Mon devint île; de la même manière, Iorc (leg. Orc) se brisa en un grand nombre d'îles (les Orcades); beaucoup d'autres endroits d'Alban et de Cymru devinrent îles aussi. Le *Livre Rouge* porte Weir, faute évidente pour Weith.

grands ports et 33 (1) principales villes fortes ; les voici : Kaer Alclut, Kaer Lyr, Kaer Hawydd, Kaer Evrawc, Kaer Gent, Kaer Wranghon, Kaer Lundein, Kaer Lirion, Kaer Golin, Kaer Loyw, Kaer Gei, Kaer Siri, Kaer Wynt, Kaer Went, Kaer Grant, Kaer Dawri, Kaer Lwytcoet, Kaer Vyrddin, Kaer yn Arvon, Kaer Gorgyrn, Kaer Lleon, Kaer Gorcon, Kaer Cusrad, Kaer Urnas (Kaer Urnac),

---

(1) La *Myv. arch.*, p. 388, 4, en compte vingt-huit; c'est le chiffre du catalogue inséré dans Nennius. Mais la version de l'*Hist. Brit.*, attribuée à Marc l'anachorète, en compte trente-trois. Voici le catalogue des vingt-huit cités, d'après le *Harleian ms.*, 3859 (*Y Cymmrodor*, IX, 1, 183). Je mets entre parenthèses les noms correspondants de la triade de la *Myv. arch.*, lorsque c'est possible : Cair Guorthigirn ; Cair Guinntguic ; Cair Mincip ; Cair Ligualid ; Cair Meguaid (C. Mygit ; leg. C. Mygeid ou Mygueid?); Cair Colun (Caer Golun); Cair Ebrauc (C. Evrawc); Cair Custoeint ; Cair Caratawc (C. Caradoc); Cair Grauth (C. Grant); Cair Maunguid ; Cair Lundein (C. Lundein); Cair Ceint (C. Geint); Cair Guiragon (C. Wyrangon) ; Cair Peris (C. Beris) ; Cair Daun ; Cair Legion (C. Lleon); Cair Guricon (C. Worgorn); Cair Segeint; Cair Legeion guar Uisc (C. Lion); Cair Guent (C. Went); Cair Brithon; Cair Lerion (C. Lirion); Cair Draitou, Cair Pensauelcoyt; Cair Urnac (C. Urnach); Cair Celemion (C. Selemion); Cair Luitcoyt (C. Lwytcoet). Les noms qui n'ont point de similaire dans le catalogue du *Harl. mss.* sont : Caer Alclut, C. Loyw, C. Seri, C. Wynt, C. Dawri, C. Vuddei, C. Gwrgyrn, C. Lysidit, C. Weir, C. Widawlwir, C. Esc. En note, à la triade de la *Myv.*, on lit : certains livres ajoutent sept autres cités : C. Lyn, C. Ffawydd, C. Gei, C. Vyrddin, C. Arvon, C. Ennarawd (C. Arianrod ou Anarawd?), C. Vaddon. Les cités ajoutées par Marc l'anachorète sont : Cair Merddin, C. Ceri, C. Gloui (Caer Loyw), C. Teim, C. Gurcoc, C. Guintruis. Une collation complète et soigneuse de tous les manuscrits de Nennius serait nécessaire pour arriver à la leçon véritable de ces noms.

Kaer Selemion, Kaer Mygeid, Kaer Lyssydit, Kaer
Peris, Kaer Llion, Kaer Weir, Kaer Gradawc, Kaer
Widdawl Wir (1).

(1) Plusieurs de ces noms sont difficiles à identifier. Henri de
Huntindon en a identifié un certain nombre avec plus ou moins
de certitude (*Hist. Angl.*, I, Petrie, *Mon. hist. brit.*, p. 692). Petrie
suit généralement Usser et Camden. On trouvera chez Pearson,
Historical Maps of England, London, 1883, p. 20 et suiv., les
différentes opinions au sujet de l'emplacement et de l'identification de ces cités. Voici les opinions courantes d'après Petrie et
Pearson : Caer Alclut (Dumbarton, sans aucun doute); C. Lyr,
prob. Caer Leir : quelques-uns l'identifient avec Caer Lerion;
Caer Leir apparaît dans Gaufrei, II, 9; ce serait Leicester ou un
Caer sur une rivière du Lancashire; Caer Hawydd doit être lu :
Caer Fawydd (suivant Camden, Trefawith); C. Evrawc (d'un
commun accord York); C. Gent, leg. C. Geint (Canterbury ou
Rochester; il y a une rivière Caint en Anglesey); C. Wyrangon
(Worcester, disent les *Iolo mss.*, p. 44); C. Lundein (Londres);
C. Lirion (Leicester??); C. Golun (Colchester); C. Loyw (d'un
commun accord, Gloucester); C. Gei, le Caicester de Gaufrei
(Chichester, ou Ceynham, près Ludlow, ou C. Castell, près
Rumney); C. Siri (peut-être le Caer Sidi? dont il est question
dans Taliesin); C. Wynt (Winchester); C. Went (C. Went, en
Monmouthshire); C. Grant (Grantchester, maintenant Cambridge);
C. Dawri (Dorchester?); C. Lwytcoet (généralement Lincoln, en
suivant Gaufrei, IX, 3; M. Bradley l'a identifié avec Lichfield
(*Lwytcoet* = le *Letocētum* de l'anonyme de Ravenne); d'après un
passage des généalogies du dixième siècle (*Y Cymmrodor*, IX, I,
180), on pourrait supposer que c'est Glastonbury ; on lit après
Map Glast : « unum sunt Glastenic qui venerunt que vocatur
loytcoyt; » il faut probablement lire : « unus est [eorum] qui venerunt Glastenic que vocatur Loytcoyt. » Lichfield doit d'ailleurs
être préféré pour des raisons géographiques; il est probable qu'il
faut corriger en Letoceto, l'*Etoceto* de l'*Itinéraire d'Antonin*.
C. Vyrddin (Caermarthen); Caer yn Arvon (Carnarvon); C. Gorgyrn; C. Lleon (Chester); C. Gorcon (Uriconium, Wroxeter);

TRIADES DU MANUSCRIT DE HENGWRT 536, PUBLIÉES
AVEC TRADUCTION PAR SKENE, *Four ancient books
of Wales*, II, p. 454-465.

71 (Skene I). Trois sièges de tribu (1) de l'île de
Prydein : à Mynyw (2), Arthur est chef des rois,
Dewi (3), chef des évêques, Maelgwn (4), chef des

C. Cusrad (on l'identifie quelquefois avec Caer Caradawc; il y
a un Caer Caradawc en Shropshire; Gaufrei identifie Caer Cara-
dawc avec Salisbury); C. Urnas, leg. Urnac (d'après Camden,
Wroxeter; Wroxeter est certainement Uriconium, C. Gorcon);
C. Selemion ou Celemion (Camalet, ou Cadbury, ou Camerton, en
Somerset ?); C. Mygeid (Meivod, en Montgomeryshire ?); C. Lys-
sydit?; C. Beris (Porchester); C. Llion (Caerllion sur Usk); C. Weir
(Durham, disent quelques-uns; Stephens y voit Lancastre ; c'est
plutôt *Wearmouth*); C. Gradawc pour C. Garadawc (voy. à
C. Cusrad); C. Widdawlwir?

(1) *Lleithiclwyth* : *lleithic*, du latin *lectica*, a le sens de *couche,
divan*, et *lwyth*, celui de *charge, faix*, et aussi de *famille, tribu*.
Le mot pourrait donc signifier tout aussi bien : *charge de siège*.
Cf. *Myv. arch.*, p. 407, 34.

(2) Mynyw, St David's.

(3) Voy. plus bas, triade 77.

(4) Maelgwn, un des noms les plus célèbres de l'histoire et de
la légende galloises. C'est le Maglocunus que Gildas, dans son
Epistola, nous montre supérieur aux autres rois par la taille, la
beauté, la puissance, mais chargé de crimes; il a tué et dépossédé
beaucoup de rois ; il a tué, dans sa jeunesse, le roi son oncle,
avec beaucoup de ses vaillants soldats; accablé de remords, il se
convertit, devient même moine, mais retourne bientôt à sa vie première (*Epistola Gildae*, ap. Petrie, *Mon. hist. brit.*, p. 18 et suiv.).
Nennius le fait régner en Gwynedd au sixième siècle, cent
quarante six ans après la venue de son bisaïeul Cunedag, en
Galles (Petrie, *Mon. hist. brit.*, p. 75). Il meurt de la peste en 547,

anciens ; à Kelliwic (1), en Kernyw, Arthur est chef des rois, Bedwini (2), chef des évêques, Karadawc Vreichvras (3), chef des anciens ; à Pen[ryn] Rionydd (4), dans le Nord, Arthur est chef des rois, Kendeyrn Garthwys (5), chef des évêques, Gwrthmwl Wledic, chef des anciens.

d'après les *Ann. Cambr.*; le *Liber Land.* le fait mourir de la même façon, à Llanros, Carnarvonshire. Les Annales de Tigernach signalent une peste jaune en 550 (O'Connor, *Rerum hib. script.*, p. 139). Gaufrei le fait succéder à Vortiporius, que Gildas nous donne comme le contemporain de Maglocunus, et lui attribue la conquête de toute l'île de Bretagne, de l'Irlande, l'Islande, la Godlandie, les Orcades, la Norwège, la Dacie (XI, 7). Maelgwn est fils de Catguolaun Lawhir (Cadwallawn Lawhir) ab Eniaun Girt (Enniawn Yrth) ab Cunedda (*Y Cymmrodor*, IX, I, 170). Le *Livre Noir* le célèbre (*Four anc. books*, II, p. 3, v. 1 ; 4, v. 8 ; 17, v. 10). Taliesin chante l'hydromel de Maelgwn de Mon (*Ibid.*, p. 164, v. 19) ; le même poète fait allusion à la querelle de Maelgwn et d'Elphin (*Ibid.*, p. 154, v. 20 et suiv.; voy. la note à Elphin, *Mab.*, I, 296, n. 2 ; voy. encore une autre allusion à Maelgwn de Mon, *Four anc. books*, II, p. 167, v. 20).

(1) Voy. *Mab.*, I, 213.

(2) Voy. *Mab.*, I, 223.

(3) Voy. *Mab.*, I, 298, n. 1. Stephens voit dans le Caradoc d'Aneurin, Caradoc Vreichvras (*The Gododin*, p. 211-215, 217-221, 230-232, etc.).

(4) Glasgow, à en juger par cette triade, voy. note 5.

(5) Cyndeyrn est la forme moderne de Kentigern. Saint Kentigern est le fondateur de l'évêché de Glasgow, chez les Bretons du Nord. Retiré en Galles, à la suite de guerres entre les princes du Nord (voy. la note à Arderydd, triade 16), il établit à St Asaph, ou Llanelwy, en Flintshire, le siège d'un nouvel évêché. Rappelé par Rydderch Hael victorieux, il remet le gouvernement de son évêché à un de ses disciples, et remonte sur le siège de Glasgow. Il y a une vie de ce saint par Jean de Tinemouth, mais la plus importante est celle de Joscelin, moine de Furness (Pin-

72 (Skene, XIV). Trois hommes à la forte crosse (ou béquille) de l'île de Prydein : Rineri, fils de Tangwn ; Dinwaed Vaglawc (l'homme à la crosse); Pryder (1), fils de Dolor, de Deivyr et Bryneich.

73 (Skene, XXIV). Trois principaux magiciens de l'île de Prydein : Coll, fils de Colvrewi ; Menyw (2), fils de Teirgwaedd ; Drych, fils de Cibddar (3).

74 (Skene, p. 464). Trois invasions oppressives virent dans cette île et ne s'en allèrent point : celle de la tribu des Korannyeit (4), qui vint ici du temps de Lludd ab Beli et ne s'en retourna pas ; celle des Gwyddyl Ffichti (les Gaels Pictes), qui ne s'en allèrent point ; celle des Saxons, qui ne s'en allèrent pas non plus.

---

kerton, *Vitae sanctorum Scotiae;* cf. Rees, *Welsh saints).* M. Rhys fait remarquer que le nom de Glasgow vient du nom gaélique du saint; les Gaëls, voyant dans la première partie de son nom *Cuno-tigernos,* d'où la forme galloise moderne *Kyndeyrn,* le thème du mot qui signifie *chien,* nominatif *cu,* génitif *con = cunos,* l'appelaient habituellement *In Glas Chu* ou le chien blanchâtre, d'où Glasgow (*Celtic Britain.,* p. 198). Les *Annales Cambr.* le font mourir, ainsi que Dubric, en 612 (*Conthigirni obitus*).

(1) Stephens voit un guerrier du nom de Pryder dans le *Gododin,* tandis que d'autres commentateurs regardent *pryder,* à cet endroit précisément, comme un nom commun (*pryder,* « souci ; » voy. Stephens, *The Gododin,* p. 323, v. 821).

(2) *Mab.*, I, 116, n. 1.

(3) Voy. *Mab.*, 226, n. 2. Skene lit *Kiwdar.*

(4) Voy. *Mab.*, I, 175, n. 1.

TRIADES DE LA MYVYRIAN ARCHÆOLOGY OF WALES,
2º édition, p. 390-494 (1).

75 (*Myv.*, p. 390, nº 31). Trois hommes de magie et de métamorphose de l'île de Prydein : Menyw, fils de Teirgwaedd; Eiddilic Corr (2); Math, fils de Mathonwy (3).

76 (*Myv.*, 391, 42). Trois saintes lignées de l'île de Prydein : la lignée de Bran, fils de Llyr; la lignée de Cunedda Wledic, la lignée de Brychan Brycheiniawc (4).

---

(1) Ces triades sont de sources diverses (voy. l'append. I, introduction. Les triades de 1 à 7 paraissent avoir été prises dans des mss. divers, et se retrouvent toutes ailleurs.

(2) Voy. *Mab.*, I, 116, n. 1.

(3) Voy. plus haut, triade 25.

(4) Suivant la légende galloise, Brychan Brycheiniog aurait été fils d'Anlach ou Enllech Coronac, roi d'Irlande (souvenir du roi des Danois de Dublin, vers la fin du dixième siècle, Anlaf Cuaran) et de Marchell, fille de Tewdric. Il hérita du chef de sa mère Garth Mattrin, en Morganwg; cette contrée prit, depuis, son nom : *Brycheiniawc*, le pays de Brychan, le Breconshire. Il aurait eu trois femmes; ses enfants, tous saints, sont au nombre de cinquante, dont vingt-quatre fils et vingt-six filles (*Iolo mss.*, p. 111; Rees, *Lives of the Cambro-British saints*, p. 272; les chiffres varient suivant les généalogies). *Myv. arch.*, 402, 18 : ce fut Bran qui apporta, le premier, la foi chrétienne en Bretagne, de Rome où il avait été emprisonné par la trahison d'Aregwedd Voeddawg, fille d'Avarwy ab Lludd; Cunedda, le premier, donna terres et privilèges dans l'île à Dieu et à ses saints. *Brochan* = *Brychan* a été aussi commun en Armorique qu'en Galles (voy. Cart. de Redon).

77 (*Myv.*, 391, 43). Trois hôtes bienheureux de l'île de Prydein : Dewi (1), Padarn (2), Teiliaw (3).

(1) Dewi ou Devy ou Davydd. Les *Ann. Cambriae* font mourir saint David en 601. C'est le fondateur de l'évêché de Mynyw ou St David's. Pour plus de détails, voy. sa vie par Giraldus Cambrensis, dans Wharton, *Anglia sacra*. Il y a une autre vie par Ricemarch (Rees, *Lives of the Cambro-British saints*); une autre par Jean de Teignmouth, parue dans les *Nova Leg. Angliae* de Capgrave ; une vie en gallois, publiée par W. J. Rees, *Lives of the Cambro-British saints*, p. 102 et suiv. ; cf. le *Mystère de sainte Nonn* (mère de Devy). Un grand nombre de chapelles lui ont été consacrées ; Lotivy, en Armorique, porte son nom (au moyen âge, *Loc-Deugui*).

(2) Padarn ou Patern passe, dans les légendes galloises, pour Armoricain et cousin du roi Cadvan et de saint Illtud. Sa vie est, en grande partie, fabuleuse. On a, sans doute, confondu plusieurs personnages sous ce nom, par exemple, Patern de Vannes : voy. *Acta SS. Boll.*, 5 avril, II, p. 378. La bibliothèque nationale possède une vie de ce saint, du treizième siècle (fonds latin, 5666, p. 13). Plusieurs localités portent son nom en Galles et en Armorique.

(3) Teilaw ou Teilo, comme Dewi, passe pour un descendant de Cunedda. Il aurait fondé le monastère de Llandaf et, après la retraite de Dyvric (Dubricius, mort en 612, d'après les *Ann. Cambriae*), serait devenu évêque de Llandaf. Il se serait retiré en Cornwall et, de là, en Armorique, où il serait resté sept ans et sept mois. De retour en Galles, il élève au siège de Mynyw son disciple Ismael, et transporte le siège de l'archevêché à Llandaf. Il meurt en 566. Beaucoup de lieux portent son nom ; il y a plusieurs *Llan-Deilo* en Galles ; il y en a même un en Armorique (*Lan-Deleau*, Finistère). Sur sa vie, voy. *Liber Land.*, p. 92, 332 ; *Boll. Act. SS.*, 9 février, II, p. 303 : cette dernière vie d'après Capgrave). *Myv. arch.*, p. 402, 19 : on les appelait ainsi (hôtes bienheureux) parce qu'ils allaient comme hôtes dans les maisons des nobles, des bourgeois et des serfs, sans prendre ni présent, ni salaire, ni nourriture, ni boisson ; ils apprenaient à tous la foi dans le Christ sans demander de récompense ni de remercie-

78 (*Myv.*, 391, 44). Dieu fit trois corps pour Teiliaw (1) : l'un est Llandav en Morganwg ; le second à Llandeilo Vawr ; le troisième à Pen Alun en Dyvet, comme le dit l'histoire.

79 (*Myv.*, 391, 47). Trois frivoles batailles de l'île de Prydein : la bataille de Goddeu (2), qui se fit à

ment ; aux pauvres, ils donnaient de leur or, de leur argent, de leurs habits, de leur nourriture.

(1) La vie du *Liber Landav.* (p. 110) nous expose plus longuement ce prodige. Trois églises se disputant son corps, les concurrents s'en remettent à l'arbitrage du Christ et passent la nuit en prières. Le lendemain matin, au lieu d'un seul corps, on en trouve trois exactement semblables, reproduisant dans la perfection les traits du saint. Les trois églises eurent chacune le leur. Pen Alun est aujourd'hui Penaly, près Tenby, Pembrokeshire ; Llandeilo Vawr est dans le Carmarthenshire ; Llandaf est sur le Taff, non loin de Cardiff. Le même miracle est célébré dans une ode à Teilo de Jeuan Llwyd ab Gwilym, poète du quinzième siècle (*Iolo mss.*, p. 296).

(2) Voy. Mab., I, p. 240, n. 1. Stephens identifie la bataille de Goddeu avec celle d'Argoed Llwyvain. Taliesin, dans son poème sur cette dernière bataille, qui fut livrée par Uryen de Reged à Flamddwyn (Ida de Northumbrie ou son fils Theodoric), vers le milieu du sixième siècle, mentionne en effet Goddeu parmi les divisions de l'armée d'Uryen (*Four anc. books*, II, p. 189, XXXV). *Goddeu*, en gallois, a le sens d'arbrisseaux, et Taliesin a plus d'une fois joué sur ce mot, ce qui n'a pas peu contribué à donner à cette bataille un caractère fabuleux. Dans un des poèmes qui lui sont attribués, dans celui même qui porte le nom de KAT GODDEU ou bataille de Goddeu, il semble bien que nous soyons sur un terrain purement mythologique (*Four anc. books*, II, p. 137 et suiv., VIII) ; de même, quand il dit avoir assisté à la bataille de Goddeu avec Llew et Gwydyon (*ibid.*, p. 154, v. 25). Mais dans les autres poèmes où il est question de Goddeu, nous avons affaire à un fait historique, à une bataille toujours associée au nom

cause d'une chienne, d'un chevreuil et d'un vanneau ; la bataille d'Arderydd, livrée à cause d'un nid d'alouette ; la troisième, la pire, la bataille de Camlann, à la suite de la querelle de Gwenhwyvar et de Gwenhwyach. C'est parce qu'elles ont été livrées pour d'aussi futiles motifs qu'on appelle ainsi ces trois batailles.

80 (*Myv.*, 392, 52). Trois portées bénies de l'île de Prydein : Uryen et Eurddyl, enfants de Kynvarch Hen, qui furent ensemble dans le sein de Nevyn (1), fille de Brychan, leur mère ; Owein, fils d'Uryen, et Morvudd (2), sa sœur, en même temps dans le sein de Modron, fille d'Avallach ; Gwrgi, Peredur et Keindrech (3) Pen Ascell, enfants d'Eliffer Gosgorddvawr, dans le sein d'Eurddyl, fille de Kynvarch, leur mère.

81 (*Myv.*, 392, 53). Trois amoureux de l'île de Prydein : Caswallawn, fils de Beli, amoureux de Fflur, fille de Mugnach Gorr ; Trystan, fils de Tallwch, amant d'Essyllt, femme de March, fils de

---

d'Uryen de Reged (*ibid.*, p. 187, v. 29 ; 191, v. 20 ; 189, v. 15). *Myv. arch.*, 405, 50 : à Goddeu, il y eut soixante et onze mille morts, à Arderydd, quatre-vingt mille, et à Camlann, cent mille.

(1) Voy. Bonedd y Saint (*La noblesse des saints*, *Myv. arch.*, p. 428, col. 2). Eurddyl se maria à Eliffer Gosgorddvawr, et devint mère de Gwrgi et Peredur.

(2) Voy. *Mab.*, I, 224, n. 1.

(3) Ceindrych, dans certaines généalogies, est une fille de Brychan Brycheiniog (*Iolo mss.*, p. 120). Dans les mêmes généalogies, c'est Arddun, fille de Pabo et femme de Brochvael Ysgithrawc, qui porte le surnom de Penascell (*ibid.*, p. 126).

Meirchiawn, son oncle; Kynon, fils de Klydno Eiddin (1), amant de Morvudd, fille d'Uryen.

82 (*Myv.*, 392, 54). Trois jeunes filles chastes de l'ile de Prydein : Treul Divevyl (sans honte), fille de Llynghesawl (2) Llawhael ; Gwenvadon, fille de Tutwal Tutclud (3); Tegeu Eurvron (4) (au sein d'or).

84 (*Myv.*, 392, 57). Trois principales cours d'Arthur : Caer Llion sur Wysg (Usk), en Kymry (Galles); Kelliwig, en Kernyw; Penrhyn Rhionedd, dans le Nord.

84 (*Myv.*, 392, 58). Trois principales fêtes, dans ces trois principales cours : Pâques, Noël, la Pentecôte (5).

(1) Sur Kynon, voy. Mab., II, 2, n. 1 ; sur Clydno, voy. Mab., I, 223, n. 4. Les généalogies du dixième siècle mentionnent un *Clinog Eitin*, faute de copiste probablement pour *Clitnoy*, fils de Cinbelin ap Dumngual Hen (*Y Cymmrodor*, IX, I, 173). Dumngual Hen est fils de *Cinuit* (Cynwyd), par conséquent d'une des grandes familles des Bretons du Nord. Pour cette triade, cf. *Myv. arch.*, 410, 102.

(2) *Llynghesawl*, nom dérivé de *Llynghes*, flotte; *Llawhael*, à la main généreuse. Greidiawl, dans les *Chwedlau y Doethion*, porte le nom de *Llynghesawc* (*Iolo mss.*, p. 263, 13).

(3) Tudwal Tudclud est le père de Rydderch Hael, appelé, dans les généalogies du dixième siècle, Rydderch Hen (Riderch Hen); voy. *Y Cymmrodor*, IX, I, p. 173; cf. Skene, *Four anc. books*, II, app. p. 454, 455.

(4) Certaines généalogies font d'elle la fille de Nudd Hael et la femme de Caradawc Vreichvras. *Myv. arch.*, p. 410, 103: Trywyl, fille de Llynghesawl Llaw Hael; Gwenvron, fille de Tudwal Tudclud; Tegau Eurvron, une des trois dames bénies de la cour d'Arthur.

(5) Pour les triades 83, 84, cf. *Myv. arch.*, 410, 411.

85 (*Myv.*, 392, 61). Trois chevaliers de la cour d'Arthur eurent le Greal : Galaath, fils de Lawnselot dy Lac (Lancelot du Lac); Peredur, fils d'Evrawc le comte ; Bort, fils du roi Bort. Les deux premiers étaient vierges de corps, et le troisième était chaste : il n'avait commis le péché charnel qu'une fois, succombant à la tentation. C'est alors qu'il eut [Helian le Blanc] de la fille de Brangor, qui fut impératrice à Constantinople; elle fut la tige des nations les plus considérables du monde. Ils étaient tous les trois de la race de Joseph d'Arimathie et de la lignée de David le prophète, comme l'atteste l'histoire du Greal (1).

86 (*Myv.*, 392, 62). Trois hommes qu'on ne pou-

---

(1) Cette triade est fondée sur la version galloise du Greal (*Y seint Greal*, Robert Williams, Londres, 1876). *Myv. arch.*, p. 411 et 121 : les trois chevaliers qui gardèrent le Greal : Cadawg, fils de Gwynlliw (Saint Cattwg); Elldud Varchawc (le chevalier, Saint Illtud) et Peredur ab Evrawc; *ibid.*, triade 122; les trois chevaliers chastes de la cour d'Arthur sont : Cadawc, Illdud, Bwrt, fils de Bwrt, roi de Llychlyn (Scandinavie); *aucun d'eux ne commit jamais le péché charnel* ; ils ne voulaient aucun rapport ni union avec les femmes, mais, bien au contraire, vivre vierges. Le Greal, qui paraît avoir été traduit en gallois entre 1422 et 1471 (Stephens, *Lit. of the Cymry*, p. 494), a été connu de bonne heure des poètes gallois : « J'ai couru pour te chercher... comme le Greal, » s'écrie Davydd ab Gwilym. La triade n'est pas tout à fait exacte en ce qui concerne Peredur; il avait commis, en effet, le péché charnel d'intention (*Y seint Greal*, ch. XXVIII); pour Bort, voy. ch. XXXVII, XXXIX). Le nom du fils de Bort a été laissé en blanc dans le texte. Je le supplée d'après le Greal gallois.

vait chasser (1) de la cour d'Arthur : Ethew, fils de Gwgon ; Koleddawg, fils de Gwynn ; Gereint Hir, fils de Cymmenon Hen (2).

87 (*Myv.*, 392, 73). Trois dames bénies de l'île de Prydein : Creirwy, fille de Ceritwen (3) ; Arianrhod (4), fille de Don ; Gwen (5), fille de Cywryd ab Crydon.

88 (*Myv.*, 393, 74). Trois dames enjouées de l'île de

---

(1) Silvan Evans, Welsh Dict, au mot *anhuol*, cite cette triade. Il traduit *anhuol* par *ineloquent*. La forme du texte est *anheol* (*aneol*), qui me paraît devoir être préférée, à cause du commentaire de la triade correspondante de la *Myv.*, p. 411, 120 : Eithew ab Gwgawn, Coleddawg ab Gwynn, Gereint Hir ab Cymmenon Hen ; ils étaient descendants de serfs, mais ils étaient si prisés pour leur parole, leurs dispositions naturelles pour la douceur, l'urbanité, la sagesse, la vaillance, la droiture, l'indulgence, par tous les talents et toutes les sciences en guerre comme en paix, que la cour d'Arthur seule avec ses privilèges leur convenait. Notre texte porte : Eitheu, fils de Gwrgon; Gereint Hir, fils de Gemeirnion Hen.

(2) On ne sait rien de plus sur Gereint ab Cymmenon. Il y a, en Armorique, un saint Coledoc (Cart. de Quimperlé; plus tard, Collezeuc, Cart. de Quimper, Bibl. nat., fonds latin 9891, fol. 39 v°, quatorzième siècle; voy. Dom Lobineau, *Vie des saints de Bret.*).

(3) Pour Creirwy, voy. Mab., I, 203, n. 3. Pour Ceridwen, nom de la muse de l'inspiration, en gallois, à qui appartient le *chaudron des sciences*, voy. le *Livre Noir* (*Four ancient books*, II, p. 5, v. 21; 6, v. 28); cf. le *Livre de Taliesin* (*ibid.*, p. 145, 2; 158; 154, 7).

(4) Voy. Mab., I, 119, n. 4. La triade est en complète contradiction avec le *Mabinogi* de Math ab Mathonwy.

(5) Voy. Mab., I, 134, n. 2. Pour cette triade, cf. *Myv. arch.*, p. 400, 107.

Prydein : Angharat Tonvelen (1), fille de Rhydderch Hael ; Avan, fille de Meic (2) Mygotwas ; Penvyr, fille de Run Ryveddvawr (3).

89 (*Myv.*, 393, 78). Trois dames éminentes de la cour d'Arthur : Dyvyr Wallt Euraid (aux cheveux d'or) ; Enit (4), fille d'Yniwl ; Tegeu Eurvron (5).

90 (*Myv.*, 393, 79). Trois choses vinrent à bout de Lloegyr : contenir des étrangers, délivrer des prisonniers, le présent de l'homme chauve (6).

91 (*Myv.*, 393, 80). Trois chants continuels et complets de l'île de Prydein : l'un dans l'île d'Avallach (7) ; le second dans Kaer Karadawc (8) ; le troisième à Bangor (9). Dans chacun de ces trois en-

---

(1) Angharad Law Eurawc est mentionnée dans le Mabinogi de Peredur.

(2) Chwedlau y Doethion mentionnent Mygotwas et vantent sa science en bardisme (*Iolo mss.*, p. 255, 68).

(3) *Myv. arch.*, 410, 106 : Annan, fille de Meig Mygodwas ; Penvyr, fille de Run Rysseddvawr (le grand querelleur) ; *ryvedd* signifie *étonnement*.

(4) Voy. Mab., II.

(5) *Myv. arch.*, p. 410, 108.

(6) Cf. *Myv. arch.*, p. 408, 82. Suivant le traducteur des triades du Cambro-Briton, cet homme chauve serait Augustin, l'apôtre des Saxons de Bretagne ?

(7) Voy. Mab., II, 215. *Avallach*, comme nom propre, a le sens de verger, clos à pommes. On l'identifie avec Avallon, Glastonbury, en Somersetshire. C'est aussi le nom d'une île mystérieuse habitée par les fées (Silvan Evans, Welsh Dict.).

(8) Salisbury, dit-on généralement. Il y a un Caer Caradawc dans le Shropshire.

(9) Il s'agit de Bangor sur la Dee. Bède, *H. E.*, II, 2, dit que le monastère était divisé en sept sections, comprenant chacune trois cents moines, tous vivant du travail de leurs mains.

droits, il y avait deux mille quatre cents religieux ; ils se relayaient par cent chaque heure de la journée, priant Dieu et le servant sans défaillance (1).

92 (*Myv.*, 393, 81). Trois principales oppressions de Mon et nourries dans son sein : le chat de Paluc ; Daronwy ; Edwyn, roi de Lloegr.

83 (*Myv.*, 393, 82). Trois chevaliers à la langue d'or de la cour d'Arthur : Gwalchmei (2), fils de Gwyar ; Drudwas (3), fils de Tryphin ; Eliwlod, fils de Madawc ap Uthur. C'étaient trois hommes sages, si gentils, si aimables, si éloquents dans leur conversation, qu'il était difficile de leur refuser ce qu'ils désiraient (4).

94 (*Myv.*, 393, 83). Il y avait trois chevaliers royaux à la cour d'Arthur : Nasiens (5), roi de

---

(1) *Myv. arch.*, 408, 84 : « Les trois principaux collèges complets : le *bangor* (collège et monastère) d'Illtud Varchawc à Caer Worgorn (Wroxeter) ; le collège d'Emrys, à Caer Caradawc ; le *bangor wydrin* (de verre), dans l'île d'Avallach (appelée aussi *Ynys wydrin*, l'île de verre). Dans chacun de ces *bangor*, il y avait quatre cent-vingt saints ; ils se succédaient cent par cent, à chaque heure du jour et de la nuit. » Illtud fut abbé du collège de Théodose, en Glamorgan ; le collège prit depuis le nom de Bangor Illtyd ou Llanilltyd, dont les Anglais ont fait Lantwit Major. Il y a un *Lan-ildut* en Armorique. Pour le collège d'Emrys, voy. la note à Gwaith Emrys, triade 144.

(3) Voy. *Mab.*, I, 222, 227, 311 ; II, 25-29.

(2) Voy. *Mab.*, I, 206, n. 5.

(4) Cf. *Myv. arch.*, p. 410, 115.

(5) Nasiens ou Naciens est un personnage du *Greal*. La triade 118 de la page 411 de la *Myv. arch.* a Morgant Mwynvawr au lieu de Nasiens.

Denmarc; Medrod, fils de Llew ap Cynvarch; Hywel (1), fils d'Emyr Llydaw. C'étaient des hommes si aimables, si conciliants, à la conversation si belle, qu'il était difficile à qui que ce fût de leur refuser ce qu'ils cherchaient.

95 (*Myv.*, 393, 84). Trois chevaliers loyaux de la cour d'Arthur : Blas, fils du roi de Llychlyn ; Cadawc (2), fils de Gwynlliw, le guerrier ; Padrogl Paladr-ddellt (Patrocle à la lance éclatée). Leur qualité caractéristique était de défendre les orphelins, les veufs, les jeunes filles contre la violence, l'injustice et l'oppression : Blas, par la loi humaine ; Cadawc, par la loi de l'Eglise ; Pedrogl, par la loi des armes (3).

96 (*Myv.*, 393, 85). Trois hommes s'échappèrent de la bataille de Kamlann : Morvran (4), fils de Te-

---

(1) Voy. Mab., I, 311.

(2) C'est le saint plus connu sous le nom de Cattwg. Cadawc, fils de Gwynllyw appelé Gunleius, dans la vie latine, roi de Gwynllwg (Gundliauc), en Glamorgan, aurait voyagé en Irlande, serait devenu abbé de Lancarvan ; puis, il serait allé en Grèce, à Jérusalem ; de retour en Bretagne, il se serait retiré dans les îles de Barren et d'Ethni. Il aurait eu des différends avec Arthur, avec Maelgwn, avec Run, fils de Maelgwn ; aurait voyagé en Ecosse, en Armorique, etc. Rien de plus fabuleux que cette vie (Rees, *Lives of the Cambro-British Saints*, p. 22-96 ; cf. Boll. Acta SS., 24 janvier, II, p. 602-606). Il est fait mention d'une vie disparue de saint Catuodus (un des noms du saint était *Catvodu*) dans le Cartulaire de Quimperlé (Bibl. nat., 5283, p. 79). Les Gallois ont mis sous son nom un grand nombre de proverbes.

(3) *Myv. arch.*, p. 411, 117 : Padrogl, fils du roi de l'Inde.

(4) Voy. Mab., I, 209, 312.

git ; Sanddev (1) Bryd Angel ; Glewlwyd Gavael-vawr (2) : Morvran, à cause de sa laideur : chacun, pensant que c'était un diable, l'évitait ; Sandde, à cause de sa beauté : personne ne leva la main sur lui, croyant que c'était un ange; pour Glewlwyd, sa stature et sa force étaient telles que chacun fuyait devant lui (3).

97 (*Myv.*, 393, 86). Trois chevaliers de conseil de la cour d'Arthur : Cynon, fils de Clydno Eiddin ; Aron (4), fils de Cynvarch ; Llywarch Hen, fils d'Elidyr Lydanwyn (5).

98 (*Myv.*, 393, 88). Trois obstinés de l'île de Prydein : Eiddilic Cor ; Gweir Gwrhyt Vawr (6); Drystan, fils de March (7).

99 (*Myv.*, 393, 89). Trois pairs de la cour d'Arthur : Ryhawt, fils de Morgant; Dalldav, fils de Cunyn Cov (8) ; Drystan, fils (*leg.* neveu) de March (9).

(1) Voy. Mab., I, 210. Un des fils de Llywarch Hen portait ce nom (Livre Noir, *Four anc. books*, p. 61, v. 10).

(2) Voy. Mab., I, 196, n. 1.

(3) Cf. *Myv. arch.*, p. 408, 83.

(4) Le *Livre Noir* mentionne un Aron, fils de Dewinvin (*Four anc. books*, II, p. 33).

(5) *Myv. arch.*, p. 411, 116 : Kynon, Arawn. J'adopte Kynon, au lieu de Kynan que porte notre texte.

(6) Voy. Mab., I, 202, n. 2.

(7) Au lieu de Trystan, *fils* de March, il faudrait *neveu* de March. *Myv. arch.*, p. 408, 78 : Gweirwerydd Vawr ; Trystan ab Tallwch.

(8) Taliesin dit Cunin Cor (*Four anc. books*, II, p. 182) ; voy. plus haut.

(9) *Myv. arch.*, p. 410, 113 : Rhyhawd, fils de Morgant ab Adras; Trystan ab March ab Meirchion.

100 (*Myv.*, 393, 96). Les trois hommes les meilleurs envers les hôtes et les étrangers étaient : Gwalchmei, fils de Gwyar ; Gadwy (1), fils de Gereint ; Cadyrieith (2), fils de Saidi (3).

101 (*Myv.*, 394, 92). Trois principaux bardes de l'île de Prydein : Merddin Emrys (4) ; Merddin (5), fils de Morvryn ; Taliessin (6), chef des bardes.

(1) Voy. Mab., I, 203.
(2) Voy. Mab., I, 313, 314.
(3) *Myv.* arch., p. 411, 119 : Garwy (recte), au lieu de Gadwy ; Cadeir, fils de Seithin Saidi, au lieu de Cadyrieith ab Seidi.
(4) Voy. Mab., I, 181, la note à Emreis Wledic.
(5) C'est le Myrddin du *Livre Noir* et du *Livre Rouge*. Le premier poème du *Livre Noir*, qui le concerne, est un dialogue entre lui et Taliesin. Il ne donne, sur le personnage, aucun renseignement caractéristique. Les poèmes XVII et XVIII, du même livre, ne sont point, à mon avis, interpolés ; ils ont été fabriqués du temps de Henri II ; mais l'auteur s'est servi des traditions courantes de son temps sur Myrddin. Il l'a fait, en conséquence, vassal de Gwenddoleu ab Ceidiaw, tué à la bataille d'Arderydd (voy. la note à Gwenddoleu), et errant à la suite de la défaite et de la mort de son maître. Les *Annales Cambriae*, fondées sur un ms. du treizième siècle, après la mention de la bataille d'Arderydd, en 573, ajoutent : « [bellum] inter filios Eliffer et Gwendoleu filium Keidiaw : in quo Gwendoleu cecidit : *Merlinus insanus effatus est.* » Gaufrei a grandement contribué à la réputation de prophète de Myrddin, dont il a fait Merlin (*Hist.*, VI, 17, 18 ; VII, 2, 3, 4 ; VIII, 1, 10, 12, 16, 17, 19, 20 ; XII, 17, 18). Le livre de Taliesin ne contient qu'une allusion sans importance à Myrddin (*Four anc. books*, II, p. 124, v. 11) ; *Myv.* arch., p. 411, 125 : Merddin ap Madawc Morvryn ; sur Merlin, voy. San-Marte, *Die Merlinsage* ; cf. Arthur de la Borderie, Etudes historiques bretonnes, Gildas et Merlin, Paris, 1884.

TRIADES DES CHEVAUX [ET DES BOEUFS].

102 (*Myv.*, 394, 8). Trois chevaux de course de l'île de Prydein : Torrlydan (ventre large) et Gloyn (1), les deux chevaux de Collawn, fils de Berth ; et le Cethin Cyvlym (2), cheval de Dinogan (*leg.* Dinogat), fils de Kynan Garwyn.

103 (*Myv.*, 394, 10). Trois principaux bœufs de l'île de Prydein : Melyn Gwanwyn ; Gwinau, le bœuf de Gwlwlyd ; le bœuf Brych Bras (gros), de Penrhew (3).

104 (*Myv.*, 394, 11). Trois principales vaches de l'île de Prydein : Brech (la tachetée), la vache de Maelgwn de Gwynedd ; Tonllwyd (à la peau pâle),

---

(1) *Gloyn*, peut-être *Gloyw*, « brillant, transparent ; » *gloyn* a plusieurs sens : celui de « morceau de charbon » (dérivé de *glo*), celui de « ver-luisant ; » *gloyn byw* est le papillon.

(2) Voy. la triade 16. Dans le livre de Taliesin, Kethin est le cheval de Ceidaw (*Four anc. books*, II, p. 176, v. 21).

(3) Voy. Mab., I, 241. Le texte porte *o Benrhew*, c'est-à-dire de Penrhew ; il faut lire ou *Penrhen*, ou *Penrwy* ; Penren peut être un nom propre : Taliesin, *Four anc. books*, II, p. 154, v. 31 : « *o Penren* wleth hyd lluch reon. » Il y a un bouvier du nom de Benren, triade 143. L'expression *bras y penrwy* est appliquée tout justement au bœuf *brych* par Taliesin : *ny wdant wy yr ych brych bras y penrwy*. *Penrwy* a probablement le sens de cordon à serrer la tête.

la vache d'Oliver Gosgorddvawr (1) ; Cornillo (2), la vache de Llawvrodedd Varvawc (le barbu) (3).

TRIADES DE LA MYVYRIAN ARCHEOLOGY OF WALES provenant du livre de Jeuan Brechva et du livre *dit* de Caradoc de Nant Garvan.

105 (*Myv.*, 400, 2). Trois principales régions de l'île de Prydein : Cymru (4), Lloegr (5), Alban (6) (Ecosse) ; chacune d'elles a droit au privilège de royauté. Elles sont gouvernées monarchiquement et suivant le droit du pays, en vertu de la constitution établie par Prydein ab Aedd (7) Mawr. C'est à la race des Cymry que revient la monarchie suprême reposant sur le droit du pays et de la nation, suivant les privilèges, les droits primitifs. C'est sous l'empire de cette constitution que sont établis les droits à la royauté dans chaque contrée

---

(1) C'est Eliffer (Eleuther) Gosgorddvawr. L'auteur de la triade a fait une fausse étymologie ; il a rapproché le nom d'Eliffer d'Oliver, devenu sans doute commun après la conquête normande.

(2) Dérivé ou composé de *corn*, « corne. »

(3) Voy. *Mab.*, I, 210, n. 2.

(4) Voy. *Mab.*, I, 60, n. 1.

(5) Voy. *Mab.*, I, 100, 287.

(6) Voy. *Mab.*, I, 175, n. 1. D'après Gaufrey, à l'arrivée de Brutus, fils de Sylvius et petit-fils d'Ascagne, l'île s'appelait Albion. Brutus donna son nom au pays, l'appela *Britannia*, et ses compagnons, *Brittones* (*Hist.*, I, 16 ; cf. Nennius, *Hist.*, III). Les généalogies du dixième siècle font remonter plusieurs des chefs bretons à des ancêtres romains, mais *aucune ne mentionne Brutus*.

(7) Plusieurs rois des Gaëls portent le nom d'Aed.

de cette île, et toute royauté est soumise au droit national. De là l'adage : *Le pays est plus fort que le prince.*

106 (*Myv.*, 400, 3). Trois colonnes de gouvernement de l'île de Prydein : le droit du pays, la royauté, la justice, suivant la constitution de Prydein ab Aedd Mawr.

107 (*Myv.*, 400, 4). Trois piliers de nation de l'île de Prydein : le premier est Hu (1) Gadarn (le fort), qui vint le premier, avec la nation des Cymry, dans l'île de Prydein ; ils venaient du pays de l'été, qu'on appelle Deffrobani (2), là où est Constantinople ; ils traversèrent la mer Tawch (3) et parvinrent dans l'île de Prydein et en Llydaw, où ils s'arrêtèrent. Le second fut Prydein ab Aedd Mawr, qui institua, le premier, un gouvernement et une royauté en Prydein. Auparavant, il n'y avait d'autre justice que celle qui se faisait par bonté, d'autre loi que celle-ci : *Que le plus fort force!* Le troisième fut

(1) Hu le fort. Le nom de *Hu* paraît bien être le nom vieux français Hue, au nominatif; ce qui suffirait à montrer le peu d'ancienneté de cette légende. Stephens a déjà fait la remarque que les triades qui font mention de Hu ne remontent pas plus haut que le quinzième siècle (*Literature of the Cymry*, 428, note).

(2) Le nom semble se rapporter à peu près à celui de *Taprobane*, l'île dont parlent Strabon; Ptolémée, VII, 5 ; Marcianus d'Héraclée (Petrie, *Mon. hist. brit.*, XVII). Dans un poème religieux, Taliesin mentionne les saints de Sicomorialis et de l'île *Deproffani* (*Four anc. books*, II, p. 112).

(3) *Tawch* a le sens de *brumeux*. Les écrivains gallois y voient la partie de la mer du Nord qui est entre l'Angleterre, l'Allemagne et la Hollande.

Dyvnwal Moelmud (1) ; ce fut le premier qui régla les lois, les institutions, les coutumes, les privilèges du pays et de la nation. Voilà pourquoi on les appelle les trois piliers de la nation des Cymry.

108 (*Myv.*, 400, 5). Trois tribus au bon naturel de l'île de Prydein : la première est celle des Cymry, qui vinrent avec Hu Gadarn dans l'île de Prydein ; ils ne voulaient pas de pays ni de terre par combat et lutte, mais bien par accord loyal, et pacifiquement. La seconde fut celle des Lloegrwys, qui vinrent de la terre de Gwasgwyn (Gascogne) et qui tiraient leur origine de la souche primitive des Cymry. La troisième fut celle des Brython, qui

---

(1) Dyvnwal Moelmud (*moel*, chauve, *mud*, muet), d'après les généalogies du dixième siècle, était petit-fils de Coel, par conséquent d'une des grandes tribus du Nord (*Y Cymmrodor*, IX, I, 174). Les Lois galloises en font un grand législateur ; ce seraient ses lois qui auraient été en vigueur jusqu'à Howel Dda ; il aurait été roi de Bretagne avant l'arrivée des Saxons ; il était fils d'un comte de Kernyw (ce qui paraît emprunté à Gaufrei) et d'une fille du roi de Bretagne ; c'est par extinction de la lignée mâle qu'il serait arrivé au trône (Lois de Gwynedd, *Anc. laws*, I, p. 183, 184). Les lois lui attribuent la mensuration de l'île, l'établissement des mesures (*ibid.*, p. 184). D'après les mêmes lois de Gwynedd, mais non d'après le manuscrit le plus ancien, il aurait été fils de Clydno (*ibid.*, p. 184). Or, dans les généalogies du dixième siècle, Clynog Eitin, qu'il faut probablement corriger en Clytnoy Eitin, est fils de Dumngual Hen, Dyvnwal le vieux, ainsi nommé pour le distinguer de Dumngual map Teudubr (*Y Cymmrodor*, IX, I, 173). Gaufrei le fait vivre avant l'arrivée des Romains ; chez lui, il est fils de Cloten roi de Cornouailles ; il se soulève contre Ymner, roi de Loegrie, et le tue. Il bat tous ses ennemis, et établit les lois qui portent son nom (*Hist.*, II, 17).

vinrent du Llydaw et qui sortaient de la race primitive des Cymry. On les appelle les trois tribus de paix, parce que chacune d'elles vint, avec l'agrément de l'autre, en paix et en tranquillité. Ces trois tribus sortaient de la race primitive des Cymry et avaient même langue, même parler.

109 (*Myv.*, 400, 6). Trois tribus admises par protection vinrent dans l'île de Prydein, en paix, avec la permission de la nation des Cymry, sans se servir d'armes, sans agression. La première fut la tribu de Celyddon (1), dans le nord. La seconde fut celle des Gwyddyl (2) (Gaëls); ils habitent en Alban. La troisième est celle des hommes de Caledin (3), qui

---

(1) C'est le *Caledonius saltus* des écrivains latins, et le Καληδόνιος Δρυμός de Ptolémée. Skene a probablement raison de supposer que cette forêt couvrait la région qui s'étend de l'ouest de Menteith, dans le voisinage de Loch Lomond, jusqu'à Dunkeld (*Celtic Scotland*, I, p. 86). La forme originelle de ce nom devait être, en vieux celtique (groupe breton), au nominatif, *Calido*; au génitif, *Calidonos*. Le nom est conservé sous une forme gaëlique dans *Dun-Chailden* (Dunkeld) : voy. Rhys, *Celtic Britain*, p. 224, 283.

(2) Voy. *Mab.*, I, 86, n. 1.

(3) Les *Iolo mss.* font aller le territoire appelé Arllechwedd Galedin, depuis Dyvnaint (Devon) et Gwlad yr Hav (Somerset) jusqu'à Argoed Calchvynydd (le pays qui s'étend entre la Trent et la Tamise) (*Iolo mss.*, p. 86). Mais dans le *Brut y Tywysogion*, chronique qui s'arrête à 1196, publiée dans la *Myv. arch.*, on lit, à l'année 1106, que le vent poussa les flots de la mer sur la terre de Galedin, que les gens du pays s'enfuirent en Angleterre, qu'ils y commirent beaucoup de méfaits, à la suite desquels le roi Henri les envoya en Dyved, dans le pays appelé Rhws (leg. Rhos), qu'ils y restèrent quelques années, après quoi ils dispa-

vinrent sur des barques, sans mât et sans agrès (1), jusqu'à l'île de Gweith (Wight, quand leur pays fut submergé ; ils obtinrent des terres de la nation des Cymry. Ils n'avaient aucun droit dans l'île de Prydein, mais terres et protection leur furent accordées dans de certaines limites ; on leur avait imposé cette condition qu'ils n'auraient pas droit aux privilèges des vrais Cymry de race primitive, avant la neuvième génération.

110 (*Myv.*, 401, 7). Trois tribus usurpatrices vinrent dans l'île de Prydein et n'en sortirent jamais. La première fut celle des Corraniaid (2), qui vinrent du pays de Pwyl. La seconde fut celle des Gwyddyl Ffichti (Gaëls Pictes), qui vinrent en Alban à travers la mer de Llychlyn (3). La troisième fut celle des Saxons. Les Corraniaid sont sur les bords de l'Hymyr (l'Humber) et de la mer Tawch. Les Pictes sont en Alban, sur les bords de la mer

---

rurent (*Myv.* arch., p. 703). Il s'agit des Flamands, qui s'établirent en effet en Rhos, mais qui n'en disparurent pas.

(1) Le texte parle de barques *moelion*, mot-à-mot *chauves*. Je suppose que *moel* a ici un sens analogue à celui qu'il a dans l'expression *eidion moel*, bœuf sans cornes.

(2) Voy. Mab., I, 175, n. 1.

(3) Bède (*H. E.*, I, 1) les fait venir de la Scythie, ce qui, pour lui, paraît bien désigner les pays du nord de l'Europe, Danemark, Suède et Norwège. La mer qui sépare la Bretagne de la patrie de Hengist est appelée *Scythica vallis* par Nennius, *Hist.*, XXXVII. La forme *Ffichti* n'est pas ancienne. Elle se trouve pour la première fois dans le livre de Taliesin, qui est du commencement du quatorzième siècle (*Four anc. books*, II, 168, 26 ; 205, 2). Sur le nom des Pictes, v. Mab., I, 213, n. 5.

de Llychlyn. Les Corraniaid et les Saxons s'unirent, obligèrent, par trahison et par force, la race des Lloegrwys à s'associer à eux, et ensuite enlevèrent à la nation des Cymry la couronne et l'empire. Il n'y a plus d'autres Lloegrwys à n'être pas devenus Saxons que ce qu'on en trouve en Cernyw, dans le *cwmmwd* de Carnoban (1) en Deivr et Bryneich (Deira et Bernicia). La tribu primitive des vrais Cymry a conservé son pays et sa langue ; mais elle a perdu l'empire de l'île de Prydein par la trahison des tribus protégées et par la spoliation exercée par les trois tribus d'invasion.

111 (*Myv.*, 401, 8). Trois tribus d'invasion vinrent dans l'île de Prydein et en sortirent : la première fut celle des Llychlynnwyr (Scandinaves), après qu'Urb Lluyddawg (2) eut emmené les plus braves de la nation des Cymry : ils étaient au nombre de soixante-quatre mille combattants connaissant la guerre et les chevaux (3) ; les Cymry pourchassèrent les Llychlynnwyr à travers la mer jusqu'au pays d'Almaen (d'Allemagne), au bout de la troisième génération. La seconde invasion fut celle des

---

(1) Ce district paraît avoir été entre Leeds et Dumbarton, d'où on peut inférer, dit avec raison M. Rhys (*Celtic Britain*, p. 148), qu'au quatorzième siècle encore (et probablement plus tard), la langue bretonne n'avait pas totalement disparu du pays entre la Mersey et la Clyde.

(2) Voy. triade 9.

(3) L'expression *gwyr cyfallawg meirch a rhyvel* ne me paraît pas claire.

troupes de Ganval le Gwyddel, qui vinrent en Gwynedd et y restèrent pendant vingt-neuf ans, jusqu'au moment où ils furent jetés à la mer par Caswallawn (1), fils de Beli ab Mynogan. La troisième fut celle des Césariens, qui ne restèrent pas moins de quatre cents ans, par la force, dans cette île, jusqu'au moment où ils allèrent à Rome pour repousser le torrent de guerre de l'invasion noire ; ils ne revinrent plus dans cette île, où ils ne laissèrent que des femmes et des enfants au-dessous de neuf ans qui devinrent des Cymry.

112 (*Myv.*, 401, 9). Trois invasions traîtresses de

---

(1) Sur les Gaëls en Gwynedd, voy. les notes à Maelgwn, Cunedda, Daronwy, Cadwallawn Lawhir, Gwydyon, etc. Il y a ici une confusion évidente avec Cadwallawn. Comme le fait remarquer M. Rhys, on a également confondu Cadwallawn, père de Maelgwn, appelé *Llawhir*, avec Cadwallawn ab Ieuav, roi de Gwynedd, vers 984 (*Celtic Brit.*, p. 246). Les Irlandais, suivant une chronique fort circonstanciée qui s'arrête à l'an 1196, auraient fait une invasion en Anglesey en 960. C'est Iago ab Eidwal, roi de Gwynedd, qui, en 966, les aurait chassés entièrement d'Anglesey, de Lleyn et d'Ardudwy, en Gwynedd. Les survivants auraient fui vers Cardigan, Gower, Dyved, et auraient été achevés par Einion ab Owain ab Hywel Dda. Il aurait également exterminé les Danois venus au secours des Gaëls (*Myv. arch.*, p. 690, 691). Le livre de Ieuan Brechva signale, vers 943, une invasion du roi danois Anlaf (Awlaff) avec les Danois de Dublin et les Irlandais, en Gower. Anlaff fut battu et rejeté en Angleterre par Llywelyn ab Sitsyll ; aidé des Saxons du roi Edmund, Llywelyn les chasse entièrement du pays de Galles, après une sanglante bataille (*Myv. arch.*, p. 716). Serygi, comme le fait remarquer M. Rhys, pourrait bien être une déformation du nom du chef danois Sitric (Rhys, *Celt. Brit.*, p. 246).

l'île de Prydein : la première est celle des Gwyddyl rouges d'Iwerddon, qui vinrent en Alban ; la seconde, celle des Llychlynnwys ; la troisième, celle des Saxons. Ils vinrent dans cette île, en paix, avec la permission de la nation des Cymry, sous la protection de Dieu et de sa vérité, sous la protection du pays et de la nation. Par trahison et perversité, ils se jetèrent sur la nation des Cymry, enlevèrent ce qu'ils purent des domaines du royaume de l'île de Prydein, et s'unirent en un seul peuple en Lloegr et en Alban, où ils sont restés jusqu'à présent. Cela arriva du temps de Gwtheyrn Gwrtheneu (1).

113 (*Myv.*, 401, 10). Trois disparitions complètes de l'île de Prydein : la première est celle de Gavran, fils d'Aeddan, et de ses hommes, qui s'en allèrent sur mer à la recherche des vertes prairies de Llion (2), et dont on n'entendit plus parler. La seconde est celle de Merddyn, le barde d'Emrys Wledig et de ses neuf *Cylveidd* (3), qui se dirigèrent

---

(1) Voy. triade 10, note à Gwrtheyrn.

(2) Voy. triade 48, n. 5. *Llion* signifie *flots*. Il s'agit probablement des îles Fortunées des Celtes, le pays de l'éternelle jeunesse, à la recherche duquel se lança saint Malo adolescent, et dont il est si souvent question dans les textes irlandais.

(3) On serait tenté d'y voir un pluriel de *Collvardd*, barde perdu, mais il n'y a qu'une *l* à *cyl*. De plus, l'expression se trouve au singulier. Dans un poème de Cynddelw, ce poète dispute à Seissyll la charge de *Pencerdd*, près de Madawc ab Maredudd, roi de Powys. Une des raisons de Seissyll pour la réclamer, c'est qu'il est bien de la vraie race bardique, un *culvardd*; on pourrait, il

par mer vers la Maison de Verre (1) (*Ty Gwydrin*) : on n'entendit jamais dire où ils étaient allés. La troisième fut celle de Madawg, fils d'Owein de Gwynedd (2), qui s'en alla sur mer, avec trois cents hommes, sur dix navires : on ne sait où ils sont allés.

114 (*Myv.*, 401, 11). Trois oppressions vinrent dans cette île et disparurent : l'oppression de March Malaen (3), qu'on appelle l'oppression du premier de mai (4) ; l'oppression du dragon de Prydein ; l'oppression du magicien. La première venait de l'autre côté de la mer ; la seconde naquit de la fureur du peuple et de la nation sous la pression de

est vrai, peut-être corriger en *culveirdd* (*Myv. arch.*, p. 154, col. 1).

(1) D'après Nennius, qui ne fait que reproduire ici les légendes irlandaises, les fils de Milé (*cujusdam militis*), venant d'Espagne, aperçoivent au milieu de la mer une *tour de verre* ; ils veulent parler aux habitants de la tour : pas de réponse. Ils veulent enlever la tour ; à peine sont-ils débarqués sur le rivage, que la mer les engloutit. Il n'y eut de sauvés que les trente hommes qui étaient restés dans une barque en mauvais état. Ce sont ces trente hommes qui colonisèrent l'Irlande (Nennius, VII).

(2) Owein, roi de Gwynedd, un des princes les plus remarquables des Gallois, régna de 1137 à 1169. La disparition de Madawc a donné lieu aux contes les plus ridicules. Plusieurs écrivains gallois lui font coloniser l'Amérique ; il y aurait, en Amérique, de ses descendants parlant gallois (Williams, *Eminent Welshmen*). Sur cette question, il y a un écrit de Stephens : *An Essay on the alleged discovery of America by Madoc ab Owain Gwynedd*.

(3) Un dicton gallois, à propos de tout bien dissipé, dit que c'est parti sur le cheval de Malaen (*Cambro-Briton*, I, p. 125).

(4) Voy. *Mab.*, I, 175, avec la note, et 176.

la rapacité et de l'injustice des rois. Dyvnwal Moelmud la fit disparaître en établissant un système équitable d'obligations mutuelles entre société et société, princes et princes, contrée et contrée (1). La troisième eut lieu du temps de Beli, fils de Manogan : c'était une réunion en vue de la trahison ; ce fut lui qui la fit disparaître.

115 (*Myv.*, 401, 12). Trois contagions effrayantes de l'île de Prydein : la première fut produite par les cadavres des Gwyddyl tués à Manuba, au bout d'une domination de vingt-neuf ans sur Gwynedd (2). La seconde fut la peste jaune de Ros (3), causée par les cadavres des tués ; si quelqu'un était atteint par leurs émanations, il tombait mort sur-le-champ. La troisième fut la sueur empestée, à la suite de la corruption du blé causée par l'humidité,

---

(1) Voy. *Mab.*, I, 178, 180. Il y a ici une tentative d'explication *rationaliste*. L'auteur voit, dans le *dragon*, la personnification des princes oppresseurs de Bretagne. Il y a été amené d'autant plus facilement que *dragon* avait le sens de chef. Gildas appelle lui-même, dans son *Epistola*, Maglocunus, insularis *draco*.

(2) Les *Iolo mss.* signalent, à la suite de plusieurs batailles, en 307, une peste causée par les cadavres restés sans sépulture. Ils mettent le massacre des Gwyddyl Ffichti à l'année 400 ap. J.-C., et, à l'année 410, une peste causée par le fait que les morts par maladie avaient été si nombreux qu'on n'avait pu enterrer leurs cadavres (*Iolo mss.*, p. 43). *Manuba* est sans doute pour *Manaw* (île de Man), confondue ici avec *Mon* (Anglesey), probablement. Les *Ann. Cambr.* signalent à l'année 682 une grande mortalité, dont fut victime Catgualart ab Catguolaun (cf. Bède, H. E., IV, 12).

(3) Voy. la note à Maelgwn, triade 71.

à l'époque de la conquête normande, sous William Bastardd (le bâtard) (1).

116 (*Myv.*, 401, 10). Trois accidents prodigieux de l'île de Prydein : le premier est la rupture de l'étang de Llion, qui causa la submersion de toutes les terres et noya tous les hommes, à l'exception de Dwyvan et de Dwyvach, qui échappèrent dans une barque, sans mât ni agrès ; et c'est d'eux que sortit la race de l'île de Prydein. Le second fut le tremblement (2) du feu torrentiel, quand la terre se fendit jusqu'à l'enfer et que la plus grande partie des êtres vivants fut brûlée. Le troisième fut l'été chaud, quand les arbres et les herbes s'enflammèrent sous la violence de la chaleur du soleil, et que nombre d'hommes, d'animaux, d'espèces d'oiseaux, d'insectes, d'arbres et d'herbes périrent sans qu'on pût l'empêcher (3).

117 (*Myv.*, 402, 16). Les trois principales souches de la race des Cymry : les Gwenhwysson (hommes de Gwent) (4), c'est-à-dire les gens d'Essyllwg ; les Gwyndodiaid (Vénédotiens), c'est-à-dire les hommes

---

(1) Les *Iolo mss.* signalent à l'année 1348 la peste de la *sueur* : un grand nombre de Normands et de Saxons en moururent ; tous les Cymry pur sang restèrent indemnes (*Iolo mss.*, p. 65).

(2) Les *Annales Cambriae* signalent un grand tremblement de terre en Eubonia (Man) à l'année 684.

(3) Les *Annales Cambriae* signalent à l'année 721 un été très chaud (*Aestas torrida*). Mais les *Iolo mss.* signalent à l'année 1419 trois jours d'une telle chaleur, que beaucoup d'hommes, d'animaux et d'arbres périrent (*Iolo mss.*, p. 67).

(4) Voy. Mab., I, 54, n. 1.

de Gwynedd (1) et de Powys (2) ; la famille de Pendaran Dyved (3), c'est-à-dire les hommes de Dyved (4), Gwyr (Gower) et Ceredigiawn (Cardigan). Chacune de ces tribus parle un *cymraeg* (langue galloise) particulier.

118 (*Myv.*, 402, 17). Trois rois, par la loi, de l'île de Prydein : Caswallawn, fils de Lludd ab Beli ab Mynogan; Caradawc, fils de Bran ap Llyr Llediaith; Owain, fils de Macsen Wledic. C'est en vertu du droit du pays et de la nation qu'on les investit de la monarchie, car ils n'étaient pas les aînés (5).

119 (*Myv.*, 403, 20). Trois entrevues traîtresses de l'île de Prydein : l'entrevue d'Avarwy (6), fils de Lludd, et des hommes sans foi qui donnèrent accès

---

(1) Voy. Mab., I, 28, n. 1.
(2) Voy. Mab., I, 122, n. 1.
(3) Voy. Mab., I, 60-62, 93.
(4) Voy. Mab., I, 27, n. 2, 99, n. 1.
(5) Pour *Caswallawn*, ce trait est emprunté à Gaufrei (*Hist.*, III, 20). Pour Caradawc ab Bran, voy. Mab., I, 81. Maxen avait un fils, Victor, qu'il avait fait empereur, et qui périt peu de temps après (voy. Mab., I, 155, n. 1). Gaufrei ne parle pas d'Owein ab Maxen. En revanche, il mentionne Owein ab Uryen (Eventus filius Uriani) et il le donne comme successeur de son oncle Anguselus, roi d'Albanie (*Hist.*, XI, 1). Il serait donc fort possible que nous n'ayons encore ici qu'un souvenir de Gaufrei, avec une erreur de nom.
(6) *Avarwy* est l'*Androgeus* de Gaufrei de Monmouth ; il est fils de Lud. Irrité de voir son oncle Cassibellaunus roi de Bretagne à sa place, il s'abouche avec Jules César (*Hist.*, III, 20; IV, 3, 8, 9, 10; IV, 11). Son nom est Avarwy dans le *Brut Tysilio* et le *Brut Gruffydd ab Arthur*, version galloise de l'œuvre de Gaufrei (*Myv.*, p. 449 et suiv.; 497 et suiv.).

aux Romains dans l'île de Prydein, à Pwyth Mein et Glas, et rien de plus. La seconde fut l'entrevue des grands de la nation des Cymry et des représentants des Saxons sur la montagne de Caer Caradawc (1), où eut lieu la trahison des longs couteaux, par la perfidie de Gwrtheyrn Gwrthenau ; c'est par son conseil et à la suite d'un accord secret avec les Saxons que les chefs des Cymry y furent tués. La troisième fut l'entrevue de Medrawd et d'Iddawc Corn Prydein (2) ; ils s'y entendirent pour trahir Arthur : d'où un surcroît de forces pour les Saxons dans l'île de Prydein.

120 (*Myv.*, 403, 22). Trois trahisons secrètes de l'île de Prydein : la première eut lieu quand Caradawc, fils de Bran, fut trahi par Aregwedd Voeddawg (3), fille d'Avarwy ab Lludd, et fut envoyé par elle comme captif aux Romains ; la deuxième, quand Arthur fut trahi par Iddawc Corn Prydein, qui dévoila son secret ; la troisième, quand Llywe-

___

(1) D'après Gaufrei, Salisbury (*Hist.*, VIII, 9). Les *Iolo mss.* mettent cet événement à l'an 453. Il aurait eu lieu à Mynydd Ambri (la colline d'Ambri), qu'on appelle aussi *Mynydd Caer Caradawg*, la montagne de Caer Caradawg (*Iolo mss.*, p. 45). Or, Ambresbury Hill, dont *Mynydd Ambri* paraît la traduction, est aujourd'hui Amesbury, dans le Wiltshire (Petrie, *Mon. hist. brit. Index Geographicus*). Gaufrei signale un monastère, auprès de Caer Caradoc, *in monte Ambrii* (*Hist.*, VIII, 9). Nennius, le premier, a raconté cette histoire (*Hist.*, XLVIII, XLIX ; voy. la note à Gwrtheyrn, plus haut, triade 10).

(2) Voy. *Mab.*, I, 291.

(3) Voy. *Mab.*, I, 81, note 1.

lyn, fils de Gruffudd, fut trahi par Madawc Min (1). Ce sont ces trois trahisons qui causèrent la défaite complète de la nation des Cymry ; il n'y avait que la trahison qui pût venir à bout d'eux.

121 (*Myv.*, 403, 23). Trois rois vaillants de l'île de Prydein : Cynvelyn Wledig (2) ; Caradawc, fils de Bran, et Arthur. Ils battaient tous leurs ennemis, et il était impossible de les vaincre autrement que par trahison.

122 (*Myv.*, 403, 24). Trois principaux rois de combat de l'île de Prydein : Caswallawn, fils de Beli ; Gweirydd, fils de Cynvelyn Wledig ; Caradawc, fils de Bran ab Llyr Llediaith.

123 (*Myv.*, 404, 34). Trois rois d'assemblée de l'île

---

(1) Il faut lire Llywelyn ab Sitsyllt. Llywelyn ab Gruffydd, le dernier des rois gallois, régna de 1246 à 1282, et périt, après une vie de combats souvent glorieux, dans une escarmouche, près de Buellt, Radnorshire. Llywelyn ab Sitsyllt, roi de Powys et du sud de Galles en 998, conquiert le Nord en 1015. Après une guerre victorieuse contre les Irlandais envahisseurs, il périt, en 1021, dans une bataille contre eux et les fils de son rival, Edwin ab Einion (Brut y Tywys., Brut Ieuan Brechva, *Myv. arch.*, p. 694, 718). Il aurait été trahi par Madawc Min, évêque de Bangor, fils de Cywrid ab Ednovain Bendew, roi de Tegeingl (district entre la Dee et le Clwyd, *Iolo mss.*, p. 198). Le fils de Llywelyn, Gruffydd, aurait également été livré par Madawc.

(2) Gaufrei fait de Kymbelinus un roi de Bretagne après Tenuantius, fils de Lud, successeur de Cassibellaunus. Il aurait été élevé par Auguste. C'était un vaillant guerrier (*Hist.*, IV, 11). Il y a là un vague souvenir du Cunobelinos de l'histoire (gallois moderne, *Cynvelyn*). Tenuantius est le Tasciovanus historique. Caratacos et Togodumnos sont les fils de Cunobelinos (Suetone, *Vit.*, chap. 43, 44; Dion Cassius, LX, 19-23). Gaufrei a pris son Te-

de Prydein : le premier fut Prydein ab Aedd Mawr, quand une royauté régulière s'établit sur Prydein et les îles adjacentes. Le second fut Caradawc, fils de Bran, quand on le nomma chef des guerres de toute l'île de Prydein, pour arrêter l'attaque des Romains. Le troisième fut Owein, fils de Macsen Wledig, quand les Cymry obtinrent de l'empereur de Rome l'indépendance de leur royauté suivant les privilèges de leur propre nation. On les appelle les trois rois d'assemblée, parce qu'ils ont reçu leurs privilèges de l'assemblée générale de tous les pays et districts sur toute l'étendue des terres des Cymry, et qu'ils tenaient réunion dans tout domaine, *cwmmwd*, *cantrev* (1) de l'île de Prydein et de ses îles adjacentes.

124 (*Myv.*, 404, 35). Trois rois inspirés de l'île de Prydein : Bran Vendigaid, fils de Llyr Llediaith, qui apporta le premier la foi chrétienne à la nation des Cymry, de Rome, où il fut sept ans comme ôtage pour son fils Caradawc ; celui-ci avait été emmené en captivité, après avoir été trahi par les séductions, les tromperies et les plans d'Aregwedd Voeddawg. Le second fut Lleirwg, fils

---

nuantius dans quelque généalogie. Il est très probable qu'il a eu sous les yeux *Teuuant*. En effet, parmi les ancêtres de Run, fils de Neithon, dans les généalogies du dixième siècle, on remarque Caratauc (Caratàcos), fils de Cinbelin (Cunobelinos), fils de Teuhant (pour *Techuant ?*) : *Y Cymmrodor*, IX, I, p. 176.

(1) Voy. Mab., I, 28, n. 1.
(2) Voy. Mab., I, 65-96, 98.

de Coel ab Cyllin le saint, qu'on appelle *Lleuvermawr* (grande lumière), et qui bâtit, à Llandav, la première église de Prydein et conféra aux chrétiens le privilège de nationalité, le droit à la justice et au serment (1). Le troisième, Cadwaladr Vendigaid (2), fit part de ses terres et de tous ses biens aux fidèles qui fuyaient devant les Saxons païens et les étrangers qui voulaient les tuer.

125 (*Myv.*, 404, 36). Trois *consolideurs* de royauté de l'île de Prydein : Prydein, fils d'Aedd Mawr ; Dyvnwal Moelmud ; Bran, fils de Llyr Llediaith. La meilleure constitution est celle qu'ils donnèrent à la royauté dans l'île de Prydein, à tel point qu'on la juge supérieure à toutes celles qui y furent faites depuis.

126 (*Myv*, 404, 37). Trois ivrognes dans l'âme de l'île de Prydein : Ceraint (3) Veddw (l'ivrogne), roi d'Essyllwg (Gwent), qui brûla, dans son ivresse, tout le blé au près et au loin, jusqu'au sol même ; après quoi le pain manqua. Le second est Gwrtheyrn Gwrthenau, qui, étant ivre, donna l'île de Tanet à Hors, afin de pouvoir satisfaire sa passion pour

---

(1) Bède fait, du roi breton Lucius, l'introducteur du christianisme en Bretagne, du temps du pape Eleutherius, en 156 (*H. E.*, I, IV). Suivant Nennius, qui donne à Lucius l'épithète de *Leuver-maur* (grande lumière), l'événement se serait passé en 164, du temps du pape Evariste, ce qui est impossible, Evariste ayant occupé le siège papal de 100 à 109 (*Hist.*, XVIII). Chez Gaufrei, Lucius est fils de Coillus (*Hist.*, IV, 19).

(2) Voy. triade 18.

(3) Voy. Mab., I, 215, n. 2.

Rhonwen, fille de Hors ; il donna aussi droit à la couronne de Lloegr au fils qu'il eut d'elle; en même temps, il trama trahison et embûches contre la nation des Cymry. Le troisième fut Seithynin Veddw, fils de Seithyn Saidi, roi de Dyved, qui, dans son ivresse, lâcha la mer sur *Cantre'r Gwaelod* (le *cantrev* du bas-fond) (1); tout ce qu'il y avait là de terres et de maisons fut perdu. Il y avait auparavant seize villes fortes, les plus importantes de toutes les places de Cymru, en exceptant Caerllion sur Wysg (2). Ce *Cantre'r Gwaelod* faisait partie des domaines de Gwyddnaw Garanhir (3), roi de Ceredigiawn. Cela arriva du temps d'Emrys Wledig. Les hommes qui échappèrent aux flots s'établirent en Ardudwy (4), dans le pays d'Arvon, les monts Eryri (5) et d'autres lieux qui n'étaient pas habités auparavant.

127 (*Myv.*, 405, 42). Trois rois aux chaînes d'or de l'île de Prydein : Morgan Mwynvawr (6); Elys-

---

(1) Voy. Mab., I, 244, n. 2.
(2) Voy. Mab., I, 167, n. 4.
(3) Voy. Mab., I, 244, n. 2. Les généalogies du dixième siècle mentionnent un *Gwyddno*, fils de Dumngual Hen ap Cinuit ; parmi ses descendants à la quatrième génération, paraît Elfin (*Y Cymmrodor*, IX, I, p. 172). Les poètes attribuent généralement à Gwyddno un fils de ce nom.
(4) Voy. Mab., I, 67.
(5) Voy. Mab., I, 164.
(6) Ce n'est pas le même que celui de la triade 30. Celui-ci, appelé Morgan Hen ou Morgan Mawr, ou même Morgan Mwynvawr, roi de Glamorgan, meurt en 972 (*Brut y Tywys.* ap. Petrie, *Mon. hist. brit.*).

tan Glodrydd (1), entre Gwy et Havren (la Wye et la Severn), et Gwaithvoed (2), roi de Ceredigion. On les appelait ainsi, parce qu'ils portaient des chaînes et non des diadèmes ou couronnes, comme le faisaient les principaux rois de l'île de Prydein (3).

128 (*Myv.*, 405, 43). Trois rois à diadème de l'île de Prydein : Cadell, roi de Dinevwr ; Anarawt, roi

---

(1) Elystan le Glorieux vivait vers la fin du dixième siècle. Sa fille, Angarad, épouse Jestin ab Gwrgan, roi de Glamorgan de 1043 à 1091. Elystan était roi de Feryllwg, district entre la Wye et la Severn (*Iolo mss.*, p. 25, 32). Elystan ou *Elstan* est la forme galloise d'Athelstan, et c'est même par une confusion de nom avec le grand roi saxon que cet obscur principicule a obtenu l'épithète de *Clodrydd*.

(2) Gwaethvoed, prince de Cibwyr, en Glamorgan, aurait refusé de se rendre à une sommation du roi Edgar, l'invitant à venir lui faire hommage à Chester, et à ramer sur sa barque sur le Dee. Gwaethvoed aurait répondu que, s'il avait su ramer, il ne l'aurait fait que pour sauver la vie à un homme, roi ou serf. A une seconde sommation, il se contenta de répondre : « Que l'on craigne celui qui ne craint personne. » Edgar, frappé d'étonnement, alla le trouver et lui offrit son amitié (*Iolo mss.*, p. 90). A part ce qui concerne Gwaethvoed, le fait paraît historique. Edgar, roi des Angles, en 973, se montre sur le Dee, dans une barque dont il tenait le gouvernail et dont les rois tributaires maniaient les rames (*Florentii Vigornensis Chronicon*, ap. Petrie, Mon. hist. brit., p. 578).

(3) Au lieu de : *hualau yn holl y gwneleint brif deyrnedd ynys Prydein, ac nid taleithiau, sef coronau*, je lis : *hualau ac nid taleithiau, sef coronau, yn ol y gwneleint brif deyrnedd ynys Prydein*. La triade suivante est une explication de celle-ci il n'y avait à pouvoir porter la couronne que les trois roi d'Aberffraw, de Mathraval et de Dinevwr.

d'Aberffraw; Mervyn, roi de Mathraval (1). On les appelait les trois princes à diadème.

129 (*Myv.*, 405, 44). Trois rois étrangers de l'île de Prydein : Gwrddyled Gawr, Morien Varvawc (2), Cystenin Vendigaid (3).

130 (*Myv.*, 405, 45). Trois traîtres dans l'âme, qui furent cause que les Saxons enlevèrent la couronne de l'île de Prydein aux Cymry. L'un fut Gwrgi Garwlwyd, qui, après avoir goûté de la chair humaine à la cour d'Edelfflet, roi des Saxons, en devint si friand qu'il ne mangea plus d'autre viande;

---

(1) Rhodri le Grand (843-877) partagea ses Etats entre ses trois fils. Il donna à Cadell, Cardigan ; à Anarawt, Gwynedd ; à Mervyn, Powys (Brut y Tyw., *Myv.* arch., p. 688). Cadell mourut en 909 (*Ann. Cambr.*); Anarawt, en 915 (*Ann. Cambr.*); quant à Mervyn, il fut battu par son frère Cadell et dépouillé par lui en 876, puis tué par ses vassaux en 892 (Brut y Tyw., *Myv.* arch., p. 688). Anarawt, après une victoire sur les Saxons, à Conwy, en 880 (*Ann. Cambr.*), se tourna contre son frère Cadell, et ravagea, uni aux Angles, Cardigan et Ystrat Tywi (en 894, *Ann. Cambr.*) Après la mort de son frère, il fut roi de tout le pays de Galles.

(2) Est-ce le même que le Morien Mynawc ou Manawc des *Mabinogion* ? Voy. Mab., I, 311, n. 2. Les *Iolo mss.* (p. 42-43), à coté de la magie des rois étrangers, Urb Lluyddawg de Llychlyn, Gwydyon ab Don le Gaël, signalent celle de Morien ab Argad, vers 380, qui apparaît sous les traits de Pélasge, dont le nom même est interprété (Morien = *Murigenos*, « né de la mer »). Une curieuse strophe des *Chwedlau y Doethion* (*Iolo mss.*, p. 263, 20) attribue les succès de Gwydyon ab Don en Gwynedd aux conseils de Mor ap Morien.

(3) Voy. Mab., I, 242, n. 1. C'est le Constantin de Gaufrei, frère d'Aldroen, roi de la Petite Bretagne (*Hist.*, VI, 4, 5, 6); voy. triade 10, la note à Gwrtheyrn, et la triade 57.

c'est pourquoi il s'allia, lui et ses hommes, avec Edelffled, roi des Saxons. Il faisait de continuelles incursions chez les Cymry et enlevait autant de jeunes gens mâles et femelles qu'il en pouvait manger chaque jour; tous les hommes sans foi de la nation des Cymry le rejoignaient lui et les Saxons, et trouvaient là en abondance butin et dépouilles enlevés à leurs compatriotes de cette île. Le second fut Medrawt, qui s'unit, lui et les siens, aux Saxons pour s'assurer la royauté contre Arthur. C'est à la suite de cette trahison qu'un grand nombre de Lloegrwys devinrent Saxons. Le troisième fut Aeddan le traître, du Nord, qui se fit Saxon, avec ses hommes, dans toute l'étendue de ses domaines, afin de continuer à vivre de désordres et de rapines, sous la protection des Saxons. C'est à cause de ces trois traîtres consommés que les Cymry perdirent leurs terres et leur couronne en Lloegr. Sans ces trahisons, les Saxons n'auraient pas pu enlever l'île aux Cymry (1).

131 (*Myv.*, 406, 54). Trois réglementations violentes de l'île de Prydein : la première fut celle de Hu Gadarn amenant la nation des Cymry du pays de l'Eté, qu'on appelle Deffrobani, dans l'île de Prydein; la seconde est celle de Prydein, fils d'Aedd Mawr, qui soumit l'île à un gouvernement et à une législation ; la troisième est celle de Rhitta Gawr (2) (le géant), qui se fit une robe des barbes

(1) Voy. triade 34 ; pour Aeddan, voy. triade 19.
(2) Mab., I, 242, n. 1.

des rois ; il les fit raser, en punition de leur oppression et de leurs injustices.

132 (*Myv.*, 406, 55). Trois bons *harceleurs* de l'île de Prydein : Prydein, fils d'Aedd Mawr, pourchassant le dragon d'Oppression, c'est-à-dire l'oppression, les spoliations, l'injustice qu'on entretenait dans l'île ; Caradawc, fils de Bran ab Llyr, poursuivant l'oppression des Césariens ; Rhitta Gawr, poursuivant l'oppression, les injustices des rois déréglés.

133 (*Myv.*, 406, 56). Trois bienfaiteurs de la nation des Cymry : Hu Gadarn, qui montra la façon de charruer la terre, pour la première fois, à la nation des Cymry, quand ils étaient au pays de l'Eté, à l'endroit où est Constantinoblis maintenant, avant leur venue dans l'île de Prydein ; Coll (1), fils de Collvrewi, qui apporta, le premier, froment et orge dans l'île, où il n'y avait eu jusque-là qu'avoine et seigle ; Elldud Varchawc (le chevalier), le saint du collège de Tewdws (2) (Theodose), qui améliora la façon de charruer la terre et apprit aux Cymry à faire mieux qu'auparavant ; il leur donna la méthode

---

(1) Voy. triade 63.

(2) Ce monastère est plus connu sous le nom de Bangor Illtyd ou Llanilltyd Vawr (Lantwit major), en Glamorgan : voy. triade 91, note. On l'avait appelé le collège de Théodose, parce qu'on le croyait fondé par Théodose. Le premier monastère bâti en Bretagne, disent les *Iolo mss.*, fut Llancarvan, car le collège de l'empereur Theodosius, à Caer-Worgorn (Llanilltyd), était seulement une école privilégiée (*Iolo mss.*, p. 44, à l'année 430).

et l'art de charruer qui existent aujourd'hui, car, avant le temps d'Elldud, on ne labourait la terre qu'au hoyau et avec la charrue *arsang* (1), comme le font encore les Gwyddyl.

134 (*Myv.*, 406, 57). Trois premiers instructeurs (*ovydd*) de la nation des Cymry : Hu Gadarn, qui transporta et divisa en clans la nation des Cymry ; Dyvnwal Moelmud, qui organisa le premier un système de lois, de privilèges, de coutumes pour le pays et la race ; Tydain (2) Tad-awen (père de l'inspiration), qui, le premier, soumit à des règles et à une constitution la tradition et la conservation de l'art de la musique vocale et de tout ce qui y touche ; c'est de ce système que sortirent, pour la première fois, les privilèges et les coutumes régulières des bardes et du bardisme de l'île de Prydein.

135 (*Myv.*, 406, 58). Les trois premiers bardes précurseurs de l'île de Prydein : Plenydd, Alawn, Gwron (3) ; ce sont eux qui ont imaginé les privilèges et les usages des bardes et de la poésie ; c'est

---

(1) *Arsang* indique l'action de *presser*, *peser sur*. On ne sait pas au juste de quelle espèce de charrue il est fait ici mention.

(2) *Tat-awen*, « père de l'inspiration ; » c'est l'épithète *tataguen*, que donne Nennius à Talhaiarn (Généal., ap. Petrie, *Mon. hist., Brit.*

(3) Ce sont là probablement des abstractions. *Alawn* semble un dérivé de *alaw*, « musique ; » *Plenydd*, « éclat, rayonnement ; » *Gwron* a le sens de *héros*, *vaillant*. Dans les *Chwedlau y Doethion*, Plènydd est qualifié de fils de Hu Hydr (Hu l'Audacieux) (*Iolo mss.*, p. 263, 28). Alawn y est qualifié de barde de Prydein (*ibid.*, p. 263, 14).

pourquoi on les appelle les trois bardes primordiaux. Il y avait bien eu avant eux bardes et poésie, mais il n'y avait pas de constitution régulière ; les privilèges et les pratiques dépendaient de la générosité et de la noblesse d'âme, sous la protection du pays et de la nation, avant le temps de ces trois hommes. Certains disent qu'ils vivaient du temps de Prydein, fils d'Aedd Mawr; d'autres, du temps de Dyvnwal Moelmud, son fils, que certains vieux livres appellent Dyvnvarth, fils de Prydein.

136 (*Myv.*, 407, 89). Trois bons rois de l'île de Prydein : Prydein, fils d'Aedd Mawr, qui régla les rapports de société dans le pays et la nation, ainsi que les rapports de contrée à contrée dans l'île de Prydein; Dyvnwal Moelmud, qui améliora et augmenta les statuts, les lois, les privilèges et les coutumes de la nation des Cymry, de façon qu'il y eût toute sécurité pour tous ceux qui se trouveraient dans l'île de Prydein sous la protection de Dieu et de sa paix, sous la protection du pays et de la nation; Hywel Dda (le Bon) (1), fils de Cadell ab Rhodri Mawr, roi de tout Cymru, qui réforma les lois de l'île de Prydein, comme le réclamaient les

---

(1) Hywell Dda devint, à la mort de son père Cadell, roi du sud de Galles et de Powys, vers 909 (*Ann. Cambr.*). A la mort d'Idwal Voel, fils de son oncle Anarawt, il ajouta Gwynedd à ses Etats, et étendit sa domination sur tout le pays de Galles. L'acte principal de sa vie, c'est la revision des lois galloises. Il mourut en 950 (*Ann. Cambr.*; cf. Brut y Tyw., *Myv. arch.*; p. 889, depuis l'an 900 jusqu'en 948 ; cf. *Ancient Laws*, I, préface).

révolutions et les tribulations qu'avait eues à souffrir la nation des Cymry, pour empêcher ce qui était bienfaisant de se perdre et éviter que les bonnes lois ne trouvassent pas leur place, leur rôle naturel et leur effet dans la constitution du pays et de la nation. Ce furent les trois meilleurs législateurs.

137 (*Myv.*, 407, 60). Trois forts de l'île de Prydein : Gwrnerth Ergydlym (au coup aigu), qui tua l'ours le plus grand qu'on eût vu avec une flèche en paille; Gwgawn Lawgadarn (à la main puissante), qui roula la pierre de Maenarch (1) du vallon jusqu'au sommet de la montagne : elle était si grosse qu'il ne fallait pas moins de soixante bœufs pour la traîner ; Eidiol Gadarn (le Fort), qui tua six cent soixante Saxons, dans la trahison de Caersallawg (2), avec une quenouille de frêne sauvage, depuis le coucher du soleil jusqu'à la nuit.

138 (*Myv.*, 407, 61). Trois familles royales furent emmenées en captivité, depuis les bisaïeux jusqu'aux arrière-petits-fils, sans qu'un seul échappât : la famille de Lyr Llediaith, qui fut emmenée en captivité jusqu'à Rome par les Césariens; la famille de Madawg, fils de Modron (3), qui fut tenue en

(1) Les *Iolo mss.* mentionnent, parmi les fondateurs de monastères, Maenarch, seigneur de Hereford ; il fonda Gelli Gaer (*Iolo mss.*, p. 221).

(2) Caer Sallawg (Old-sarum ?); dans ce district était Caer Caradawc; voy. plus haut, triade 119. Pour Eidiol, voy. Mab., I, 214.

(3) Probablement Mabon ab Modron; v. triade 56; cf. Mab., I, 265, n. 1.

prison par les Gwyddyl Fichti, en Alban; la famille de Gair, fils de Geirion, seigneur de Geirionydd (1), par un arrêt de la loi du pays et de la contrée, fut mise dans la prison d'Oeth et Anoeth. Aucune des trois ne s'échappa. Ce fut la captivité la plus complète qu'on ait jamais connue.

139 (*Myv.*, 407, 62). Trois archevêchés de l'île de Prydain : le premier est celui de Llandav, par le bienfait de Lleurwg, fils de Coel ab Cyllin, qui donna, le premier, des terres et le privilège de nationalité à ceux qui embrassèrent les premiers la foi dans le Christ; le deuxième est celui de Caer Evrawc (York), par le bienfait de l'empereur Cystenyn : ce fut le premier des empereurs de Rome qui embrassa la foi dans le Christ; le troisième est celui de Llundain (Londres), par le bienfait de l'empereur Macsen Wledig (2). Après eux furent fondés ceux de Caerllion sur Wysg, de Celliwig en Cernyw, de Caer Riannedd (Glasgow) dans le Nord.

(1) Geirionydd est un petit district dans la partie la plus sauvage du Snowdon, en Carnarvonshire; il y a un lac qui porte ce nom. Voy. la triade 56.

(2) Gaufrei de Monmouth donne comme les trois premiers archevêchés de Bretagne, fondés à la suite de la conversion de Lucius, Londres, York et Caerlleon sur Usk, en Glamorgan. Le rédacteur de la triade devait, probablement, être du pays de Llandav. Le *Liber Landav.* prétend aussi, en effet, que saint Germain et Lupus établirent saint Dubrice à Llandav, comme métropolitain de toute la Bretagne du Sud (p. 65-66). La version de Gaufrei est plus vraisemblable; il est tout naturel qu'il se soit établi, au chef-lieu de la *Britannia secunda*, un évêché métropolitain.

Maintenant, il y a Mynyw, Caer Evrawc et Caer Gaint (1).

140 (*Myv.*, 407, 63). Les trois principaux sièges de l'île de Prydain ; Llundain, Caerllion sur Wysg, Caer Evrawc (2).

141 (*Myv.*, 407, 65). Trois ports privilégiés de l'île de Prydain : le port d'Ysgewin (3) en Gwent ; le port de Gwygyr (4) en Mon ; le port de Gwyddnaw en Ceredigiawn.

142 (*Myv.*, 407, 66). Trois principaux fleuves de de l'île Prydain : la Havren en Cymru ; la Tain (Tamise) en Loegr ; l'Hymyr (l'Humber) en Dyvr et Bryneich.

143 (*Myv.*, 408, 85). Trois vachers de tribu de l'île de Prydain. Le premier, Benren le vacher, à Gorwennyd (5), gardant le troupeau de Caradawc,

___

(1) Saint-David's ou Mynyw, York et Cantorbery. L'évêché de Saint-David, correspondant au pays des Demetae, et celui de Llandav, correspondant au pays des Silures, se disputèrent longtemps la prééminence (voy. Girald Cambr., *De jure et statu Menevensis Ecclesiae*). Le pape Innocent III termina la querelle, en 1207, en obligeant tous les évêchés gallois à reconnaître la suprématie de Cantorbery (Wilkins, *Concil.*, I, 523).

(2) C'est la version de Gaufrei.

(3) Stephens (*Liter. of the Cymry*, p. 325) traduisant un passage du poète Meilir, où il est question de Porth Ysgewin, l'identifie avec Portskewitt. D'autres y voient Newport sur Usk (*Cambro-Briton*, I, p. 8).

(4) Porth Gwygyr en Mon est mentionné par Taliesin (*Four anc. books*, II, p. 206, v. 11). On l'identifie avec Beaumaris (Powel, *History of Wales*, voy. les cartes).

(5) District de Gwent, correspond probablement au doyenné actuel de *Groneath* (*Iolo mss.*, p. 398).

fils de Bran, et de sa famille : il y avait dans ce troupeau vingt et une mille vaches laitières. Le second, Gwydyon, fils de Don, garda les vaches de la tribu de Gwynedd Uch Conwy (1) : il y avait dans ce troupeau vingt et une mille vaches laitières. Le troisième, Llawvrodedd Varvawc, garda les vaches de Nudd Hael (2), fils de Senullt : dans ce troupeau, il y avait deux mille cent vaches laitières.

144 (*Myv.*, 408, 87). Trois premières cités de l'île de Prydain : Caerllion sur Vysg en Cymru ; Llundain en Lloegr ; Caer Evrawc en Deivr et Bryneich.

145 (*Myv.*, 408, 88). Trois tours de force de l'île de Prydain : soulever la pierre de Cetti (3) ; construire Gwaith Emrys (4) (l'œuvre d'Emrys) ; briser la pile de Cyvrangon.

(1) *Uch Conwy* et *Is Conwy* étaient les grandes divisions du cantrev d'Arvon (*Myv. arch.*, p. 738).

(2) Voy. *Mab.*, I, 120, n. 2. Il y a eu un Nudd, chef des Bretons du Nord, frère de Gwenddoleu, et fils de Keidiaw (*Four ancient books*, II, app. p. 454). Il semble avoir été confondu avec Nudd ab Senyllt, et, en tous cas, avec le dieu Nudd (Nodens) père de Gwynn.

(3) Suivant les *Iolo mss.*, (p. 83), il y avait à Cevn-y-bryn, en Gower, une pierre adorée par les païens. Saint David la fendit de son épée, et fit jaillir une fontaine de dessous la pierre. Ce miracle convertit les païens. Suivant le *Cambro-Briton*, il y a encore, en Gower, une énorme pierre qui porte ce nom (*Cambro-Briton*, II, p. 387).

(4) Suivant Gaufrei de Monmouth, Aurelius Ambrosius (Emrys) voulant élever un tombeau à la mémoire des trois cents nobles bretons tués à Caer Caradoc, et ensevelis sur la montagne d'Ambri, près de cette ville, Merlin, barde de Vortigern, lui con-

146 (*Myv.*, 409, 89). Trois astrologues bénis de l'île de Prydain : Idris Gawr (1) (le géant) ; Gwydyon, fils de Don ; Gwyn, fils de Nudd. Si étendues étaient leurs connaissances au sujet des astres, leur nature et leurs qualités, qu'ils prédisaient tout ce qu'on désirait savoir de l'avenir jusqu'au jour du jugement.

147 (*Myv.*, 409, 91). Trois bons sculpteurs de l'île de Prydain : Corvinwr, barde de Ceri Hir Lyngwyn (2), qui fit un navire avec voiles et gouvernail pour la nation des Cymry ; Morddal Gwr Gweilgi,

---

seilla d'aller prendre les immenses pierres du mont Killaraus, en Irlande, et de les faire dresser sur le mont Ambri. On envoya des troupes bretonnes sous les ordres d'Uther Pendragon, demander les pierres à Gillomanius, roi d'Irlande, qui les reçut fort mal, se moqua d'eux, et leva une armée contre eux. Les Irlandais battus, les Bretons se mirent en devoir d'enlever les pierres. Rien ne réussissant, Merlin y arriva facilement par ses artifices. Ces pierres furent transportées sur le mont Ambri, et y furent dressées (*Hist.*, VIII, 9-12). Les Anglais appellent cet amas de pierres Stanheng (Stonehenge) (*ibid.*, IV, 4). Giraldus Cambr. dit qu'il avait existé autrefois dans la plaine de Kildare, non loin d'un Castrum Nasense (Naas), un amas de pierres prodigieux ; on l'appelait *Chorea Gigantum* (c'est aussi l'expression de Gaufrei) ; les pierres avaient été apportées des extrémités de l'Afrique en Hibernie (*Topogr. Hib.*, II, 18). Suivant Gaufrei, les géants les auraient apportées d'Afrique pour s'en servir pour leurs bains, quand ils étaient malades. Camden voit dans le mont Killaraus, Killair en Meath (Nennius, éd. San-Marte, p. 361, c. X, note 24).

(1) Une des montagnes les plus élevées du pays de Galles, dans le Merionethshire, porte le nom de Cadair Idris, la chaire d'Idris.

(2) *Corvinwr* a, sans doute, le même sens que *corvinydd*, architecte. *Llyngwyn* paraît dérivé de *llong*, vaisseau.

charpentier de Cereint, fils de Greidiawl (1), qui, le premier, apprit à la nation des Cymry à travailler la pierre et la chaux, à l'époque où l'empereur Alexandre était occupé à soumettre l'univers à ses lois; Coel, fils de Cyllin ab Caradawc ab Bran, qui fit le premier un moulin, avec ses roues et sa meule, pour la nation des Cymry (2). C'étaient trois fils de bardes.

148 (*Myv.*, 409, 92). Trois inventeurs de musique et d'inspiration pour la nation des Cymry : Gwyddon Ganhebon (3), qui, le premier au monde, composa un chant; Hu Gadarn, qui, le premier, conféra au chant le privilège de garder la tradition et les souvenirs; Tydain Tad Awen, qui, le premier, fit du chant un art et régla l'inspiration. C'est grâce à leurs travaux qu'on eut bardes et poésie. Toutes ces choses furent soumises à des privilèges et des usages par les trois bardes fondateurs : Plennydd, Alawn, Gwron.

149 (*Myv.*, 409, 93). Les trois premiers précepteurs de l'île de Prydain : Tydain Tad Awen; Menyw Hen (4) (le vieux); Gwrhir, le barde de Teilaw, à Llandav. C'étaient trois fils de bardes.

---

(1) *Greidiawl* porte l'épithète ordinaire de *gallovydd* ou *galliovydd*, maître ès machines ou mécanicien. Voy. Mab., I, 202, n. 2.

(2) D'après les *Iolo mss.*, c'est en 340 ap. J.-C. que furent inventés les moulins à eau et à vent; il n'y avait auparavant que des moulins à bras (*Iolo mss.*, p. 42).

(3) *Gwyddon* signifie *le savant*.

(4) Voy. Mab., I, 229, n. 1.

150 (*Myv.*, 409, 97). Trois principaux chefs-d'œuvre de l'île de Prydain : le navire de Nevydd Nav Neivion (1), qui porta un mâle et une femelle de chaque espèce vivante quand se rompit l'étang de Llion ; le second fut l'œuvre des bœufs cornus de Hu Gadarn (2), qui traînèrent l'*avanc* (3) de l'étang à terre, après quoi l'étang ne se rompit plus ; le troisième, ce sont les pierres de Gwyddon Ganhebon, sur lesquelles se lisaient tous les arts et toutes les sciences du monde.

151 (*Myv.*, 409, 98). Trois *instructeurs* bénis de l'île de Prydain : Cadawg, fils de Gwynlliw, à Llangarvan ; Madawc (4) Morvryn, dans le collège d'Illtud ; Deinioel Wynn (5) (le blanc, le bienheureux), en Gwynedd. C'étaient trois fils de bardes.

152 (*Myv.*, 409, 99). Trois gardiens de moutons de l'île de Prydain : Colwyn, berger de la tribu de Bran, fils de Llyr Llediaith, en Morganwg ; Py-

(1) Voy. Mab., I, 205, n. 6.
(2) Voy. Mab., II, 85, n. 1.
(3) Voir l'*Index* à *Addanc*.
(4) Myrddin le barde est dit fils de Morvryn. Les *Iolo mss.* le font fils de Morydd et arrière petit-fils de Coel Godebawg. Il est moine au monastère d'Illtud (*Iolo mss.*, p. 127).
(5) Deinioel est le Daniel des *Ann. Cambr.*, mort en 584. Il était fils de Dunawd ab Pabo et fonda, dit-on, avec son père, le grand monastère de Bangor, sur la Dee. Il en sortit pour fonder un autre monastère dans le Carnarvonshire, appelé de son nom Bangor Deiniol ou encore Bangor Vawr, à l'endroit où se trouve la ville actuelle de Bangor. Maelgwn fit de Bangor un évêché (Rees, *Essay on the Welsh saints*, p. 258). Des églises lui étaient consacrées (*Iolo mss.*, p. 102, 126, 127).

bydd Moel (le chauve), berger de la tribu de Tegern Llwyth Llwydiarth', en Mon; Gwesyn, le berger de la tribu de Goronwy, fils d'Ednyvain (1), roi de Tegeingl, en Rhyvoniog : c'est son nom de *gwesyn* qu'on a donné au gardien de moutons. Le nombre des moutons qu'ils gardaient était de cent vingt mille ; ils avaient sous leur dépendance chacun trois cents fils de serfs, sous la protection de la nation des Cymry.

153 (*Myv.*, 411, 126). Rhodri Mawr (le Grand) établit en Cymru trois circonscriptions royales : Dinevwr, Aberffraw, Mathraval, et dans chacune un roi couronné (2). L'aîné des trois, quel qu'il fût, était le chef des rois, c'est-à-dire le roi de tout Cymru. Les deux autres obéissaient à ses ordres; sa voix était supérieure aux leurs; il était juge suprême et chef des anciens dans chaque session de l'assemblée nationale et dans chaque convocation du pays et de la nation.

Ainsi se terminent les cent vingt-six triades de l'île de Prydain. Ces triades ont été tirées du livre

---

(1) D'après la triade 120, Ednyvain Bendev (Grosse-Tête), roi de Tegeingl, était père de Madawc Min, évêque de Bangor, qui trahit Llywelyn ab Sitsyll, et vivait, par conséquent, au dixième siècle, probablement dans la deuxième moitié de ce siècle. Il a été souvent confondu avec Ednyvain ab Bradwen, qui était un seigneur de Merioneth, et vécut bien plus tard. Williams, *Eminent Welshmen*, a commis cette erreur, avec bien d'autres d'ailleurs.

(2) Voy. triade 128.

de Caradoc de Nant Garvan et du livre de Ieuan Brechva, par moi Thomas Jones de Tregaron : c'est tout ce que j'ai pu avoir des trois cents. — 1601.

II

GÉNÉALOGIES DE LA FIN DU DIXIÈME SIÈCLE

Tirées du manuscrit Harl. 3859 (1).

I

Ouen map (fils) Iguel (2)
    map Catell (3)

---

(1) Voy. plus haut *Triades*, p. 292. Ces généalogies auraient besoin d'être complétées par d'autres, mais celles qui existent sont plus récentes et ont subi des remaniements. Mon but n'est pas d'ailleurs de faire un travail sur les généalogies galloises, sujet difficile et des plus intéressants, mais de montrer qu'il existe au milieu du chaos créé par Gaufrei de Monmouth et ceux qui l'ont suivi, des points de repère solides. Je me borne à combler certaines lacunes par les généalogies tirées du manuscrit du collège de Jésus d'Oxford, n° 20, du quatorzième siècle, publiées par M. Egerton Phillimore (*Y Cymmrodor*, VIII, I, p. 83-90). Pour les personnages, les lecteurs, à défaut de notes, se référeront à l'Index. Chaque fois que les *Ann. Cambriae*, celles qui vont jusqu'à l'année 954, mentionnent un des personnages des généalogies, je le constate en note. Le texte auquel je me réfère est celui de M. Egerton Phillimore (*Y Cymmrodor*, IX, I). Je n'ai recours que rarement aux différents *Brut y Tywysogion* (chronique des princes) et aux *Ann. Cambriae* qui partent de l'année 955.

(2) *Ann. Cambriae*, à l'année 950 : Higuel rex Brittonum moritur. C'est Howel ou Hywel Dda. D'après le *Brut y Tywysogion*, chronique tirée du *Livre Rouge* de Hergest, et publiée par Petrie (*Monum. hist. brit.*), Owen ab Higuel meurt en 987.

(3) Catell, gallois moyen Cadell, fils de Rodri le Grand, devient roi du Sud-Galles en 877, et meurt en 909 (*Ann. Cambr.*).

map Rotri (1)
map Mermin et Etthil merch (fille) Cinnan (2)
map Rotri (3)
map Iutguaul
map Catgualart (4)
map Catgollaun (5)

(1) Rotri (Rhodri mawr ou Rhodri le Grand), roi de Galles, périt en 877 dans une bataille contre les Saxons (*Ann. Cambr.*). Il était fils de Mermin (Mervyn Vrych) et de Essyllt, fille de Cinan Tindaethwy. Il avait épousé Angharad, fille de Meuric, roi de Cardigan. Le texte des généalogies du ms. 20 du collège de Jésus est altéré en ce qui le concerne, ainsi que Mermin (n° XIX, XLII).

(2) Ethill, plus tard Essyllt, était fille de Cynan dit Tindaethwy (*cymmwd* et château du *cantrev* de Rhosyr en Mon), roi de Gwynedd. Du côté paternel, Mermin était fils de Gwryat ab Elidir, et de la race de Coel (généalogie du ms. 20 du collège de Jésus, n° XVII, XIX), et fils de Nest, fille de Cadell, roi de Powys. Il ne faut pas le confondre avec Mermin, fils de Rodri le Grand, dépossédé du royaume de Powys par son frère Cadell, ni avec Mervyn mawr ou le Grand, fils d'Anarawt Gwalltgrwn ab Tutwal Tutclyt. Tutwal était, par sa fille Celemion, grand-père d'Elidyr ab Gwriat ab Mervyn ab Rodri Mawr (*ibid.*, XIX). Mermin, mari d'Etthill et père de Redri mawr, meurt en 844 (*Ann. Cambr.*).

(3) Rotri map Iutguaul (Rhodri ab Idwal), surnommé Molwynog ou Maelwynog, meurt en 754 (*Ann. Cambr.*). Il était descendant de Gunedda (généal. du ms. 20 du collège de Jésus, XXII). On lui attribue les victoires de Heilin (Hehil dans les *Ann. Cambr.*), en Cornouailles, de Garthmaelog, en Glamorgan, de Pencon, en Sud-Galles, remportées sur les Saxons en 721 (*Brut y Tyw.*, ap. Petrie, *Mon. hist. brit.*; cf. *Ann. Cambr.*, à l'année 721).

(4) Catgualart (Cadwaladr ou Cadwaladyr) meurt en 682 (*Ann. Cambr.*).

(5) Catguolaun map Catman (Cadwallawn ab Cadvan) périt en 631, d'après les *Ann. Cambr.*, et, d'après Bède, en 635. Voy. l'Index.

map Catman (1)
map Iacob (2)
map Beli
map Run
map Mailcun (3)
map Catgolaun Lauhir (4)
map Eniaun Girt
map Cuneda (5)
map Ætern
map Patern Pesrud (6)
map Tacit
map Cein

(1) Catman (Cadvan), roi de Galles. Son épitaphe existe encore dans l'Eglise de Llangadwaladr, en Anglesey, près d'Aberffraw (Voy. l'Index). Les caractères, d'après Hübner (*Inscr. brit. chr.*), dénotent une inscription du sixième-septième siècle.

(2) Iacob (Iago) meurt en 613 (*Ann. Cambr.*).

(3) Mailcun (Maelgwn), le Maglocunos de Gildas, meurt de la peste en 547 (*Ann. Cambr.*). Les *Ann. de Tigernach* mettent cette peste en 550; voy. l'Index.

(4) Catguolaun à la main longue. D'après les généalogies du ms. 20 du collège de Jésus, Catwallawn Llawhir et Einyaw[n] auraient été deux frères, fils de Didlet, roi des Gwyddyl Ffichti (n° XXIII). Or ces généalogies font, au n° XXII, Catwallawn fils d'Einyawn Yrth (Eniaun Girt). Le copiste aura mal lu, sans doute. Nos généalogies, n° III, font, en effet, de Cinglas, un fils d'Eugein (Owein) map Enniaun Girt map Cuneda.

(5) Cunedag (= *Cunodagos*), d'après Nennius, serait venu en Galles, de Manau Guotodin, cent quarante six ans avant le règne de Mailcun, et en aurait expulsé les Scots; voy. plus bas n° XXXII, et, d'après l'Index, les notes à Maelgwn.

(6) *Pesrud*, mieux *Peisrud*, ou Patern à la robe rouge. M. Rhys y voit une allusion à la pourpre romaine (*Celt. Brit.*, p. 118).

map Guorcein
map Doli
map Guordoli
map Dumn
map Gurdumn
map Amguoloyt
map Anguerit
map Oumun
map Dubun
map Brithguein
map Eugein
map Aballac
map Amalech, qui fuit Beli magni filius, et Anna mater eius, quam dicunt esse consobrina Mariæ virginis, matris domini nostri Iesu Christi (1)

II

Ouein map Elen merc (fille de) Loumarc, map Himeyt (2)

---

(1) Cette généalogie, en partant d'Anarawt, fils de Rhodri Mawr, est reproduite dans l'*Histoire de Gruffudd ab Cynan*, avec quelques erreurs (*Myv. Arch.*, p. 721). La généalogie d'Owein ab Hywel, donnée dans les *Ancient laws*, éd. d'Aneurin Owen, I, xv, est tirée de notre manuscrit.

(2) Elen, fille de Loumarch (Llywarch), femme de Higual, et mère d'Ouein, meurt en 943, d'après le *Brut y Tyw.*, *Myv. arch.*, p. 690. Loumarch, fils d'Hiemid, mieux Himeid = Hyvaidd, meurt en 903 (*Ann. Cambr.*).

map Tancoystl merc (fille) Ouein (1)
map Margetiud (2)
map Teudos
map Regin
map Catgocaun
map Cathen
map Cloten (3)
map Nougoy
map Arthur
map Petr
map Cincar
map Guortepir (4)
map Aircol (5)
map Triphun
map Clotri
map Cloitguin (6)
map Nimet
map Dimet

(1) Ouein ou Eugein, fils de Margetiud, meurt en 811 (*Ann. Cambr.*).

(2) Margetiud (Maredudd ou Meredydd), roi de Demet (Dyved), meurt la même année qu'Offa, roi de Mercie en 796 (*Ann. Cambr.*).

(3) N° XV, Cloten est omis; Gripiud, Teudos et Caten sont dits fils de Nougoy.

(4) Généalogies du ms. 20 : *Gwrdeber* ; c'est le *Vortiporios* de Gildas. La forme *Guortemir* (*Gwerthevyr*) ne peut être identifiée avec Guortepir = Gwrdeber.

(5) Forme galloise régulière d'Agricola.

(6) Ms. *Gloitguin*. La forme du moyen gallois Clydwyn = Cloitguin; cf. le nom de lieu armoricain *Cletguen*, aujourd'hui Cleden (Finistère). Clydwyn est donné comme fils de Brychan Brycheiniog (généal. du ms. 20, n° II).

map Maxim Guletic (1)
map Protec
map Protector
map Ebiud
map Stater
map Pincr misser
map Constans
map Constantini magni
map Constantii et Helen Luitdauc (2) que de Britannia exivit ad crucem Christi querendam usque ad Ierusalem, et inde attulit secum usque Constantinopolis, et est ibi usque in hodiernum diem

III

Higuel map Caratauc
 map Meriaun
 map Rumaun
 map Enniaun
 map Ytigoy
 map Catgual Crisban
 map Cangan
 map Meic
 map Cinglas (3)

---

(1) Ms. *Gulecic*.
(2) Voy. l'Index.
(3) C'est très probablement le Cunoglasos de l'*Epistola* de Gildas. Gildas ne nous dit pas où il régnait. Les *Iolo mss.* le font roi de Glamorgan et père de saint Cadoc (p. 171). En tout cas,

map Eugein Dantguin (à la dent blanche)
map Enniaun Girt
map Cuneda

IV

Iudgual map Tutagual
    map Anaraut (1)
    map Mermin (2)
    map Run
    map Neithon
    map Senill
    map Dinacat
    map Tutagual
    map Eidinet
    map Anthun
    map Maxim Guletic qui occidit Gratianum regem Romanorum

V

Run map Arthgal
    map Dumnagual
    map Riderch
    map Eugein

comme il est fils d'Eugein ap Enniaun Girt, il est neveu de Cadwallawn Llaw Hir, et cousin germain de Mailcun (Voy. n° I, note à Catguolaun).

(1) Il s'agit d'Anarawt Gwalltgrwn.
(2) C'est Mermin le Grand; voy. n° I, note 5.

map Dumnagual (1)
map Teudubr (2)
map Beli
map Elfin
map Eugein
map Beli
map Neithon
map Guidno (3)
map Dumnagual Hen (4)
map Cinuit
map Ceretic Guletic
map Cynloyp
map Cinhil
map Cluim
map Cursalem
map Fer
map Confer ipse est vero *olitauc di mor medon* (5) venditus est

---

(1) Dumnagual (Dyvnwal) meurt en 760 (*Ann. Cambr.*).

(2) Ms. *Teudebur*. Teudubr (Tewdwr), fils de Beli, meurt en 750, l'année de la victoire des Bretons sur les Pictes, à Mocetauc (*Ann. Cambr.*).

(3) Ms. *Guipno*. Le signe anglo-saxon pour la spirante dentale a été mal lu.

(4) Voy. plus bas, app. III.

(5) Le sens de ces mots gallois est incertain. Faut-il lire : *Confer ipse est vero o litau di mor medon ventus est* (pour *venit*) ? « Du Llydaw il vint à la mer du milieu ? »

VI

Riderch Hen (1) map Tutagual
　　　　　　　map Clinoch
　　　　　　　map Dum[n]gual Hen

VII

Clinog Eitin (2) map Cinbelin
　　　　　　　map Dumngual Hen

VIII

Urbgen (3) map Cinmarc
　　　　　map Merchiaun
　　　　　map Gurgust
　　　　　[map Keneu]
　　　　　map Coil Hen

IX

Guallauc map Laenauc

(1) D'après Nennius (Petrie, *Mon. hist. brit.*, p. 75), Riderch Hen (Rhydderch le Vieux), combat avec Urbgen, Guallauc et Morcant, contre les Saxons, entre 565 et 593. C'est le même personnage que Rhydderch Hael (Voy. plus haut, triade 16, n. 5).

(2) Probablement pour Clitnoy (Clydno Eiddin), suivant la remarque de M. Egerton Phillimore. Pour Cinbelin (Cynvelyn), cf. triade 16, p. 221, 222.

(3) Uryen ab Cynvarch; Voy. Index.

map Masguic Clop (1)
map Ceneu
map Coyl Hen

X

Morcant map Coledauc
    map Morcant Bulc
    map Cincar *braut* Bran Hen (frère de Bran le vieux) (2)
    map Dumngual Moilmut
    map Garbaniaun
    map Coyl Hen Guotepauc (3)
    map Tecmant (4)
    map Teuhant
    map Telpuil
    map Vrban
    map Grat
    map Iumetel
    map Ritigirn
    map Oudecant

---

(1) *Clop*, gallois moderne *Cloff*, « le boiteux. » Voy. l'Index à Gwallawc ab Lleenawc.

(2) Ms. ; map Cincar braut map Bran Hen. *Map* est de trop devant Bran. Les généal. du ms. 20 du collège de Jésus, n° XXXVII, portent : Morgant M. Cledawc, M. Morgant Mill. brawt Branud Vreal.

(3) Guotepauc (Godebog) étant l'épithète habituelle de Coel, le *map* du ms. devant *Guotepauc* doit être supprimé.

(4) *Tecmant*, gall. moyen *Tegvan*.

map Outigirn (1)
map Ebiud
map Eudos
map Eudelen
map Aballach
map Beli et Anna (2)

XI

Dunaut map Pappo (3)
map Ceneu
map Coyl Hen

XII

Guurci ha Peretur mepion Eleuther Cascord maur (Guurci et Peretur, les fils d'Eleuther Cascord maur) (4)
map Letlum (5)
map Ceneu
map Coyl Hen

---

(1) Gallois moyen *Eudeyrn*; de même, *Rhideyrn* pour *Ritigirn*.

(2) Cette généalogie se retrouve dans la vie de saint Cadoc (Rees, *Lives of the Cambro-brit. saints*, p. 82) et, en grande partie, dans l'*Histoire de Gruffudd ab Cynan*. Mais, dans ce dernier document, le généalogiste, s'inspirant de Gaufrei, remonte à Brutus, Énée, Adam. Les deux documents portent *Rimetel* (*Hanes Gruff.*, *Rivedel*) au lieu de *Iumetel*.

(3) Dunawd ab Pabo meurt en 595 (*Ann. Cambr.*).

(4) Ils meurent en 590 (*Ann. Cambr.*); gall. mod. Gwrgi, Peredur, Eliffer Gorsgordd Vawr.

(5) Il faut map *Guorgust Letlum* (auj. *Gwrwst*).

XIII

Triphun map Regin (1)
    map Morgetiud (2)
    map Teudos
    map Regin

XIV

Regin, Iudon, Ouen, tres filii Morgetiud sunt

XV

Gripiud (3), Teudos, Caten, tres sunt filii Nougoy et Sanant Elized filia illorum mater erat regis Pouis (4)

XVI

Run map Neithon
    map Caten

---

(1) Triphun, fils de Regin (Reyn), meurt en 814 (*Ann. Cambr.*).
(2) Voy. n° II.
(3) Gall. mod. *Gruffudd* ou *Gryffydd*.
(4) Il faut lire : *et Sanant filia illius mater erat Elized, regis Pouis*. Elized (Elisse), à la mémoire duquel a été élevé le pilier de Valle Crucis, était roi de Powys de 700 à 750; Sannan était sa mère. Les généalogies du ms. 20 du collège de Jésus, n° VIII, ont une autre version : *Gruffud a Thewdos a Cathen meibyon y vrenhin Powys o Sanan verch Elisse y mam. Elisse verch Newe Hen mab Tewdwr*. Si on adoptait cette version, il s'ensuivrait que Sannan était fille de Neuue ab Tewdwr, et femme de Nougoy ab Arthur.

map Caurtam (1)
map Serguan
map Letan
map Catleu
map Catel
map Decion
map Cinis Scaplaut
map Louhen
map Guidgen
map Caratauc
map Cinbelin
map Teuhant
map Constantis
map Constantini magni
map Coustantini
map Galerii
map Diocletiani qui persecutus est Christianos toto mundo. In tempore illius passi sunt beati martires in Brittannia, Albanus, Iulianus, Aron, cum aliis compluribus
map Caroci
map Probi
map Titti
map Auriliani
map Antun, du[cis?] et Cleopatre
map Valeriani
map Galli

(1) Gall. mod. *Cawrdav*.

APPENDICE.

    map Decius Mus
    map Philippus
    map Gordianus
    map Alaximus
    map Alaxander
    map Aurilianus
    map Mapmau cannus
    map Antonius
    map Severus
    map Moebus
    map Commodius
    map Antonius
    map Adiuuandus.
    map Traianus
    map Nero sub quo passi sunt beati apostoli domini nostri Iesu Christi Petri et Pauli
    map Domitianus
    map Titus
    map Vespasianus
    map Claudius
    map Tiberius sub quo passus est Dominus noster Iesus Christus, [map] Octavianus Augusti Cessaris. In tempore illius natus est Dominus noster Iesus Christus

XVII

Cuhelin (1) map Bleydiud

---

(1) Ms. *Cuhelm*.

map Caratauc (1)
map Iouanaul
map Eiciaun
map Brochmail
map Ebiau[n]
map Popdelgu
map Popgen
map Isaac
map Ebiau
map Mouric
map Dinacat
map Ebiau
map Dunaut
map Cuneda (2)

XVIII

Cinan map Brochmail (3)
map Iutnimet
map Egeniud
map Brocmail (4)

---

(1) Cf. n° III.

(2) Voici cette généalogie d'après le ms. 20 du collège de Jésus, n° XL : Bleidut, M. Cradawc, M. Iewanawl, M. Eigawn M. Brochuael, M. Eidan, M. Hoedlew, M. Podgen Hen, M. Isaac, M. Einyawn, M. Meuruc, M. Dingat, M. Einawn, M. Dunawt, M. Cunada Wledic. Il faut probablement corriger, dans notre texte, *Popdelgu* en *Poddelgu*, et *Popgen* en *Podgen*.

(3) Cinan (Cynan, fils de Brochvael Ysgithrog); son fils Selim (Selyf) est tué à la bataille de Cairlegion (Chester), en 613 (*Ann. Cambr.*).

(4) Voy. l'Index. Il ne faut pas le confondre avec Brochmail

map Sualda
map Iudris
map Gueinoth
map Glitnoth
map Guurgint (1) Barmb truch
map Catgu[a]lart
map Meriaun
map Cuneda

XIX

Catguallaun Liu map Guitcun
　　　　　　　map Samuil Pennissel (2)
　　　　　　　map Pappo Post Priten
　　　　　　　map Ceneu
　　　　　　　map Coyl Hen

XX

[A]mor map Moriud (3)

Yscithrawc, père de Cinan. Les *Ann. Cambr.* signalent, en 662, la mort d'un Brocmail, peut-être Brocmail fils d'Ebiaun; car, Selim ab Cinan ayant été tué en 613, il est peu probable qu'il s'agisse de Brocmail Yscithrauc. Les *Ann. Cambr.* du treizième siècle lui donnent seules ce surnom.

(1) Gall. mod. Gwrin Varvdrwch. Gaufrei l'a fait entrer dans ses fabuleuses généalogies sous le nom de *Gwrgiunt barbtruc.*
(2) Voy. l'Index.
(3) Les généalogies du ms. 20 du Collège de Jésus, XLVI, donnent : Amor, M. Morith, M. Aidan, M. Mor, M. Brochvael, M. Kuneda Wledic. Cet exemple, et bien d'autres, montrent quelles libertés se sont permises les généalogistes du moyen âge

    map Ædan
    map Mor
    map Brechiaul

XXI

Meriaun map Loudogu

XXII

Selim map Cinan (1)
    map Brocmayl
    map Cincen
    map Maucann
    map Pascent
    map Cattegirn
    map Catel Durnluc (2)

avec les généalogies authentiques qu'ils avaient sous les yeux. Brochvael, en effet, ne figure pas parmi les enfants de Kuneda; voy. n° XXXII.

(1) Voy. n° XVIII, notes.

(2) C'est le Ketel Durnluc de Nennius qui, d'esclave du roi Benli, devient chef et tige des rois de Powys; il avait donné l'hospitalité à saint Germain, et avait été converti et baptisé par lui (*Hist. Brit.*, XXXI-XXXVI). Cattegirn est donné par Nennius, ainsi que Pascent, comme fils de Gurtigern (*ibid.*, LIII). Les généalogies du ms. 20 suivent Nennius, et font de Pascen et de Cattegirn (*Cedehern* pour *Cateyrn*) des fils de Gwrtheyrn (n° XIV, XVI; voy. la note à Gwrtigern, triade 10). D'après Nennius, Cattegirn aurait tué Horsa à Episford (*Hist. Brit.*, XLVII). La *Chron. anglo-saxonne* dit, en effet, que Horsa périt à Ægels-Threp (Aylesford), dans une bataille livrée par lui et son frère Hengist au roi Wyrtgeorne (Wurtigern), en 455 (Cf. Bede, *Hist. Eccl.*, I,

XXIII

Esselis? map Gurhaiernn
       map Elbodgu
       map Cinnin
       map Millo
       map Camuir
       map Brittu
       map Cattegirn
       map Catell

XXIV

Selim map Iouab
       map Guitgen
       map Bodug
       map Carantmail (1)
       map Cerennior
       map Ermic
       map Ecrin

XXV

[I]udnerth map Morgen
       map Catgur

---

15). La *Chronique* a probablement confondu Cattegirn avec Wurtigern.

(1) Ms., *Carantinail*. Serait-ce le Carantmael de Llywarch Hen? (*Four anc. books of Wales*, II, p. 289).

map Catmor.
map Merguid.
map Moriutned.
map Morhen.
map Morcant.
map Botan.
map Morgen
map Mormayl.
map Glast, unum sunt Glastenic qui venerunt que vocatur Loytcoyt.

XXVI

[G]uocaun (1) map Mouric (2).
map Dumnguallaun
map Arthgen (3)
map Seissil
map Clitauc
map Artgloys
map Arthbodgu
map Bodgu
map Serguil
map Iusay
map Ceretic
map Cuneda

(4) Gwocawn (Gwgawn), roi de Cereticiaun (Cardigan), est noyé en 871 (*Ann. Cambr.*).

(2) Mouric (Meuric) périt dans une bataille contre les Saxons, en 849 (*Ann. Cambr.*).

(3) Arthgen, roi de Cardigan, meurt en 807 (*Ann. Cambr.*).

XXVII

Cincen (1)
map Catel (2)
map Brocmayl
map Elized (3
map Guilauc
map Eli
map Eliud
map Cincen
map Brocmail
map Cinan (4)

(1) Cinçenn (mal écrit Cinnen), roi de Powys, meurt à Rome en 854 (*Ann. Cambr.*). Le *Brut y Tyw.* ajoute que Cyngen (= Concenn) y périt de la main de ses gens, mais en 850 (*Myv. arch.*, p. 687). Or, cette même année, d'après les *Ann. Cambr.*, un autre Cinnen est tué. Il a dû y avoir confusion entre deux personnages différents.

(2) Catell, roi de Powys, meurt en 808 (*Ann. Cambr.*).

(3) Ms., *Elitet*. Elized a été roi de Powys entre 700 et 750. On a retrouvé à un quart de mille de l'abbaye de Valle Crucis, à une demi-heure de marche de la station de Llangollen, la colonne funéraire élevée à la mémoire d'Elized par son petit-fils Concenn (Cincenn) : « Concenn filius Catteli, Catteli filius Brohcmail, Brohmail filius Eliseg (mal lu pour Elizet = Elissedd), Eliset filius Guoillauc. Concenn itaque pronepos Eliset edificavit hunc lapidem proavo suo Eliset ipse est Eliset qui necr... at hereditatem Povos (leg. Povois), etc. » Le reste est malheureusement très altéré (Hübner, *Inscript. Brit. Christ.*, n° 160). Il n'y a pas de généalogie mieux établie que celle des rois de Powys.

(4) Il faut lire : map Cinan map Brocmail map Cincen. Voyez, pour Cinan, le n° XVIII. Cinan est donné, n° XXII, comme père de Brocmail et fils de Maucann.

map Maucant
map Pascent
map Cattegir[n]
map Selemiaun

XXVIII

[I]udhail (1) map Atroys
    map Fernmail (2)
    map Iudhail
    map Morcant (3)
    map Atroys
    map Teudubric (4)

XXIX

[B]rocmail map Mouric
    map Artmail
    map Ris
    map Iudhail
    map Morcant

---

(1) Les *Ann. Cambriae*, à l'année 848, mentionnent le meurtre d'un Iudhail par les hommes de Broceniauc (Brycheiniog), en 848.

(2) Fernmail, fils de Iudhail, meurt en 775 (*Ann. Cambriae*).

(3) Probablement le *Morcant* dont les *Ann. Cambr.* mentionnent la mort à la deuxième bataille de Badon, en 665 (bataille de Bedan ou Biedan-heafod, d'après la Chron. anglo-saxonne, en 675, suppose M. Egerton Phillimore).

(4) D'après les généalogies des rois de Glamorgan, des *Iolo mss.*, p. 3, il faut suppléer entre Atroys et Teudubric, *map Mouric*.

XXX

Maun, Artan, Iouab, Meic, filii Grippi[ud] filii Elized (1)

XXXI

[E]lized, Ioab, Ædan, filii Cincen (2), filii Brocmail, filii Elized

XXXII

[H]ec sunt nomina filiorum Cuneda quorum numerus erat IX : Typipaun, primogenitus, qui mortuus est in regione que vocatur Manau Guodotin et non venit huc cum patre suo et cum fratribus suis pre[dictis] : Meriaun, filius ejus divisit possessiones inter fratres suos. II Osmail ; III Rumaun ; IV Dunaut ; V Ceretic ; VI Abloyc ; VII Enniaun Girt ; VIII Docmail ; IX Etern (3)

---

(1) Il faut suppléer, après Grippi[ud] : filii Cincen, filii Catell, filii Brocmail, ou peut-être : *fratris Elized*. On lit dans les **Ann. Cambr.**, à l'année 814 : « Et Griphiud filius Cincen dolosa dispensatione a fratre suo Elized post intervallum duorum mensium interficitur. »

(2) Après *Cincen*, suppléez *filii Catell.* Gripiud (Gryffydd) est omis parmi les fils de Cincin.

(3) Cf. Nennius, *Genealog. ap. Petrie, Mon. hist. Brit.*, p. 75 : voy. Index à Cunedda et Maelgwn.

XXIII

Hic est terminus eorum a flumine quod vocatur Dubrduiu (1) usque ad aliud flumen Tebi (2); et tenuerunt plurimas regiones in occidentali plaga Brittanniæ

(1) La Dee. *Dubr-duiu* est composé de *dubr*, eau, gall. moderne, *dwvr*, armor., *dour*, et de *Dwiw* = *Déva*.

(2) *Tebi* ou *Teibi*, le Teivi, en Cardigan. D'après d'autres documents (Rees, *Lives of the Cambro Brit. saints*, p. 101), la limite sud serait la rivière de *Guoun*, gall. moy., *Gwaun*, qui se jette dans la mer à Abergwaun ou Fishguard, en Pembrokeshire. Cf., sur l'établissement des fils de Cunedda, généalog. du ms. 20 du collège de Jésus, n° VII.

III

EXTRACTION DES HOMMES DU NORD (1).

I. Uryen ab (2) Kynvarch ab Meirchiawn ab Gorwst Ledlwm ab Keneu ab Coel.

II. Llywarch Hen ab Elidyr Lydanwyn ab Meirchawn ab Gorwst Ledlwm ab Keneu ab Coel.

III. Clydno Eiddin, Kynan Genhir, Kynvelyn Drwsgyl, Kadrawt Calchvynydd, fils de Kynnwyt Kynnwydyon ab Kynvelyn ab Arthwys ab Mar ab Keneu ab Coel.

IV. Dunawt, Kerwyd, Sawyl Penuchel, fils de Pabo Post Prydein ab Arthwys ab Mar ab Keneu ab Coel.

V. Gwrgi et Peredur, fils d'Eliffer Gosgorddvawr ab Arthwys ab Keneu ab Coel.

VI. Gwenddoleu, Nudd, Cov, fils de Keidyaw ab Arthwys ab Mar ab Keneu ab Coel.

(1) Je traduis, d'après le texte édité par Skene avec traduction, en appendice à ses *Four ancient books of Wales*, II, p. 454-457. Le manuscrit de Hengwrt 536, d'où le texte est extrait, est du quatorzième siècle.

(2) J'emploie la forme abrégée *ab* au lieu du *uab* ou *mab* du texte.

Les trois cents épées du clan de Kynvarch, les trois cents boucliers du clan de Kynnwyd, les trois cents lances du clan de Coel (1), à quelque affaire qu'ils allassent unis, ils réussissaient toujours.

VII. Rydderch Hael ab Tutwal Tutclyt ab Dyvynwal Hen.

VIII. Mordav ab Serwan ab Kedic ab Dyvynwal Hen.

IX. Elffin ab Gwyddno ab Cawrdav ab Garmonyawn ab Dyvynwal Hen.

X. Gavran ab Aeddan Vradawc ab Dyvynwal Hen ab Idnyvet ab Maxen Wledic, empereur de Rome.

XI. Elidyr Mwynvawr ab Gorwst Priodawr ab Dyvynwal Hen.

XII. Huallu ab Tutvwlch Corneu, prince de Kernyw, et Dywana, fille d'Amlawd Wledic, sa mère.

---

(1) *Du pays de Coel* serait plus exact. M. Rhys suppose, avec apparence de raison, que le pays de Coel est le pays de Kyle, dans le comté actuel d'Ayr (*Celt. Brit.*, p. 118).

IV

DIVISION DU PAYS DE GALLES EN *cantrevs* ET EN *cymmwds* DU TEMPS DE LLYWELYN AB GRUFUDD, DERNIER ROI DES GALLOIS, QUI RÉGNA DE 1246 ENVIRON A 1282 (1).

Voici comment furent mesurés et délimités les

(1) *Myv. arch.*, 2ᵉ éd., p. 735. C'est un extrait du *Livre Rouge* de Hergest, à en juger par la remarque finale; mais il est évident que le manuscrit n'a pas toujours été bien lu, ni l'orthographe de l'original respectée. On trouve à la suite de ce texte, dans la *Myv. arch.*, une autre version de la division du pays de Galles en *cantrevs* et *cymmwds*. Elle vient d'être reproduite dans le *Cymmrodor* (IX, II, p. 325), par M. Gwenogfryn Evans, sans que M. Evans mentionne l'identité de cette version avec celle de la *Myv. arch.*, d'après le ms. 34 de Hengwrt. Ce manuscrit, dit M. Evans, est connu sous le nom de *Kwtta Kyvarwydd* et est supposé avoir été écrit, pour la plus grande partie, par Gwilym Tew, de Glamorgan, qui florissait vers le milieu du quinzième siècle. Quoi qu'il en soit, le texte gallois sur Glamorgan qui précède la version de M. Evans, paraît dans la *Myv. arch.* sous une forme beaucoup plus archaïque : c'est à peu près l'orthographe du *Livre Noir* de Carmarthen. Le texte gallois est identique à la version du *Liber Landavensis*, p. 512 (l'original a la prétention d'avoir été rédigé du temps du roi Edgar). L'auteur du ms. *Kwtta Cyvarwydd o Vorganwc*, ou *Histoire abrégée de Glamorgan*, était Meuric, trésorier de Llandaf (*Iolo mss.*, p. 222). Meuric ou Meyrig

cantrevs et *cymwds* de tout Cymru, du temps de Llywelyn ab Gruffudd, le dernier souverain des Cymry. Il y avait trois sièges royaux (mot-à-mot, trois diadèmes) en Cymru ; l'un à Aberffraw, en Mon ; un second à Dinevwr, dans le Sud-Galles ; le troisième, à Mathraval, en Powys. A Aberffraw étaient rattachés les quinze cantrevs de Gwynedd, c'est-à-dire :

LES CANTREVS DE GWYNEDD ET SES CYMWDS.

MON.

Cantrev d'Aberffraw.

cymwds de : Llivon (1).
Malldraeth (2).

mourut vers 1290. Le gallois de la division du pays de Galles, soi-disant tirée du *Kwtta Kyvarwydd*, présente, dans la *Myv. arch.*, un aspect beaucoup plus moderne que celui de la division du Glamorgan, qui, probablement, appartenait seule à l'œuvre primitive de Meuric; cette rédaction est très défectueuse. J'en ai cependant tiré partie pour rectifier certains noms. On trouve, pour le texte que je reproduis ici, des variantes, de source inconnue, dans la *Myv. arch.* Tous ces textes auraient besoin d'être revus sur les originaux, avant de pouvoir servir de base à des études critiques.

(1) *Kwtta Kyvarwydd* du *Cymmrodor; Lliwan* : cantrevs d'Aberffraw. : Is Lliwan, Uwch Lliwan.

(2) Je rétablis ici, d'après d'autres textes, le *cantrev de Cemmaes* (cf. Powel, *History of Wales*, VII). Giraldus Camb. attribue trois *cantrevs* à Mon (*Itiner. Kambr.*, II, 7).

APPENDICE.

[*Cantrev de*] *Cemmaes.*

cymwds de : Talebolion.
Y Twr Celyn.

Cantrev de Rhosyr.

cymwds de : Tindaethwy
Menai.

CAER YN ARVON.

Cantrev d'Aber.

cymwds de : Y Llechwedd uchav (1).
Y Llechwedd isav.
Nant Conwy.

Cantrev d'Arvon.

cymwds de : Arvon.
Uwch Gwyrvai.
Is Gwyrvai.

Cantrev de Dunodig.

cymwds de : Ardudwy.
Eivionydd.

Cantrev de Lleyn.

cymwds de : Maen (2).

(1) Pour *Arllechwedd Uchav*, *Arllechwedd Isaf*. Uchav est le superlatif de *uch* ou *uwch*, plus haut que, et *isav*, le superlatif de *is*, plus bas que.

(2) Ou, en un seul mot, *Cymydmaen*.

Dinllaen (1).
Caelogion (2).

MEIRIONYDD.

Cantrev de Meirion.

cymwds de : Tal y bont.
Pennal.
Ystumanner.

Cantrev d'Arwystli.

cymwds de : Uwch Coet.
Is Coet.
Gwerthrenion (3).

Cantrev de Penllyn.

cymwd des : Uwch Meloch.
Is Meloch.
Mignaint (4).

Y BERVEDDWLAD (5).

Cantrev d'Ystrad (6).

cymwds de : Uwch Aled.
Is Aled.

(1) Var. *Vinllaen* et *Tinllaen.*
(2) La forme la plus exacte serait peut-être *Canologion*. On trouve aussi *Gavalogion.*
(3) Ms. *Gwarareinion*, var. *Gwerthrenion.*
(4) On trouve aussi Michaint (Powell, *Hist. of Wales*, p. IX) ou *Mychein* (Y *Cymmrodor*, IX, II, p. 327.)
(5) *Le pays du milieu*, la quatrième partie de Gwynedd.
(6) *Ystrad*, strata. Powel met sous Rhuvonieg ce que le texte

Cantrev de Rhuvoniog.

cymwds de : Hiraethog.
Cevnmeirch.

Cantrev de Rhos.

cymwds de : Uwch Dulas.
Is Dulas.
Y Creuddyn.

Cantrev de Dyfryn Clwyd (1).

cymwds de : Y Golygion (2).
Llannerch.
Rhuthyn.

Cantrev de Tegeingyl.

cymwds de : Cwnsallt (3).
Prystatyn.
Rhuddlan.

On trouve ainsi dans ce royaume (d'Aberffraw), quinze *cantrevs* et vingt-trois *cymwds*.

A *Mathraval*, on rattache les *cantrevs* et *cymwds* qui suivent :

attribue à Ystrad, et réciproquement. Le *Kwtta Kyvar.* du *Cymmrodor* est ici d'accord avec notre texte.

(1) La vallée de la Clwyd.
(2) Var. *Coleion, Coelogion; Coleyan* (Y *Cymmrodor*, IX, II, p. 327.
(3) Var. *Cwnsyllt.*

COURONNE DE MATHRAVAL (POWYS).

POWYS VADAWC.

Cantrev de Barwn.

cymwds de : Dinmael.
    Edeyrnion.
    Glyn Dyvrdwy.

Cantrev de Y Rhiw.

cymwds de : Ial.
    Ystrad Alun.
    Yr Hob.

Cantrev de Uwch Nant.

cymwds de : Merford.
    Maelor Gymraeg (1).
    Maelor Saesneg.

Cantrev de Trevred.

cymwds de : Croesvain.
    Trev y Waun (2).
    Croes Oswallt (3).

---

(1) En anglais, « Bromfield. »
(2) En anglais, « Chirke ; » var. *Tref Ywein*.(*Y Cymmrodor*, IX, II, p. 327); *Trev Wen*.
(3) En anglais, « Oswestry. »

Cantrer de Rhaiadyr.

cymwds de : Mochnant Is Rhaiadyr.
Cynllaith.
Nantheudwy.

Autrefois on mettait aussi en Powys Vadawg Trevwen (Trev y Waun?); et on doit le faire encore.

POWYS WENWYNWYN.

Cantrev de Y Vurnwy.

cymwds de : Mochnant Uwch Rhaiadyr.
Mechein Is Coed.
Llanerch Hudol.

Cantrev d'Ystrad (1).

cymwds de : Deuddwr.
Gorddwr Isaf.
Ystrad Marchell.

Cantrev de Llyswynav.

cymwds de : Caer Einion.
Mechain Uwch Coed.

Cantrev de Cedewain (2).

cymwds de : Cynan.

---

(1) Var. *Ystlys* ; Powell, *Hist. of Wales*, XII, *Ystlic*.
(2) Var. *cantrev* Cynan. *Cymmr.* : Cyveiliawg, Mawddwy. Powell met sous le *cantrev* de Cedewain, les *cymwds* de Conan et de

Cyveiliog.
Mawddwy.

RHWNG GWY A HAVREN :

(ENTRE LA WYE ET LA SEVERN).

Cantrev de Maelienydd.

cymwds de : Ceri.
Swydd Grev (1).
Rhiwllallt (2).
Glyn Ieithon (3).

Cantrev d'Elvael.

cymwds de : Uwch Mynydd.
Is Mynydd.
Llech Ddyvnog.

Cantrev y Clawdd.

cymwds de : Teveidiat.
Swydd Dineithon (4).
Penallt (5).

Havren (Severn), et, sous le *cantrev* de Conan, Cyveiliog et Mawddwy. Au lieu de *cymwd Cynan*, on trouve aussi *Uwch Hanes, Is Hanes.*

(1) Var. *Vuddugre, Swydd Ddygre* ; mieux *Swydd Vuddugre* (*Y Cymmrodor*, IX, II, p. 328).

(2) Powell, *Hist.*, XIII; *Swddygre Rhiwalallt.*

(3) Powell, *ibid. Glyn Erthon.*

(4) Var. *Swyddinogion ; Swydd Duneithon* sous Maelienydd *Y Cymmrodor*, IX, II, p. 328; ici : *Swydd Inogen.*

(5) Var. *Penwellt* (*Y Cymmrodor, ibid.*).

Cantrev de Buellt.

cymwd de : Swydd y Van (1).

Cantrev de Swydd Drevlys (2).

cymwd de : Is Irwon.

On a trouvé ainsi, dans ce royaume, quatorze *cantrevs*, et dans ces *cantrevs*, il y a quarante *cymwds*.

[PAYS DÉPENDANTS DE DINEVWR].

A LA COURONNE DE DINEVWR ON RATTACHA CES CANTREVS :
CEREDIGIAWN.

(Cardigan).

Cantrev de Penwedig.

cymwds de : Geneu y Glyn.
     Pervedd (3).
     Creuddyn.

Cantrev de Canawl (4).

cymwds de : Mevenydd.
     Anhunawg.
     Penardd.

---

(1) *Y Cymmrodor.*, IX, II, p. 329 : *Swydd Dinan* ; Powell, *Hist.*, XIII : *Swydd y Vam*.

(2) *Y Cymmrodor*, *ibid.* : *Swydd Drevlys* et *Is Irwon* sont rangés sous Buellt.

(3) *Pervedd*, « milieu, centre. »

(4) *Canawl* « milieu. »

Cantrev de Castell.

cymwd de : Caerwedros (1).

Cantrev de Hirwen (2).

cymwds de : Gwinionydd.
Is Coed.

CAERFYRDDIN.

(Caermarthen).

Cantrev de Miniog.

cymwds de : Hirvryn.
Pervedd.
Is Cynnen.

Cantrev d'Eginog (3).

cymwds de : Gwyr.
Cydweli.
Carnwyllon (4).

Cantrev Bychan (5).

cymwds de : Mallaen.
Caeo.
Maenor Deilo.

---

(1) Il faut probablement ajouter le *cymwd de* **Mabwynion** (Powell, *Hist.*, XVIII ; cf. *Y Cymmrodor*, IX, II, 329).
(2) Var. *Seirwen*.
(3) Var. *Y Geiniog*.
(4) *Y Cymmrodor*, IX, II, p. 329 : *Carnwyllan*.
(5) *Bychan*, « petit. »

Cantrev Mawr (1).

cymwds de : Certhiniog (*ou* Cethinog).
Mab Elvyw.
Mab Uchtryd.
Widigada.

BRECHEINIOG.

(Breconshire).

Cantrev de Selyv.

cymwds de : Selyv.
Trahaiarn (2).
Canawl.
Talgarth.
Ystrad Yw Uchaf.
Eglwys Iail (3).

Cantrev Mawr.

cymwds de : Tir Rawlf.
Lliwel (4).

---

(1) *Mawr*, « grand. »
(2) Var. *Tirhaiarn*.
(3) Var. *Ystrad Yw isav*.
(4) Plutôt *Crug Hywel* (var. *Myv. arch.*; *Y Cymmrodor*, IX, II, p. 330).

MORGANWG.

(Glamorgan).

Cantrev de Gorwenydd (1).

cymwds de : Rhwng Nedd ac Avan (2).
    Tir yr Hwndrwd.
    Tir yr Iarll.
    Glyn Ogwr.

Cantrev de Pennychen (3).

cymwds de : Y Van (4).
    Maenor Rhuthyn.
    Meisgyn.
    Glyn Rhoddni.

Cantrev Brenhinawl (5).

cymwds de : Cibwr.
    Seinghenydd.
    Uwch Cayach.
    Is Cayach.

Cantrev de Gwaunllwg (6).

cymwds de : Yr Haidd.

---

(1) Je rétablis *Gorwynydd*, d'après le *Livre de Llandaf* et d'autres textes. Var. de la *Myv. arch.* : *Gro nedd, Cronarth*; *Y Cymmrodor*, IX, II, p. 331 : *Gorenyth*.

(2) Entre *Nedd* et *Avan* (ou *Avyn*).

(3) D'après le *Liber Land.*; *Myv. arch., Pen y Nen*.

(4) *Y Cymmrodor*, IX, II, p. 331 : *Tal y Vann*.

(5) *Brenhinawl*, « royal. »

(6) *Y Cymmrodor*, IX, II, p. 331 : *Gwenllywc*.

APPENDICE.

Canawl.
Eithav.
Edelygion (1).
Y Mynydd.

GWENT.

Cantrev de Gwent Uwch Coed.

cymwds de : Mynwy (2).
Is Coed.
Llevenydd.
Trev y Grug.

Cantrev de Is Coed.

cymwds de : Bryn Buga.
Y Teirtrev.
Uwchcoed.
Erging (3).
Bach (4).

Cantrev Cochion :

Ce *cantrev* est le septième *cantrev* de Morganwg, et on l'a étendu de Mynwy au point de Caer Loyw (Gloucester); on l'appelle aussi *cantrev* Coch yn y Ddena (forêt de Dean), jusqu'à Gloucester (5).

(1) Le *Liber Land.* fait un *cantrev* de Gwaunllwc et Edelygion; *Y Cymmrodor* sépare le *Kymwt Eithav* d'*Edlygyon*.
(2) Var. *Y Mynydd*.
(3) Var. *Erging et Ewyas*.
(4) *Bach,* « petit. » N'est pas donné dans le *Cymmrodor*.
(5) Avec les quatre de Morganwg, cela fait sept *cantrevs*. Il est donc difficile de tirer aucune conclusion irréfutable, pour la date

DYVED.

Cantrev d'Emlyn.

cymwds de : Uwch Cuch.
   Is Cuch.
   Elvet (1).

Cantrev d'Arberth.

cymwds de : Penrhyn ar Elyas (2).
   Escyrogeu (3).
   Talacharn.

Cantrev de Daugleddyr.

cymwds de : Amgoed.
   Pennant.
   Y Velvre (4).

Cantrev de Y Coed.

cymwds de : Llanhuadain (5).
   Castell Gwis.

---

de la composition des Mabinogion, du fait que dans le Mabinogi de Math sept *cantrevs* sont attribués à Morganwg (Mab., I, p. 118). Voici, d'après le texte gallois de la *Myv. arch.*, p. 739, la liste des sept *cantrevs* : C. Bichan, C. Gwir et Cedweli, C. Gorvonit (= *Gorwynydd*), C. Penuchen, C. Gwaenllwc et Edeligion, C. Gwent-is-Coed, C. Gwent-uch-coed, Estrad Ew et Euas.

(1) La *Myv.* donne *Evelythyr*, mais, en variante, Elvet, Llefethyr; *Y Cymmrodor*, IX, II, p. 330 : *Elvet.*

(2) Texte : *ar Elan*; *Y Cymmrodor*, IX, II, p. 330 : *Penryn a derlis.*

(3) Var. *Esterolef.*

(4) Var. *Evelure.*

(5) *Y Cymmrodor*, IX, II, p. 330 : *Llanehadein.*

Cantrev de Penvro (Pembroke).

cymwd de : Y Coed (1).

Cantrev de Rhos.

cymwds de : Hwlfordd.
Castell Gwalchmai.
Y Garn.

Cantrev de Pebidiog.

cymwds de : Mynyw.
Pencaer (2).

Cantrev de Cemmaes (3).

cymwds de : Uwch Nyver.
Is Nyver.
Trevdraeth.

On trouva ainsi, dépendant de cette couronne (Dinevwr), vingt-six *cantrevs*; dans ces *cantrevs*, il y a quatre-vingt-six *cymwds*. Ainsi se terminent les noms et les divisions des *cymwds* et des *cantrevs* dans tout *Cymru*. C'est ce qu'on trouve dans le *Livre Rouge* de Hergest.

(1) *Ibid.* : *Coeth Raath* (*Myv.* var. *Coed yr Hav*); *Maenawr Bir.*
(2) *Ibid.*, plus le *cymwd de Pebidyawc.*
(3) Le *Cymmrodor* met *Cemmaes* ou *Kemeis* en dehors de Dyved ; Girald. Cambr. n'attribue, en effet, que sept *cantrevs* à Dyved; voyez, plus bas, *Division du pays de Galles en trois parties.*

DE LA DIVISION DU PAYS DE GALLES EN TROIS PARTIES
(Giraldus Cambrensis, Descriptio Kambriae, I, II, édition Dimock, Londres, 1868).

Divisa est antiquitus Wallia totalis in tres partes tanquam aequales ; plus equivalentiae tamen, quam justae quantitatis et proportionis habita consideratione; Venedotiam (Gwynedd) scilicet, quae nunc Nortwallia, id est, Borealis Wallia dicitur; Sudwalliam, id est, Australem Walliam, quae Kambrice *Deheubarth*, id est, *Dextralis pars* dicitur ; *cujus etiam portio septem cantaredis est conserta Demetia ;* et Powisiam, quasi mediam et orientalem.

Divisionis autem hujus haec causa suberat. Rothericus magnus, qui Britannice Rotheri (Rotri) Maur dicebatur, totique Walliae praesidebat, tres filios habuerat, Mervinum, Anaraut et Cadelh. Hi tres totam inter se Walliam diviserunt. Mervino cessit Nortwallia, Anaraut Powisia, Cadelh vero, cum populi totius et fratrum benedictione Sudwallia. Ipsa nimirum, quanquam quantitate longe major, propter nobiles tamen qui Kambrice *Hucheilwer* (*Uchelwyr*) quasi *superiores viri* vocantur, quibus abundabat, qui et dominis rebelles esse solebant, dominumque ferre detrectabant, deterior videbatur. Cadelh autem, praemortuis fratribus, totius Walliae demum monarchiam obtinuit; et successores sui similiter, usque ad Theodorum. Descendentes enim a Theodoro tantum Sudwalliam obtinuerunt, sicut et pater eorum : hi scilicet, Resus filius Theodori, Griphinus (Gryffydd) filius Resi, et Resus (1) filius Griphini qui hodie praeest.

DIVISIONS DU PAYS DE GALLES EN CANTREVS (*Ibid.,* cap. IV).

Continet autem Sudwallia Cantaredos (Cantredos) viginti novem, Norwallia duodecim, Powisia sex : quorum tamen hodie tres ab Anglis et Francis occupati sunt. Terra namque, quae Slopesburia dicitur, olim pars Powisiae fuerat. Unde et locus, ubi nunc castrum Slopesburiae (Shrewsbury) situm est, olim Penguern, id est *Caput alneti* vocabatur.

Tres etenim fuerant Walliae totius curiae principales, Dynevur in Sudwallia, modernis diebus, antiquites enim apud Urbem Legionum (Caerlleon) erat; Aberffraw in Nordwallia; Penguern in Powisia. Est itaque numerus omnium Cantaredorum totius Walliae quinquaginta quatuor. Cantaredus autem, id est Cantref, a *cant* quod est *centum*, et *tref*, villa, composito vocabulo, tam Britannica quam Hybernica lingua dicitur tanta terrae portio, quanta centum villas continere solet.

Sunt autem in Wallia sedes cathedrales quatuor. In Sudwallia Menevensis, super Hybernicum mare; David archiepiscopo patrocinante. Haec antiquitus

(1) Rhys ab Gryffydd mourut en 1197.

metropolitana fuerat et cantaredos continebat viginti quatuor; cum tamen viginti tribus contenta sit. Ergengel etenim, quae et anglice Urchenefeld (Archenfeld) dicitur, intra diocesim Menevensem olim aliquando, intra Landavensem quoque quandoque fuisse perhibetur. Habuerat autem sedes Menevensis archiepiscopos successive viginti tres; sublato vero pallio, episcopos usque in hodiernum diem viginti quatuor. Quorum nomina et ordinem causamque pallii sublati, si scire volueris, nostrum *Itinerarium* quaeras.

In eadem quoque australi Wallia sedes Landavensis, super mare Sabrinum, juxta nobile castrum de Kairdif (Cardiff); praesule Teliao praesidente; quinque continens cantaredos et quartam partem unius, scilicet Seighenith.

In Nortwallia, inter Moniam et Montes Ereri sedes Bangorensis, Danielis abbatis patrocinio gaudens, cantaredos continens civiter novem.

In eadem, paupercula cathedra Lanelvensis (Llanelwy); cui et Powisia subest, Asaph episcopo praesidente; cantaredos continens quasi sex.

V

ANNALES CAMBRIAE.

Je reproduis le texte donné par M. Egerton Phillimore, d'après le ms. Harl. 3859, dans le *Cymmrodor*, IX, I, p. 152-169. Petrie a eu le tort de mêler le texte du ms. Harl. à celui de deux autres manuscrits beaucoup plus récents et d'une assez mince valeur. La dernière date que l'on trouve dans les *Annales* du ms. Harl. est 977, mais le dernier événement mentionné est la mort de Hywel Dda, en 954. Si on réfléchit, d'un autre côté, que l'annaliste, qui paraît bien avoir été le compilateur des Généalogies, et, par conséquent, un partisan de la famille de Hywel, ne mentionne pas la bataille de Llanrwst, livrée, en 955, par les enfants d'Idwal Voel à ceux de Hywel, on est amené à conclure, avec M. Egerton Phillimore, que les *Annales* ont dû être terminées entre 954 et 955, et n'ont jamais été retouchées depuis (*Y Cymmrodor*, IX, I, p. 144) (1).

(1) Mon intention n'est pas de faire ici une étude sur les *Anna-*

[A] mundi principio usque ad Constantinum et Rufum, quinque milia sexcenti quinquaginta octo anni reperiuntur. Item a duobus geminis Rufo et Rubelio usque in Stilichonem (1) consulem, CCC septuaginta tres anni. Item a Stilichone usque ad Valentinianum filium Placide et regnum Guorthigirni, viginti octo anni. Et a regno Guorthigirni usque ad discordiam Guitolini et Ambrosii, anni sunt duodecim, quod est *Guoloppum*, id est, *Catguoloph* (2). Guorthigirnus autem tenuit imperium in Britannia, Theodorio et Valentiniano consulibus, et in quarto anno regni sui Saxones ad Brittanniam venerunt, Felice et Tauro consulibus, quadringentesimo anno ab Incarnatione domini nostri Iesu Christi.

[A]b anno quo Saxones venerunt in Brittanniam et a Guortigirno suscepti sunt, usque ad Decium et Valerianum, anni sunt sexaginta novem (3).

---

les *Cambriae*, mais de mettre sous les yeux du lecteur un document que j'ai souvent cité, particulièrement dans mon commentaire des triades et des généalogies. Je prie donc le lecteur de se référer à l'Index général pour les personnages figurant à un titre quelconque dans les *Mabinogion* ou les autres documents figurant à l'appendice. Les rapprochements avec les *Annales de Tigernach* ou d'*Ulton*, avec *Bède* et *Nennius*, sont empruntés à Petrie, *Mon. hist. brit.*

(1) Ms. Stillitionem.
(2) Combat de Guoloph.
(3) Cf. Nennius, *apud* Petrie, *Mon. hist. brit.*, p. 76-77. J'emprunte les dates à Petrie.

453 Pasca commutatur super diem dominicum cum (1) papa Leone, episcopo Romae (2).
454 Brigida sancta nascitur (3).
457 Sanctus Patricius ad Dominum migratur (4).
468 Quies Benigni episcopi (5).
501 Episcopus Ebur pausat in Christo anno CCCI etatis suae (6).
516 Bellum Badonis in quo Arthur portavit crucem domini nostri Iesu Christi, tribus diebus et tribus noctibus, in humeros suos, et Brittones victores fuerunt.
521 Sanctus Columcille nascitur (7). Quies sanctae Brigidae (8).
537 Gueith Camlann (bataille de Cam ann) in qua Arthur et Medraut corruerunt; et mortalitas in Brittannia et in Hibernia fuit (9).
544 Dormitatio Ciarani (10).
547 Mortalitas magna (11) in qua pausat Mailcun (= Maelgwn) rex Guenedotae (Gwynedd).

(1) *Cum* pour *par* est un *bretonisme* : tous les Bretons emploient la proposition *cant* (*gant, gan,* « avec »), dans le sens de *par*.
(2) V. Baronius, H, 453; Labbe, *Concil.,* v. 1355.
(3) 453, d'après les *Annales Ultonienses.*
(4) *Ann. Ult :* « Quies senis Patricii. »
(5) « Armachanus post Patricium episcopum » (*Ann. Ult.*).
(6) Meurt en 503, âgé de 303 ans, d'après *Tigernachi Annales*
(7) Ann. 520. *Tigern.*
(8) Ann. 523. *Tigern.*
(9) Cf. *Tigern.* à l'an 541.
(10) Abbas Cluan mac Nois. *Tigern.,* ann. 544.
(11) Cf. *Tigern.,* ann. 550.

558 Gabran filius Dungart (1) moritur.
562 Columcillae in Brittannia exivit (2).
570 Gildas obiit.
573 Bellum Armterid (= Arderydd).
574 Brendan Byror (3) moritur.
580 Guurci et Peretur moritur.
584 Bellum contra Euboniam (île de Man) (4), et dispositio (*leg.* depositio) Danielis Bancorum.
589 Conversio Constantini ad Dominum (5).
595 Columcille moritur (6). Dunaud rex moritur. Agustinus (7) Mellitus Anglos ad Christum convertit.
601 Sinodus Urbis Legion (Caer Lleon, Chester) (8). Gregorius (9) obiit in Christo. David episcopus Moni Iudeorum (Moniu = Mynyw).
606 Dispositio (*leg.* depositio) Cinauc episcopi (10).
607 Aidan (Aeddan) map Gabran (= Gavran) moritur (11).

(1) Rex Albaniae. *Tigern,,* ann. 560.
(2) Navigatio Columbae Cillae ad insulam Iae. *Tigern.*, ann. 563; Bède, III, 4.
(3) Abbas Birrensis. *Tigern.*, ann. 573.
(4) Praelium Mannense, in quo victor erat Aedan map Gabhran rex Albaniae. *Tigern.*, ann. 581.
(5) *Tigern.*, ann. 588; cf. Gild. Epist.
(6) Nocte Dominicae Pentecostes 5 Id. Junii. *Tigern.*, ann. 596.
(7) Sa mission en 596, son arrivée en Angleterre en 597 (Bède).
(8) Cf. Bède, II, 2.
(9) Ann. 605 (Bède).
(10) David succéda à Cenauc sur le siège de Mynyw, d'après Girald. Cambr., *Itiner. Cambriae*, III.
(11) Ann. 606. *Tigern.*

612 Conthigirn (= Kentigern, Kyndeyrn) obitus et Dibric (Dyvric, *Dubricius*) episcopi.

613 Gueith (bataille) Cair-legion (Caerlleon, Chester) (1), et ibi cecidit Selim (= Selyv) fili[us] Cinan (= Cynan). Et Iacob (= Iago) filii Beli dormitatio.

616 Ceretic (= Ceredic) obiit.

617 Etguin (= Edwin) incipit regnare.

624 Sol obscuratus est.

626 Etguin baptizatus est (3). Et Run filius Urbgen (= Uryen) baptizavit eum.

627 Belin moritur.

629 Obsessio Catguollaun (= Cadwallawn) regis in insula Glannauc (4).

630 Guidgar (= Gwyddar) venit et non rediit. Kalendis ianuariis, Gueith (bataille) Meicen (= Meigen) (5), et ibi interfectus est Etguin cum duobus filiis suis. Catguollaun autem victor fuit.

631 Bellum Cantscaul (6) in quo Catguollaun corruit.

632 Strages Sabrine et iugulatio Iudris (= Idris) (7).

(1) Ann. 613. *Tigern.*; *Bède*, II, 2.
(2) Cf. *Bède*, IV, 23; Nenn., *Mon. hist. brit.*, p. 76.
(3) Il fut baptisé par Paulinus, évêque d'York, d'après Bède, II, IV, en 627.
(4) Priestholm, près d'Anglesea.
(5) Bataille d'Haethfelth, en 633, d'après Bède, II, 20.
(6) Bataille d'Hevenfelth, d'après Bède, III, I.
(7) Cf. *Tigern.*, ann. 633; Cf. Nennius, ap. Petrie, *Mon. hist. brit.*, p. 76.

644 Bellun Cocboy (1) (= Cochvy, Cochvwy, ou Cogvy, Cogvwy) in quo Osuuald rex Nordorum et Eobba (2) rex Merciorum corruerunt.

645 Percusio Demeticae regionis quando cenobitum David incensum est.

650 Ortus stellae.

656 Strages Gaii campi (3).

657 Pantha occisio (4).

658 Osguid venit et predam duxit.

661 Commene fota (5).

662 Brocmail moritur.

665 Primum Pasca apud Saxones celebratur (6). Bellum Badonis secundo. Morcant moritur.

669 Osguid rex Saxonum moritur (7).

676 Stella mire magnitudinis visa est per totum mundum lucens.

682 Mortalitas magna (8) fuit in Brittannia, in quo Catgualart (= Cadwaladr ou Cadwaladyr) filius Catguolaun obiit.

683 Mortalitas in Hibernia.

---

(1) Bataille de Maserfelth, en 642, *Bède*, III, 9.
(2) Eowa, frère de Penda.
(3) Cf. Nennius, ap. Petrie, *Mon. hist. brit.*, p. 76.
(4) En 655, *Bède*, III, 24.
(5) Cumine Fota (le long), meurt en 661, dans sa 72ᵉ année. *Tigern*.
(6) Cf. *Bède*, III, 25, 26.
(7) En 670, *Bède*, IV, 5.
(8) En 678, d'après Bède, IV, 12; en 677, d'après *Tigern*.

APPENDICE.

684 Terrae motus in Eubonia (île de Man) factus est magnus.
689 Pluvia sanguinea facta est in Brittannia, et lac et butirum versa sunt in sanguinem.
704 Alchfrit rex (1) Saxonum obiit. Dormitatio Adomnan (2).
714 Nox lucida fuit sicut dies. Pipinus maior rex Francorum obiit in Christo.
717 Osbrit rex Saxonum (3) moritur.
718 Consecracio Michaelis archangeli ecclesiae.
721 Aestas torrida.
722 Beli filius Elfin (4) moritur, et bellum Hehil apud Cornuenses, Gueith (*bataille*) Gartmailauc (= Garth-), Cat Pencon, apud dexterales Brittones, et Brittones victores fuerunt in istis tribus bellis (5).
728 Bellum Montis Carno (6).
735 Beda presbiter dormit.

(1) Roi de Northumbrie, mort en 705, d'après Bède, V, 18.
(2) Ann. 704, *Tigern.*
(3) Osred, roi de Northumbrie, meurt en 716, d'après Bède, V, 22.
(4) Bili mac Alphine, rex Alocluaithe (Alt-Clut) moritur, *Tigern.*, ann. 722.
(5) Le *Brut y Tywysogion* ou *Chronique des princes,* en gallois, traduite dans les *Mon. hist. Brit.*, d'après le texte du *Livre Rouge*, donne à ces batailles le nom de Heilhin en Kernyw, de Garthmaelawe et de Pencoet, dans le sud du pays de Galles. Pour Garthmaelawe, c'est probablement le Garthmaelog, du cymwd de Rhuthyn, en Glamorgan.
(6) Le manuscrit porte *mortis* au lieu de *montis.* C'est la bataille de Monit Carno livrée près du lac de Loegdea, entre Nechtan et Oengus, *Ann. Ulton.*, ann. 728.

736 Ougen (= Owen) rex Pictorum obiit.
750 Bellum inter Pictones et Brittones, id est, Gueith (bataille) Mocetauc (1), et rex eorum Talargan a Brittonibus occiditur. Teudubr (= Tewdwr) filius Beli moritur (2).
754 Rotri (= Rhodri) rex Brittonum moritur.
757 Edpald (3) rex Saxonum moritur.
760 Bellum inter Brittones et Saxones, id est, Gueith Hirford (Hereford), et Dumnagual (4) (= Dyvnwal) filius Teudubr (= Tewdwr) moritur.
768 Pasca commutatur apud Brittones, emendante Elbodugo (5) homine dei.
775 Fernmail (= Fernvael) filius Iudhail (= Ithael, Ithel) moritur.
776 Cenioyd rex Pictorum moritur.
777 Cudberth abbas moritur.
778 Vastatio Brittonum dexteralium apud Offa.
784 Vastati[o] Brittonum cum (6) Offa in estate.
796 Primus adventus gentilium (7) apud dexterales ad Hiberniam.
796 Offa rex Merciorum et Morgetiud (= Meredydd)

---

(1) Cf. *Tigern.*, ann. 750 (Tolargan mac Fergusa), Mocetawc paraît avoir été en Stirling, dans la paroisse de Strathblane.

(2) Taudar mac Bile, ann. 752, *Tigern.*

(3) Ethelbald, roi de Mercie ? *Chr. Sax.*, ann. 755 (Petrie).

(4) *Ms.* Dunnagual.

(5) Le *Brut y Tywys*, du *Livre Rouge* l'appelle Elbot, ce qui paraît inexact. La forme la plus correcte serait *Elboduu* ou *Elbodgu* (cf. les noms arm. en -*boduu*, -*bodu*).

(6) Voy. note l'année 453.

(7) D'après le *Chr. Sax.*, en 787, 793.

rex Demetorum, morte moriuntur, et bellum Rudglann (= Rhuddlann).

798 Caratauc (= Caradoc) rex Guenedote apud Saxones iugulatur.

807 Arthgen (= Arthien, Arthen) rex Cereticiaun (Ceredigyawn) moritur.

808 Regin (= Rhein) rex Demetorum, et Catell (= Cadell) Pouis (= Powys) moriuntur.

809 Elbodg (Elbodgu ?), archiepiscopus Guenedote regionis, migravit ad Dominum.

810 Combustio Miniu (= Mynyw, Saint-David's).

811 Eugein (= Ywein, Owein, Owen), filius Margetiud (= Maredudd, Meredydd) moritur.

812 Decantorum (1) [arx] ictu fulminis comburit[ur].

813 Bellum inter Higuel (= Hywel) [et Cinan]; Higuel victor fuit.

814 Tonitruum magnum fuit et incendia multa fecit. Trifun filius Regin (= Rhein) moritur. Et Griphiud (= Grufudd, Gryfydd) filius Cincen (= Cyngen) dolosa dispensatione a fratre suo Elized post intervallum duorum mensium interficitur. Higuel de Monia insula (Anglesea) triumphavit, et Cinan de eo expulit, cum contritione magna exercitus sui.

816 Higuel iterum de Monia expulsus est. Cinan rex moritur.

817 Gueith (bataille) Lannmaes (= Llanvaes) (2).

(1) Dyganwy, près Conway.
(2) En Anglesea.

822 Arcem Decantorum a Saxonibus destruitur, et regionem Poyuis in sua potestate traxerunt.
825 Higuel moritur.
831 Laudent moritur et Saturnbiu Hail Miniu (1) moritur.
840 Nobis (= Novis) episcopus in Miniu regnavit.
842 Iudguoll[aun] (= Idwallawn, Idwallon) moritur.
844 Mermin (= Mervyn) moritur. Gueith (bataille) Cetill.
848 Gueith (bataille) Finnant. Iudhail (Ithael, Ithel) rex Guent a viris Broceniauc (= Brycheiniawc, Brycheiniog) occisus est.
849 Mouric (Meuric, Meyryg) occisus est a Saxonibus.
850 Cinnen (= Cynnen) a gentilibus iugulatur.
853 Mon vastata est a gentilibus nigris.
854 Cinnen rex Pouis in Roma obiit.
856 Cenioyth rex Pictorum moritur et Ionathan princeps Opergelei (= Abergele, Carnarvonshire) moritur.
862 Catgueithen (= Cadweithen) expulsus est.
864 Duta vastavit Gliuisigng (2) (pour Gliguising = Glywissing).
865 Cian Nan Nimer (3) obiit.

(1) C'est-à-dire Saturnbiu Hail (Sadwrnvyw ou Sadyrnvyw Hael), de Mynyw.
(2) Pays entre le Tav et l'Usk.
(3) Ms. Ciannant in mer. M. Egerton Phillimore rétablit avec raison Ciant nant Nimer (ms. B des Annales, Chian nant Newer) ou Cian de Nant Nyver, aujourd'hui Nanhyfer ou Nevern en Cemmes, Prembrokeshire.

866 Urbs Ebrauc (= Evrawc, Evrog) vastata est, id est, Cat Dub Gint (1).
869 Cat (combat) Brin Onnen (= Bryn Onnen, *la colline du frêne*).
870 Arx Alt-Clut (2) a gentilibus fracta est.
871 Guoccaun (= Gwgawn) mersus est, rex Cereticiaun.
872 Nobis et Mouric moriuntur. Gueith (bataille) Bannguolou (= Bannoleu) (3).
875 Dungarth (4) rex Cerniu (= Cernyw) mersus est. Gueith (bataille) Diu Sul (5) in Mon.
877 Rotri et filius eius Guriat (= Gwryat) a Saxonibus iugulatur.
878 Aed (= Aedd) map Neill (6) moritur.
880 Gueith (bataille) Conguoy (= Cynwy, Conway); *digal Rotri a Deo* (7).
882 Catgueithen (Cadweithen) obiit.
885 Higuel in Roma defunctus est.
887 Cerball (8) defunctus est.
892 Himeyd (= Hyvaidd) (9) moritur.

(1) Mot à mot, le *Combat des noires nations*. Les payens noirs sont les Danois, en Galles comme en Irlande. *Pugna nigrorum Gentium, Ann. Ult.,* ann. 866 ; Cf. *Chr. Sax.,* à l'année 867.
(2) Dunbarton. Cf. *Ann. Ult.,* ann. 869.
(3) Cynan y fut tué, d'après le *Brut y Tywys.* du *Livre Rouge.*
(4) Il faut peut-être lire *Dumngarth,* un manuscrit portant Dumnarth.
(5) Diw Sul *le dimanche.*
(6) Rex Temoriae, *Ann. Ult.,* 878.
(7) Vengeance de Rodri par Dieu.
(8) Rex Osraighe, *Ann. Ult.,* 887.
(9) Filius Bledri, *Brut y Tyw.* (*Livre Rouge*).

894 Anaraut (= Anarawd) cum Anglis venit vastare Cereticiaun, et Strat Tiui (1) (= Ystrad Tywi).

895 Nordmani venerunt, et vastaverunt Loycr (= Lloegr) et Bricheniauc (Brycheiniawc), et Guent, et Guinnliguiauc (2).

900 Albrit, rex Giuoys (3), moritur.

902 Igmunt in insula Mon venit, et tenuit Maes Osmeliaun (4).

903 Loumarch (= Llywarch) filius Hiemit (*leg.* Himeit) moritur.

904 Rostri (*leg.* Rotri) decol[latus] est in Arguistli (= Arwystli).

906 Gueith (bataille) Dinmeir (5), et Miniu facta est.

907 Guorchiguil (Gorchywyl) moritur.

908 Asser defunctus est.

909 Catell rex moritur.

913 Otter venit.

915 Anaraut rex moritur.

917 Aelfled regina obiit (6).

(1) *Ms.* strattui.

(2) *Brut y Tyw.* Gwnllwg, le pays bordant le Severn et s'étendant de la Wye au Tav.

(3) Alfred, roi de Wessex.

(4) Le *Brut y Tyw.* du *Livre Rouge* porte Rhos Meilon, qu'on place en Anglesea. *Osmeliawn* est formé d'*Osmail* (fils de Cunedda), comme *Cereticiawn* de *Ceretic*.

(5) *Brut y Tyw.* Dumeirt, Dineirth, forteresse sur le bord de la mer, en Llanbadarn Vach, Cardiganshire (Petrie). Maelog, fils de Peredur, y aurait péri.

(6) Aethelfled, reine de Mercie.

919 Clitauc (= Clydawc, Clydog) rex occisus est (1).
921 Gueith (bataille) Dinas Neguid (= Dinas Newydd).
928 Higuel rex pervenit ad Romam.
938 Bellum Brune (2).
939 Himeid filius Clitauc, et Mouric moritur.
941 Aedelstan moritur.
942 Abloyc rex moritur.
943 Catel filius Artmail (= Arthvael) veneno moritur, et Iudgual (= Idwal), et filius eius Elized a Saxonibus occiduntur.
944 Lunberth (= Lunverth) episcopus in Miniu.
946 Cincenn (= Cyngen) filius Elized veneno periit, et Eneuris episcopus Miniu obiit. Et Strat-Clut vastata est a Saxonibus.
947 Eadmund rex Saxonum iugulatus est (3).
950 Higuel rex Brittonum moritur.
951 Et Catguocaun (= Cadwgawn) filius Owein a Saxonibus iugulatur. Et bellum Carno.
954 Rotri filius Higuel moritur.

(1) Par son frère Meuric (*Brut y Tyw.*).
(2) Brunanburg, v. *Chr. Sax.*, à l'année 937.
(3) En 946, *Chr. Sax.*

ADDENDA ET CORRIGENDA

P. 3, n. 1 : *au lieu de* Llew, *lisez* Llew.

P. 10, n. 1 : sur l'étendue de la forêt de Brécilien, voy. Arthur de la Borderie, Annuaire hist. et arch. de la Bretagne, 1861, p. 154-158; cf. J. Loth, L'émigration bretonne en Armorique, p. 66.

P. 45 : Le travail le plus complet qui ait paru sur Peredur et sur la légende du saint Greal est celui de M. Alfred Nutt : Studies on the legend of the holy Grail, *with especial reference, to the hypothesis of its celtic origin*, London, 1888. Son étude sur le mabinogi de Branwen est aussi des plus remarquables. Je regrette d'avoir eu les œuvres de M. Nutt trop tard entre les mains pour en profiter. On peut différer d'opinion avec M. Nutt sur plusieurs points, regretter, par exemple, qu'il ne connaisse pas à fond la littérature galloise, mais tout le monde sera d'accord pour reconnaître la conscience de ses recherches, sa pénétration, la finesse de ses aperçus.

Ibid., n. 1 : *au lieu de* marchlwyth, *chevaux de tribu*, *lisez* marchlwyth, *charge de cheval*.

P. 52, l. 25 : *au lieu de* beau-fils, *lisez* beau fils.

P. 53, l. 8 : *au lieu de* beau-fils, *lisez* beau fils.

P. 59, n. 1 : *au lieu de* p. 322, *lisez* p. 109.

P. 176, note à 172, l. 12, trad. p. 16 : *pwrquin* est-il identique à *percguyn* traduit par *crest*, Ancient laws, I, p. 394 ?

P. 176, note à la page 172, ligne 22 : *pardwgyl* pour *pardwngyl* se trouve dans les gloses galloises d'Oxford sous la forme *partuncul* glosant *femorale*. Dans ces mêmes gloses, on remarque le mot *corbum* = *corov*; Ducange a le mot *corbus* dans le sens d'arçon de la selle (Rhys, addition aux gloses d'Oxford, Beiträge de Kuhn, VII, p. 466, 467.

P. 177, note critique à la page 173, l. 15, trad. p. 18 : *au lieu de* lleon, *peut-être* deon, les bons, les nobles, pluriel de *da* (*Append. au Liber Land.*, degion).

P. 184, note à 199, l. 16, trad. p. 54 : *au lieu de* tym ou tynn, il faut probablement lire *synn*; cf. *Iolo mss.*, p. 186 : rhyvedd a synn fu gan yr amherawdr, *il fut extraordinaire et surprenant pour l'empereur*.

P. 189, n. à 231, l. 15 : *amprevan*, en breton, a aussi le sens de *bête venimeuse*.

P. 192, n. à 249, l. 28 : *au lieu de* auory cher, *leg.* auory ucher, *lisez* avory cher = avory ucher.

Page 196, n. à la 271, l. 6 : *teu*, deuxième personne, se trouve : *Ystorya de Carolo magno*, p. 80 : ony deu di; mais le sens s'oppose à ce qu'on voie ici dans *teu* ce verbe.

P. 198, l. 2 : après *imposer silence* ajoutez : et aussi de proclamer; v. *Mab.*, I, p. 318, la note critique à 17, l. 11, trad. p. 50.

Ibid., note à 285, l. 6, trad. p. 161 : *au lieu de* ywgystlynaf, *lisez* ymgystlynaf; note à 286, l. 2, trad. p. 162 : après *araisoner*, mettez point et virgule.

P. 207, triade 8 : *Diadema* est pour *Deidamia*. Dafydd ab Gwilym, qui avait puisé sa science dans les triades, cite les trois beautés Polyxena, Diodema et Elen Vannawc (2ᵉ éd., p. 36, ode XXIX).

P. 213, n. 1 : le nom de Modret se retrouve sous la forme vieille bretonne *Modrot*, dans le *Cart. de Redon* (neuvième siècle).

P. 215, n. 2 : Avallon ou Avallach désigne primitivement une région mystérieuse, une sorte de paradis celtique, et n'a été identifié qu'assez tard avec Glastonbury.

P. 226, n. 2 : il est très probable que la bataille où périt Edwin a eu lieu en Yorkshire; les écrivains gallois auront probablement confondu deux batailles différentes, une première à Meigen, en Galles, une seconde, décisive cette fois, à Haethfeld en Yorkshire.

P. 281, n. 6 : la substitution par les traductions de Gaufrei du nom gallois d'Avarwy au nom tout différent d'Androgeus, semble prouver que la légende de la trahison d'Avarwy ab Lludd était courante en Galles, et que Gaufrei n'a fait que l'arranger.

INDEX DES NOMS PROPRES

DES

TOMES I ET II

(*ab* gignifie fils de ; *p.*, père ; *ép.*, épithète.)

Aballach, II, 305.
Aber Alaw, I, 91.
Aber Deu Gleddyv, I, 266, 267, 276.
Aber Gwy, I, 280.
Aber Havren. Voy. Havren.
Aber Henvelen, I, 91, 94.
Aber Keirawc, I, 287.
Aber Kleddyv. Voy. Aber Deu Gleddyv.
Aber Menei, I, 78, 137.
Aber Mewydus, II, 219, note 5.
Aber Sein, I, 164.
Aber Tywi, I, 277.
Aberffraw, I, 70 ; II, 235, 288, 300.
Absolon ab Davydd, II, 207.
Acheflour, mère de Perceval, II, 50, note 1.
Achleu, II, 222, 223.
Addanc (l'), II, 85, 89, 299.
Addav (Adam), II, 207.
Addaon. Voy. Avaon.
Adeinawc, *ép.* de Annwas ou Henwas.
Adeon ab Eudav, I, 166, 170, 171, 172.
Adwy ab Gereint, I, 311.
Aedenawc, II, 236.
Aedd, *p.* d'Odgar.
Aeddan Vradawc ab Gavran, II, 225, 226, 289.
Aer, *p.* d'Eidoel.
Aerveddawc (les trois), II, 235.
Aetern, II, 304.
Aethlem, I, 255, 281.
Aethelfrith de Northumbrie. Voy. Edelfflet, II, 225, note 3.
Afrique (L'), I, 196.
Agweddi, I, 237.
Aircol, *p.* de Guortepir.
Alan, *p.* de Digniv.
Alan Ffergan, I, 152, note 1 ; II, 242.
Alar, *p.* de Digon.
Alarch. Voy. Gwenn Alarch.
Alaw (Aber).
Alawn, II, 291.
Alban (Ecosse), I, 175, note 1 ; II, 270, 273, 274, 277, 294.
Albeinwyn, II, 220.
Alclut (Kaer), II, 226.
Alexandre l'empereur, II, 298.
Aliers (le comte), II, 33, note 1.

Almaen (l'Allemagne), II, 275.
Allt Klwyt, ép. de Tarawc.
Allictwn ou Mallictwn. I, 287.
Alser ab Maelgwn.
Alun, p. de Dyvyr.
Alun (Coet), I, 128.
Amaethon ab Don, I, 240.
Amalech, II, 305.
Amanw (Mynydd), I, 278.
Ambri (Mynydd), II, 282, note 1.
Amesbury, II, 282, note 1.
Amguoloyt, II, 305.
Amhar ab Arthur, II, 114.
Amheibyn, ép. d'Eirinwych.
Amhren ou Amren ab Bedwyr, I, 216; II, 114.
Amobyr, I, 237.
Amren. Voy. Hir Amren.
Anarawt Wallt Grwn, p. d'Iddic, I, 72; II, 308.
Anarawt ab Rodri, II, 287.
Anaw Kyrdd, ép. d'Elivri.
Androgeus, II, 281, note 6.
Aneirin Gwawtrydd, II, 234, 237, n. 4.
Anet, I, 255, 281.
Angel. V. Pryd Angel.
Angyw (le comte d'), II, 28.
Angawd ab Kaw, I, 207.
Angharat. V. Yngharat.
Angharat Tonvelen, fille de Rhydderch Hael, II, 264.
Anguerit, II, 305.
Anlaff, II, 276, n. 1.
Anllawdd Wledic, p. de Goleuddydd, I, 186, n. 2, 187.
Anna, II, 305.
Annwas Adeinawc, I, 205, cf. Henwas.
Annwas, p. de Twrch.
Annwvn ou Annwvyn ou Annwn, I, 31, 123, 124. V. Arawn, Pwyll.
Annyanawc ab Menw, I, 208.
Anoeth (Kaer Oeth et Anoeth).
Anoeth Veiddawc, I, 219.
Aranrot ab Don, I, 119, n. 4; 134-144 *passim*; II, 250, 263, 209.
Aranvagyl, II, 220.
Arawn, roi d'Annwvn, I, 31-38, 123.
Arawn ab Kynvarch, II, 2, n. 1, 267.
Arberth, I, 29, 44, 51, 52, 54, 58, 99, 104, 109. V. Gorsedd Ar.
Archan (rivière), I, 82.
Archanat ab Gyrthmwl, II, 223.
Arderydd (la bataille d'), II, 222, 228, 241, 260.
Arderys, II, 228.
Ardudwy, I, 67, 143, 151; II, 286.
Arddun, II, 244, 260, n. 3.
Ardwyat ab Kaw, I, 207.
Arddwyat Kat, ép. de Uchtryt.
Aregwedd Voeddawg, filled'Avarwy, II, 282, 284.
Argat, p. de Kynhaval.
Argoet Calchvynydd, II, 273, n. 3.
Argoet Derwennydd (Derwent Wood), II, 233, n. 1.
Argoet Llwyvain (bataille d'), II, 259, n. 2.
Argyngroec, I, 290, 293.
Arianrod. V. Aranrod.
Arllechwedd, I, 127.
Arllechwedd Galedin, II, 273, n. 3.
Armterid. V. Arderydd.
Aron ab Cynvarch. V. Arawn.
Arovan, barde de Selyv ab Cynan, II, 244.
Arsang (charrue), II, 291.
Arthanat ab Gyrthmwl, II, 223, n. 1; cf. Archanat.
Arthgen ap Seissill, II, 320.
Arthur, I, 185, n. 2, 186, n. 2, 187-283 *passim*, 292-314 *passim*; II, 1-4, 14, 25-30, 40, 42, 49, 50-56, 61, 62, 71-75, 80-82, 96-98, 109, 111-115, 125, 126, 127, 128-141, 159-163, 212-216, 219, 224-225, 227, 228, 231, 232, 243, 245, 248, 249, 254, 255, 261, 262, 263, 264, 265, 266, n. 2, 267, 282, 283.
Père d'Arthur : Teregut ab Iaen, Sulyen ab Iaen, etc., gens de Caer Dathal, sont de la famille d'Arthur du côté de son père, I, 207.
Grand-père d'Arthur : Cystenin Vendigeit, II, 299.
Oncles d'Arthur : Llygatrudd Emys et Gwrbothu Hen, frères de sa mère, I, 212. — Gweir Dathar Wennidawl, Gweir ab Kadellin Talargant, Gweir Gwrhyt Ennwir, Gweir Bala-

INDEX DES NOMS PROPRES.

dyr hir, frères de sa mère, et fils de Llwch Llawwynnyawc, de l'autre côté de la mer Terwyn. I, 216. — Erbin ab Custenhin, II, 135.
Frère d'Arthur : Gormant ab Ricca, du côté de sa mère, I, 208-209.
Neveu d'Arthur : Medrawd, I, 292; Gwalchmei, I, 200.
Cousins d'Arthur : Kulhwch, I, 186; Gereint, II, 161; Goreu ab Kustenhin, I, 259; II, 216, 245; March ab Meirchiawn, I, 299-300.
Femme d'Arthur. V. Gwenhwyvar.
Dames de sa cour, ses maitresses. V. II, triades 21, 22.
Hôtes, II, 243, triade 53.
Serviteurs d'Arthur : Eiryn Wych, Hir Amren, Hir Eiddyl, Hygwydd, Kachamwri, Elivri, Ryfuerys (v. à ces noms), Odyar Ffranc.
Jument d'Arthur : *Lamrei*.
Chien d'Arthur : *Cavall*.
Salle d'Arthur. V. *Ehangwen*.
Navire d'Arthur. V. *Prytwen*.
Manteau d'Arthur, I, 200 (omis dans ma traduction: à *l'exception de mon navire, de mon manteau;* ces mots doivent venir avant *à l'exception de Kaledvwlch*); I, 302, ce manteau s'appelle *Gwenn*.
Armes d'Arthur, II, 254, 261 : *Kaledvwlch*, son épée; *Rongomyant*, sa lance; *Gwyneb Gwrthucher*, son bouclier; *Karnwenhan*, son couteau.
Cours d'Arthur : *Kelliwic*, *Caerllion-sur-Wysg*, *Penryn Rionedd*.
Voir encore à Dewi, Maelgwn, Bedwini, Kradawc Vreichvras, Kyndeyrn, Gwrthmwl Wledic.
Arthur map Petr, II, 306.
Arvon, I, 80, 165, 166, 167; II, 219, n. 5, 286.
Arvwll Melyn, II, 205.
Arwy, *p.* d'Indec.
Arwystli, I, 286.
Aryanrot, fille de Beli, II, 209.

Aryen (Brynn), v. Brynn A.
Asse (Kaer), v. Kaer A.
Astrus, *ép.* de Gwyddneu.
Atheu, *p.* de Gusc.
Atrwm. V. Hir A.
Atver, *ép.* d'Eli.
Avallach (V. Modron), II, 260.
Avallach (l'île d'), II, 215, 264, 265, n. 1, 360.
Avan, fille de Meic Mygotwas, II, 264.
Avan Verddic, barde de Kadwallawn ab Kadvan, II, 244.
Avanc (l'). V. Addanc.
Avaon ab Taliessin, I, 297, 312; II, 232, 234, 235.
Avarwy ab Lludd, II, 211, 281.
Avarwy Hir de Maelienydd, II, 228, n. 2.
Avena, II, 208.
Avlawn, *p.* de Huarwar.
Awstin (Penryn).
Awyddawc Vreich Hir, cheval de Kyhoret ab Kynan, II, 246.

Baddon (bataille de), I, 297.
Baddon (Kaer Vaddon), I, 300.
Baeddan, *p.* de Maelwys.
Bangor sur la Dee, II, 264, 238, n. 7.
Bangor Illtyd (Llanilltyd Vawr), II, 290, n. 2.
Bannawc, *ép.* d'Helen.
Banw, I, 278.
Bardd, *ép.* d'Arovan ; Avan ; Degynelw; Golyddan.
Bardes (les trois bardes peu sérieux), II, 216.
Barnawt. V. Ri B.
Barvawc, *ép.* de Dillus, Llawvrodedd.
Baryv draws, *ép.* d'Uchdryt.
Baryv Twrch, *ép.* de Noddawl.
Beda (Bède), II, 207.
Bedd, *p.* d'Einyawn.
Bedrawt, *p.* de Bedwyr.
Bedwini l'évêque, I, 223; II, 225.
Bedwyr ab Bedraw, *p.* d'Amhren et d'Enevawc, I, 202, 226, 259-266, 268-269, 273, 276; II, 137, 248.
Bedyw ab Seithwet, I, 208.
Beiddawc, *ép.* d'Annoeth.
Belen de Lleyn. V. Belyn.
Beli map Run, *p.* de Iago, II, 304.

INDEX DES NOMS PROPRES.

Beli mawr ab Mynogan ou Manogan, *p.* de Kadwallawn, Kaswallawn, Llevelys, Lludd, Nynnyaw, Penardim, Reidwn, Run, Arianrot, I, 68; 166, 174; II, 279.
Belyn de Lleyn, II, 228, 240.
Bendigeit, *ép.* de Bran, Kustennin, Kadwallawn, Kadwaladyr, Gwerthevyr.
Benren, I, 120, n. 2 ; II, 295.
Bennwic, I, 278.
Bergaed, II, 249, n. 1.
Berth ab Kado, I, 209.
Bervach, *ép.* de Korvil.
Berwyn ab Cerenhir, I, 215.
Betwini l'évêque, I, 223, 293, 311.
Beuthach, *ép.* de Lluber.
Blaireau (le jeu du), I, 48.
Blas, fils du roi de Llychlyn, II, 266.
Blathaon ab Mwrheth, I, 311.
Blathaon. V. Penn Bl.
Blatobulgion, II, 210, n. 3.
Bledri, I, 21.
Blegobred, I, 22.
Blegywryd, I, 22.
Bleiddic, *p.* de Hyveidd.
Bleiddwn, I, 134.
Blodeuwedd, I, 143-154 *passim.*
Bœufs (les) de Gwlwlyd Wineu, I, 241.
Bort, fils de Bort, II, 262.
Bourgogne. V. Ondyaw.
Bradawc, *ép.* de Haearnwedd.
Bran ab Dyvynwal, II, 214.
Bran Bendigeit ab Llyr, *p.* de Karadawc, I, 65-96, 98 ; II, 217-219, 284, 285, 299.
Brangor, mère d'Hélian, II, 262.
Branwen, fille de Llyr, I, 65-96 ; II, 223, 257.
Bras, *ép.* de Kadwgawn.
Bratwen ab Iaen, I, 207.
Bratwen ab Moren Mynawc, I, 204.
Breat, prince du Nord, II, 249.
Brécilien. V. Brocéliande.
Breconshire. V. Brycheiniog.
Brech, vache de Maelgwn, II, 269.
Breich Hir, *ép.* d'Awyddawc.
Bretagne armoricaine. V. Llydaw.
Brevi Vawr, I, 168.

Brithguein, II, 305.
Broch (le jeu du blaireau dans le sac).
Brocéliande (forêt de), II, 10, n.1.
Brocmail ap Ebiaun, II, 316.
Brocmail map Cincen, II, 318.
Brocmail (Brochvael Ysgithrog), I, 310, n. 2 ; II, 316, n. 3.
Bronwen, II, 223, n. 4.
Brwyn, *p.* de Madawc.
Brych (le bœuf), I, 241 ; II, 269.
Brychan, I, 65, n. 2.
Brychan Brycheiniog, II, 257, 260.
Brycheiniog (Breconshire), I, 27, n. 2.
Brychgoch, *ép.* de Kynnwric.
Bryneich, II, 233.
Brynn Aryen, I, 140.
Brynn Etwin, II, 240.
Brynn Kyvergyr, I, 147.
Brynn Griffri, II, 226.
Brys ab Bryssethach, I, 220.
Bryssethach, *p.* de Brys.
Brytaen (la Bretagne française). V. Llydaw, I, 172.
Brythach (Kaer Vrythach).
Brython (les Bretons), II, 272.
Brythwch (Kaer Vrythwch).
Bucheslwm ou Bucheslom, cheval de Gwgawn Gleddyvrudd, II, 205, 246.
Bylwennwys, II, 210, n. 3.
Bwlch, fils de Cleddyv Kyvwlch, petit-fils de Kleddyv Divwlch, I, 220, 255.
Bwrgwyn (Bourgogne), I, 169.
Bychan, *ép.* de Gwiffert ; Kustennin.

Cendal, II, 20, n. 1.
Corbeaux d'Owein (les), I, 303-309 ; II, 42.
Chevalier Rouge (le), II, 54, n. 1.

Da Gyvedd, *ép.* de Gwynn.
Da Reimat, *ép.* de Gwynn.
Daere, *p.* de Kubert.
Dalldav ab Kimin ou Kunin Kov, I, 204 ; II, 267.
Dallpen, *ép.* de Dallweir.
Dallweir ou Dallwyr Dallpenn, I, 206, 248.
Dame de la Fontaine (la), II, 1-43.
Dames (les trois), II, 263, 264.

INDEX DES NOMS PROPRES.

Danet ab Oth, I, 311.
Daronwy, II, 249, 265.
David le prophète, II, 262.
Davydd, p. d'Absolon.
Dawri (Kaer). V. Kaer D.
Deffrobani, II, 271, 289.
Degsastane (bataille de), II, 225, n. 3.
Degynelw, barde d'Owein, II, 1; II, 244.
Deinioel Wynn, II, 299.
Deivniawc (les trois), II, 230.
Deivyr et Bryneich, II, 233, 256, 275, 295, 296.
Dena (la forêt de), II, 113.
Denmarc, I, 300.
Deodric, fils d'Ida, II, 1, n. 1.
Deorham (bataille de), II, 238, n. 9.
Deorthach Wledic, p. de Ruvawn.
Dewengen, p. de Mabon.
Deu Gleddyv (Aber).
Dewi, II, 254, 258.
Diadema, II, 207.
Diarwya (Llwyn), v. Lwyn D.
Diessic Unbenn, ép. de Dwnn.
Diffeidell ab Dissyvyndawt, II. 233.
Diganhwy (Dyganhwy), II, 140.
Digniv ab Alan, II, 223.
Digoll, II, 251; cf. Cevyn Digoll.
Digon ab Alar, I, 206.
Dillus Varvawc ab Eurei, I, 251, 268, 269.
Din Sol, I, 195. V. *addenda et corrigenda.*
Din Tywi, I, 279.
Dinas Dinlleu, I, 139.
Dinas Emreis, I, 180, 181; II, 218.
Dinas Ffaraon Dandde, I, 65, n. 2; 180.
Dinevwr, II, 300.
Dinlleu (Dinas).
Dinevwr, I, 27, n. 2.
Dinodic (cantrev), I, 143; II, 221, n. 4.
Dinogat ab Kynan Garwynn, II, 221, 269.
Dinwaed Vaglawc, II, 256.
Dirmyc ab Kaw, I, 207.
Dissyvyndawt, p. de Diffeidell.
Divwg ab Alban, II, 223, n. 3.
Divwlch, petit-fils de Cleddyv Kyvwlch, I, 220.
Diwrnach Wyddel, I, 246, 272, 273.
Doeth, ép. de Sibli.
Doget (le roi), I, 189.
Dol Pebin en Arvon, I, 119.
Dol Penmaen, I, 129.
Dolor ab Mwrchath, II, 223, n. 3.
Dolor ab Urnach, II, 223.
Don, mère d'Amaethon, Aranrot, Gilvaethwy, Govannon, Gwydyon, Heveydd.
Dorarth ou Deorthach.
Dragon de Prydein (le), II, 278.
Dragons (les), I, 175, n. 1, 178, 179, 180, 181.
Drem ab Dremidyt, I, 213; II, 112.
Dreon Lew, II, 228.
Drudlwyd, II, 206.
Drustwrn Hayarn, I, 205.
Drutwas ab Tryffin, I, 206; II, 265.
Drutwyn, I, 268, 269, 271, 276.
Drwc, I, 221, 255.
Drwedyddwc, I, 221, 255.
Dryedyddwc. V. Drwedyddwc.
Drych ab Kibddar, I, 226; II, 256.
Drystan ab Tallwch, I, 92, n. 1, 311; II, 205, n. 8, 231, 238, 247, 248, 260, 267.
Drythyll, ép. d'Ednyvedawc.
Du, le cheval de Moro Oerveddawc, I, 254.
Du Hir Tervenhydd ou Tynedic, cheval de Kynan Garwyn, II, 206, 246.
Du Trahawc (Le Noir arrogant), II, 85.
Du Traws, II, 40-42.
Du y Morocdd, II, 219.
Duach ab Gwawrddur Kyrvach, I, 205.
Dubun, II, 305.
Duc de Bwrgwyn, p. d'Ondyaw.
Dukum, p. de Mil Du.
Dumn, I, 305.
Dumnagual ap Teudubr, II, 309.
Dumnagual Moilmut, II, 309, 310, 311.
Dunart, roi du Nord, I, 212.
Dunawd ab Cunedda, II, 221, n. 4, 316.
Dunawd ab Pabo, II, 221, 222, 235, 312.

INDEX DES NOMS PROPRES.

Dunawd, abbé de Bangor, II, 221, n. 4.
Dwnn (le comte), II, 254.
Dwnn Diessic Unbenn, I, 221, 222.
Dwyvach, II, 280.
Dwyvan, II, 280.
Dyffrynn Amanw, I, 278.
Dyffrynn Havren.
Dyffrynn Krwn (la vallée ronde), II, 77, 80.
Dyffrynn Llychwr, I, 278.
Dygyviwng, I, 219.
Dygynnelw ab Cynddelw, II, 244, n. 3.
Dylan Eil Ton, I, 135.
Dyngannan, II, 140, n.
Dystein, I, 194, n. 2; II, 67.
Dyvel ab Erbin, I, 208.
Dyvet, I, 27, n. 2; 59, n. 1; 97-116 passim: II, 250, 281, 286.
Dyvnarth ab Gwrgwst, I, 270.
Dyvnedic p. de Kustennin.
Dyvneint (Devon), I, 217. 280.
Dyvnvardd ab Prydein, II, 292.
Dyvnwal Moelmut, I, 65, n. 2; II, 272, 279, 285, 291, 292.
Dyvynwal, I, 212; cf. Dumnagual.
Dyvynwal, p. de Bran.
Dyvyr ab Alun Dyvet, I, 204, 312; II, 737.
Dyvyr Wallt Eur id, II, 264.

Ebrawc, p. de Peredur.
Ebrei, p. de Gwrdival; cf. Eurei.
Eata, fils de Leodwald, II, 241, n. 4.
Ector Gadarn, II, 207.
Echel Vorddwyt Twll, p. de Gobrwy; Gronw, I, 206, 279.
Echymeint (Llech), v. Llech E.
Eda Glingawr. V. Eata, II, 241.
Edeirnon, I, 82.
Edelfflet Ffleissawr, II, 233, 288, 289.
Edern ab Nudd, I, 203, 300, 311; II, 125, 126, 130, 131, 132, 133, 137, 138.
Ednyvain Bendew, roi de Tegeingl, II, 300, 283, n. 1.
Ednyvain ab Bradwen, II, 300, n. 1.
Ednyvedawc Drythyll, II, 243.

Edwin, roi de Lloegr, II, 216, n. 7, 227, 240, 249, 251, 265.
Edwin ab Howel Dda, II, 227, n. 1.
Egrop (l'Europe), I, 196.
Ehangwen, salle d'Arthur, I, 214.
Eheubryt, fille de Kyvwlch, I, 221.
Eiddilic Corr, I, 116, n. 1; II, 257, 267.
Eiddin, ép. de Klydno; Llongat.
Eidiol Gadarn, II, 293.
Eidoel ab Aer, I, 251, 260, 261.
Eiddon Vawrvrydic, I, 208.
Eiddyl. V. Hir Eiddyl.
Eidyol ab Ner, I, 214.
Eigr, mère d'Arthur, I, 185, n. 1.
Eil Taran, ép. de Glinneu.
Eil Ton, ép. de Dylan.
Eiladyr ab Penn Llorcan, I, 222.
Elldud. V. Illtut.
Einyawn ab Bedd, II, 251.
Eiryawn Penn Lloran, I, 277; cf. Einyawn.
Eirin Wych Amheibyn, serviteur d'Arthur, I, 301, 302.
Eissiwet, I, 221, 255.
Eiwynydd (Eivionydd), I, 143.
Elen Luyddawc, fille d'Eudav, mère de Kustennin (Constantin), femme de Maxen Wledic, I, 155, n. 1, 160-172 passim; surtout p. 168, n. 4, 209; II, 307.
Elen Vannawc, II, 207.
Elen, fille de Loumarch, II, 305.
Elenit, I, 126.
Eleuther Cascord Mawr, II, 46, n. 312. V. Eliffer Gosgorddvawr.
Eli Atver, p. de Reidwn.
Elidyr Gyvarwydd, I, 220.
Elidyr Mwynvawr, II, 219, 220.
Eliffer Gosgorddvawr, p. de Peredur, II, 45, n. 1, 220, n. 4, 260, 312.
Elivri Anaw Kyrdd, II, 114, 137.
Eliwlod ab Madawc ab Uthur, II, 265.
Elized, roi de Powys, II, 313.
Elphin ab Gwyddno, I, 296.

INDEX DES NOMS PROPRES. 367

Elldud varchawc, II, 262, n. 1.
Eilylw, fille de Neol Kynn Kroc, I, 224.
Elmwr ab Kadeir, II, 232, n. 8.
Eluned (Lunet), II, 18, n. 1.
Ely, chef chasseur d'Arthur, I, 216, 276, 279.
Elynwy ab Kedegyr[n], II, 232.
Elystan Glodrydd, II, 286, 287.
Emerchret, II, 244.
Emlyn, II, 247.
Emrys ou Emreis Wledic, I, 181, n. 1; II, 211, 286, 296; cf. Dinas Emreis.
Emyr Llydaw, p. de Howel.
Emys, ép. de Llygatrudd.
Endawt, p. de Gwyl.
Eneas Yskwydwyn, II, 207.
Enevawc, fille de Bedwyr, I, 223.
Englyn, I, 87.
Eniaun Girt (Einion Yrth), II, 304, 308.
Enit fille d'Ynywl, femme de Gereint ab Erbin, II, 111, n. 2; 120-172, 264.
Enlli (Bardsey Island), II, 18, n. 1.
Enrydrec, fille de Tutvathar, I, 224.
Envael ab Adran, II, 238, n. 2.
Erbin ab Kustennin, père de Gereint, II, 135-143.
Erbin, p. de Dyvel, Ermit, Gereint.
Erch, cheval des enfants de Grythmwl, II, 222, 223.
Erch et Heledd (pays d'), II, 210.
Ercwlf Gadarn, II, 207.
Erdutvul, fille de Tryffin, I, 224.
Ergyryat ab Kaw, I, 207.
Eri, p. de Greit.
Erim, p. de Eus; Henbedestyr; Henwas: Sgilti; Uchdryt.
Ermit ab Erbin, I, 208.
Ermit, p. de Gwynn; Kyndrwyn, I, 208.
Ervyll, p. de Ffodor.
Erw, p. de Llawr.
Erwm. V. Hir E.
Eryri (les monts), I, 164, 160; II, 286.
Erythlyn, en Eglwys Fach, II, 228, n. 5.
Esgeir Gulhwch Govyn Kawn, I, 205.

Esgeir Oervel, I, 196, 222, 272, 274.
Esni, p. de Gwynn.
Eson, p. de Iason.
Essyllt Vingul, fille de Kulvanawyt, I, 224.
Essyllt Vinwen, fille de Kulvanawyt, I, 92, n. 1, 224.
Essyllt, femme de March, II, 247, 260.
Essyllwg (Gwent), II, 280, 285.
Eté (le pays de l'), I, 273, 289.
Ethew ab Gwgon, II, 263.
Etlym Gleddyv Coch, II, 89-92.
Etmyc ab Kaw, I, 207.
Etwin. V. Edwin.
Eva, II, 207.
Evrawc, p. de Peredur, II, 45, n. 1, 46.
Eudav, p. d'Adeon; Elen Luyddawc; Kynan; fils de Karadawc.
Eveilian, II, 244.
Euengat, p. de Heidden.
Eventus filius Uriani, II, 281, n. 5.
Eugein, II, 305.
Eurddyl, mère de Gwrgi, Peredur et Keindrech, sœur d'Uryen, II, 260.
Eurei, p. de Dillus Varvawc.
Eurgain, fille de Maelgwn, femme d'Elidyr Mwynvawr, II, 219, n. 5, 220.
Eurgrydd (les trois Cordonniers), I, 96, n. 1.
Eurneit, fille de Klydno Eiddin, I, 223.
Eurolwen, fille de Gwiddolwyn Gorr, I, 224.
Europe (l'), v. Egrop.
Euroswydd, p. de Nissyen et Evnissyen, I, 68.
Eus ab Erim, I, 211.
Euyas, I, 279.
Eveydd. V. Heveidd, Hyveidd.
Evnissyen ab Eurosswydd, I, 67, 68, 71, 86, 87, 88, 89.
Evrawc, p. de Peretur.
Evyrnwy (Y Vyrnwy), I, 287.
Ewin (Llwch), v. Lwch E.
Ewingath, ép. d'Isperyr.

Fêtes (les trois principales), II, 261.

Fontaine de Baronton, II, 10, n. 1.
Ffaraon Dandde. v. Dinas Ff.
Ffergan (Alan), II, 242.
Fforlas, cheval de Dalldav.
Fflam, ép. de Ffleuddur.
Fflam ab Nwyvre, I, 208.
Fléaux (les trois) de Bretagne, I, 175-183.
Ffleissawc, ép. d'Edelfflet.
Fflendor ab Nav, I, 217.
Fflergan. Cf. Ffergan.
Fferlas, cheval de Dalldav ab Kunin, II, 246.
Fferyllwg, II, 287, n. 1.
Ffleuddur Fflam ab Godo, I, 204, 312; II, 232.
Fflur, fille de Mynach Gorr, I, 92. n. 1; II, 250, 260.
Ffodor ab Ervyll, I, 82.
Fontaine (la Dame de la), II, 1-43.
Forts (l'ile des), I, 69.
Forêt (la forêt de Dena), II, 113.
Ffotor, I, 198.
Ffranc, ép. d'Odyar.
Francs (les), II, 156.
France. I, 90, 169, 174, 175, 176, 273; II, 218.

Gadyal, II, 208.
Gadwy ab Gereint, II, 268. V. Garwy.
Gair. V. Geir.
Galaath, fils de Lawnselot dy Lac, II, 262.
Gall ab Dissyvyndawt, II, 233.
Gallcoyt Govynyat, I, 205.
Galles (pays de). V. *Kymry*.
Gallovydd, ép. de Greidyawl.
Gamon. V. Ganion.
Gandwy. V. Porthawr.
Ganion (le promontoire de), I, 212.
Ganval le Gwyddel, II, 276.
Garannaw ab Golithmer, II, 137.
Garanhir, ép. de Gwyddno.
Garanwyn ab Kei, I, 216.
Garm ou Garam ou Garym, I, 221, 255.
Garselit Wyddel, I, 217, 251, 277.
Garth Grogyn, I, 279.
Garwen, fille de Henin Hen, II, 228.
Garwlwyt, ép. de Gwrgi.

Garwy ab Gereint, I, 203; II, 268, n. 3.
Garwyli ab Gwythawc Gwyr, I, 206, 279.
Garwyn, ép. de Kynan.
Gast Rymi, I, 218, 251, 266, 267.
Gatcor ab Gorolwyn, II, 244.
Gavaelvawr, ép. de Glewlwyt.
Gavran, p. d'Aeddan, II, 225, n. 3, 240.
Gavran ab Aeddan, II, 277.
Geir ab Geirion, II, 294.
Geir ab Geiryoedd. Cf. Gweir, II, 215.
Geirionydd, II, 294.
Geiryoedd, p. de Geir.
Geneir Gwystyl. V. Gweir.
Gereint, p. d'Adwy.
Gereint Hir ab Cymmenon Hen, II, 263.
Gereint ab Erbin, I, 208; II, 111-172, 232, 237, n. 4.
Gerenhir, p. de Berwyn. V Kerenhir.
Gilbert ab Katgyffro, I, 312; II, 206, 238.
Gildas ab Kaw, I, 207, 313; II, 128.
Gilhennin. V. Gwilhenin.
Gilla Goeshydd, I, 217.
Gilvaethwy ab Don, I, 119-134, *passim*.
Glas, I, 220, 255.
Glasgow, II, 255, n. 4, 5.
Glavyrawc, ép. de Hattwn.
Gleis ab Gyrthmwl, II, 223, n. 1.
Gleissac. Cf. Gleissyat.
Gleissiar du Nord, II, 236.
Gleissyat, I, 220, 255.
Gleissic, I, 220, 255.
Glew ab Yscawt, I, 277.
Glew (Dreon Lew).
Glewlwyt Gavaelvawr, I, 196-199, 277; II, 3, 112, 267.
Glewyscwyd, ép. d'Unic.
Glini, I, 260, 261.
Glinneu Eil Taran, I, 270.
Glivieri, ou Glinneu, fils de Taran, I, 89.
Gloyn, cheval de Collawn ab Nerth.
Gloyw Wallt Lydan, p. de Gwynn Gohoyw, fils de Kasnar.
Gloyw (Kaer Loyw), v. Kaer L.

INDEX DES NOMS PROPRES.

Glwyddyn. V. Gwlyddyn Saer.
Glynn Kuch, I, 29, 35; II, 247.
Glynn Dallwyr, en Kernyw, II, 248.
Glynn Nyver, I, 276.
Glynn Ystu, I, 277.
Glythmyr ou Glythwyr Lletewic, I, 271, 276.
Glythwyr, *p.* de Saranhon.
Gobrwy ab Echel Vorddwyt Twll, I, 206, 311.
Goddeu (bataille de), II, 259. V. surtout n. 2.
Godo, *p.* de Pflewddur Fflam.
Goewin, fille de Pebin, I, 119, 121, 128, 131.
Gogigwc, I, 193, 277.
Gogodin, *ép.* de Gwlgawt.
Gogyvwlch, II, 112.
Gohoewgein, *ép.* de Gwelwgan.
Gohoyw, *ép.* de Gwynn.
Goleuddydd, fille d'Anllawdd, I, 185, 186, 187, 188, 201.
Golithmer, *p.* de Garanaw.
Golyddan Vardd, II, 224, 235, 251.
Gorascwrn, fille de Nerth, I, 221.
Gorddu (la sorcière), I, 247.
Goreu, ab Kustennin, I, 232, 259, 280, 282, 283, 311; II, 114, 137, 216, 245.
Gormant ab Ricca, I, 206, 208.
Gorolwyn, *p.* de Gatcor.
Goronwy ab Ednyvain.
Goronwy Pevyr. V. Gronw.
Gorsedd Arberth, I, 38, n. 1; 39, 100, 112.
Gorwenn (la sorcière), I, 247.
Gorwennydd (partie du Glamorgan, voisine de Gower), II, 210, n. 1, 295.
Goryon, *p.* de Kulvanawyt.
Gorgorddvawr, *ép.* d'Eliffer.
Gotyvron, *ép.* de Gwynn.
Govannon ab Don, I, 116, n. 1; 135, 240.
Govynnyat, *ép.* de Llwyddawc.
Govynnyon Hen, *p.* de Karnedyr.
Gower. V. Gwyr.
Granwen ab Llyr.
Grathach ab Gwawrddur Kyrvach, I, 205.
Greal (Le), II, 262.

Grèce (la), I, 197.
Grei, cheval d'Edwin, II, 246.
Greidyawl Galltovydd, I, 202, n. 2, 312; II, 238.
Greit ab Eri, I, 202, 265, 266, 270.
Griffri, II, 226.
Gronw (Lloch). V. Gronw Pebyr.
Gronw ab Echel V. T., II, 232.
Gronw Pebyr, I, 144-154 *passim*, II, 241.
Gruddlwyn Gorr, I, 220.
Grudyeu ab Muryel, I, 90.
Grudnei, II, 236.
Grugyn Gwrych Ereint, I, 275, 278, 279.
Grynn, II, 112.
Grythmwl. V. Gyrthmwl.
Guoccaun (Gwgawn) ap Mouric. II, 320.
Guorcein, II, 305.
Guordoli, II, 305.
Guortepir, II, 306; cf. Gwerthevyr.
Gurdumn, II, 305.
Gusc ab Atheu, I, 206.
Guurci et Peretur. V. Gwrgi, Peredur.
Guurgint Barmtruch, II, 317.
Gwadyn Odyeith, I, 217.
Gwadyn Ossol, I, 217.
Gwaeddan, fille de Kynvelyn, I, 221.
Gwaeth, I, 221, 255.
Gwaethav Oll, I, 221, 255.
Gwaetcynn Herwuden, II, 239.
Gwaith Emrys, II, 296.
Gwaithvoed, roi de Ceredigiawn, II, 287.
Gwalas ou Gwales, en Penvro, I, 91, 93.
Gwalchmei ab Gwyar, I, 222, 227, 311; II, 25-29; 46, 96-101, 108, 109, 132, 137, 160-162, 206, 230, 265, 268.
Gwaleddur Kyrvach, *p.* de Gwennwledyr.
Gwalhavet ab Gwyar, I, 222.
Gwallawc ab Lleenawc, II, 132, 235, 310.
Gwallauc, II, 1, n. 1.
Gwallgoyc, I, 215.
Gwalltavwyn, *ép.* de Gwrvan.
Gwallt Banhadlen, *ép.* de Riwallawn.

II.   24

Gwallt Ereint, *ép.* de Grugyn.
Gwallt Euryn, *ép.* de Gware, Gwri.
Gwallt Grwn, *ép.* d'Anarawt.
Gwallt Lydan, *ép.* de Gloyw.
Gwalstawt Ieithoedd, *ép.* de Gwrhyr.
Gwanar ab Lliaws, II, 209.
Gwannwyn (Melyn G.).
Gware Gwallt Euryn, I, 218, 271. V. Gwri W. E.
Gwarthecvras, *ép.* de Gwrhyr.
Gwarthegyt ab Kaw, I, 276, 293, 311.
Gwastra, *ép.* de Gwrgi.
Gwasgwyn (Gascogne), II, 210, 272.
Gwauan, I, 286.
Gwawl ab Klut, I, 44-50; 115.
Gwawrddur Kyrvach, *p.* de Duach, Grathach et Nerthach.
Gwawtrydd, *ép.* d'Aneirin.
Gwddwv Hir, *ép.* de Gwineu.
Gweddw, I, 251.
Gweir ab Gwestel ou Gwystyl, I, 311; II, 47, 231.
Gweir ab Gweiryoedd, II, 244; cf. Geir.
Gweir ab Kadellin Talaryant, I, 216.
Gweir Baladyr Hir, oncle d'Arthur, I, 216.
Gweir Dathar Wennidawc, *p.* de Tannwen, I, 216.
Gweir Gwrhyt Ennwir, oncle d'Arthur, du côté de sa mère, fils de Llwch Llawwynnyawc, I, 216.
Gweir Gwrhyt Vawr, I, 202, n. 2; II, 137, 267.
Gweir ab Gyrthmwl, II, 223, n. 1.
Gweirydd ab Cynvelyn Wledig, II, 283.
Gweiryoedd, *p.* de Gweir; cf. Geiryoedd.
Gweith (île de Wight), II, 274.
Gwelwgan Gohoewgein, cheval de Keredic ab Gwallawc, II, 246.
Gwenddoleu ab Keidyaw, II, 222, 233, 241, 248, 5.
Gwenhwysson (gens de Gwent), II, 280.
Gwenhwyach, I, 222; II, 260.

Gwenhwyvach, fille d'Ocvran Gawr, II, 223.
Gwenhwyvar, femme d'Arthur. V. Yskudydd, Yskyrdav, I, 200, n. 4, 223; II, 2, 6, 14, 51, 52, 55, 81, 114-118, 125, 128-138, 162, 223, 225, 227, 260.
Gwenhwyvar, fille de Gwryt Gwent, II, 227.
Gwenhwyvar, fille de Gwythyr ab Greidiawl, II, 227.
Gwenllian Dec, I, 224.
Gwen Pendragon, II, 245.
Gwenn, le manteau d'Arthur, I, 302.
Gwenn, fille de Cywryd ap Crydon, I, 134, n. 2; II, 263.
Gwennabwy, fille de Kaw, mère de Gwydre.
Gwennalarch, fille de Kynnwyl Kanhwch, I, 223.
Gwenvadon, fille de Tutwal Tutclud, II, 261.
Gwennwledyr, fille de Gwaleddur Kyrvach, I, 224.
Gwennwynwyn, ab Nav Cyssevin, champion d'Arthur, I, 205, 211, 311; II, 232.
Gwennwynnwyn ab Lliaws, II, 209.
Gwent, I, 54, n. 1; II, 280.
Gwent Is Coet, I, 54, n. 1.
Gwern ab Matholwch, I, 85, 88, 89.
Gwernabwy (l'aigle de), I, 263, 264.
Gwres ou Gwres ab Reget, I, 310.
Gwerthevyr Vendigeit, I, 65, n. 2; II, 218; cf. Guortepir, II, 306.
Gwertbrynyawn (Kastell), II, 212.
Gwestat, *p.* de Gwevyl.
Gwesyn, berger de la tribu de Goronwy ab Ednyvain, II, 300.
Gwevyl ab Gwestat, I, 219.
Gwgawn Gleddyvrudd, I, 310; II, 205, 238.
Gwgawn Lawgadarn, II, 293.
Gwgon Gleddyvrudd. V. Gwgawn.
Gwgon Gwron ab Peredur ab Eliffer, I, 98, n. 1; 202, n. 2; II, 237, 238.

Gwgyr (Porth), II, 295.
Gwiawn Llygat Cath, I, 222.
Gwiawn ab Kyndrwyn, II, 238.
Gwiboi Drahawc, II, 236.
Gwiddawl (Ellyll, II, 243; cf. Kaer Widdawl).
Gwiddolwyn Gorr, I, 247.
Gwiffert Petit, II, 156-159, 167, 168, 169, 170, 172.
Gwilennhin, roi de France, I, 277.
Gwilym, fils du roi de France, I, 311 ; II, 137.
Gwinau, bœuf de Gwlwlyd; cf. Gwineu.
Gwiner, II, 236.
Gwineu, *ép.* de Gwlwlyd.
Gwineu Gwddwv Hir, cheval de Kei, II, 246.
Gwittart ab Oedd, roi d'Iwerddon, I, 217.
Gwledic, *ép.* d'Anllawdd, Kasnar, Maxen, Deorthach, Emrys, Fflewddur Fflam, Taredd, Kelyddon.
Gwlgawt Gogodin (la Corne de), I, 245.
Gwlwlyd Wineu, I, 241.
Gwlyddyn Saer, I, 214, 277.
Gwrbothu Hen, oncle d'Arthur, du côté de sa mère, I, 212, 279.
Gwrbrith, cheval de Raawt, II, 247.
Guurci et Peretur, II, 45, n. 1. V. Gwrgi et Peredur.
Gwrdeber. V. Guortepir, Gwertheyyr.
Gwrdival ab Ebrei, I, 213.
Gwrddnei Lygeit Cath, II, 112.
Gwrddyled Gawr, II, 288.
Gwrei. V. Gwrhyr.
Gwres. V. Gwers.
Gwri Wallt Euryn. V. Pryderi.
Gwrgi Garwlwyt, II, 233, 288.
Gwrgi Gwastra, I, 129.
Gwrgi et Peredur ab Eliffer, I, 152, n. 1; II, 45, n. 1; 220, 241, 260, 312.
Gwrgi Severi, I, 271.
Gwrgiunt Barbtruch. V. Guurgint Barmbtruch.
Gwrgwst Letlwm, *p.* de Dyvnarth, I, 270 ; II, 312 (fils de Keneu).

Gwrhir, barde de Teilo, II, 298.
Gwrhyr Gwalstawt Icithoedd, I, 222, 227, 228, 229, 257, 265, 274, 275, 312; II, 137.
Gwrhyr Gwarthecvras, I, 204.
Gwrhyt Ennwir, *ép.* de Gwoir.
Gwrhyt Vawr, *ép.* de Gwoir.
Gwri Wallt Euryn, I, 56-63.
Gwrnach Gawr, I, 256, 257-260.
Gwrnerth Ergydlym, II, 293.
Gwron, le barde, II, 291.
Gwron, *ép.* de Gwgon.
Gwrvan Gwalltavwyn, I, 217.
Gwrtheyrn, Gwrtheneu, I, 65, n. 2; II, 211, 212, 218, 219, 277, 282, 285.
Gwrthtir Ardudwy.V.Ardudwy.
Gwryon, *p.* de Gwryat.
Gwryat ab Gwryon, II, 250.
Gwryon, *p.* de Hunabwy, Kadwri, Gwryt Gwent.
Gwryt Gwent, *p.* de Gwenhwyvar.
Gwy (la Wye), II, 213, 287.
Gwyar, *p.* de Gwalchmei.
Gwych, *ép.* d'Eiryn.
Gwyddar ab Run, II, 229.
Gwyddawc ab Menestyr, meurtrier de Kei.
Gwyddel (Irlandais), I, 86; II, 273, 279; *ép.* de Diwrnach, Garsclit, Llenlleawc, Matholwch, Scrygi, Urnach.
Gwyddnaw. V. Gwyddneu Garanhir.
Gwyddneu Astrus, petit de Gast Rymi, I, 218, 219.
Gwyddneu Garanhir (la corbeille de), I, 244, 245, ; II, 286, 295.
Gwyddno ab Dyvnwal Hen (Guithno map Dumnagualhen), II, 286, n. 3.
Gwyddno, *p.* d'Elphin; Ruvawn Pebyr.
Gwyddon Ganhebon, II, 298,299.
Gwydre ab Arthur, I, 277.
Gwydre ab Llwyddeu, I, 213.
Gwydrut, I, 218 (la traduction porte à tort *Gwyddawc*).
Gwyddyl, pluriel de Gwyddel.
Gwyddyl Ffichti, II, 256, 274, 294.
Gwyddyl rouges d'Iwerddon, II, 27.

Gwydyon ab Don, I. 120, 154, passim; II, 229, 250, 296, 297.
Gwydyr Drwm, mari d'Eveilian, II, 244.
Gwyl, fille d'Endawt, II, 228.
Gwylathyr (Karn). V. Karn.
Gwyllt, ép. de Kylodyr ou Kynodyr, ou Kyvodyr.
Gwyneb. V. Hen Wyneb.
Gwyneb Gwrthucher, écu d'Arthur, I, 200.
Gwynebwarth, I, 73.
Gwynedd (Nord-Galles), I, 28, n. 1, 117-154, passim. (v. 118, n. 1); II, 250, 276, 279, 280, 296.
Gwyndodiaid (gens de Gwynedd), II, 280.
Gwyneu Gwddwv Hir, II, 286.
Gwyngat ab Kaw, I, 207.
Gwyngelli, I, 280.
Gwynhan, p. de Teithi Hen.
Gwynlliw, p. de Kadawc.
Gwynn ab Ermit, I, 208.
Gwynn ab Esni, I, 203.
Gwynn ab Nudd, I, 120, n. 2, 203, 224, 252, n. 2, 269, 270, 277, 282; II, 297.
Gwynn ab Nwyvre, I, 203, 208.
Gwynn ab Tringat, I, 277; II, 137.
Gwynn Da Gyvedd, II, 220.
Gwynn Da Reimat, II, 220.
Gwynn Gloyw, I, 63.
Gwynn Gohoyw ab Gloyw Wallt Lydan, I, 63, 99.
Gwynn Gotyvron, I, 216.
Gwynn Hen, I, 90.
Gwynnhyvar, maire de Kernyw et Dyvneint, I, 217.
Gwynn Llogell Gwyr, II, 137.
Gwynn Mygdwnn, cheval de Gweddw, I, 250, 271, 280.
Gwynn Vrynn (la colline Blanche), I, 90, 95; II, 217-219.
Gwyr, ép. de Gwrhyt; Gwythawc.
Gwyr (Gower), II, 281.
Gwys, I, 278.
Gwystyl, p. de Gweir.
Gwystyl ab Run ab Nwython.
Gwythawc Gwyr, p. de Garwyli, I, 206.
Gwythyr ab Greidyawl, I, 224, 267, 269, 270.

Gyrthmwl Wledic, I, 312; II, 222, 223, 243, 255.
Germain (St), II, 212, n. 2, 218, n. 3.

Hadwri. V. Kadwri.
Haearnwedd Vradawc, II, 236.
Hael, ép. d'Iskovan; Mordav; Morgant; Nudd; Rydderch.
Haethfelth (bataille de), II, 216, n. 7.
Hannerhob, I, 122.
Hannerhwch, I, 122.
Hanner dyn, ép. de Pwyll.
Harddlech, I, 67, 90, 94.
Havgan, roi d'Annwvn, I, 31, 34, 35.
Havren (la Severn), I, 279, 280, 281, 293, 299; II, 138, 250, 287, 295.
Hayarn, ép. de Drustwrn.
Hawystyl Drahawc, II, 239.
Hefenfelth (bataille de), II, 216, n. 7.
Heidden ab Euengat, II, 234.
Heilyn ab Gwyn Hen, I, 90, 94.
Heilyn Goch ab Kadwgawn, I, 288.
Heledd Ddu (Northwich), II, 210, n. 1.
Helen. V. Elen.
Heledd Wen (Nantwich), II, II, 210, n. 1.
Heledd, II, 243. Cf. Erch et Heledd.
Helian, fils de Bort, II, 262.
Hen, ép. de Gwynyon; Gwrbothu; Gwynn; Henin; Heveydd; Kado; Llywarch; Teithi.
Hen Gedymdeith, I, 215, serviteur d'Arthur.
Henben, II, 236.
Henbedestyr, I, 211.
Heneidwn Llen (Hyveidd Unllen), I, 311.
Hentfordd (Hereford), I, 102.
Hengroen, cheval de Kynnwyl Sant, I, 210.
Henin Hen, p. de Garwen.
Henvelen (Aber). V. Aber.
Henwas Adeinawc ab Erim. Cf. Annwas, I, 211; serviteur d'Arthur, I, 215.
Henwen, II, 248.

Henwyneb, I, 215.
Herwuden, ép. de Gwactrym.
Hettwn Talaryan, I, 222.
Hettwn Glavyrawc, p. de Kynedyr.
Heveidd. V. Hyveidd.
Heyngyst, II, 231.
Hir, ép. d'Arwy; Hyveidd; Hychtwn.
Hir Amren, I, 219, 282.
Hir Atrwm, I, 218.
Hir Eiddyl, I, 219, 282.
Hir Erwm (Hir Crwm), I, 218.
Hir Lyngwyn, ép. de Ceri.
Hirpeissawc, roi du Llydaw, I, 279.
Hir Tynedic, ép. de Du.
Hors, II, 218, n. 3, 231, 285.
Howel ab Emyr Llydaw, I, 311; II, 96, 137, 266.
Howel ab Ieuav, II, 227.
Huandaw, I, 193, 277.
Hu Gadarn, II, 271, 272, 289-291, 298.
Huarwar ab Avlawn, I, 218.
Hueil ab Kaw, I, 208, 213; II, 231, n. 7.
Hunabwy ab Gwryon, I, 216.
Hwyrdyddwc, I, 221, 255.
Hychtwn Hir, I, 133, 134.
Hyddwn, I, 133, 134.
Hygwydd, I, 273, 282.
Hymyr (l'Humber), II, 274, 295.
Hyveidd ab Bleiddic, I, 438, n. 3; II, 250.
Hyveidd ab Don, I, 43, n. 3, 120.
Hyveidd Hen, I, 43-51.
Hyveidd Hir, I, 43, n. 3, 72, 73, 82.
Hyveidd Unllenn, I, 43, n. 3, 208, 311.
Hywel. V. Howel.
Hywel Dda, II, 292.

Iaen, p. de Bratwen, Karadawc, Moren, Sulyen, Teregut.
Iacob. V. Iago.
Iago ab Beli, II, 235, 304.
Iago, II, 227.
Iason ab Eson, II, 207.
Ida, fils d'Eppa, II, 241, n. 4.
Ida Fflamddwyn, II, 1, n. 1. V. Eata.
Iddawc Kordd Prydein ab Mynyo, I, 291, 292, 293-314, passim; II, 282.
Iddic ab Anarawt Wallt Grwnn, I, 72, 82.
Iddon ab Ner, II, 251.
Iddon, p. de Kadwgawn.
Idris Gam, I, 120, n. 2; II, 297.
Ieuan Brechva, I, 23; II, 300.
Ieuan ap y Diwlith, I, 20-21.
Iouav, II, 226, 227.
Igerna. V. Eigr.
Ile de Bretagne. V. Prydein.
Iles des Forts (Bretagne), I, 69, 73, 85, 86, 87, 88, 91, 92, 224, 300.
Iles de Bretagne (les trois principales), I, 273.
Iles adjacentes (les), I, 167, 273.
Illtud, II, 290, 299.
Inde (la Grande et la Petite), I, 196; II, 87.
Indec, fille d'Arwy Hir, II, 228.
Ine, roi de Wessex, II, 111, n. 1.
Iona, roi de France, I, 207.
Iorwerth ab Maredudd, I, 286, 287.
Iskawin ab Panon, I, 209, 277.
Iskovan Hael, I, 209, 277.
Isperyr Ewingath, I, 204.
Iulius Kesar, II, 211.
Iustic ab Kaw, I, 207.
Iutguaul (Idwal) map Catgualart (Cadwaladr), II, 303.
Iwerddon (l'Irlande), I, 68 passim; II, 137, 277. V. Aedd; Esgeir Oervel; Gwittart; Matholwch; Gilla Goeshydd; Riogan; les saints d'Iwerddon.

Joseph d'Arimathie, II, 262.

Kachamwri ou Kacmwri ou Kacymwri, I, 219, 273, 280, 281, 282.
Kadarn, ép. d'Ector; Twr.
Kadawc ab Gwynlliw, II, 262, n. 1, 266, 299.
Kadavel ab Kynvedw, II, 250.
Kadeir Vaxen, I, 168.
Kadell ab Rodri, II, 287, 302.
Kadel Durnluc, II, 318, 319.
Kado de Prydein, p. de Berth, I, 247.

Kado Hen (Caton l'Ancien), II, 207.
Kadvan, p. de Kadwallawn, cousin de Padarn, II, 258, n. 2.
Kadwaladyr Vendigeit, I, 65, n. 2; II, 224, 226, n. 2, 242, 285.
Kadwallawn ab Boli, II, 214.
Kadwallawn ab Kadvan, I, 292, n. 2; II, 205, 216, 250, 251, 293, 304.
Kadwallawn Llaw Hir, II, 240, 276, n. 1, 304, père de Maolgwn.
Kadwallawn le Béni, II, 226.
Kadwallawn ab Ieuav, II, 276, n. 1.
Kadwgawn Vras, I, 288.
Kadwgawn ab Iddon, p. de Heilyn Goch, I, 288.
Kadwr, comte de Kernyw, I, 301, 312.
Kadwri ab Gwryon, I, 204; II, 137.
Kadyal, II, 208.
Kadyrieith ab Seidi, I, 313, 314; II, 232, 268.
Kadyrieith ab Porthawr Gandwy, II, 114, 128, 139, 162.
Kaedualla, roi de Wessex, II, 224, n. 1.
Kaer Alklut, II, 252.
Kaer Aranrot, I, 136, 137, n. 1.
Kaer Baris, I, 215.
Kaer Beris, II, 253.
Kaer Brythach, I, 196.
Kaer Brythwch, I, 196.
Kaer Karadawc, II. 282. V. Kaer Gradawc.
Kaer Dathyl ou Kaer Dathal, I, 119, 128, 131, 144, 150.
Kaer Dawri, II, 252.
Kaer Dyff, II, 130.
Kaer Evrawc, II, 252, 294. 295, 296.
Kaer Fawydd (Hawydd), II, 252.
Kaer Gaint, II, 295.
Kaer Gei, II, 252.
Kaer Gent, II, 252.
Kaer Gloui, II, 252 = Kaer Loyw.
Kaer Golin, II, 252.
Kaer Gorcon, II, 252.
Kaer Gorgyrn, II, 252.
Kaer Gradawc ou Karadawc, II, 264, 265, n. 1, 282, 293, n. 2.
Kaer Grant, II, 252.
Kaer Greu, II, 241.
Kaer Gwydyon, I, 120, n. 2.
Kaer Kusrad, II, 252.
Kaer Lleon sur Wysc, II, 252.
Kaer Llion, I, 167, 169; II, 1, 30, 75, 82, 96, 111, 119, 135, 214, 252, 261, 286, 294, 295, 296.
Kaer Lirion, II, 252.
Kaer Lyr, II, 252.
Kaer Loyw, I, 264, 266; II, 69-70, 109-110, 252.
Kaer Ludd, I, 174.
Kaer Lundein, I, 174; II, 252.
Kaer Lwytcoet, II, 252.
Kaer Lyssydit, II, 252, n. 1.
Kaer Mygeid, II, 253.
Kaer Nerthach, I, 196.
Kaer Nevenhyr, I, 197.
Kaer Riannedd, II, 294.
Kaer Oeth et Anoeth, I, 197; II, 249, 294.
Kaer Sallawg, II, 293.
Kaer Se et Asse, I, 196.
Kaer Seint yn Arvon, I, 80.
Kaer Selemion, II, 253.
Kaer Siri ou Seri, II, 252.
Kaer Teim, II, 252. n. 1.
Kaer Vaddon, I, 302; II, 252, n. 1.
Kaer Vyrddin, I, 167, 168; II, 252.
Kaer Urnac, II, 252.
Kaer Weir, II, 252, 253, n. 1.
Kaer Went, II, 252.
Kaer Widdawl Wir, II, 252.
Kaer Worgorn, II, 265. n. 1; (Llanilltyd), II, 290, n. 2.
Kaer Wynt, II, 252.
Kaer Wyrangon, II, 252.
Kaer yn Arvon, I, 167, n. 3; II, 252.
Kaer Ysbidinongyl, II, 106.
Kaermarthen, I, 26 note 2.
Kaernarvon, I, 167, n. 3.
Kalam, cheval d'Iddon ab Ner, II, 251.
Kalch. V. Llasar.
Kall, I, 220, 255.
Kalcas ab Kaw, I, 207.
Kaledin (hommes de), II, 273.

Kalodin (Arllechwedd), II, 273, n. 3.
Kaletvwlch, épée d'Arthur, I, 200, 273.
Kamlan (bataille de), I, 186, n. 2, 210, n., 217, 292; II, 215, 223, 231, 242, 250, 266.
Kanhastyr Kanllaw, I, 205, 250.
Kanhwch, ép. de Kynnwyl.
Kanllaw, ép. de Kanhastyr.
Kant Ewin, ép. de Kors.
Kantre'r Gwaelod, I, 244, n. 2; II, 286.
Kantrev, I, 28, n. 1.
Kantrev Dinodig, I, 143.
Kantrev Ros, I, 127.
Kantrevs de Dyvet, I, 27, n. 2; 118.
Kantrevs de Keredigyawn, I, 27, n 2, 118.
Kantrevs de Morganhwc, I, 118.
Kantrevs de Prydein.
Kantrevs de Seissyllwc, I, 63.
Kantrevs du Sud, I, 63, 118.
Kantrevs d'Ystrat Tywi, I, 118.
Karadawc ou Kradawc ab Bran, I, 81, 82, 92, 93; II, 281, 282,} 230, n. 2, 283, 284, 290, 295, 296.
Karadawc Breichvras, I, 298, 311; II, 206, 249, 255, ab Llyr Merini, II, 300.
Karadoc de Lancarvan, I, 23.
Karatacus, II, 283, n. 2, 314.
Kardigan. V. Keredigyawn.
Karatauc, II, 314. V. Caratacus.
Karn Gwylathyr, I, 268.
Karantmail, II, 319.
Karnavlawc, cheval d'Ywein ab Uryen, II, 1, n. 1, 205, 246.
Karnedyr ab Gwynyon Hen, I, 211.
Karnoban (Le cwmmwd de), II, 275.
Karnwenhan, couteau d'Arthur, I, 200.
Kas ab Seidi, I, 204, 216, 217.
Kasnar Wledic, p. de Gloyw Wallt Lydan; Llary, I, 63.
Kaswallawn ab Beli, I, 81, 82, 92, n. 1, 93, 97, 100, 103, 173; II, 206, 210, 250, 260, 276, 281, 283.
Kastell Syberw, II, 97.
Kastell Gwerthrynyawn, II, 212.

Katcor ab Gorolwyn, p. d'Ard-dun. II. 244.
Katell. V. Cadell.
Katgabail. V. Kadavael.
Katgualart map Catgollaun (Cadwaladr ab Cadwallawn), II, 303, 279, n. 2.
Katgyffro, p. de Gilbert.
Kattegirn ap Catel Durnluc, II, 318.
Katraeth (bataille de), I, 2, n. 1, 45, n. 1; II, 225, n. 3, 228.
Katscaul ou Kantscaul (bataille de), II, 216, n. 7.
Katvan, p. de Kadwallawn, II, 216, n. 7, 304.
Katwallawn. V. Kadwallawn.
Kavall, I, 221, 255.
Kavall, chien d'Arthur, I, 248, n. 2, 272, 276.
Kaw, p. d'Angawd; Ardwyat; Dirmyc; Ergyryat; Etmic; Gildas; Gwennabwy; Gwarthegyt; Gwryat; Hueil; Iustic; Kalcas; Kelin; Koch; Konnyn; Kynwas; Llwybyr; Mabsant; Meilic; Neb; Ovan, I, 207, n. 2, 271, 272, 282, 283.
Kawr, ép. de Gwrnach.
Kawrdav ab Karadawc, I, 82, n. 1, 312; II, 230.
Kaurtam (Kawrdav) ap Serguan, II, 314.
Kedymdeith. V. Hen G.
Kei ab Kynyr, p. de Garanwyn; Relemon. V. Gwyddawc ab Menestyr, I, 198, n. 1, 199, 214, 215, 225, 229, 230, 231, 257-266, 268-269, 300-301, 314; II, 2, 3, 4, 14, 27, 52-55, 56, 63, 80, 137, 160, 206, 231, 246, 248, 230, n. 6.
Keidyaw, p. de Gwenddoleu.
Keindrech Pen Ascell, sœur de Gwrgi et de Peredur, II, 260.
Keincaled, II, 206.
Keinvarvawc, ép. de Kynyr.
Keirawc. V. Aber K.
Kelcoet, p. de Llwyt.
Keli, I, 217.
Kelin ab Kaw, I, 207.
Kelli Wic en Kernyw, cour d'Arthur, I, 213, 222, 269, 272, 282; II, 224, 255, 261, 294.

Kelli Vriavael, II, 222, n. 3.
Kelyddon Wledic, *p.* de Kilydd.
Kelyddon (tribu de), II, 273.
Keredic ab Gwallawc.
Kendeyrn, II, 255.
Keneu ab Llywarch, II, 237, n. 4.
Kentigern (S.) V. Kendeyrn.
Keraint. V. Kereint.
Keredic ab Cunedda, II, 246, n. 6, 320.
Keredigyawn (Cardigan), I, 123, 273; II, 223, 227, 281, 286, 295.
Kereint ab Greidiawl, II, 298.
Kereint Veddw, I, 215, n. 2; II, 285.
Kerenhir, I, 215, n. 2.
Keretic ap Cynloyp, II, 309.
Keredic ab Gwallawc, II, 246, n. 6.
Keretic. V. Keredic.
Keri Hir Llyngwyn, son barde Corvinwr, II, 297.
Keri, en Melienydd, I, 127.
Kernyw (Cornouailles), I, 91, 94, 195, 217, 218, 279, 280, 281; II, 135, 248, 251, 275. V. Pengwaed, Kelliwic, Penn Hynev, Gwynnhyvar, Huarwar, Kadwr, Gereint ab Erbin, Erbin ab Kustennin, Glynn Dallwyr.
Kerric y Gwyddyl, II, 240.
Césariens (les), II, 210.
Kessar (Ul), III, 230.
Kethin Kyvlym, II, 221, 269.
Kethtrwm Offeirat, I, 222.
Ketti (la pierre de), II, 296.
Keugan Peillyawc, II, 239.
Kevyn Digoll, I, 298.
Kevyn Klutno, I, 140.
Kibddar, *p.* de Drych.
Kicva, fille de Gwynn Gohoyw, I, 63; 98-111.
Kilgwri (le merle de), I, 261, 262.
Kilydd ab Kelyddon, I, 185, 201, 231.
Kilydd Kanhastyr, I, 205, 250.
Kimin Kov, *p.* de Dalldav.
Kinbelin. V. Kynvelyn.
Kinglas ap Eugein Dantguin, II, 307.
Klas, II, 208.

Klas Myrddin, II, 251.
Kleddyv Koch, *ép.* d'Ellym.
Kleddyvrudd, *ép.* de Gwgawn.
Kleddyv Kyvwlch, *p.* de Bwlch, Divwlch, Syvwlch, I, 220, 255.
Kleddyv Divwlch, *p.* de Kleddyv Kyvwlch, I, 220, 255, 276. V. les *addenda et corrigenda* du tome I*".
Kleis ab Merin, I, 196.
Kloff, *ép.* de Tecvan.
Klust ab Klustveinat, I, 222; II, 112.
Klustveinat, *p.* de Klust.
Klut, *p.* de Gwawl.
Klutno ou Klytno, *p.* d'Eurneit, Kynon, II, 58, n. 1, 219, n. 5.
Knychwr ab Nes, I, 202.
Koch, *ép.* de Heilyn. V. Kleddyv.
Koch ab Kaw, I, 207.
Koel ou Koyl Hen, II, 310-312, 317.
Koel, *p.* d'Elen Luyddawc.
Koel ab Cyllin, I, 155, n. 1; II, 298.
Koet Alun, I, 128, n. 3.
Koleddawc ab Gwynn, II, 263.
Koleddawc ap Morcant, II, 311.
Koll ab Kollvrewi, II, 229, 248, 256, 290.
Kolwyn, berger de Bran ab Llyr, II, 299.
Konangus Aidani filius, II, 240, n. 2.
Konnyn ab Kaw, I, 207.
Konroi ou Corroy ab Daere, I, 89, n. 3; 202, n. 8.
Constans, II, 307.
Constantinople, II, 290.
Koranneit, ou Korannieid, I, 175, n. 1, 176, 178, 180; II, 256, 274, 275.
Constantinus, II, 307.
Kordd Prydein, *ép.* d'Iddawc.
Kordwal, I, 103, n. 1.
Kornillo, vache de Llawvrodedd, II, 270.
Korr, *ép.* de Grudlwyn, Gwiddolwyn, Ruddlwm, Eiddilic.
Kors ou Kwrs Kant Ewin, I, 205, 240.
Korsica (îles de), I, 196.
Korvann, cheval des fils d'Eliffer, II, 45, n. 1; II, 220.
Korvil Bervach, I, 202.

Korvinwr, barde de Keri, II, 297.
Kradawc, p. de Kawrdav. V. Karadawe.
Kradawc ab Bran. V. Karadawc.
Kradawc ab Iaen, I, 207.
Kradawc ab Llyr, II, 132. V. Karadawc.
Kreiddylat, fille de Lludd Ll. E., I, 224, 269, 270.
Kreirwy, fille de Ceridwen, I, 134, n. 2; II, 263.
Kreuwyryon, I, 127.
Kristinobyl Vawr, II, 92, 93.
Kruc Galarus (le mont douloureux), II, 84, 85, 90.
Krwm Vargawt Eiddin, ép. de Llongat.
Kuall, I, 220, 255.
Kubert ab Daere, I, 202.
Kuch (Glynn). V. Glynn.
Kueli, I, 217.
Kulhwch ab Kilydd ab Kelyddon Wledic, I, 186-283.
Kulhwch. V. Esgeir G.
Kulvanawyt ab Gwryon, p. d'Essyllt, I, 212.
Kunedda (Kunedag), I, 65, n. 2; II, 257, 240, n. 1, 304, 308, 316, 317, 320.
Kunobelinos, II, 283, n. 2. V. Cinbelin.
Kunoglasos. V. Kinglas.
Kurvagyl, ép. de Kynwas.
Kustennin le berger, fils de Dyvnedic, p. de Goreu, I, 230, 231; II, 216.
Kustennin, fils de Maxen et d'Elen, I, 168, n. 4; II, 214.
Kustennin Bendigeit, grand-père d'Arthur, II, 214, 288.
Kustennin Vychan, II, 211, 245, n. 2.
Kwm Kawlwyt (le hibou de), I, 263.
Kwm Kerwyn, I, 276.
Kwrs. V. Kors.
Kyhoret ou Kynhoret, fils de Kynan.
Kyledyr, Kyvedyr ou Kynedyr Wyllt ab Nwython, I, 222, 252, 270, 281.
Kyllellvawr, ép. d'Osla.
Kylveirdd (les neuf), II, 277.
Kymideu Kymeinvoll, I, 76.

Kymru. V. Kymry.
Kymri, I, 60, n. 1, 79, 275; II, 156, 249, 250, 261, 270, 272, 273-277, 280-283, 284, 286, 288, 289, 290, etc.
Kymmwl ou Kwmmwd ou Kwmwd, I, 28, n. 1.
Kynan ab Eudav, p. de Dinogat, Kyhoret, Kynlas, Selyv, I, 166, 170, 171, 172.
Kynan Meiriadawc, I, 155, n. 1.
Kynan Garwyn, II, 206, 246, 318.
Kynddelic Kyvarwydd, I, 202, 227.
Kyndeyrn Garthwys, II, 255.
Kyndrwyn ab Ermit, I, 208.
Kynddylan ab Cyndrwyn, II, 238, n. 9.
Kynedyr. V. Kyledyr.
Kynhaval ab Argat, II, 232.
Kynlas ab Kynan, I, 277.
Kynlleith, I, 288.
Kynn Kroc, ép. de Neol.
Kynnwric Vrychgoch, I, 287.
Kynnwyl Sant, I, 92, n. 1.
Kynon ab Klydno, II, 1-14, 26, 261, 267.
Kynvael (rivière de), I, 144, 147, 153.
Kynvarch, père d'Uryen (les trois cents épées de la tribu de), II, 42, 181, 182, n. 260.
Kynvarch, p. d'Uryen.
Kynvedw, p. de Kadavel.
Kynvelyn Drwsgyl, II, 221, 222, 235.
Kynvelyn Keudawt Pwyl Hanner Dyn, I, 221.
Kynvelyn Wledig, II, 283, 314. V. Kinbelin; Cunobelinos.
Kynvelyn, p. de Gwaedan.
Kynwas ab Kaw, I, 207.
Kynwas Kurvagyl, I, 204. — Kwrr y Vagyl, I, 275, 276.
Kynweissat. V. Gwydar Owein, Cawrdav.
Kynwyl, p. de Gwennalarch.
Kynwyl Sant, I, 210.
Kynyr Keinvarvawc, p. de Kei, I, 214.
Kyrvach, ép. de Gwaeddur; Gwawrddur.
Kystenin. V. Kustennin.
Kyvarwydd, ép. d'Elidy.
Kyvedyr. V. Kyledyr.

Kyvergyr (Brynn). V. Brynn K.
Kyverthwch (Riw G.). V. Riw G.
Kyvrangon (le Cairn de), II, 296.
Kyvwlch, *p.* d'Eheubryd ; fils de Kleddyv Divwlch, I, 220, 255.
Kywryd ap Crydon, *p.* de Gwenn.

Llacheu ab Arthur, I, 812 ; II, 230.
Llaesar ou ·Llasar Llaesgygwydd, *p.* de Llashar.
Llaeskenym, serviteur de Glewlwyt Gavaelvawr, I, 193, 277 ; II, 112.
Llaesgygwydd, *ép.* de Llaesar.
Llaesgyvnewit, *ép.* de Llassar.
Llamrei, jument d'Arthur, I, 271.
Llanbadarn, II, 2.
Lancelot. V. Lawnselot.
Llandaf, II, 259, 285, 294.
Llandeilo Vawr, II, 258, n. 3, 259.
Llangarvan, II, 299, 290, n. 2.
Llan Morvael, II, 1, n. 1.
Llan Silin, II, 226.
Llan Veir en Mon, II, 249.
Llarcan, *ép.* de Penn.
Llary ou Llara ab Kasnar Wledic, I, 208.
Llary ab Yryv, II, 223.
Llashar ab Llaesar Llaesgygwydd, I, 82, 102.
Llasar Llaesgyvnewit, I, 76.
Llawgat Trwmbargawt Eiddin.
Llawnroddet Varvawc, I, 209.
Llawnselot dy Lac, *p.* de Galaath.
Llawvrodedd Varyvawc, I, 120, n. 2, 312 ; II, 296.
Llawr ab Erw, I, 208.
Llech Echymeint, II, 215, 245.
Llech Elidyr, II, 220.
Llech Gronw, I, 154.
Llech Las, I, 293.
Lledewic, *ép.* de Glythmyr.
Lledyeith, *ép.* de Llyr.
Lleirwg ab Coel ab Cyllin, I, 65, n. 2 ; II, 284.
Llemenic, II, 243.
Llenlleawc ou Llenvleawc Wyddel, prince de Prydein, I, 212, 216, 273.

Lles, II, 214.
Lletlwm, *ép.* de Gwrgwst.
Llevelys ab Beli Mawr, I, 172-183.
Lleurwg ab Coel, II, 294.
Lleuver-Mawr, *ép.* de Lleirwg.
Llew Llaw Gyffes, I, 97, n. 1 ; 138-154, *passim* ; II, 231, 241, 250.
Llewei, fille de Seitwed, II, 228.
Lleyn, II, 228.
Lleyn Erythlyn, II, 228.
Lli (rivière), I, 82.
Lliaws ab Nwyfre, II, 209.
Limwris (le comte), II, 164-167.
Llinon, rivière d'Irlande, I, 84.
Llion (l'étang de), II, 280, 299.
Llion (les vertes prairies de), II, 277.
Lliwan (Llynn). V. Llynn Ll.
Lloch Llawwynnawc, I, 295.
Lloegr ou Lloegyr, I, 100, 287 ; II, 143, 233, 251, 264, 270, 277, 286.
Lloegrwys, II, 239, 272, 275.
Llofvan Llaw Divro. V. Llovan.
Llogell Gwyr, *ép.* de Gwynn.
Llongat Grwm Vargot Eiddin, II, 234.
Lotor, I, 196.
Lloumarch (Llywarch), *p.* de Himeyt, II, 305.
Llovan Liaw Divro, II, 1, n. 1, 234.
Llovyon, en Pennvro, II, 248.
Lluagor, cheval de Karadawc Vreichvras, II, 206, 245.
Lluber Beuthach, I, 203.
Lluchet, I, 221, 255.
Lucius, II, 285, n. 1.
Lludd ab Beli Mawr, I, 172-183, *passim* ; II, 218, 256.
Lludd Llaw Ereint, I, 265, n. 2. V. Kreiddylat.
Lludd Llurugawc, II, 249.
Lundein (Londres), I, 66-67, 91, 94, 174 ; II, 218, 294, 295, 296.
Lunet, II, 1, n. 2, 17-43, *passim*. V. Eluned.
Lluydd, cheval d'Alser ab Maelgwn, II, 246.
Lluyddawc, *ép.* d'Elen, d'Yrp.
Llwch Ewin, I, 273.
Llwch Ll. W. V. Lloch.

Llwch Tawy, I, 279.
Lwndrys (Londres), I, 174.
Llwybyr ab Kaw, I, 207.
Llwyddawc Govynnyat, I, 278, 279.
Llwyddeu ab Nwython, I, 213.
Llwyddeu ab Kelcoet, I, 216, 273.
Llwyn Diarwya, I, 29.
Llwyr ab Llwyryon (le vase de), I, 244.
Llwyrdyddwc, I, 221, 255.
Llwyryon, p. de Llwyr.
Llwyt ab Kilcoet, I, 114.
Llychlyn (Scandinavie), I, 196, 299; II, 208, 274.
Llychlynnwyr (hommes de Llychlyn), II, 275, 277.
Llychwr (Dyffrynn), I, 278.
Llydaw (Armorique), I, 155, n. 1, 271, 273, 279; II, 211, 271, 273. V. Emyr; Hirpeissawc; Howel; Ysperin; Alan Ffergan; Glythmyr.
Llygat Cath, ép. de Gwiawn.
Llygeit Cath, ép. de Gwrddnei.
Llygatrudd Emys, oncle d'Arthur du côté de sa mère, I, 212, 279.
Llyminawc, II, 243, n. 5.
Llynghesawl Lawhael, p. de Treul Divevyl, II, 261.
Llynn Lliwan, I, 280.
Llynn Llyw (le saumon de), I, 264-265.
Llynn y Peir (l'étang du Chaudron), I, 76.
Llyr Lledyeith, p. de Bran: Branwen; Granwen; Karadawc; Manawyddan, I, 67, 298, n. 2; II, 215, 244, 293.
Llyr Marini, p. de Karadawc Vreichvras, I, 298; II, 243.
Llyw (Llynn). V. Lynn Ll.
Llywelyn ab Gruffudd, II, 283.
Llywelyn ab Sitsyllt, II, 283, n. 1.
Llywarch Hen ab Elidir Lydanwen, I, 97, n. 1; II, 2, n. 1, 237, 243, 267.

Mabinogion. V. Introduction, I, p. 1-26; add. et corrig.
Mabon ab Dewengen, mari d'Emerchret, II, 244.

Mabon ab Modron, I, 250, 251, 260-267, 280, 281, 311; II, 215, 244.
Mabon ab Mellt, I, 271.
Mabsant ab Kaw, I, 207.
Madawc Morvryn, II, 299.
Madawc ab Brwyn, II, 239.
Madawc ab Marodudd, I, 285, 286.
Madawc Min, II, 283.
Madawg ab Modron, II, 293.
Madawg ab Owain Gwynedd, II, 278.
Madawc ab Run, II, 238.
Madawc ab Teithyon, I, 277.
Madawc ab Twrgadarn, II, 113.
Mael ab Roycol, I, 207.
Mael Hir ou Mael ab Menwaed d'Arllechwedd, I, 298, n. 1; II, 249, n. 6.
Maelawr (Riw Vaelawr). V. Riw V.
Maelwr, II, 223, n. 1.
Maelgwn de Gwynedd, p. d'Alser; Eurgein; Run; I, 83, n. 1, 16, 296, n. 2; II, 246, 251, 254, n. 4, 266, n. 2, 279, n. 1, 304, 299, n. 5.
Maelgyn Hir, barde de Llandaf, I, 120, n. 2.
Maelwys ab Baeddan, I, 202.
Maen Cetti, II, 296.
Maen Du, II, 249.
Maen Gwynedd, II, 227.
Maen Tyvyawc, I, 130.
Maenarch (la pierre de), II, 293.
Maenawr, I, 128, n. 2.
Maenawr Pennardd, I, 128, 148.
Maenawr Coet Alun, I, 128.
Maes Gwenith, en Gwent, II, 248.
Magicien (l'oppression du), II, 278.
Maglocunus. V. Maelgwn.
Magnence, II, 209, n. 2. V. Maxen.
Mailcun. V. Maelgwn.
Maire (le) de Dyvneint; Kernyw; Odgar le Maire.
Maison de Verre (la), II, 278.
Man (île de). V. Manaw.
Manaw (île de Man), II, 251, 279.
Manawc, II, 243.
Manawyddan ab Llyr, I, 67, 71,

73, 88, 89, 92, 94; 97-116, 208, 280; II, 237, 250.
Manogan. V. Mynogan.
Manuba, II, 279. Cf. Manaw.
March ab Meirchawn, I, 92, n. 1, 299, 300, 311; II, 232, 247, 248, 261.
March Malaen, I, 175, n. 1; II, 278.
Maredudd, p. de Iorwerth; Madawc, I, 285, n. 1.
Margetiud (Maredudd) ap Teudos, II, 306, 313.
Math ab Mathonwy, I, 117-154 passim; II, 229, 257.
Matholwch, roi d'Irlande, I, 65, n. 1, 69-88; II, 223.
Mathonwy, p. de Math, I, 117, n. 1.
Mathraval, I, 122, n. 1; II, 288, 300.
Mathutavar ou Mathutta Vawr, II, 208.
Mawddwy, I, 288.
Mawr, ép. d'Aedd; Beli; Brevi; Kristinobyl; l'Inde; Traeth; Gwrhyt.
Mawrvrydic, ép. d'Eiddon; Gwenllian.
Maxen Vledic, p. d'Owein, I, 155-172 passim, surtout 155, n. 1; II, 209 (v. n. 2), 230, 294, 307, 308.
Maxime. V. Maxen.
Mederei Badellvawr, II, 228.
Medrawt, I, 292; II, 213, 214, 224, 225. 231. 266, 282, 289.
Medyr ab Methredydd. I, 222.
Meic Mygotwas p. d'Avan.
Meigen, II, 226.
Meilic ab Kaw, I, 387.
Meinlas (Pwyth). V. Pwyth M.
Meinlas ou Melynlas, cheval de Kaswallawn ab Beli, II, 245.
Meirchawn, p. de March.
Meiriadawc (partie nord-ouest de Powys), II, 210, n. 3.
Mel Ynys, II, 251.
Melen, II, 243.
Melenryt, I, 129, 130.
Mellt, p. de Mabon.
Melyn Gwannwyn, I, 241; II, 269.
Melyngan Gamre, cheval de Llew Llawgyffes, II, 245.

Melynlas, cheval de Caswallawn, I, 92, n. 1; II, 206.
Menei (Aber). V. Aber M.
Menw ou Menyw ab Teirgwaedd, p. d'Annyanawc, I, 206, 228, 229, n. 1; 238, 272, 280, 313; II. 229, 256, 257. 298.
Menwaed, II, 249.
Mer d'Irlande, I, 167.
Mer de Llychlyn. V. Llychlyn.
Mer Tawch. V. Tawch.
Mer Terwyn. V. Terwyn.
Mer Udd (la Manche), I, 167.
Merddin, le barde d'Enrys, II, 277.
Merddin Emrys, II, 268.
Merddin ab Morvryn, II, 268.
Merchiaun map Gurgust, II, 310.
Merin, p. de Kleis.
Merlinus, II, 296, n. 4.
Mermin (Mervyn), map Rotri map Iutguaul, II, 303.
Mermin map Run, II, 308.
Mervyn, roi de Powys, II, 288.
Merveilles (le château des), II, 102, 105, 110.
Metcawt (île de), II, 1, n. 1.
Methredydd, p. de Medyr.
Mil Du ab Dukum, I, 196.
Minascwrn, ép. d'Wlch.
Mochdrev en Ros, I, 127.
Mochtrev en Keredigyawn, I, 126.
Mochtrev, entre Keri et Arwystli, I, 126.
Mochnant, en Powys, I, 126.
Modron, mère de Mabon.
Modron, fille d'Avallach, mère d'Owein ab Uryen et de Morvudd, II, 260.
Moel, ép. de Dyvynwal.
Moelvre, I, 288.
Mon (Anglesey), I, 164; II, 220, 240, 249, 251.
Mont Douloureux (le) (V. Kruc Galarus).
Mor ap Morien, I, 120, n. 2; II, 288, n. 2.
Morcant Bulc, II, 311.
Mordav Hael ab Serwan, II, 219, n. 5.
Morddal Gwr Gweilgi, II, 297.
Morddwyt Twll, ép. d'Echel.

Morddwyt Tyllyon, I, 88, 89.
Moren ab Iaen, I, 207.
Moren Mynawc. V. Moryen, I, 204.
Morgain (la fée), II, 32, n. 1.
Morgant Hael, I, 213.
Morgant (Morcant), II, 1, n. 1.
Morgan Mwynvawr, I, 139, n. 1; II, 231.
Morgan Hen, *appelé aussi* Morgan Mwynvawr, roi du X° siècle, II, 286.
Morganhwc, I, 118, n. 2, 140; II, 299.
Morgan Tut, II, 32, n. 1, 132, 163.
Morien Varvawc, II, 288.
Morien ab Argat, II, 288, n. 2.
Moro Oerveddawc, I, 254.
Morvan Hael ab Serwan, II, 236.
Morvran ab Tegit, I, 209, 312; II, 238, 268.
Morvryn, p. de Merddin.
Morvudd, fille d'Uryen de Reget, I, 92, n. 1, 224; II, 2, n. 1, 260, 261.
Moryen Manawc ou Mynawc, I, 311, 312.
Mouric ap Dumnguallaun, II, 320.
Mur y Castell, I, 143, 151.
Muryel, p. de Grudyeu.
Mwrheth. V. Blathaon.
Mygdwn, ép. de Gwynn.
Mygnach, II, 250, n. 1.
Mynach Nawmon, II, 220.
Mynawc. V. Moryen.
Mynawc Mynweir, I, 116, n. 1.
Myngan, II, 226.
Mynneu (les montagnes), II, 214.
Mynogan, p. de Beli.
Mynordd, I, 116.
Mynweir, I, 116.
Mynydd Amanw, I, 278.
Mynydd Ambri (Ambresbury Hill, Amesbury), II, 282, n. 1.
Mynyddawc, II, 228.
Mynyo, p. d'Iddawc.
Mynyw, I, 27, n. 2, 275; II, 254, 295.
Myr. V. Trachmyr.
Myrddin (Kaer Vyrddin).
Myrddin ab Morvryn, II, 18, n. 1.

Nant Kall, I, 129.
Nant y Llew, I, 149.
Nasiens, roi de Denmarc, II, 265.
Nav, p. de Gwenwynwyn.
Nawmon, ép. de Mynach.
Neb ab Kaw, I, 207.
Neivion, ép. de Nav.
Neol Kynn Kroc, p. d'Ellylw.
Nerth ab Kadarn, p. de Gorascwrn, I, 206, 311.
Nerthach (Kaer). V. Kaer N.
Nerthach ab Gwawrddur Kyrvach, I, 205.
Nes p. de Knychwr.
Nethawc, p. de Penn.
Nevet, p. de Tringat.
Nevet, I, 221, 255.
Nevenhyr (Kaer), Kaer N.
Nevydd Nav Neivion, II, 299.
Nevyn, mère d'Uryen et d'Eurddyl, II, 260.
Nillystwn Trevan, I, 287.
Nissyen ou Nyssyen ab Euroswydd, I, 67, 88.
Noddawl Varyv Twrch, I, 209.
Noir Orgueilleux (le). V. Du Trahaawc.
Nord (la Bretagne du Nord), I, 195, 282; II, 250, 255, 273.
Normandie, I, 273.
Nougoy map Arthur, II, 306, 313.
Nuage (le Clos du), II, 163-772.
Nudd, p. d'Edern; Gwynn; Owein, I, 120, n. 2, 252, n. 2.
Nudd Hael ab Senullt, II, 219, n. 5, 236, 296.
Nudd ab Keidiaw, II, 296, n. 2.
Nwython, p. de Kyledyr Wyllt, I, 270.
Nwyvre, p. de Fflam; Gwynn; Lliaws.
Nynnyaw (le bœuf), I, 242.
Nynnyaw ab Beli, I, 173.
Nyver (Glynn). V. Glynn N.
Nyvet. V. Nevet.

Och, I, 221, 255.
Ocvran ou Ocrvan Gawr, p. de Gwenhwyvar, I, 200, n. 4.
Odgar ab Aedd, roi d'Irlande, I, 246, 271, 272, 273.
Odyar le Franc (Oger), II, 137.
Odyeith, ép. de Gwadyn.

Oedd, *p.* de Gwittart.
Oervoddawc, *ép.* de Moro.
Oeth. V. Kaer O.
Offeirat, *ép.* de Kethtrwm.
Ol ab Olwydd, I, 222, 223.
Oliver Gosgorddvawr. V. Eliffer, Eleuther.
Olwen, fille d'Yspaddaden Penkawr, I, 186-283.
Olwydd, *p.* d'Ol.
Ondyaw, fils du duc de Bwrgwin, II, 137, 140.
Orc (les Orcades), II, 251.
Orient (l'), I, 197.
Osla Gyllellvawr, I, 215, 280, 281, 297, 314.
Oswald, roi de Northumbrie, II, 216, n. 7.
Oth, *p.* de Danet.
Ovan ab Kaw, I, 207.
Owain Gwynedd, *p.* de Madawg.
Owein map Margetiud, II, 306.
Owein ab Maxen Wledic, I, 82, n. 1; II, 219, n. 2, 281, 284. Cf. Ywein.
Owein ab Nudd, II, 132.
Owein ab Uryen, I, 302-309; ses corbeaux, I, 303-309; II, 1-43, 47, 48, 54, 55, 62, 96, 205, 216, 260; sa mère Modron, 281, n 5.
Owein (le comte), II, 169-172.
Owen map Iguel, II, 302.

Pabo, *p.* de Dunawd et de Samuil Pennissel.
Padarn, II, 258.
Padrogl Paladrddellt, II, 266.
Paile., I, 33, note.
Paladyr Hir, *ép.* de Gweir; Peredur.
Paluc (les enfants, le chat de), II, 249, 265.
Panawr Pen Bagat, I, 217.
Panon, *p.* d'Iscawyn.
Pappo. V. Pabo.
Paris ab Priav, II, 207.
Paris (Kaer Baris).
Pascent ap Cattegirn, II, 318.
Pascen ab Uryen, II, 206.
Patern Pesrudd, II, 304. V. Padarn.
Peris, roi de Franco, I, 215.
Pebin, *p.* de Goewin; Dol Pebin.

Pebyr, Pevyr, *ép.* de Gronw Ruvawn.
Pêcheur (le roi), II, 56, n. 1, 60.
Pedrogl. V. Padrogl.
Peibaw (le bœuf), I, 242.
Pelumyawc, I, 277.
Pembroke. V. Penvro.
Penn Alun (Penaly), II, 259.
Penardim, fille de Beli, I, 68; cf. Arddun.
Penda, roi de Mercie, II, 216, n. 7.
Pendaran Dyvet, I, 60-62, 93; II, 247, 281.
Pendevic Dyvet, *ép.* de Pwyll.
Pendragon, *ép.* de Gwenn, d'Uthur.
Pengwaed, en Kernyw, I, 195.
Pengech, *ép.* de Gwynn.
Penkerdd, I, 123.
Penllynn, I, 144; II, 241.
Penmaen (Dol). V. Dol P.
Penn Annwvn, *ép.* de Pwyll.
Pen Bagat, *ép.* de Panawr.
Penn Beirdd, *ép.* de Taliessin.
Pen Blathaon, en Prydyn, I, 213.
Pennkawr, *ép.* d'Yspaddaden.
Penn ab Nethawc, I, 270.
Penn Blathaon, I, 213.
Penn Hynev Kernyw, *p.* de Gormant ab Ricca, I, 209.
Penn Llarcan, *p.* d'Eiladyr.
Penn Lloran, *ép.* d'Eiryawn.
Penn Pingyon, I, 193, 277; II, 112.
Pen Nant Govut, I, 247, 282.
Pennardd, en Arvon, I, 128.
Penrew, II, 269.
Penryn Hawstin, en Kernyw, II, 248.
Penryn Rionydd ou Rionedd, II, 255, 261.
Pentir Ganion ou Gamon, I, 212.
Penteulu, I, 286, n. 2; II, 66.
Penvro (Pembroke), I, 27, n. 2.
Penvyr, fille de Run Ryssedd-vawr, II, 464.
Perceval, II, 47, 50, n. 1.
Percos ab Poch, I, 203.
Peredur Paladyr Hir ab Evrawc, I, 311; II, 45-111, 137, 262; — la tribu de Gwrgi et Peredur, I, 152, n. 1.

Petrylew Vynestyr, II, 220
Pictes (les), II, 214 ; cf. Gwyddyl Fichti.
Plenydd, II, 291.
Poch, p. de Percos.
Polixena, II, 208.
Porfordd, I, 286.
Porthawr Gandwy, p. de Kadyrieith.
Porth Kerddin, I, 273.
Porth Kleis, en Dyvet, I, 275.
Porth Ysgewin, II, 295.
Powys, I, 122, n. 1, 286, 287 ; II, 281.
Preseleu, I, 51, 270.
Priav (Priam), p. de Paris.
Prouesses (la comtesse des), II, 90.
Pryd Angel, ép. de Sandde.
Prydein ou Brydein (l'ile de), II, 205 ; — ses noms, II, 251 ; — les îles adjacentes, II, 251 ; — cités, II, 252-254.
Prydein ab Aedd Mawr, I, 66, n. 2 ; II, 251, 270, 271, 284, 285, 289, 290, 292.
Prydyn (l'Ecosse); Prydein, I, 213. V. Kado, Kaw, Llenllcawc.
Pryder ab Dolor, II, 256.
Pryderi ab Pwyll, I, 26, n. 1 ; 60, 63, 89, 98-108, 114, 115, 116, 118, 123-130; II, 247. V. Gwri Wallt Euryn.
Prytwen, le navire d'Arthur, I, 267, 272.
Pryv, II, 95.
Pumlummon, I, 268.
Pwyl (pays de), II, 274.
Pwyll Pendevic Dyvet, I, 27-63, 123.
Pwyth Meinlas ou Mein et Glas, II. 231, 282.
Pybydd Moel, berger de la tribu de Tegern, II, 300.
Pyll ab Llywarch Hen, II, 237, n. 4.

Raawt ou Ryhawt ab Morgant.
Rangyw. V. Angyw.
Rathtyeu, fille de Clememhill.
Redynawc. V. Tal y R.
Redynvre (le cerf de), I, 262, 263.
Reget, p. de Gwers ou Gwres.
Reget (pays de), I, 1, n. 1.
Reidwn ab Beli, I, 209.

Reidwn ab Eli Atver, I, 276, 277.
Reidwn Arwy, I, 208.
Relemon, fille de Kei, I, 223.
Reu Rwydd Dyrys, I, 216.
Riannon, fille d'Heveydd Hen, mère de Pryderi, I, 43-63, 97-107, 114-116 ; — ses oiseaux, I, 91.
Ricca, p. de Gormant.
Ridorch Hen. V. Rhydderch Hael.
Rineri ab Tangwn.
Rin Barnawt, ép. de Rinnon.
Rineri ab Tangwn, II, 256.
Rinnon Rin Barnawt, I, 248.
Riogan ou Riogonedd, fils du roi d'Irlande, I, 311 ; II, 137.
Ritta Gawr, I, 242, n. 1; II, 289, 290.
Riw Gyverthwch, en Arvon, II, 248.
Riw Vaelawr, II, 223.
Riwallawn ab Uryen, II, 240.
Riwallawn Wallt Banhadlen, II, 230, 242.
Rodri ab Idwal, II, 303.
Rodri Mawr, II, 300, 302, 303.
Roi des souffrances (le), II, 86.
Romani (le roi de), I, 163.
Romains (les), II, 211, 230, 231, 282, 284.
Rome, II, 250, 276 ; cf. Ruvein.
Ronabwy, I, 18, 284-314.
Rongomiant, la lance d'Arthur, I, 200.
Ronwen, fille de Hors, II, 220, 231, 286.
Rore, fille d'Usber, II, 228.
Ros, I, 127; II, 228, 240, 279.
Rotri. V. Rodri.
Roycol, p. de Mael.
Ruawn. V. Ruvawn.
Rudd Ehon ou Dreon Tuth Bleid, cheval de Gilbert ab Kadgyffro, II, 206, 246.
Rudd (la mer). V. mer Udd.
Ruddlan Teivi, I, 123.
Ruddlwm Gorr, I, 117, n. 1; II, 229.
Ruddvoawc (les trois), II, 23.
Ruddvyw Rys, I, 279.
Ruddwern, ép. de Run.
Run ab Alun Dyved, I, 204.
Run ab Beli, p. de Gwyddar, I, 139, n. 1; II, 229, 231.

Run ab Maelgwn, I, 296, n. 2, 313, II, 216, 219, n. 5, 229, n. 5, 242, 304.
Run ab Nwython, p. de Gwystyl, II, 308, 313.
Run Ruddwern, I, 216.
Run ab Uryen, II, 216, n. 7.
Ruthyr Ehon Tuth Bloidd, II, 206.
Ruvawn ou Ruawn Pebyr ab Deorthach Wledic, I, 204, 293, 294, 311; II, 216, 237.
Ruvawn Pevyr ab Gwyddno, II, 239.
Ruvein (Rome), I, 155, 162, 169, 170, 171.
Rwydd Dvrys, ép. de Reu.
Ryawd ou Raawt ab Morgant, II, 216; II, 267.
Rydderch Hael ab Tutwal Tutklyt, II, 1, n. 1, 206, 219, n. 5, 226, 235, 255, n. 5, 310, n. 1.
Ryfuerys, chef chasseur d'Arthur, II, 113.
Ryhawd. V. Ryawd.
Rymi (Gast Rymi).
Rys, ép. de Ruddvyw.
Ryt Wilvre, I, 287.
Ryt y Groes, I, 290, 293.
Ryt Ychen (Oxford), I, 100, 180.
Ryvoniog, II, 300.

Sach, I, 196.
Saer, ép. de Glwyddyn ou Gwlyddyn.
Saeson (les Saxons), II, 211.
Saidi, p. de Kadyrieith, Kas.
Saints (les) d'Iwerddon, I, 274.
Salach, I, 197.
Samson Vinsych, I, 208.
Samuil Pennissel, I, 222, n. 4, 317.
Sanddev ou Sandde Bryd Angel, I, 210; II, 267.
Sannan, mère d'Elized, II, 313.
Sant, ép. de Kynnwyl.
Saranhon ab Glythwyr, I, 208.
Sawyl Benn Uchel, I, 222; II, 236, 237.
Saxons (les), II, 156, 214, 215, 240, 256, 275, 577, 282, 285, 288, 289.
Scots (les), II, 214.
Se (Kaer). Tv. Kaer S.
Sein (Aber, Kaer). V. Aber, Kaer S.

Seisyllwc (Cardigan), I, 63; II, 210, n. 1.
Seith Marchawc, I, 82.
Seithvet, p. de Bedyw.
Seithyn Saidi, p. de Seithynin ab Seithyn.
Seithynin, I, 244, n. 2; II, 286.
Seitwet, p. de Llevei.
Sel ab Selgi, I, 207.
Selemion (Kaer).
Selim. V. Selyv.
Selyv ab Kynan Garwyn, I, 310; II, 206, 221, n. 1, 235, 318.
Selyv ab Sinoit, I, 206.
Senyllt, p. de Nudd Hael.
Serguan ap Letan, II, 238, n. 2.
Servan, p. de Mordav Hael.
Serygi le Gaël, II, 276, n. 1.
Severi, p. de Gwrgi.
Severn (la). V. Havren.
Sevwlch. V. Syvwlch.
Sevyn, p. de Kei, II, 198, n. 1.
Sgavnell ab Dissyvyndawt, II, 233.
Sgilti Ysgawntroet ab Erim, I, 211.
Siawn ab Iaen, I, 207.
Sibli Ddoeth, II, 207.
Sidi (Kaer), V. Kaer S.
Silin (Llan Silin), V. Llan S.
Sinnoch ab Seithvet, I, 205.
Siri (Kaer Siri) V. Kaer.
Sitric; cf. Serygi.
Snowdon. V. Eryri.
Sol, I, 217.
Sol (Din Sol), V. Din S.
Solor ab Urnach Wyddel.
Somerset. V. Gwlad yr Haf.
Sompson Gadarn, II, 207.
Sorcières (les), I, 69 et suiv.
Souffrances (la cour du Roi des), II, 85-89.
Sucnedydd, p. de Sugyn.
Sud (le) de Galles, I, 27, n. 2, 28, n. 1, 122, n. 2; II, 250.
Sugyn ab Sucnedydd, I, 219.
Sulyen ab Iaen, I, 207.
Syvwlch, petit-fils de Cleddyv Kyvwlch, I, 220.

Tacit, II, 304.
Tain (la Tamise), II, 295.
Talaryant, ép. de Hettwn; Kadellin.
Tal Ebolyon, I, 76, 91.

Tal y Redynawc Du, I, 220.
Talgellawc, ép. de Tegyr.
Talhearn, II, 234.
Taliessin ou Telcessin, ou Talyessin Penn Beirdd, I, 89, 208; II, 268.
Tallwch, p. de Drystan.
Tancoystl, fille d'Owein, II, 306.
Tandde, ép. de Ffaraon.
Tanet (île de), II, 285.
Tannwen, fille de Gweir Dathar Wennidawc, I, 223.
Taprobane (l'île), II, 271, n. 2.
Taran, p. de Glinneu.
Tarawc d'Allt Klwyt, I, 276.
Tasciovanus, II, 283, n. 2.
Tathal Twyll Goleu, I, 202. Cf. Kaer Dathal.
Tavawt Hir Breich Hir, cheval de Kadwallawn ab Kadvan, II, 205, 246.
Tawch (la mer), II, 271, 274.
Tawy, I, 279.
Tawy (Llwch). V. Llwch T.
Tec, ép. de Gwenllian.
Tecvan Gloff, I, 213.
Tegern Llwyth Llwydiarth, II, 300.
Tegeu Eurvron, II, 261, 264.
Tegit, p. de Morvran.
Tegyr Talgellawc, I, 213.
Teilaw, II, 258, 259.
Teirgwaedd, p. de Menw.
Teirnon Twryv Bliant, I, 54-63, 212, 213.
Teirtu (la harpe de), I, 245.
Teirtud (le château de), I, 245, n. 2.
Teithi Hen ab Gwynhan, I, 211.
Tegeingl, II, 280, n. 1.
Teithion, p. de Madawc.
Teivi. V. Ruddlan T.
Teleri, fille de Peul, I, 224.
Telcessin. V. Taliessin.
Tenuantius, II, 283.
Teregut ab Iaen, I, 207.
Terwyn (la mer), I, 216.
Tewdws (le collège de), II, 290.
Teuhant, II, 283, n. 2.
Thomas Jones de Tregaron, II,
Tonllwyd, vache d'Oliver Gosgorddvawr, II, 269, 270.
Tonvelen, ép. d'Angharad.

Torrlydan, cheval de Collawn ab Berth, II, 269.
Trachmyr, chef chasseur d'Arthur, I, 246, 276, 279.
Traeth Mawr, I, 129.
Traeth Bach, I, 129, n. 1.
Trahawc, ép. de Du; Hawystyl; Ruawn.
Traws, ép. de Du. Cf. Baryv Draws.
Trevan. V. Nillystwn Tr.
Treul Divevyl, fille de Llynghesawl, II, 261.
Tringat, I, 266, 267.
Tringat ab Nevet, p. de Gwynn, I, 277.
Triphun ap Regin, II, 313.
Tristan. V. Drystan.
Troia, II, 208.
Trwm, ép. de Gwydyr.
Trwsgyl, ép. de Kynvelyn.
Trwyth. V. Twrch Tr.
Tryffin, p. de Drutwas; Erdutvul.
Trystan. V. Drystan.
Tut, ép. de Morgant.
Tuth Bleidd, ép. de Rudd Broen.
Tutklyt, ép. de Tutwal.
Tutwal Tutklyt, p. de Ryderch Hael.
Twrch ab Annwas, II, 206, 207.
Twrch Trwyth ab Taredd Wledic, I, 248, 249, 250-256, 274-281.
Twrch ab Perif, I, 206, 311.
Twrch Llawin, I, 278.
Twr Gadarn, p. de Madawc.
Twryv Bliant, ép. de Teirnon.
Twyll Goleu, ép. de Tathal.
Ty Gwydrin (la maison de verre), II, 278.
Tydain Tad-Aven, II, 291, 298.
Tyllyon, ép. de Morddwyt.
Tyvrydoc, I, 185, n. 1.
Tyvyawc (Maen Tyvyawc). V. Maen T.
Tywanwedd ou Dwywanwedd, fille d'Amlawdd Wledic, I, 185, n. 2.
Tywi (Aber; Din; Ystrat).

Uchdryt Varyv Draws, I, 219.
Uchtrut Arddwyat Kat, I, 204.
Uchtryt ab Erim, I, 211.

Udd (la mer), I, 167.
Ul Kessar (Jules César), II, 230.
Unic Glewysewyd, I, 73, 82.
Unllen, ép. de Hyveidd.
Urb, V. Yrp.
Urbgen. V. Uryen.
Urnach (Kaer).
Uryen ab Kynvarch, p. d'Owein; Morvudd, II, 1, n. 1, 234, 235, 260, 237, n. 4, 310.
Uthur Pendragon, I, 117, n. 1; père d'Arthur, I, 186, n. 2 ; II, 211, 229.

Vallée Ronde (la), II, 76.
Verre (la maison de), II, 276.
Vortiporios. V. Guortepir et Gwerthevyr.

William Bastardd (Guillaume le Bâtard), II, 280.
Wilvre (Ryt).
Wlch Minascwrn, I, 82.
Wysc (le fleuve). V. Kaerllion.
Wye (la). V. Gwy.

Ychdryt. V. Uchtryt.
Ygnach, I, 89, n. 3.

Ynawe, I, 90.
Yngharat Law Eurawc, II, 75, 76, 82.
Ynyr (les deux), I, 196.
Ynyr Gwent I, 196, n. 2.
Ynywl, p. d'Enit, II, 126, 127, 128. V. Enit, Gereint.
Yrp ou Urb Lluyddawc, II, 208, 275.
Ysbidinongyl (Kaer).
Ysgewin (Porth), II, 295.
Yskawntroet, ép. de Sgilti.
Yskawt, p. de Glew.
Yskithyrwyn Penn Beidd, I, 246, 271, 272, 276.
Yskudydd, I, 220.
Yskyrdav, I, 220.
Yspaddaden Pennkawr, I, 190, 231, 232, 233, 234, 235, n. 1, 236-283 *passim.*
Yspaen (l'Espagne).
Ysperin ab Fflergant, roi de Llydaw, I, 208.
Ystrat Tywi (Carmarthen), I, 118.
Ystrat Yw, I, 279.
Ywein ab Maxen Wledic, II, 229, 230.

TABLE DES MATIÈRES

Owen et Lunet, ou la dame de la fontaine.................. 1
Peredur ab Evrawc.. 45
Gereint ab Erbin... 111
Notes critiques.. 173
Appendice I : les triades historiques et légendaires des Gallois... 201
Appendice II : Généalogies de la fin du dixième siècle... 302
Appendice III : Extraction des hommes du Nord............ 325
Appendice IV : Division du pays de Galles en *cantrevs* et en *cymmwds*, du temps de Llywelyn ab Grufudd, dernier roi des Gallois, qui régna de 1246 environ à 1282..... 327
Appendice V : *Annales Cambriae*......................... 345
Addenda et corrigenda.................................... 359
Index des noms propres des tomes I et II................. 361
Table des matières....................................... 387

TOULOUSE. — IMP. A. CHAUVIN ET FILS, RUE DES SALENQUES, 28.

www.ingramcontent.com/pod-product-compliance
Lightning Source LLC
Chambersburg PA
CBHW050439170426
43201CB00008B/733